中国-中东欧能源合作报告

REPORT ON ENERGY COOPERATION BETWEEN CHINA AND CENTRAL & EASTERN EUROPEAN COUNTRIES

电力规划设计总院
CHINA ELECTRIC POWER PLANNING & ENGINEERING INSTITUTE

中国-中东欧国家能源项目对话与合作中心
CHINA-CEEC CENTER FOR DIALOGUE AND COOPERATION ON ENERGY PROJECTS

◎ 编著

人民日报出版社
PEOPLE'S DAILY PRESS

图书在版编目（C I P）数据

中国-中东欧能源合作报告/ 电力规划设计总院，中国-中东欧国家能源项目对话与合作中心编著.一北京：人民日报出版社，2020.9

ISBN 978-7-5115-6555-6

Ⅰ.①中… Ⅱ.①电… Ⅲ.①能源经济—经济合作—国际合作—研究报告—中国、欧洲 Ⅳ.①F426.2②F450.62

中国版本图书馆CIP数据核字(2020)第176853号

书　　名：中国 - 中东欧能源合作报告
作　　者：电力规划设计总院　中国 - 中东欧国家能源项目对话与合作中心

出 版 人：刘华新
责任编辑：周海燕
封面设计：绳婉朦

出版发行：人民日报出版社
社　　址：北京金台西路2号
邮政编码：100733
发行热线：（010）65369527　65369509　65369512　65369846
邮购热线：（010）65369530　65363527
编辑热线：（010）65369518
网　　址：www.peopledailypress.com
经　　销：新华书店
印　　刷：旭辉印务（天津）有限公司

开　　本：889mm×1192mm　1/16
字　　数：390千字
印　　张：18.75
版次印次：2020年9月第1版　2020年9月第1次印刷

书　　号：ISBN 978-7-5115-6555-6
定　　价：198.00元

编委会

EDITORIAL BOARD

前言

为推动中国-中东欧国家之间的合作，2012年中国与中东欧国家共同建立了“中国-中东欧国家合作”机制（简称“16+1”机制）。2019年，希腊正式加入中国-中东欧合作，“16+1”升级为“17+1”。自该机制建立以来，中国-中东欧国家领导人进行了多次会晤，取得了一系列纲要成果，推动中国与中东欧国家在能源及电力领域开展了广泛的合作。

近年来，中东欧地区经济发展强劲，政治环境稳定，能源发展和转型的步伐加快，中东欧地区逐渐成为中方能源企业关注的重点区域。同时，中东欧国家也希望与中方企业合作，吸引中国投资和技术装备，实现更具经济性的能源发展和转型。开展中国-中东欧能源合作研究，有助于全面梳理中东欧国家国民经济和能源电力行业概况，系统分析中国与中东欧国家开展能源合作的基础和潜力，提出中国与中东欧国家未来能源合作的重点领域和行动建议，推动双方在能源领域全面展开合作。

《中国-中东欧能源合作报告》是电力规划设计总院“一带一路”能源合作年度报告之一，聚焦中东欧区域的能源发展现状与未来趋势，为中国-中东欧开展更加有针对性的务实合作提供参考。本报告共分为五个章节，主要对中东欧地区概况、中东欧能源行业发展情况、中国能源行业发展情况等进行了全面梳理，对2030及2040年中东欧地区经济社会、能源发展、电力发展等趋势进行了合理预测，对未来中国-中东欧能源合作的重点领域进行了展望并提出下一步行动建议。

本报告编写过程中，得到了中国及中东欧国家能源主管部门、相关企业、机构和专家的指导，罗马尼亚能源中心的Corneliu Bodea和Mihai Macarie为报告英文版提供了宝贵意见，在此表示诚挚的感谢。因经验和时间有限，报告难免有疏漏之处，恳请读者批评指正。

《中国 - 中东欧能源合作报告》编写组

2020年9月

FOREWORD

To promote the cooperation between China and Central and Eastern European Countries (CEEC), in 2012, China and CEEC jointly established the China-CEEC cooperation mechanism, also known as the "16+1" cooperation mechanism. In 2019, Greece officially joined China-CEEC cooperation, and "16+1" was upgraded to "17+1". Since the establishment of the cooperation, leaders of China and Central and Eastern European countries have met many times and achieved fruitful results, which promoted extensive cooperation between the two sides in the fields of energy and power.

In recent years, Central and Eastern Europe has witnessed strong economic development with a stable political environment, as well as accelerated energy development and transformation. Central and Eastern Europe has gradually become a key area attracting Chinese energy companies'attention. At the same time, Central and Eastern European countries also hope to cooperate with Chinese companies, attracting Chinese investment and technical equipment, and realizing more economical energy development and transformation. The prospective study of China-CEEC energy cooperation is helpful to comprehensively sort out the overall situation of national economy and energy and power industry in CEEC, systematically analyze the foundation and potential of energy cooperation between China and CEEC, and put forward suggestions for future China-CEEC energy cooperation in key areas, so as to provide reference for Chinese businesses to explore CEE markets and promote high-quality development of the Belt and Road Initiative.

China-CEEC Energy Cooperation Report is one of China Electric Power Planning & Engineering Institute's annual reports on the Belt and Road Initiative energy cooperation, focusing on the current situation and future trend of energy development in Central and Eastern Europe, and providing reference for more targeted and pragmatic cooperation between China and Central and Eastern Europe. This report is divided into five chapters, which mainly comb through the general situation of Central and Eastern Europe, the current developments of energy industry in Central and Eastern Europe, the current situation of China's energy industry developments, etc. The report makes projections about the economic, social, energy and power development trends in Central and Eastern Europe between 2030-2040, looks forward to the key areas of China-CEEC energy cooperation in the future, and puts forward suggestions for the next step.

This report benefited from input and review of the following parties: competent departments of energy in China and CEE countries, relevant companies, institutions and experts, and Corneliu Bodea and Mihai Macarie from Romanian Energy Center. We would like to express our sincere gratitude to them. Due to limited experience and time, it is inevitable that there are deficiencies in this report, therefore the authors would be grateful for any feedback readers should wish to provide.

Authors of China-CEEC Energy Cooperation Report
Energy Cooperation

September, 2020

目录

CONTENTS

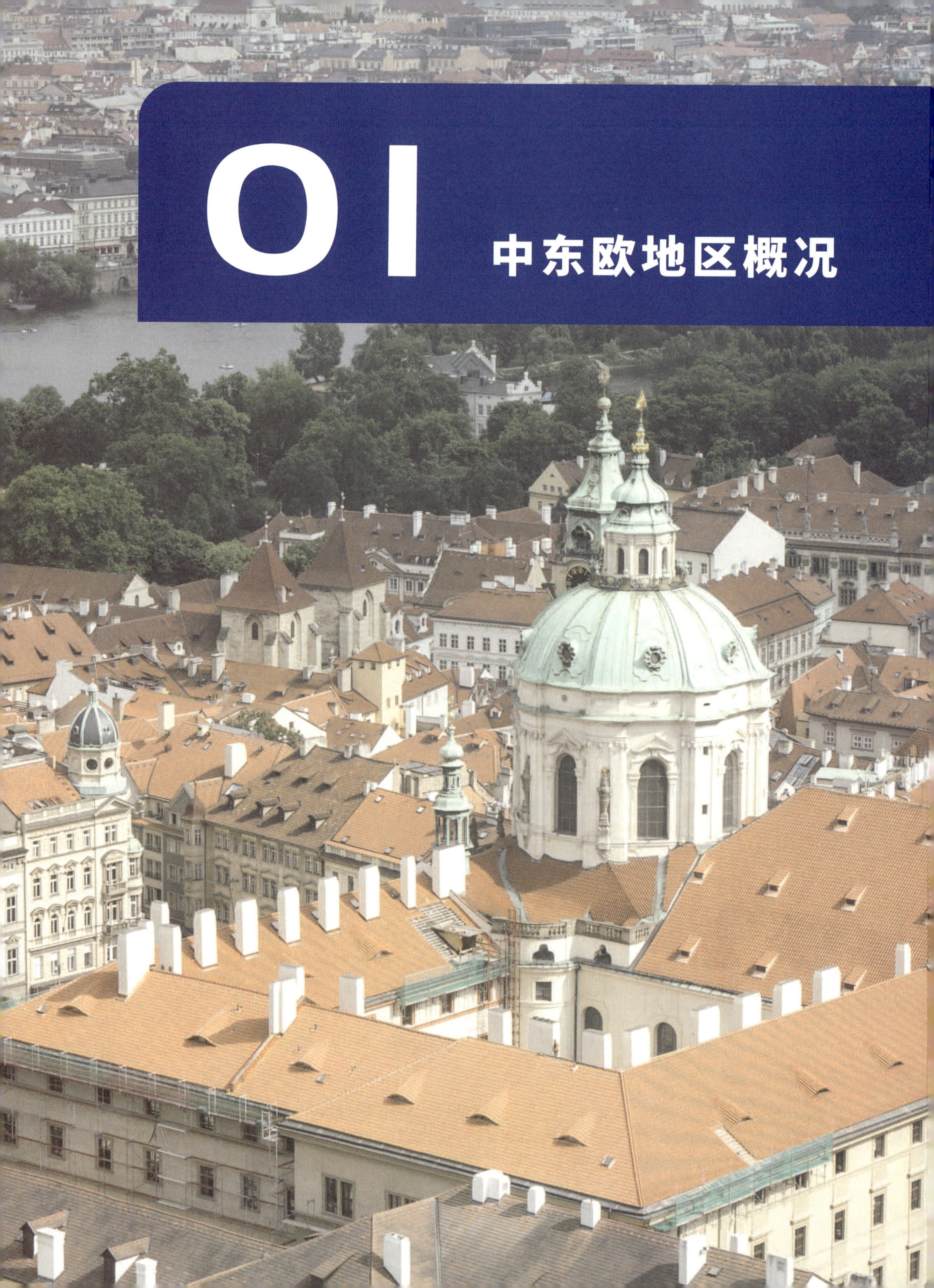

01 中东欧地区概况

01

中东欧地区概况

中东欧地区是连接亚欧大陆的纽带，也是中国在“一带一路”沿线的重要合作伙伴。近年来，中东欧地区经济增长势头良好，营商环境不断改善，成为欧洲经济发展的重要新兴力量。2012年，中国-中东欧国家合作正式启动，在该合作机制的支持下，双方合作领域日益广泛、合作内容持续拓展，中国一中东欧国家合作已成为跨区域合作的典范。

1.1 地理位置

中东欧地区地处波罗的海东南、俄罗斯以西，是连接亚欧大陆的纽带，也是中国在“一带一路”沿线的重要合作伙伴。中东欧地区共有17个国家，包括阿尔巴尼亚、波黑、保加利亚、克罗地亚、捷克、爱沙尼亚、希腊、匈牙利、拉脱维亚、立陶宛、北马其顿、黑山、罗马尼亚、波兰、塞尔维亚、斯洛伐克、斯洛文尼亚。中东欧地区总面积达144万平方公里，总人口约1.3亿，占欧洲总人口的17%左右。

中东欧地区共有12个欧盟成员国、4个欧盟候选国以及1个潜在候选国，未加入欧盟的国家均在致力于加入欧盟。

01 欧盟成员国

中东欧地区的12个欧盟成员国分别为保加利亚、克罗地亚、捷克、爱沙尼亚、希腊、匈牙利、拉脱维亚、立陶宛、波兰、罗马尼亚、斯洛伐克和斯洛文尼亚。其中欧元区成员国包括：立陶宛、拉脱维亚、爱沙尼亚、斯洛伐克、斯洛文尼亚和希腊。

02 欧盟候选国

此类国家已经提交加入欧盟的申请，正准备进入或者已经进入与欧盟的谈判阶段。中东欧地区有4个国家为欧盟候选国，分别为阿尔巴尼亚、北马其顿、黑山和塞尔维亚。其中黑山和塞尔维亚已经进入了针对欧盟35个政策领域细则的实质性协商和谈判阶段，黑山有望在2025年之前正式加入欧盟。此前，由于欧盟内部未形成一致意见，导致欧盟与阿尔巴尼亚和北马其顿的谈判一直未启动。2020年3月，欧盟成员国已达成共识，同意开启北马其顿和阿尔巴尼亚加入欧盟的相关谈判。

03 潜在候选国

此类国家有加入欧盟的意愿，但尚未获得候选国身份。目前波黑尚处于潜在候选国的状态。自2003年起，波黑与欧盟签署了一系列合作协议。2015年，波黑与欧盟签署的《稳定与联系协议》》(Stability and Association Agreement)正式生效。2016年，波黑正式提交了加入欧盟的申请。

1.2 经济发展

2019年，中东欧地区GDP总量为20922亿美元（2010不变美元价格，下同），同比增长3.4%。自2000年以来，中东欧地区经济发展迅速，成为欧洲经济发展的重要新兴力量。2009年以来，为了应对全球金融危机和欧债危机带来的负面影响，许多中东欧国家提出“向东看”的战略，即在保持与欧盟国家合作的同时，加大与中国等欧盟外国家的合作，为自身经济增长寻找新的动力。2013年以后，欧债危机影响逐步解除，中东欧地区经济复苏步伐加快。近年来，中东欧地区GDP保持4%左右的增长势头，明显快于欧洲平均水平。

图 1-1 2001-2019 年中东欧地区 GDP 总量及增速

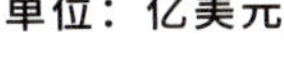

单位：亿美元

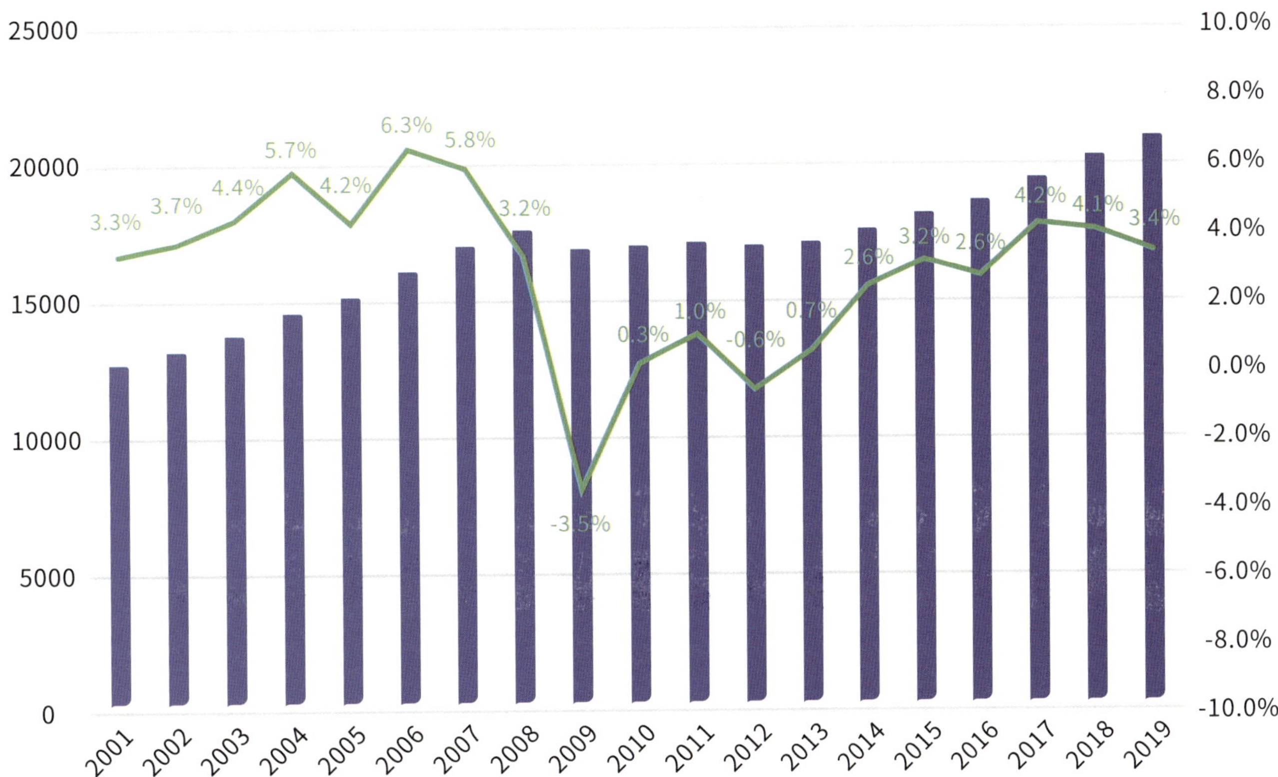

数据来源：世界银行

从国别来看，波兰是中东欧地区经济体量最大的国家，2019年波兰GDP总量约占整个中东欧地区的1/3，此外希腊、捷克、罗马尼亚的GDP总量较高。从人均GDP来看，2019年中东欧地区人均GDP为16231美元，远低于欧洲平均水平（31808美元/人），其中捷克、爱沙尼亚、希腊、斯洛伐克、斯洛文尼亚的人均GDP较高，达到20000美元/人以上，阿尔巴尼亚、波黑、北马其顿等国人均GDP较低，在6000美元/人左右。总体来看，中东欧各国的经济发展水平差异较大，与欧洲平均水平存在一定差距。

图 1-2 2019 年中东欧各国 GDP 总量及人均 GDP

单位：亿美元

单位：美元 / 人

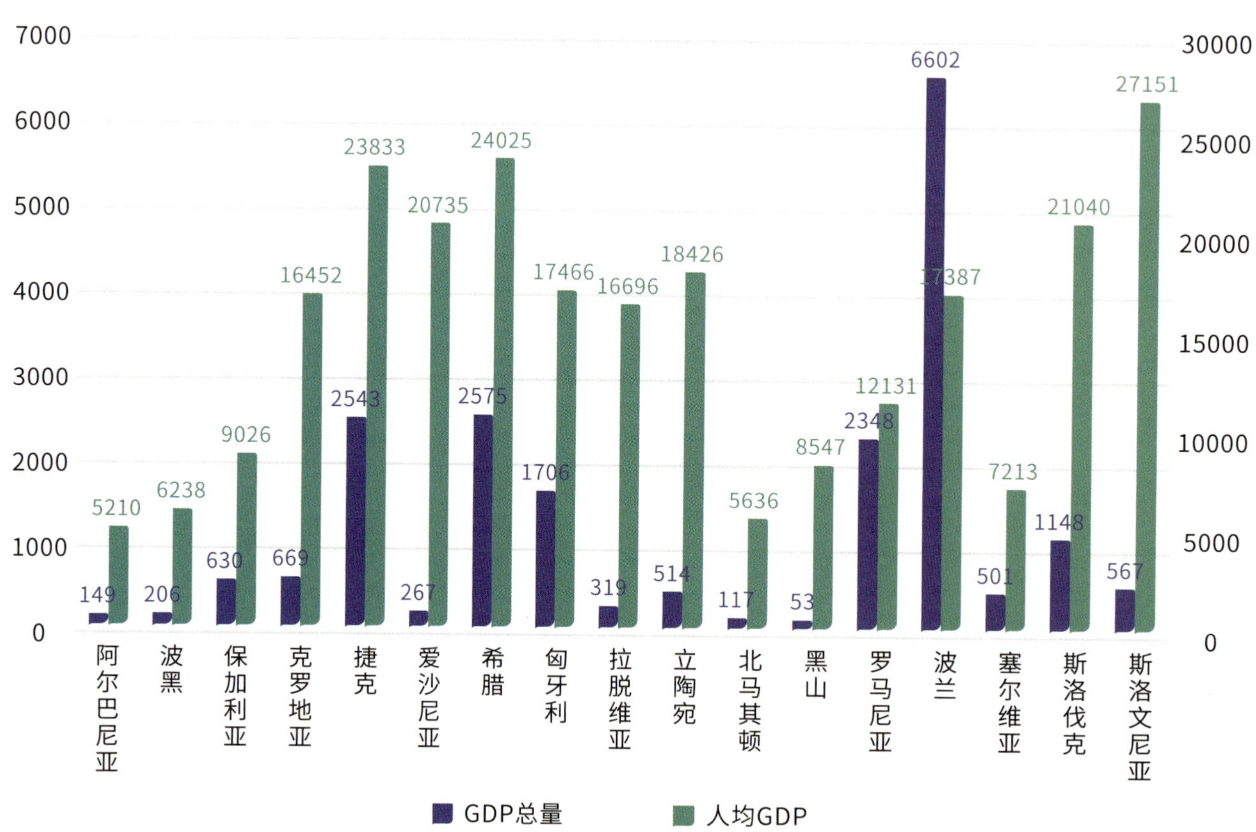

数据来源：世界银行

1.3 营商环境

根据世界银行发布的《2020年营商环境报告》，中东欧地区各国营商环境排名均分布在前90名，从参与排名的全球190个经济体来看，整体营商环境较好。

图 1-3 中东欧各国营商环境排名

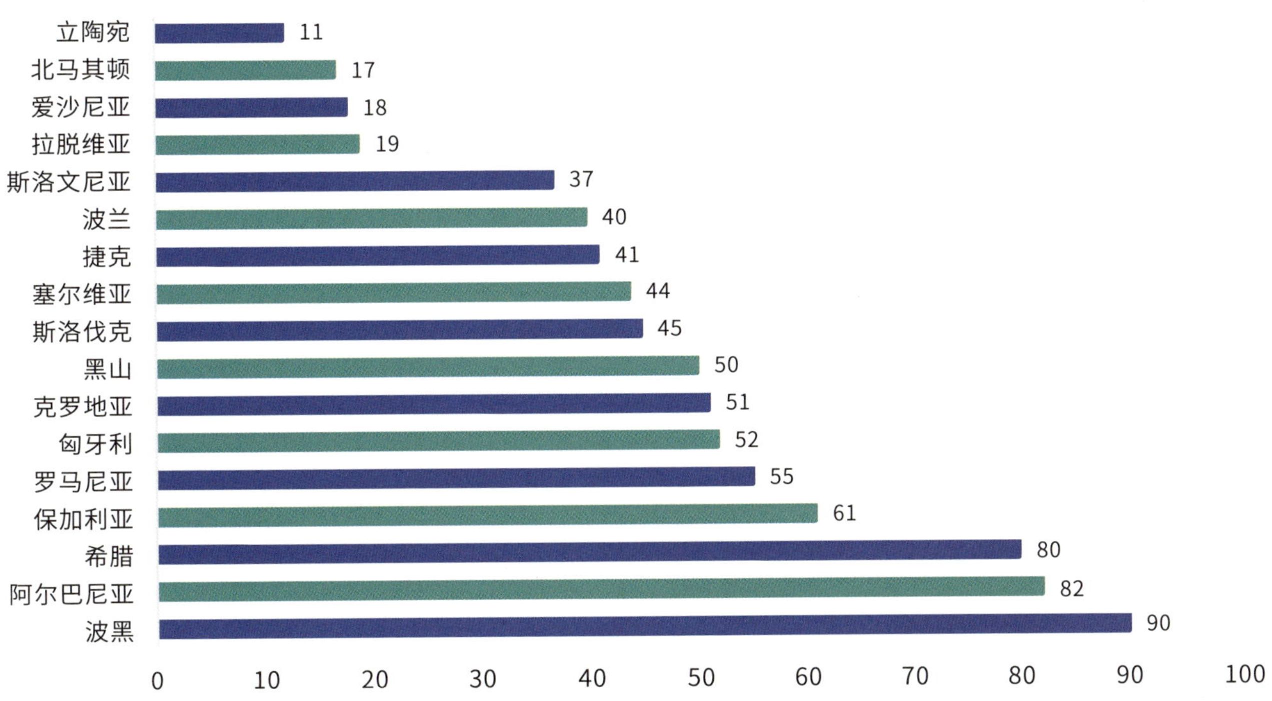

数据来源：世界银行

分国别来看，波罗的海三国营商环境较好，在中东欧地区排名靠前，有10个国家位于全球营商环境前50名。

1.4 中国 - 中东欧国家合作机制简介

2012年，中国与中东欧国家共同建立了中国-中东欧国家“16+1”合作机制。2019年，希腊正式加入中国-中东欧国家合作，“16+1”升级为“17+1”。自该机制建立以来，中国-中东欧国家领导人进行了多次会晤，取得了一系列纲要成果，中国和中东欧国家的合作覆盖领域日益广泛、合作内容持续拓展、各类活动不断丰富，发展势头良好。在能源领域，双方企业在大型电力项目的工程建设、新能源投资、企业的收购和并购等方面开展了大量务实合作，为双方带来了实实在在的环境、社会和经济效益。

为落实第四次中国-中东欧国家领导人会晤成果—《苏州纲要》，中国-中东欧国家能源项目对话与合作中心（简称“17+1”能源中心）于2016年10月正式成立，中方秘书处设在中国电力规划设计总院，欧方秘书处设在罗马尼亚能源中心。

目前，“17+1”能源中心工作主要包括三部分内容，一是推动中国与中东欧国家展开多层次的交流和对话；二是负责研究中国与中东欧国家能源合作规划和路线图；三是推动中国和中东欧企业在能源领域开展务实合作。

图 1-4 中国 - 中东欧国家领导人会晤

02 中东欧能源行业发展情况

02

中东欧能源行业发展情况

近年来，中东欧地区能源消费总量稳中有降，消费结构持续调整，能源生产总量持续减少，能源自给率呈现不断下降趋势。电力需求保持中低速增长，风电和光伏成为主要的可再生能源装机增量。批发市场电价和终端电价均呈现上升趋势。为了实现可再生能源发展目标，中东欧各国持续优化和调整可再生能源支持政策，同时加速推进电力市场化建设，扩大电力的跨国交易。

2.1 能源消费

2.1.1 能源消费总量稳中有降

2019年，中东欧地区能源消费总量为3.23亿吨标油[1]，同比下降约2.0%，是自2015年能源消费总量首次出现下降。2014-2019年，中东欧地区能源消费增速呈现先升后降的趋势。2015年以来，随着欧债危机的影响逐渐消退，中东欧地区经济增长势头强劲，能源消费增速也由负转正，连续4年能源消费总量正增长。2018年下半年以来，欧洲碳价出现大幅度上涨，一定程度上抑制了欧洲能源消费，中东欧地区能源增速和GDP增速也呈现“解耦”趋势，2019年能源消费增长弹性系数为-0.57。总体来看，中东欧地区能源消费增长仍然属于欧洲增长较快的区域，2014-2019年，中东欧地区能源消费量的累计增幅约为6.0%，显著快于欧洲平均水平（约2.1%）。

图 2-1 2014-2019 年中东欧地区能源消费总量及增速

单位：百万吨标油（mtoe）

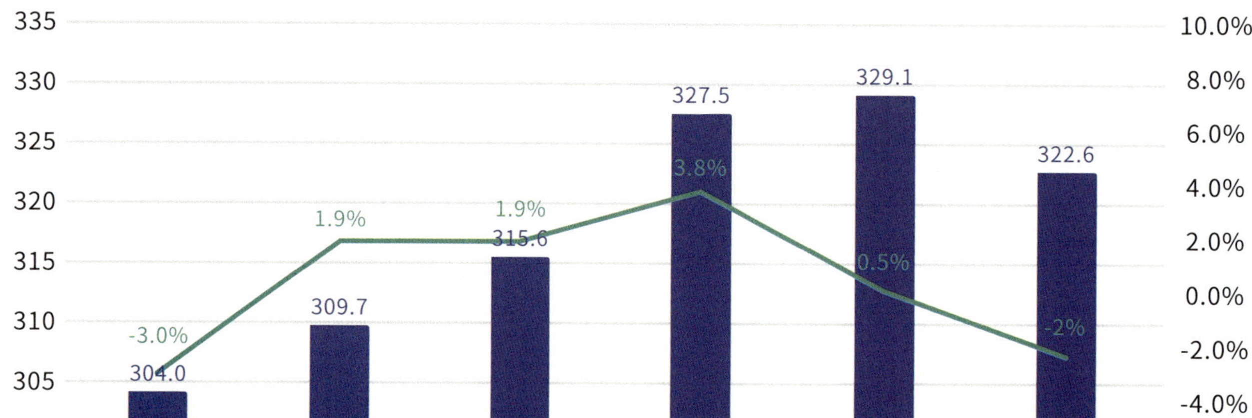

数据来源：EUROSTAT，国际能源署，Enerdata，本报告研究

[1] 1 吨标油 =1.4286 吨标煤 =41868 兆焦

2.1.2 能源消费结构持续调整

2019年，中东欧地区可再生能源消费量为0.42亿吨标油，占比13.1%；煤炭消费量为0.96亿吨标油，占比29.7%；石油消费量为0.95亿吨标油，占比为29.3%；天然气消费量为0.61亿吨标油，占比为19.0%。2014-2019年，化石能源消费占比总体较为稳定，但不同类型化石能源占比有升有降，煤炭消费量占比下降最为显著，5年累计降低了5.6个百分点；石油消费量占比增长最快，5年累计增加了3.3个百分点；天然气消费量占比稳步提升，累计增加了1.7个百分点；核能和可再生能源消费量占比基本稳定。

图 2-2 2014-2019 年中东欧地区能源消费结构

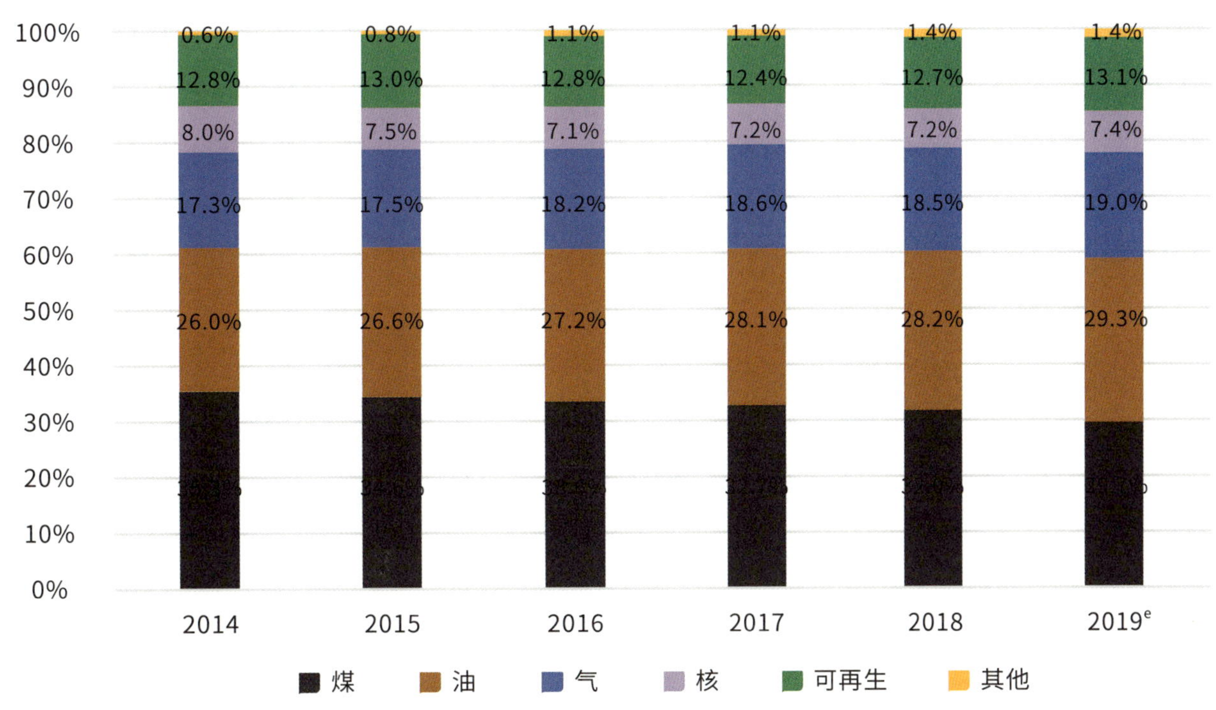

数据来源：EUROSTAT，国际能源署，Enerdata，本报告研究

2.1.3 各国人均能源消费量存在较大差异

从国别来看，波兰是中东欧地区的能源消费大国，2019年波兰能源消费总量约占整个中东欧地区的1/3，此外捷克、罗马尼亚能源消费总量较高。从人均能源消费量来看，2019年中东欧地区人均能源消费量为2.5吨标油，略低于欧洲平均水平（2.7吨标油/人）。由于各国经济发展水平、产业结构和能源资源不同，各国人均能源消费量存在较大差异，其中爱沙尼亚、捷克的人均能源消费量较高，接近4吨标油/人，阿尔巴尼亚、马其顿、黑山、罗马尼亚等国人均能源消费量较低，低于2吨标油/人。

图 2-3 2019 年中东欧各国能源消费总量及人均消费量

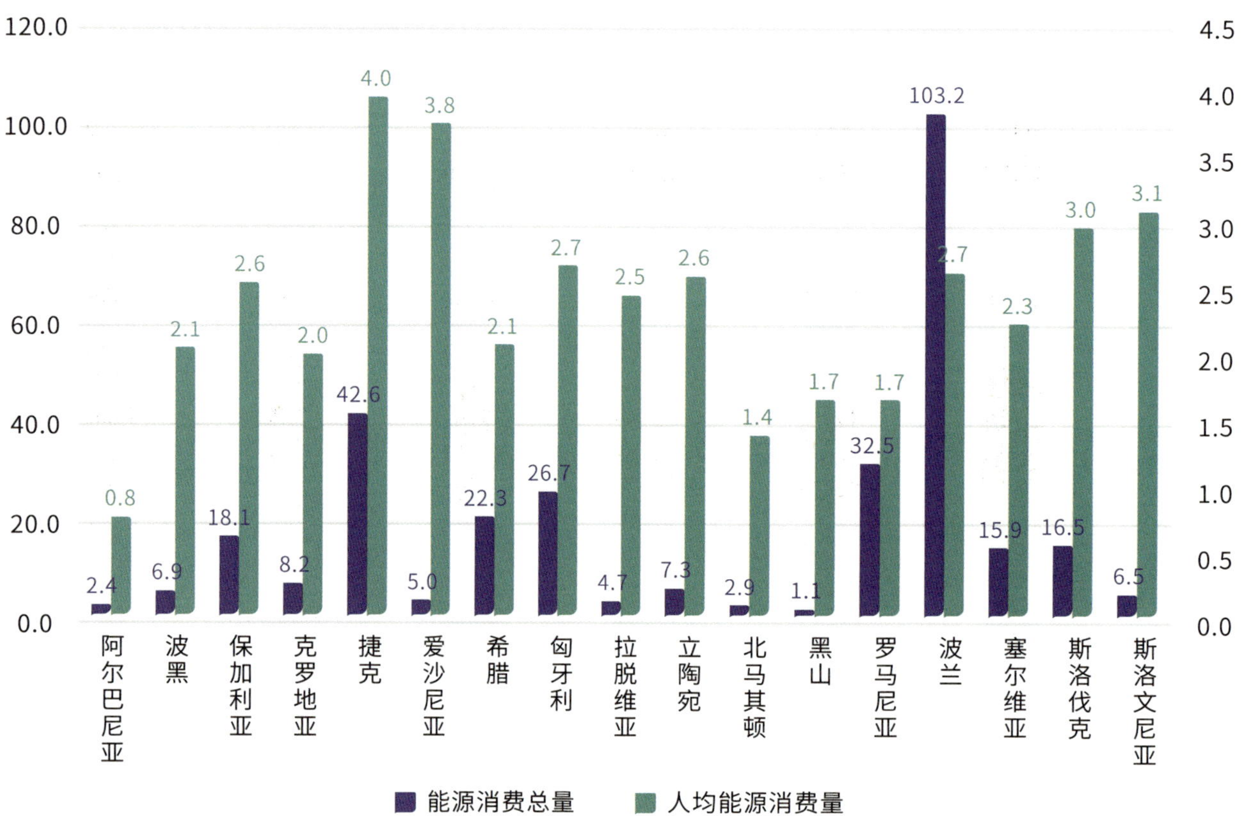

数据来源：EUROSTAT，国际能源署

2.1.4 终端能源消费总量略有下降

2019年，中东欧地区终端能源消费总量为2.09亿吨标油，同比降低1.4%。分领域来看，工业领域消费的终端能源为0.51亿吨标油，占比为24.6%；交通领域消费的终端能源0.66亿吨标油，占比为31.5%；居民消费的终端能源0.59亿吨标油，占比为28.0%；服务业消费的终端能源0.24亿吨标油，占比为11.5%。2014-2019年，中东欧地区交通领域能源消费占比持续提高，上升了3.5个百分点，是终端能源消费增长的主要驱动力；居民能源消费占比呈下降趋势，降低了2.6个百分点；工业和服务业能源消费占比也有小幅下降。

图 2-4 2014-2019 年中东欧地区终端能源消费总量及增速

单位：百万吨标油（mtoe）

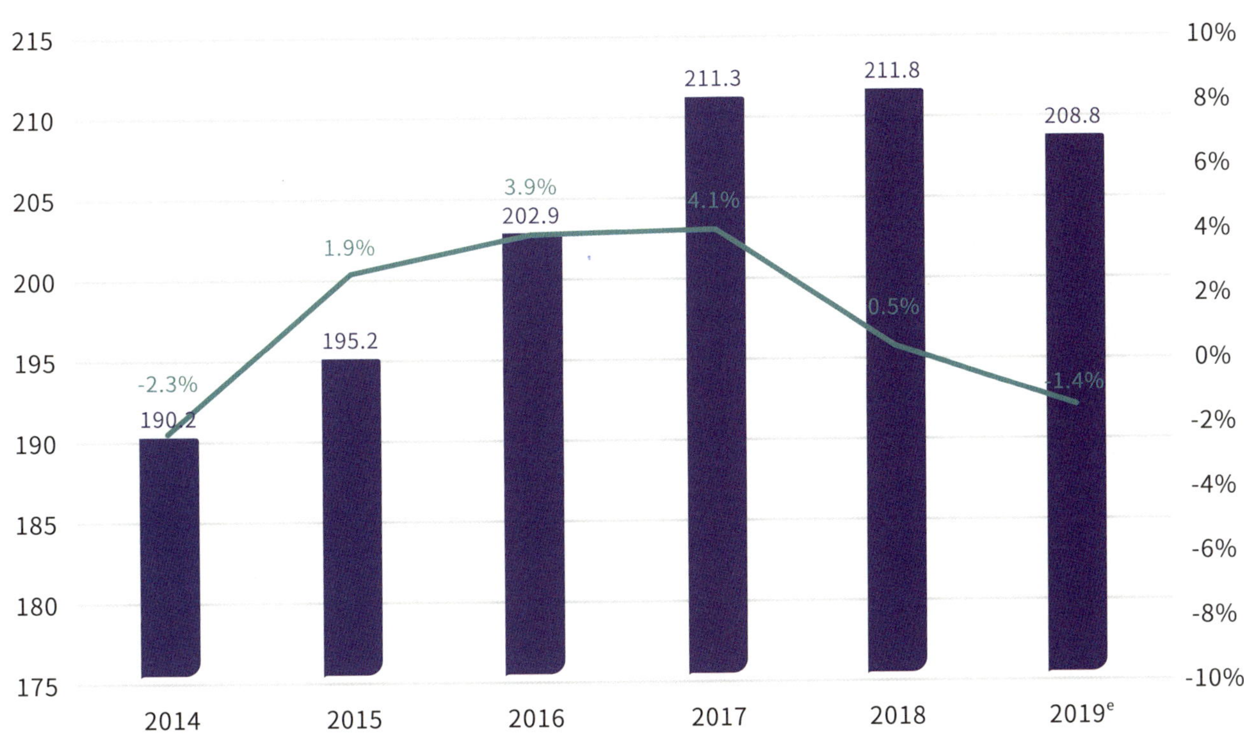

数据来源：EUROSTAT，国际能源署，Enerdata，本报告研究

图 2-5 2014-2019 年中东欧地区各部门能源消费占比

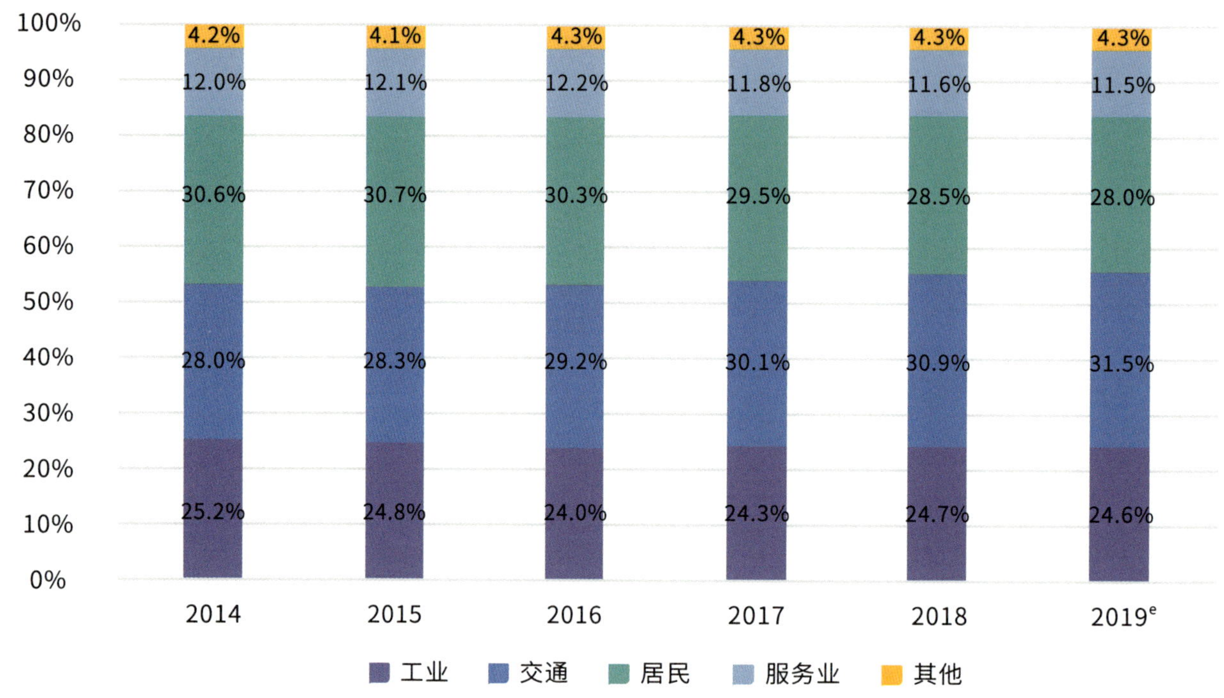

数据来源：EUROSTAT, 国际能源署，本报告研究

2.2 能源供应

2.2.1 能源生产总量持续下降

2019年，中东欧地区能源生产总量为1.86亿吨标油，同比下降约1.3%。2014-2019年，中东欧地区能源生产整体呈下降趋势，2019年较2014年总体降幅约5.4%。中东欧地区能源供应以煤炭为主，随着欧洲能源转型的加速及碳价格的提高，煤炭的生产和利用受到影响，造成能源生产总量有所下降；同时，受欧债危机解除后欧元走强的影响，区外化石能源的价格竞争力逐年提升，一定程度上挤压了本地化石能源生产。

图 2-6 2014-2019 年中东欧地区能源生产总量及增速

单位：百万吨标油（mtoe）

数据来源：EUROSTAT，国际能源署，本报告研究

2.2.2 能源生产结构逐步低碳化

2019年，中东欧地区可再生能源生产总量为0.45亿吨标油，占比24.2%；煤炭生产量为0.90亿吨标油，占比48.6%；石油生产量为0.09亿吨标油，占比为4.8%；天然气消费量为0.15亿吨标油，占比为8.0%。2014-2019年，化石能源生产占比呈下降趋势，其中煤炭生产量占比下降最为显著，5年累计降低了4.7个百分点；可再生能源生产量占比增长最快，5年累计增加了3.7个百分点；石油、天然气和核能生产量占比基本稳定。

图 2-7 2014-2019 年中东欧地区能源生产结构

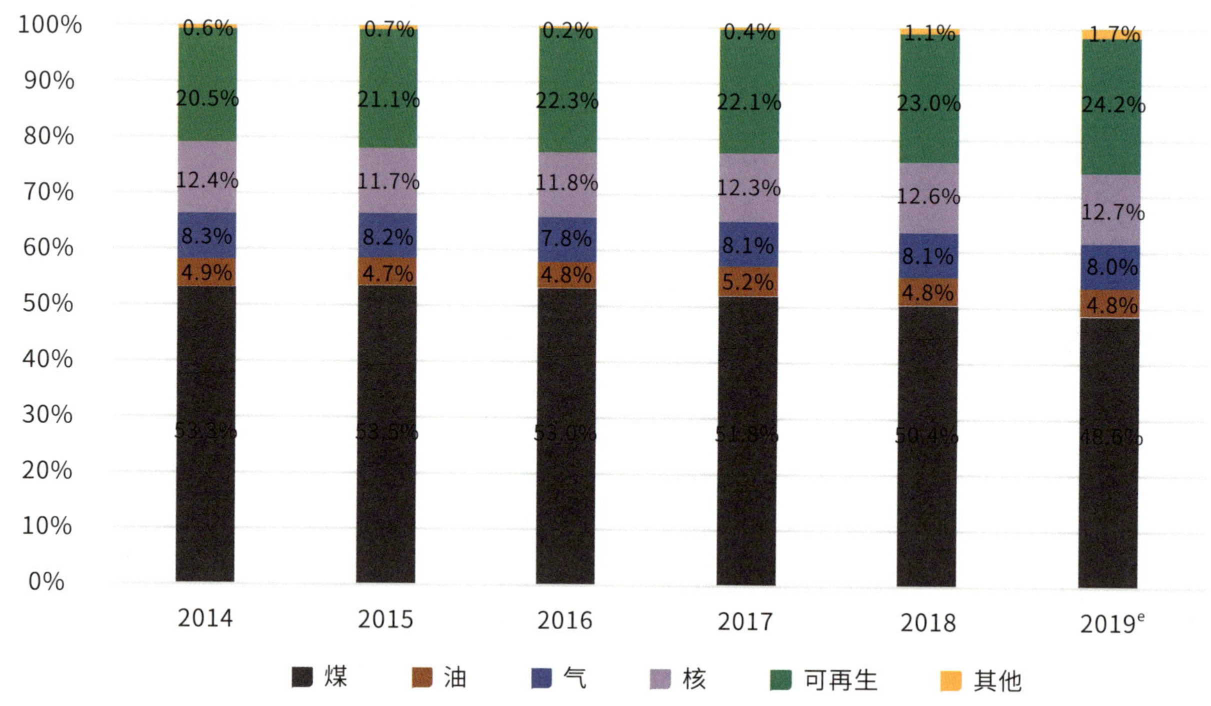

数据来源：EUROSTAT，国际能源署，Enerdata，本报告研究

从国别来看，波兰是中东欧地区的能源生产大国。2019年波兰能源生产总量约占整个中东欧地区的1/3，这是由于波兰煤炭储量丰富，煤炭产量占波兰能源生产总量的70%以上。此外，捷克、罗马尼亚等国能源产量较高。受资源条件及行业发展水平限制，总体来看中东欧各国能源生产量差异较大。

图 2-8 2019 年中东欧各国能源生产量

单位：百万吨标油（mtoe）

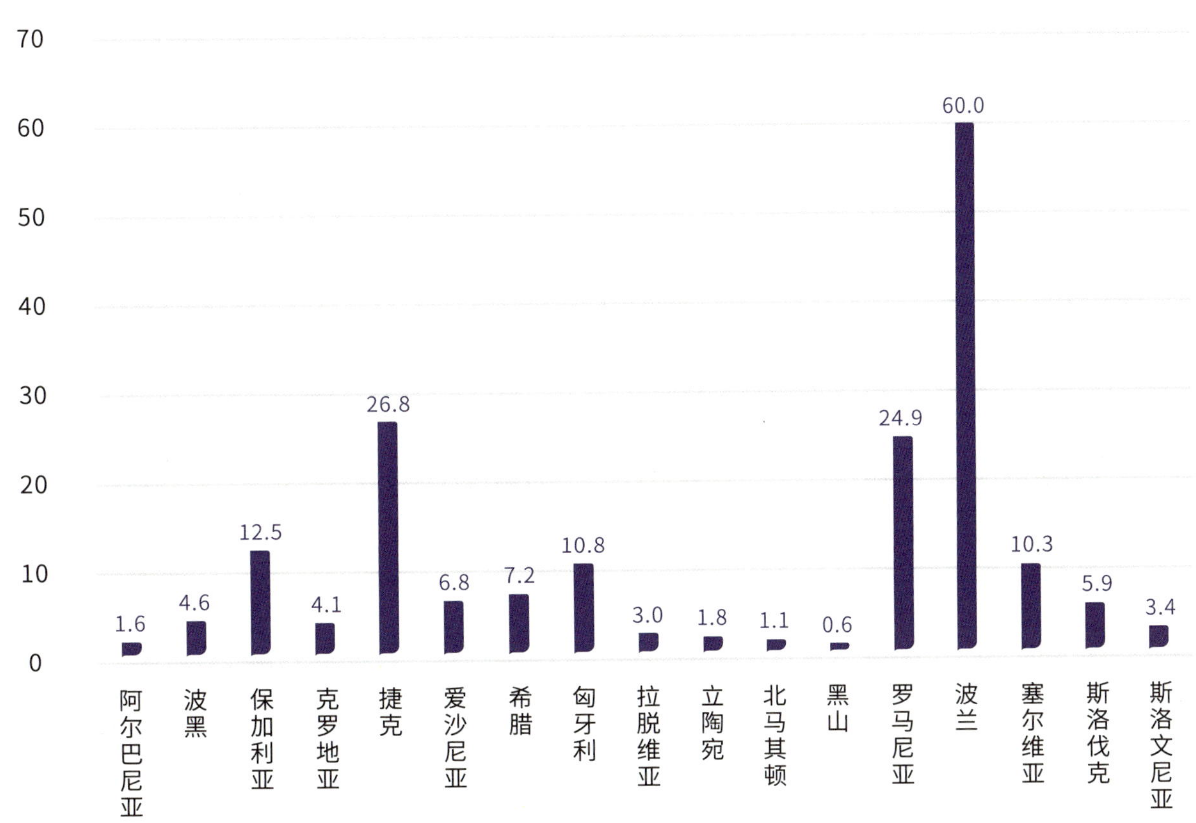

数据来源：EUROSTAT，国际能源署，本报告研究

2.2.3 能源自给率持续下行

当前中东欧地区能源自给率水平较低，2019年平均能源自给率仅为57%，油气作为主要的一次能源品种，约有80%以上依赖进口，主要来源于俄罗斯，此外还从非洲、欧洲国家进口油气。2014-2019年，中东欧地区能源自给率总体呈下降趋势，能源自给率水平下降约8个百分点。增加本地能源供给，减少电力生产的油气消耗量，是中东欧地区提升能源自给率的重要选择。

图 2-9 2014-2019 年中东欧地区能源自给率水平

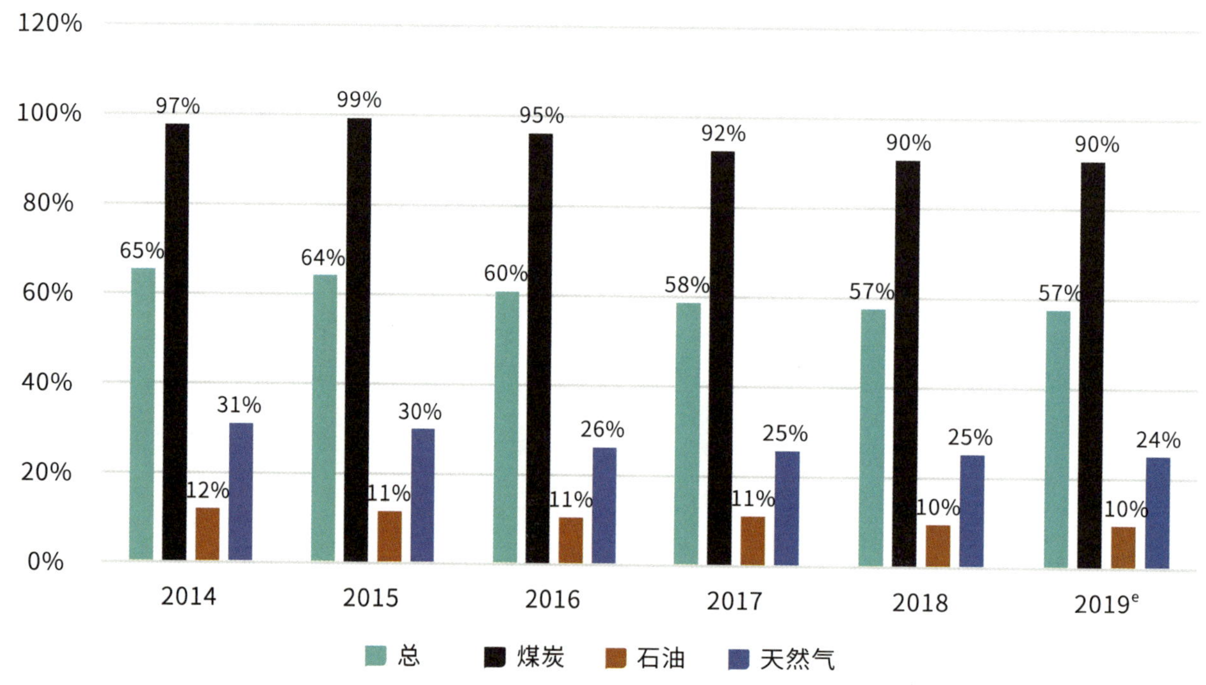

数据来源：EUROSTAT，国际能源署，本报告研究

分国别来看，希腊、匈牙利、立陶宛、北马其顿、斯洛伐克等国的能源自给率相对较低，约有一半以上的能源消费依赖进口，能源安全保障水平有待提高。

图 2-10 2019 年中东欧各国能源自给率

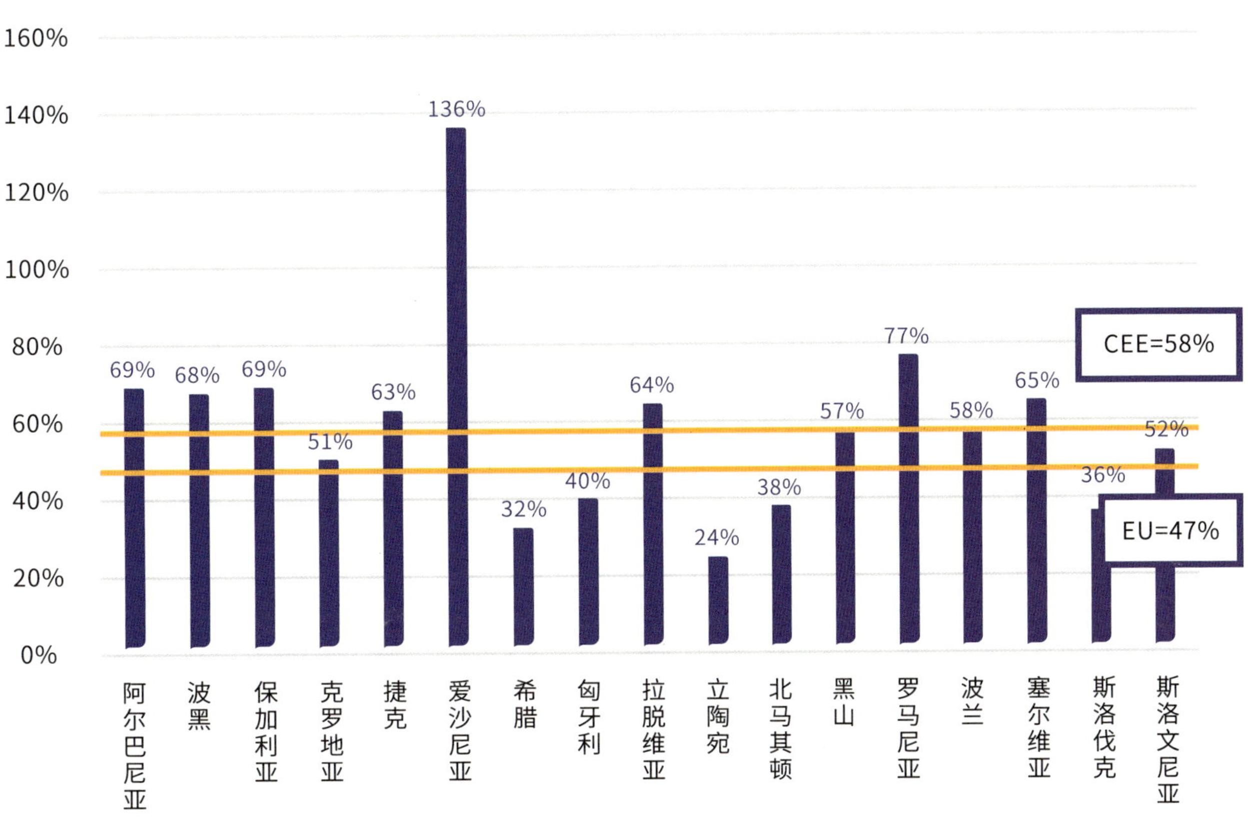

数据来源：EUROSTAT，国际能源署，本报告研究

2.2.4 煤炭供给总体充裕

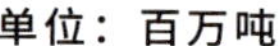

中东欧地区煤炭资源总量约为487亿吨，煤炭储量相对丰富，但集中度较高。其中，波兰煤炭储量约占整个中东欧地区的50%以上，此外塞尔维亚、匈牙利、希腊、捷克等国也有一定的煤炭储量。总体来看，中东欧地区煤炭供给较为充裕，2019年煤炭自给率达到89.7%。

图 2-11 中东欧国家煤炭储量

单位：百万吨

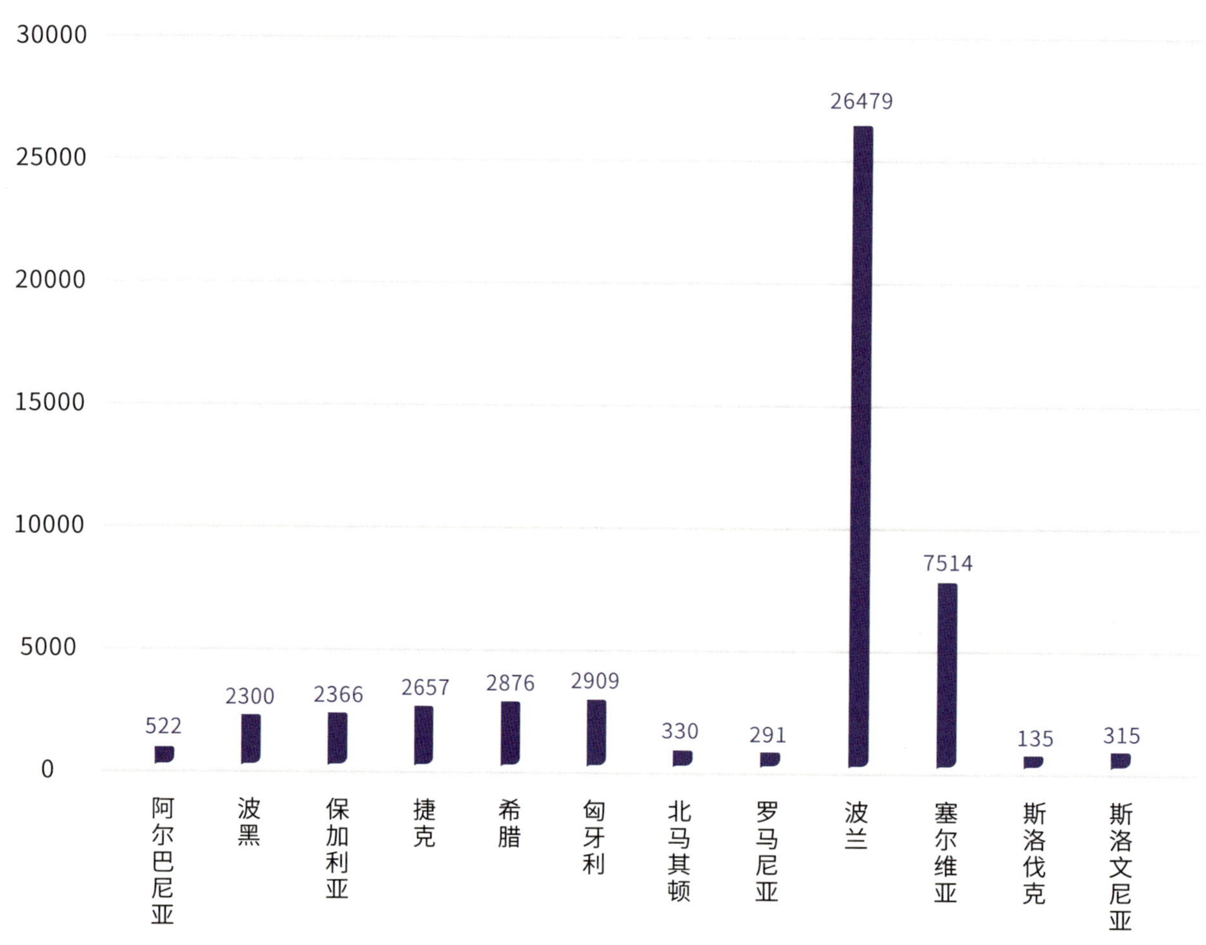

数据来源：BP, Enerdata

2019年，中东欧区域煤炭生产量约0.90亿吨标油，同比下降4.8%，区域内煤炭生产的集中度较高，主要煤炭生产国为捷克、波兰、塞尔维亚，这3个国家的煤炭产量占到区域生产总量的70%以上。

图 2-12 2019 年中东欧国家煤炭产量

单位：百万吨标油（mtoe）

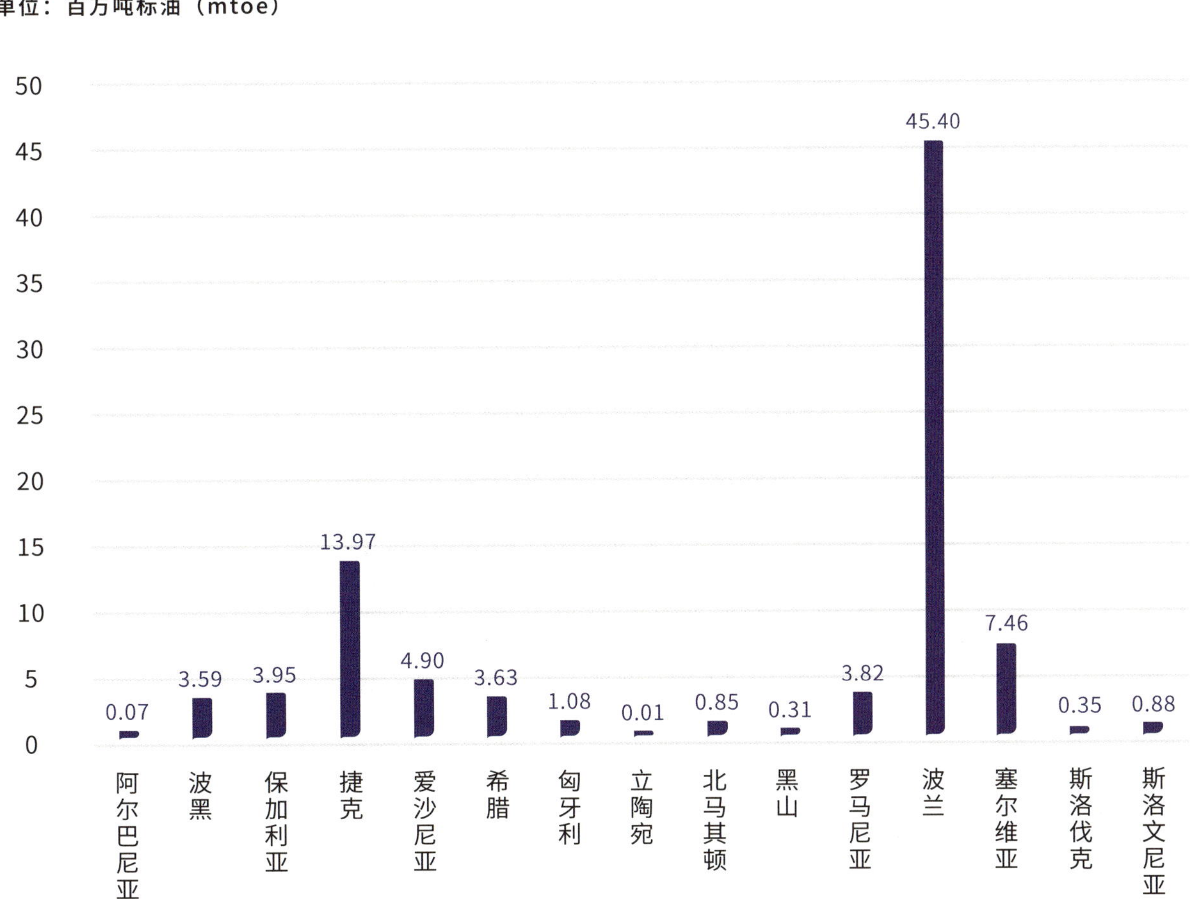

数据来源：BP, Enerdata，本报告研究

2019年，中东欧地区为煤炭净进口区域，各国煤炭净进口量约为2000万吨，除黑山外，其余国家煤炭资源消费均需依赖进口，其中波兰和斯洛伐克的煤炭净进口量较大。

2.2.5 油气生产小幅回落

2019年，中东欧地区石油产量为907万吨标油，同比下降0.1%；天然气产量为1482万吨标油，同比下降2.3%。中东欧地区的油气资源总体较为匮乏，油气生产主要集中在克罗地亚、匈牙利、罗马尼亚、波兰、塞尔维亚等国家。

图 2-13 2019 年中东欧国家油气产量

单位：百万吨标油（mtoe）

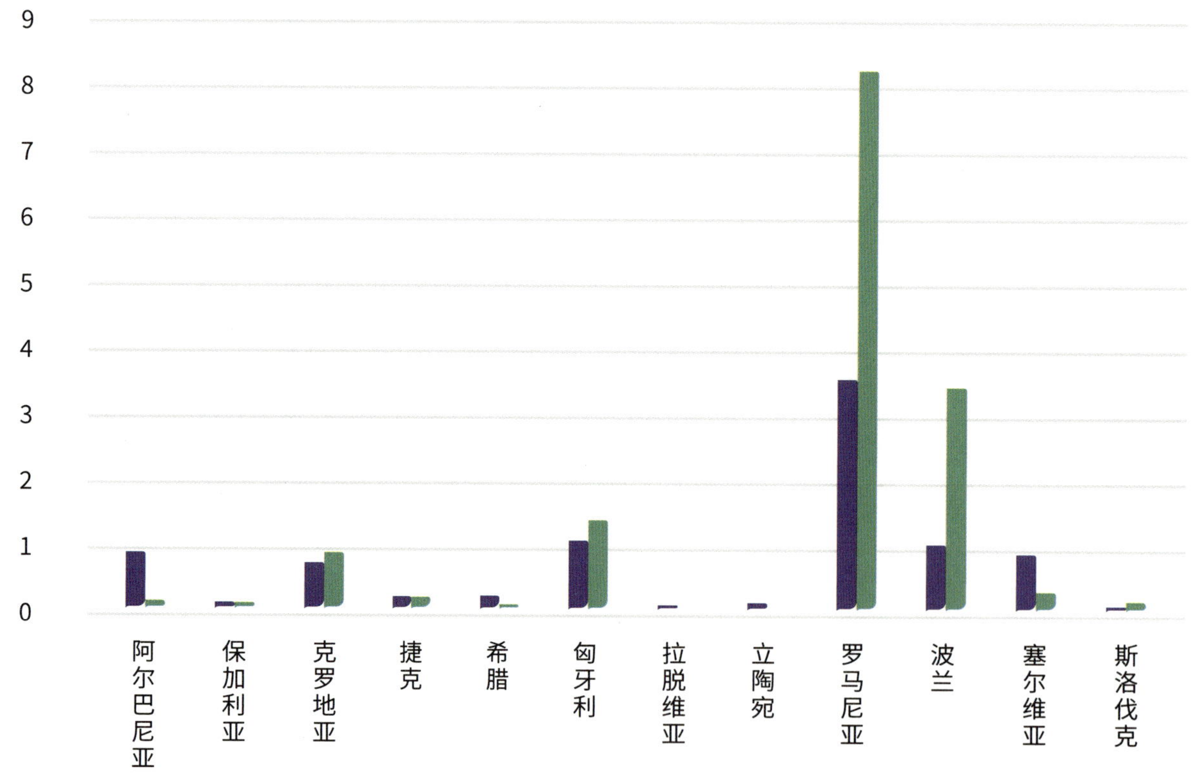

数据来源：BP, Enerdata

2.3 电力消费

2.3.1 电力消费总量有小幅回落

2019年，中东欧地区电力消费总量为5707亿千瓦时，同比降低约0.5%，在2015年能源消费总量首次出现下降。2014-2019年，中东欧地区电力消费增速呈先升后降的趋势，与能源消费的变化趋势基本保持一致，累计增幅约7.1%，显著快于欧盟平均水平（约1.1%），是欧洲电力消费的增长极。

图 2-14 2014-2019 年中东欧地区电力消费总量及增速

单位：十亿千瓦时（TWh）

数据来源：EUROSTAT，国际能源署，本报告研究

2014-2019年，立陶宛、克罗地亚的电力消费增幅最大，增长超过10%；波兰、捷克、罗马尼亚的电力消费绝对值增长最大，分别达到138亿千瓦时、41亿千瓦时、41亿千瓦时，增长速度也较快，增幅分别达到9.4%、6.6%、7.7%，是中东欧区域电力市场发展潜力较大的国家。

图 2-15 2014-2019 年中东欧各国电力消费增幅

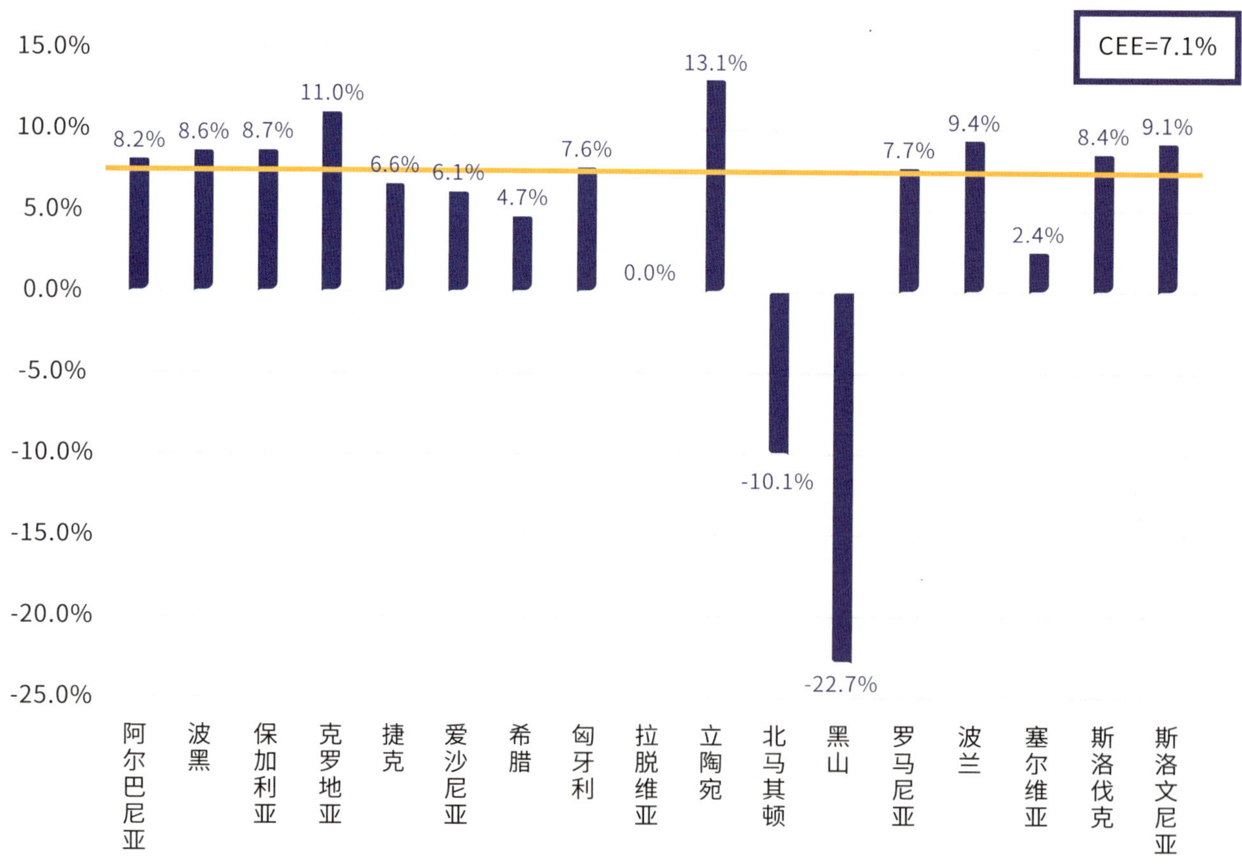

数据来源：ENTSO-E，EUROSTAT，本报告研究

从国别来看，波兰是中东欧地区的电力消费大国，2019年波兰电力消费总量约占整个中东欧地区的30%，此外捷克、罗马尼亚、希腊等国电力消费量较高。从人均用电量来看，2019年中东欧地区人均用电量为4427千瓦时，与欧盟平均水平（6824千瓦时/人）相比仍有较大差距，未来还有一定的增长空间。其中斯洛文尼亚、爱沙尼亚和捷克的人均用电量较高，达到6000千瓦时/人以上，阿尔巴尼亚、罗马尼亚人均用电量较低，在3000千瓦时/人以下。

图 2-16 2019 年中东欧各国电力消费量

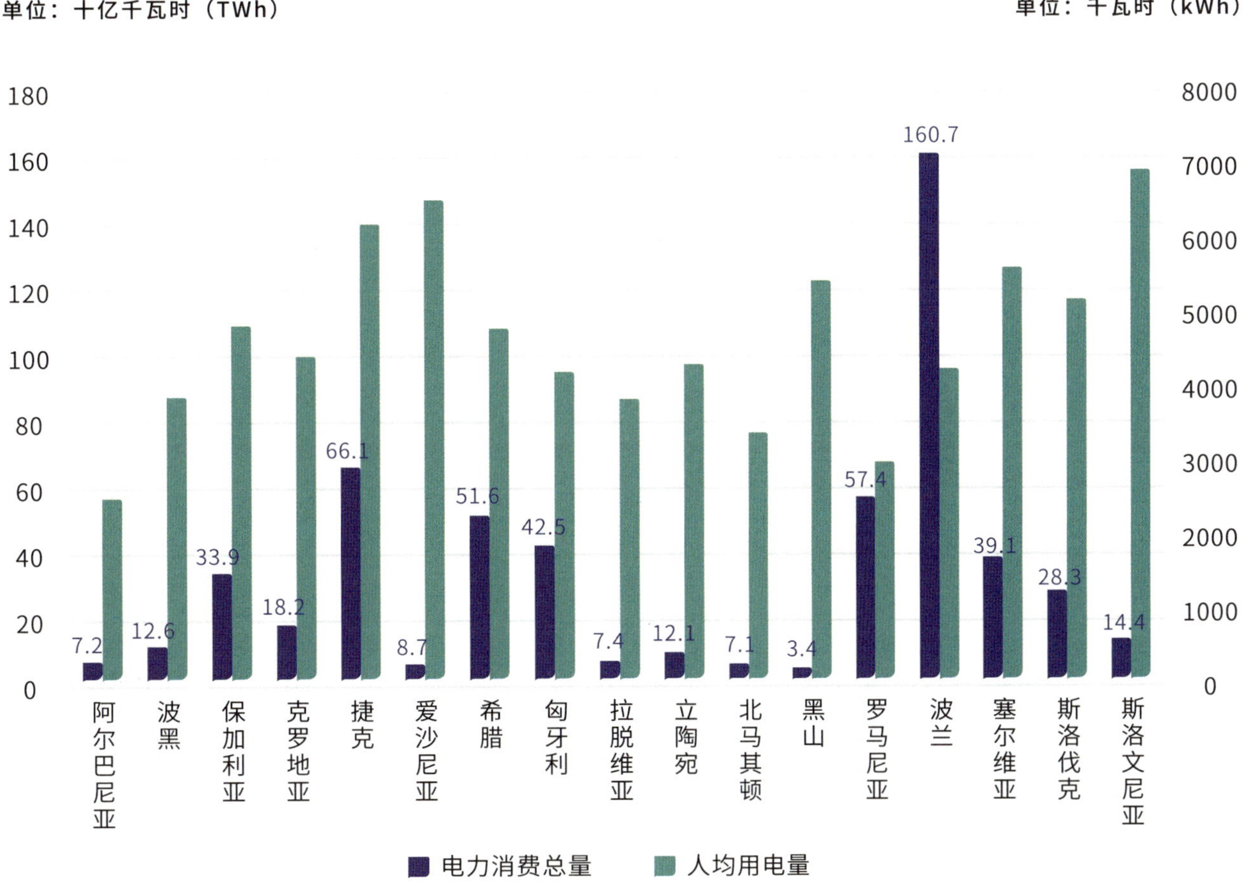

数据来源：EUROSTAT，国际能源署，本报告研究

2.3.2 各行业终端电力消费占比保持稳定

2019年，中东欧地区工业领域电力消费2026亿千瓦时，占比为35.5%；居民领域电力消费1601亿千瓦时，占比为28.0%；服务业领域电力消费1642亿千瓦时，占比为28.8%。其中工业领域电力消费占比最高，达到35.5%。2014-2019年，中东欧地区工业领域电力消费占比小幅提高，上升了0.5个百分点，是终端电力消费的主要部门；居民领域电力消费占比呈下降趋势，降低了0.9个百分点；服务业领域电力消费占比上升明显，增长了1.3个百分点。随着电气化进程加速，中东欧地区各行业的电气化程度越来越高，国民经济的快速发展为电力需求的增长带来了巨大空间，交通、供热和工业的电气化将成为未来中东欧地区电力需求增长的主要动力。

图 2-17 2014-2019 年中东欧地区分行业终端电力消费占比

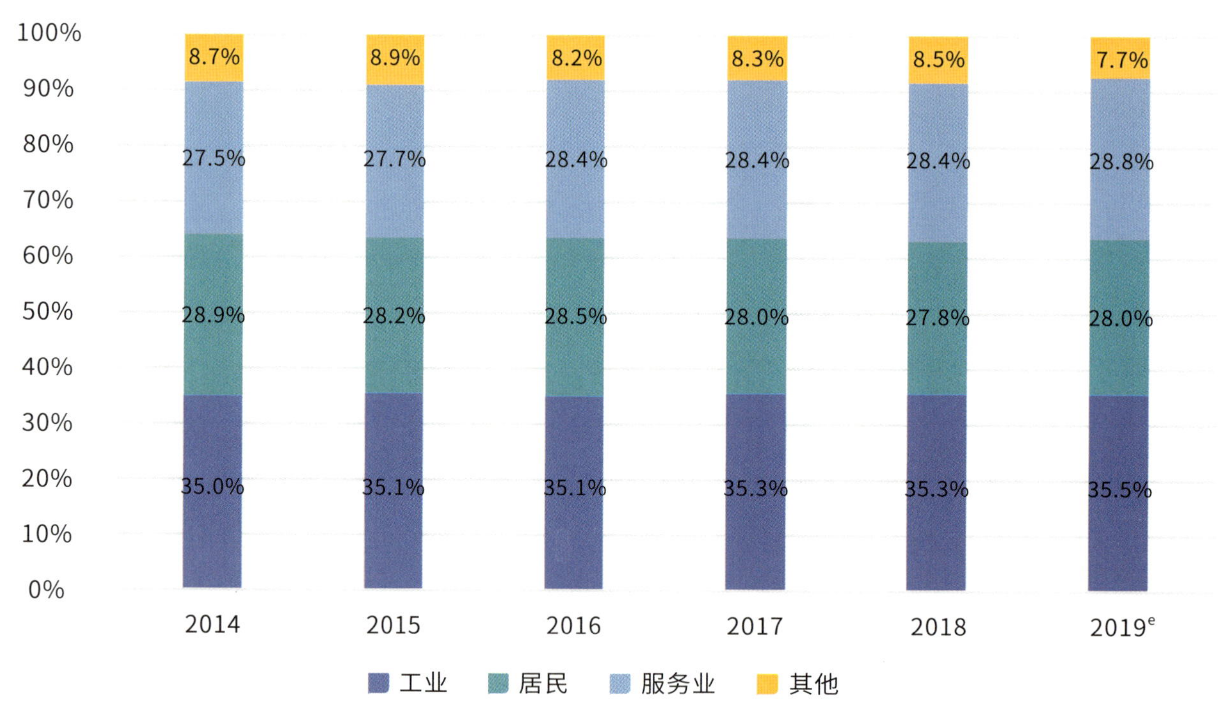

数据来源：Enerdata，国际能源署，本报告研究

2.4 电力供应

2.4.1 火电、水电是中东欧地区主力电源

2019年，中东欧地区电力装机总量为1.6亿千瓦，同比增长约1.2%。2014-2019年，中东欧地区电力装机总量整体平稳，2019年较2014年总体增幅约1.7%。煤电和水电是中东欧地区的主要电源组成，两者占到总电源结构的近60%，但区域内多数煤电和水电机组存在老化问题。

图 2-18 2014-2019 年中东欧地区电力装机总量及增速

单位：兆瓦（MW）

数据来源：EUROSTAT，国际能源署，Enerdata，本报告研究

近年来，中东欧地区电力装机结构持续优化，以风电和光伏为代表的可再生能源的电力装机占比平稳增长。2019年，中东欧地区可再生能源装机占比达到37.5%，非化石能源装机占比达到44.8%，风电和光伏装机总量占比达到15%。2014-2019年，化石能源装机占比呈下降趋势，其中煤电装机占比下降最为显著，降低了1.6个百分点；可再生能源装机占比持续上涨，提升了3.7个百分点。

图 2-19 2014-2019 年中东欧地区电力装机结构

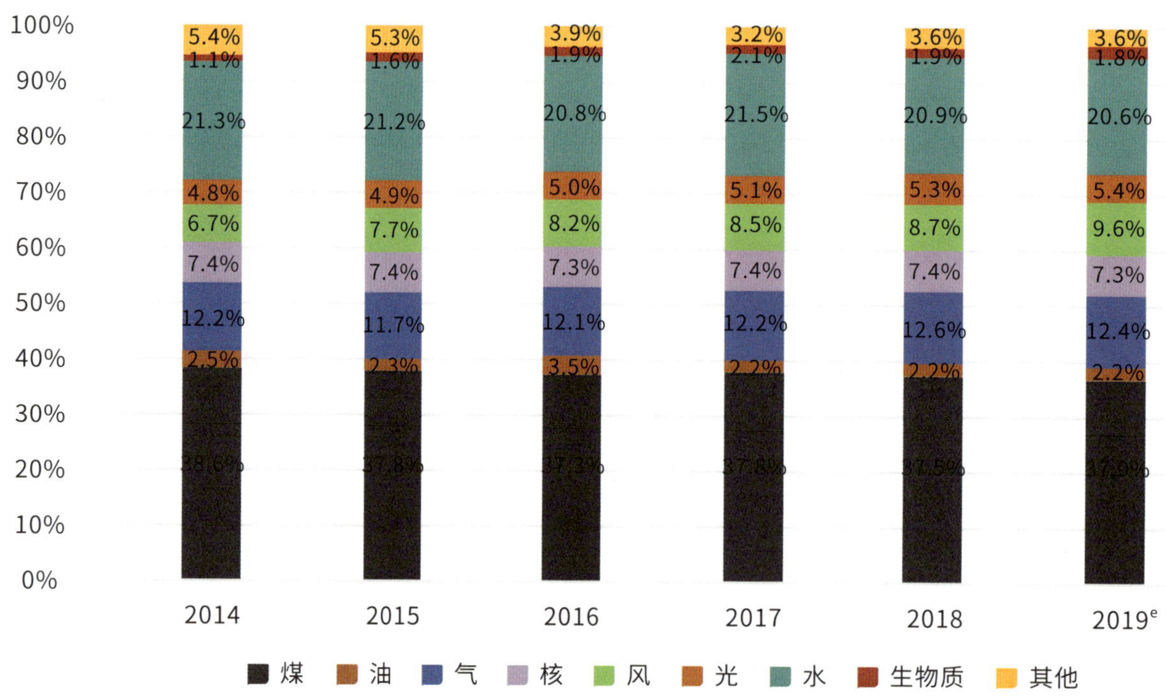

数据来源：ENTSO-E，EUROSTAT

2.4.2 风光已经成为主要的可再生能源增量

2019年，中东欧地区风电和光伏装机总量分别达到1563万千瓦和874万千瓦。2014-2019年可再生能源装机总量增长686万千瓦，年均增速达到2.4%，其中风光成为增长的主要动力，2014-2019年风电和光伏装机总量增长612万千瓦，年均增速达到5.9%，是近年来中东欧地区增长较快的电源品种。

图 2-20 2014-2019 年中东欧地区风电和光伏装机总量

单位：兆瓦（MW）

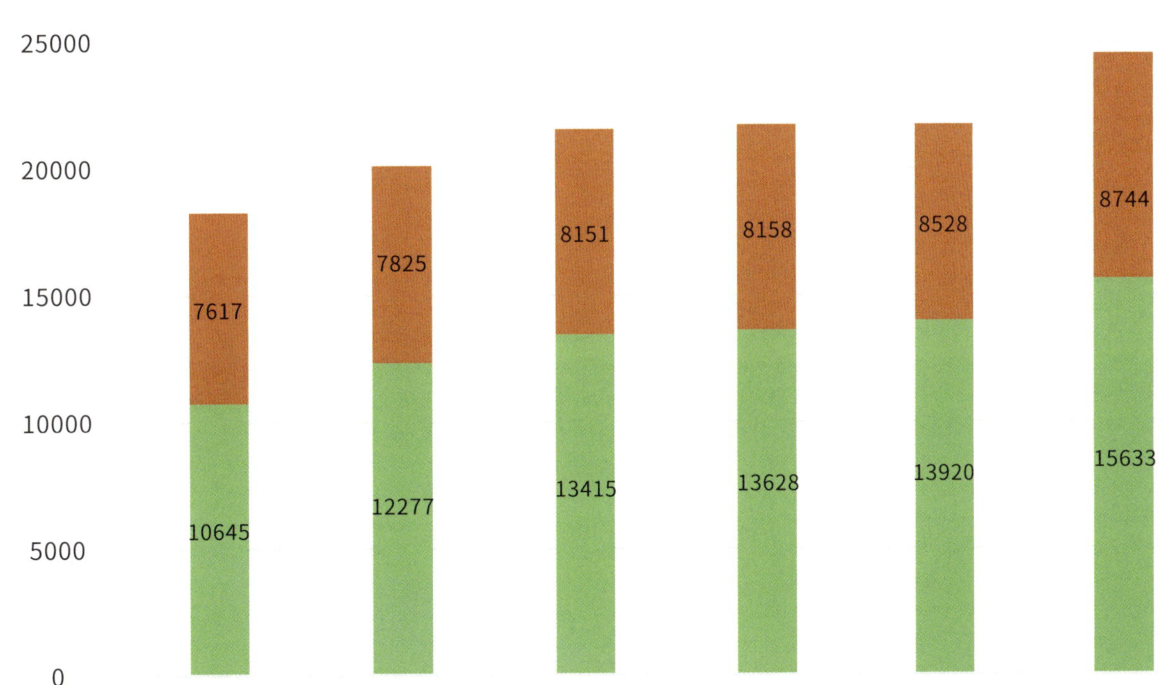

数据来源：ENTSO-E，EUROSTAT，本报告研究

分国别来看，中东欧地区风电装机增量最大的国家是波兰（186万千瓦），2014-2019年均增速达到8.4%，此外希腊（143万千瓦）、塞尔维亚（45万千瓦）等国装机增量较大。光伏装机增量较大的国家有波兰（48万千瓦）、匈牙利（39万千瓦）、罗马尼亚（13万千瓦）。

图 2-21 2014-2019 年中东欧各国风电和光伏装机增量

单位：兆瓦（MW）

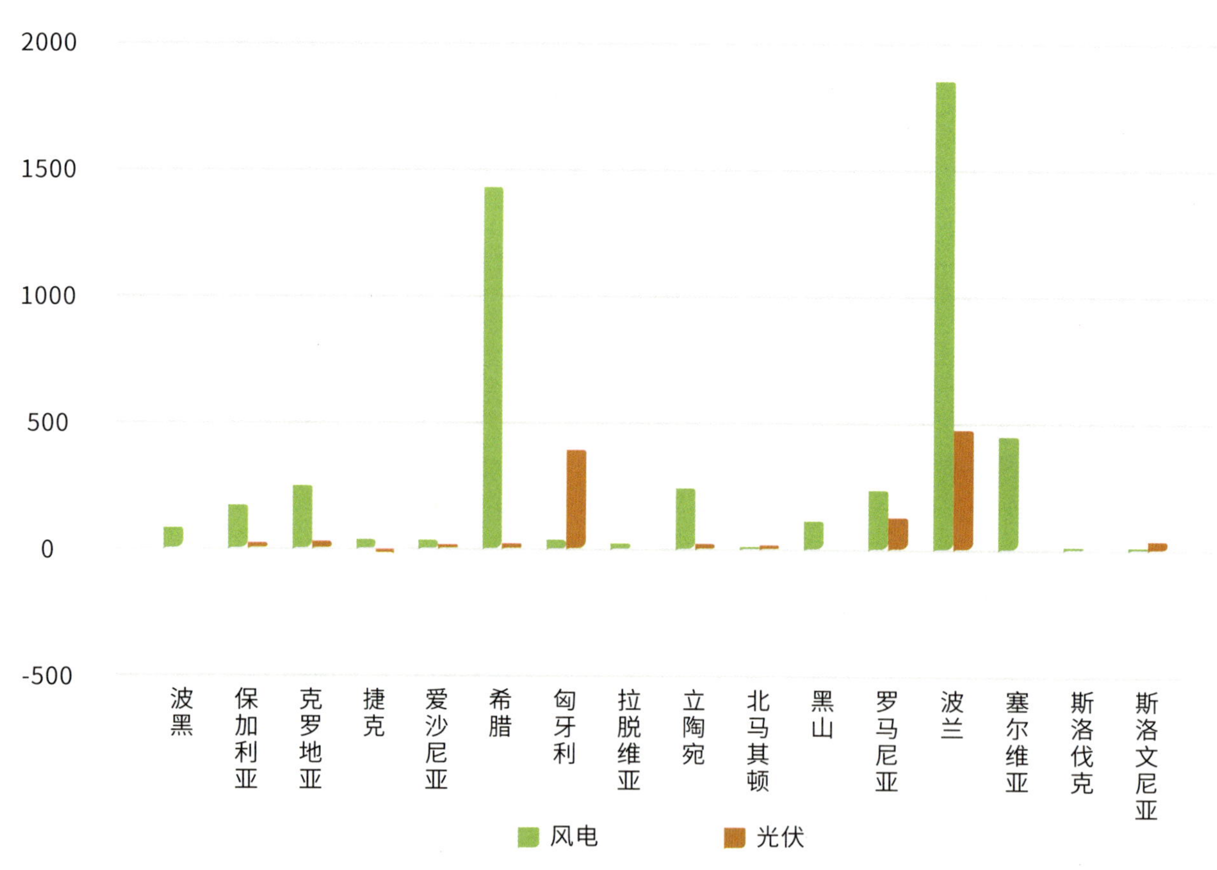

数据来源：ENTSO-E，EUROSTAT，本报告研究

2.4.3 煤电机组负荷率处于较高水平

中东欧地区煤电利用小时数仍然处于较高水平，其中波黑、黑山、塞尔维亚2019年煤电利用小时数超过5000小时。这主要是由于上述三个国家电力供给整体偏紧，同时煤炭资源比较丰富，煤电发电成本较低，与本国和相邻国家的其他类型电源相比具有一定的竞争力。而2019年捷克、希腊、北马其顿和罗马尼亚等国煤电利用小时数较低，均低于4000小时，但这四个国家气电利用小时数则处于较高水平。

图 2-22 2019 年中东欧各国煤电和气电利用小时数

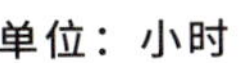
单位：小时

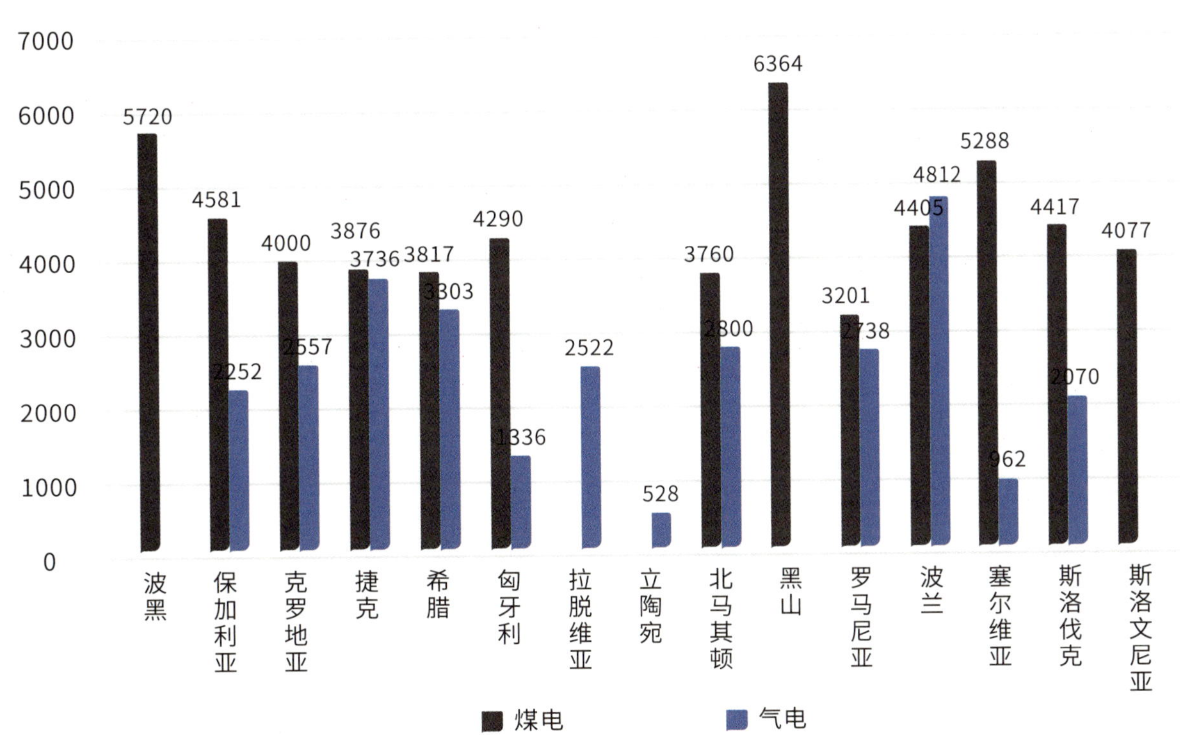

数据来源：ENTSO-E，EUROSTAT，本报告研究

从整个区域来看，近年来中东欧地区煤电利用小时数呈下降趋势，而气电利用小时数逐渐上升，主要原因包括：一是欧盟碳价格上涨使得煤电发电成本增加，相比较而言对气电成本影响较小；二是风光等可再生能源大规模发展以及发电成本下降，对煤电造成一定的冲击；三是欧洲区域互联互通升级以及跨国电力交易市场逐步完善，西欧发达国家经过补贴的可再生能源电力一定程度上替代了中东欧国家煤电的发电空间。

2.4.4 电力系统老化现象显著

中东欧地区电力系统老化现象严重，95%的煤电机组年龄在20年以上，其中波兰、捷克、保加利亚等煤电装机总量及占比较高的国家，部分机组年龄在35年以上，老旧机组陆续面临退役和关停，需要补充更加高效清洁的电源。

图 2-23 中东欧各国煤电机组年龄

单位：兆瓦（MW）

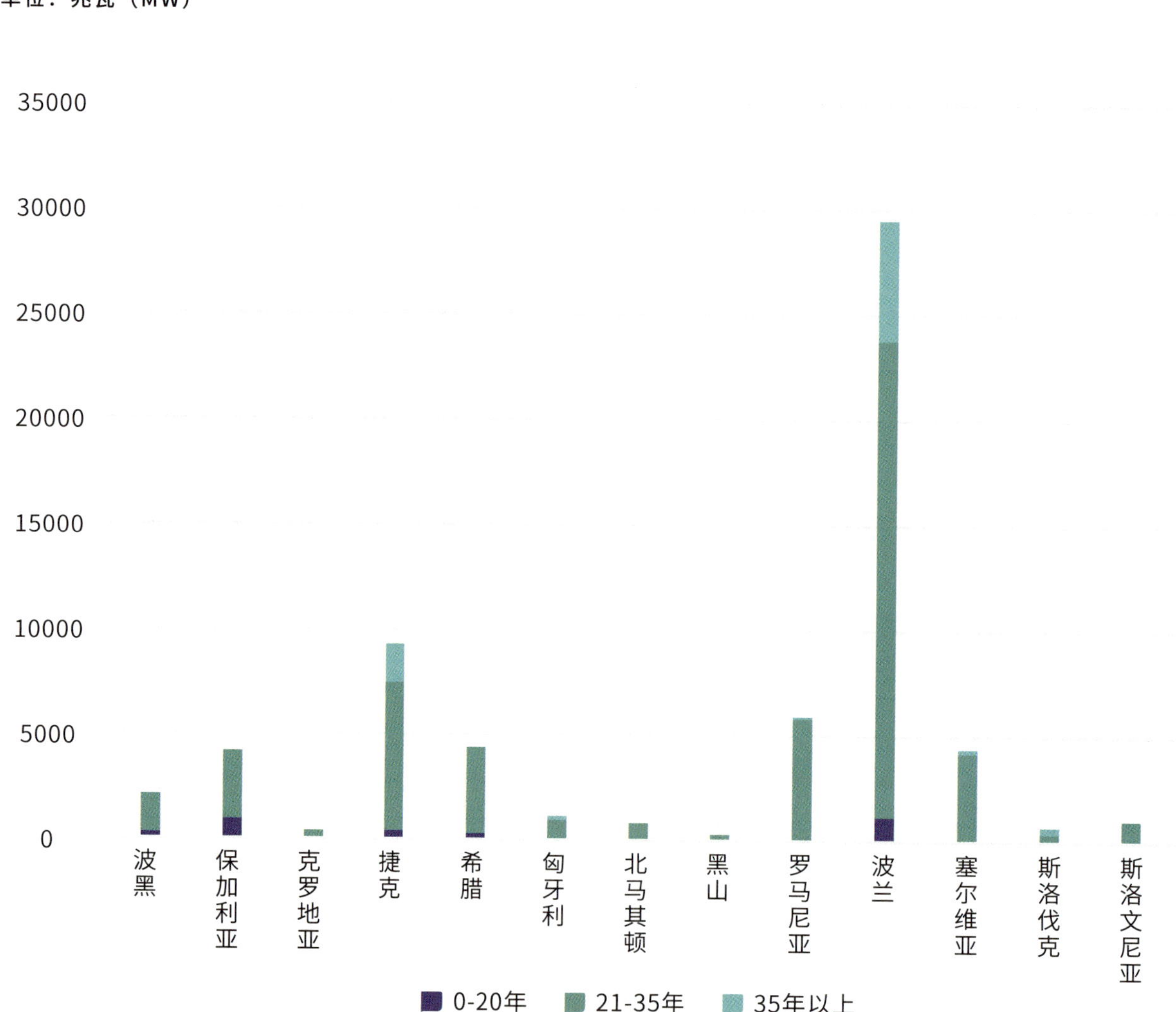

数据来源：Europe Beyond Coal

中东欧地区接近50%的气电机组年龄在20年以上，其中罗马尼亚、保加利亚、克罗地亚、斯洛文尼亚等大多数国家气电机组使用年限较长，升级改造的需求强烈。

图 2-24 中东欧各国气电机组年龄

单位：兆瓦（MW）

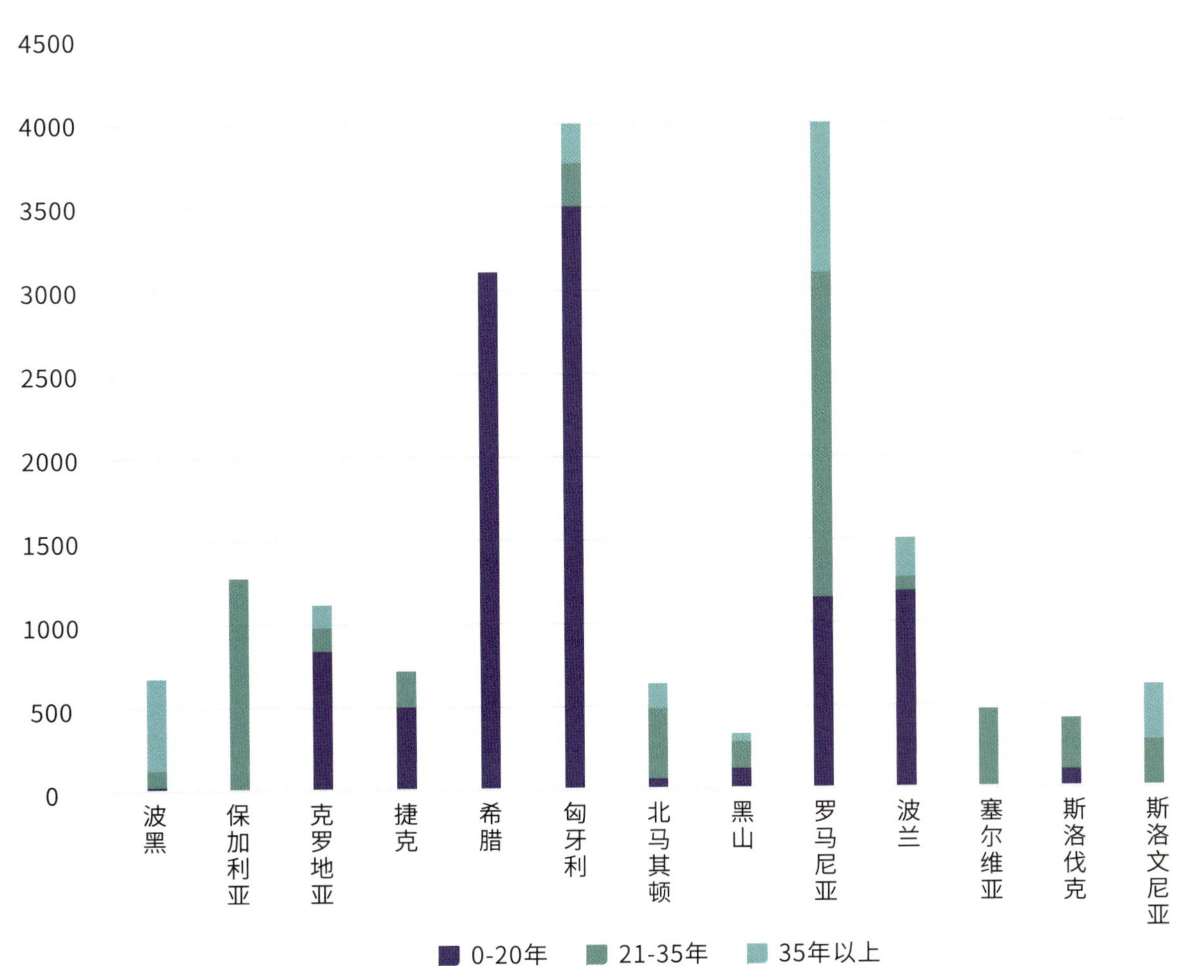

数据来源：Global Energy Observatory

2.5 电力输送

2.5.1 中东欧地区横跨欧洲两大同步电网

中东欧地区横跨欧洲大陆同步电网和波罗的海同步电网，是欧洲电网的重要组成部分。其中爱沙尼亚、拉脱维亚、立陶宛属于波罗的海同步电网，并与北欧同步电网联通；其他国家属于欧洲大陆同步电网。

中东欧国家电网长度总长约112761公里，其中380千伏及以上输电线路长度为35249公里，占比31%；220-150千伏输电线路长度为34141公里，占比30%；132千伏-50千伏输电线路长度为43371公里，占比39%。

表 2-1 中东欧国家电网长度及电压等级

国家	简称	线路长度 单位：km	440-380千伏 占比（%）	220-150千伏 占比（%）	132-50千伏 占比（%）
阿尔巴尼亚	AL	3355	10	46	44
波黑	BA	6405	14	24	62
保加利亚	BG	15260	16	19	65
克罗地亚	HR	7239	17	16	67
捷克	CZ	5810	68	31	1
爱沙尼亚	EE	5349	29	3	68
希腊	GR	11136 (2012)	27	72	1
匈牙利	HU	4861	67	29	4
拉脱维亚	LV	5273	24	-	76
立陶宛	LT	6687	25	-	75
北马其顿	MK	2116	25	-	75
黑山	ME	1240	23	28	49
罗马尼亚	RO	8759	55	45	-
波兰	PL	14069	41	58	1
塞尔维亚	RS	9500	17	21	62
斯洛伐克	SK	2859	68	29	3
斯洛文尼亚	SI	2843 (2013)	24	12	65

数据来源：ENTSO-E，Enerdata

2.5.2 跨国电力交易十分活跃

中东欧地区各国之间以及与区外各国之间电力交易十分活跃，2018年跨国电力交易的总规模约为2500亿千瓦时，超过本地区电力总消费的40%。中东欧主要与西欧地区、北欧地区和俄罗斯有电力交换，整体上为电力净进口地区，近三年平均从区外（主要为西欧地区）进口电力约180亿千瓦时。

图 2-25 2014-2018 年中东欧各国进出口电量

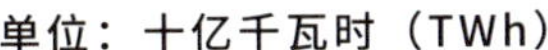

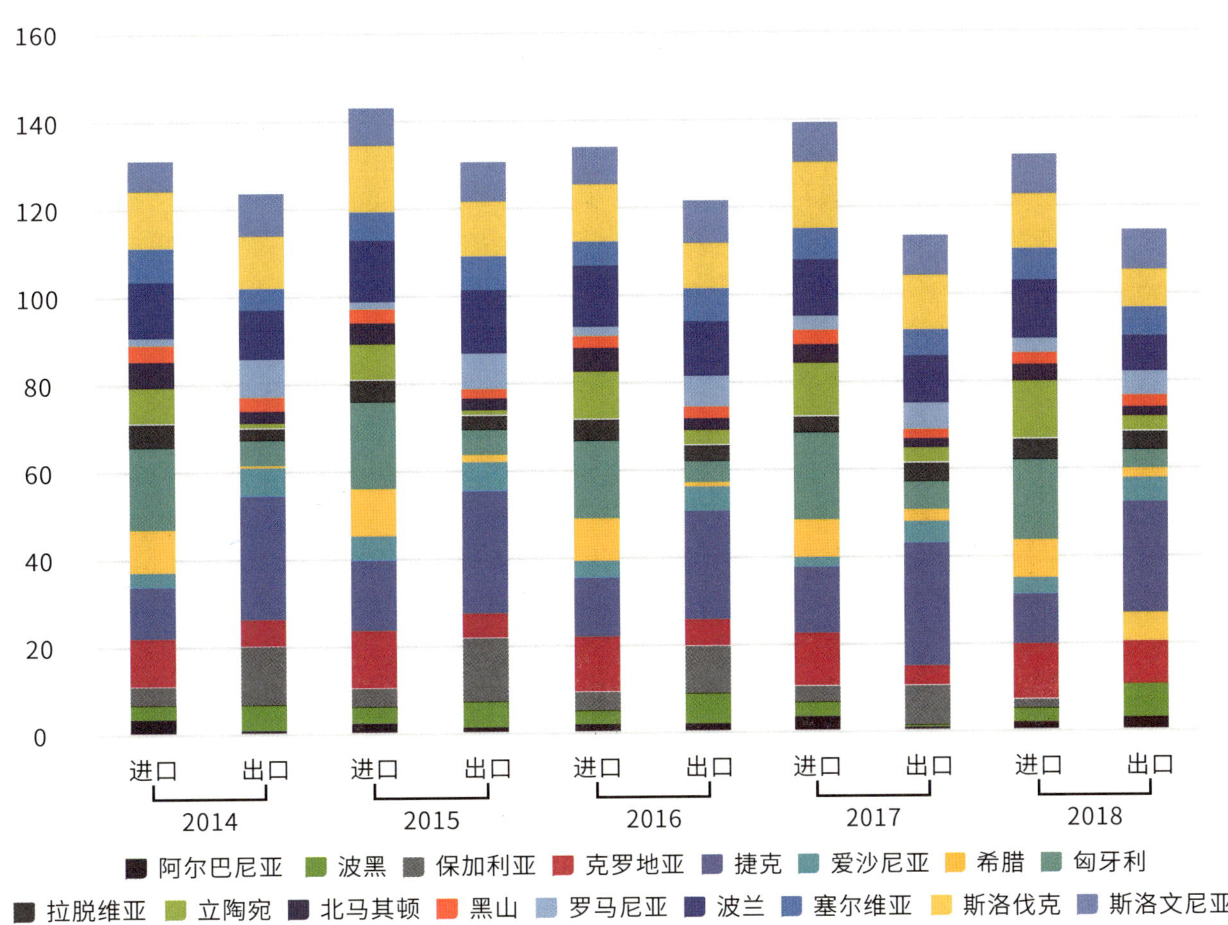

数据来源：ENTSO-E，EUROSTAT

分国别来看，进口电力较多的国家为匈牙利、立陶宛、希腊，2018年净进口电量均在60亿千瓦时以上；电力出口较多的国家为捷克和保加利亚，其中捷克在2018年净出口电量约140亿千瓦时；塞尔维亚、斯洛伐克、斯洛文尼亚为电力枢纽型国家，进出口电量主要为过境电量。

图 2-26 2018 年中东欧各国进出口电量

单位：十亿千瓦时（TWh）

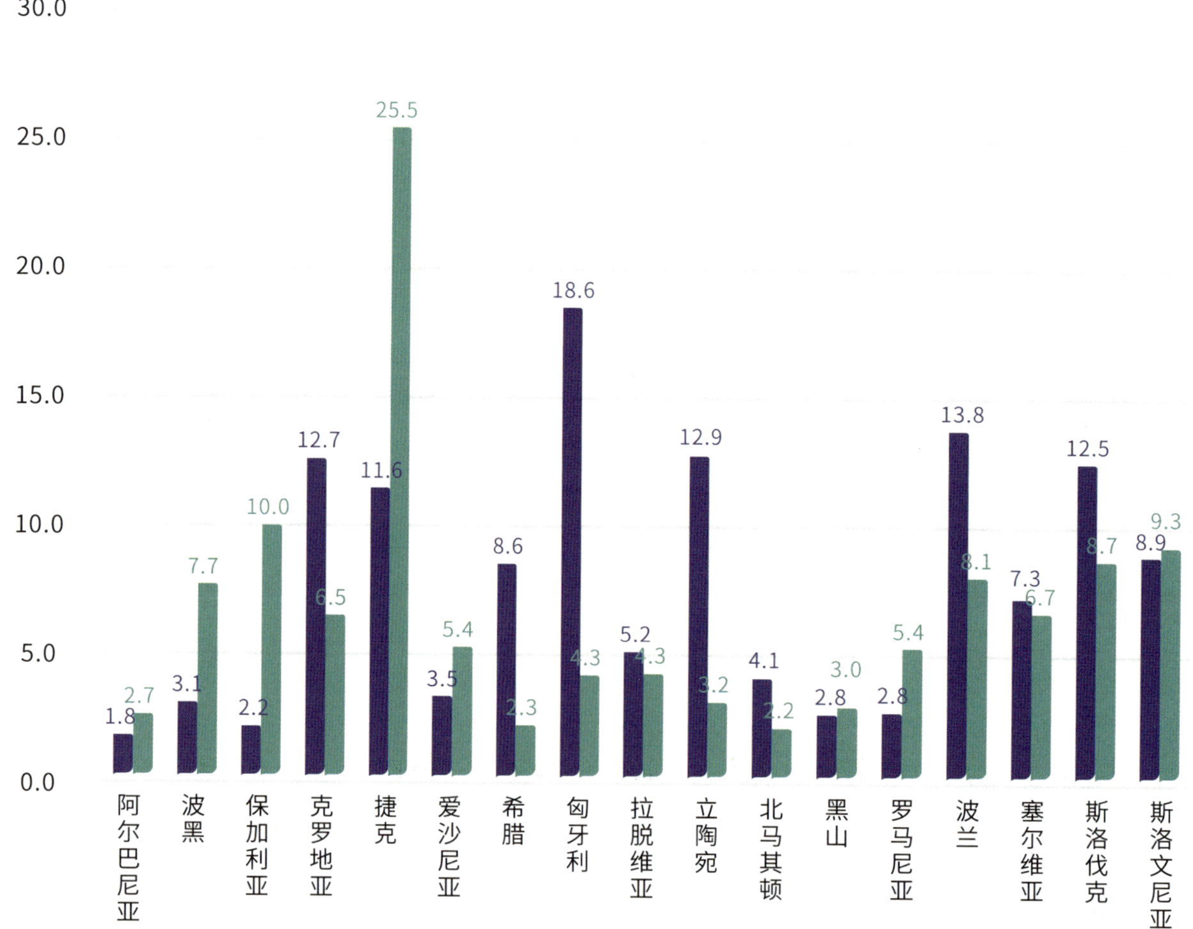

数据来源：ENTSO-E，EUROSTAT

2.5.3 电网线损率较高

中东欧地区电网体系多建于20世纪90年代前，损坏和老化现象严重，部分国家存在计量设施不准、自动化水平较低等技术管理性问题。根据相关统计，中东欧多数国家的电网线损率显著高于欧盟平均水平（6.7%），尤其是阿尔巴尼亚、立陶宛、北马其顿等国，电网线损率在20%以上，电网基础设施升级改造需求强烈。

图 2-27 中东欧各国电网线损率

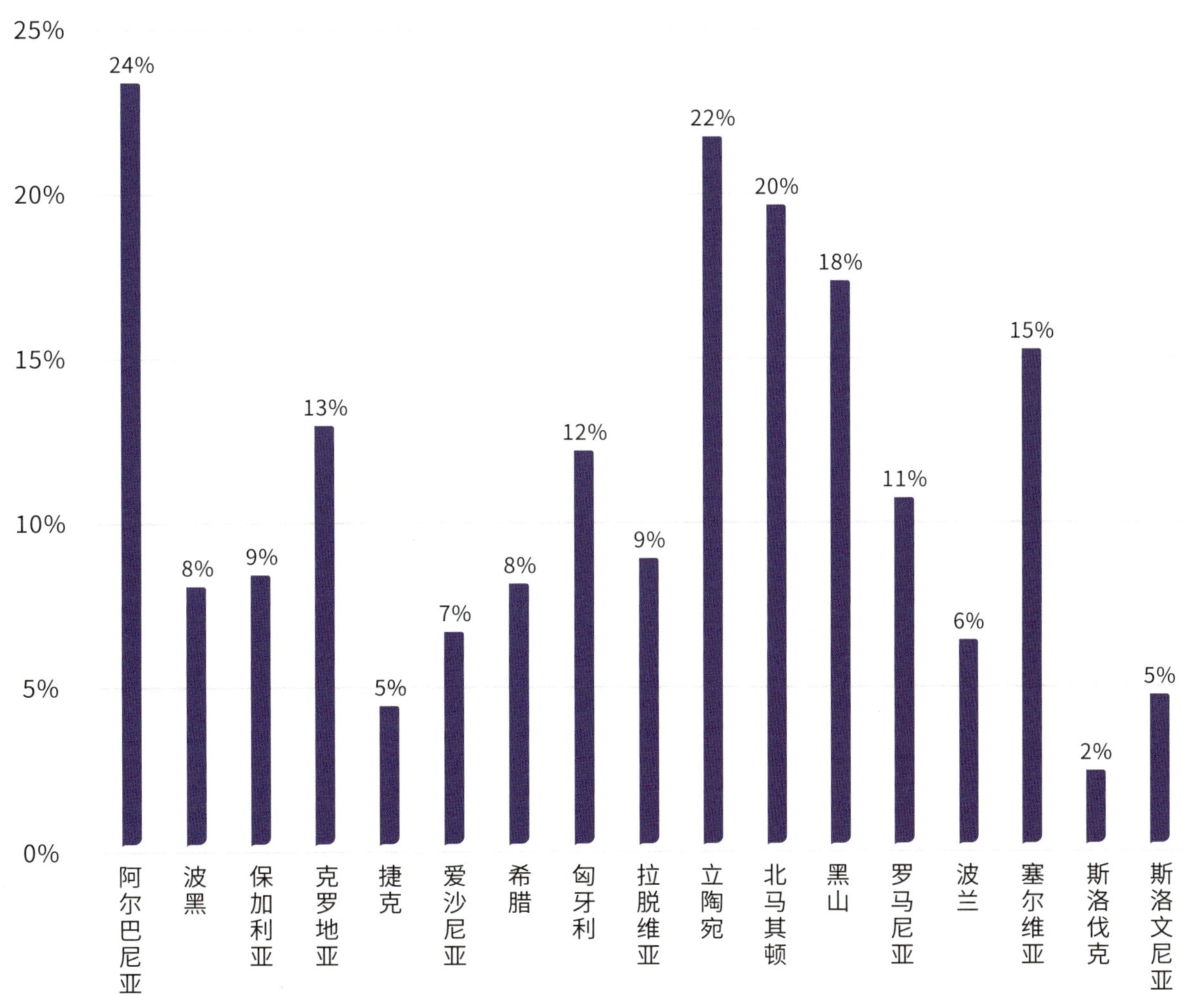

数据来源：国际能源署，Index mundi

2.6 电力价格

2.6.1 批发市场电价呈上涨趋势

中东欧地区多数国家建立了电力批发市场，发电商和用电企业在电力批发市场上进行电力交易，电力批发市场上的价格反映的是电力生产的平均价格，也是发电商实际出售电力的价格（用电企业的实际用电价格则是在批发市场电力价格的基础上，增加输配电费和各类税费）。

根据统计，中东欧地区各国电力批发市场电力价格基本在4欧分/千瓦时-6欧分/千瓦时之间。2015-2019年，中东欧地区批发市场电价整体呈现上升趋势，这主要是由于自2017年以来，碳价格大幅上涨到之前的4倍（由5欧元/吨上升到约20欧元/吨），使得发电成本增加，从而导致批发市场电价上涨。此外，由于受水电等可再生能源发电季节性波动、冬夏季用电需求升高、煤改气等因素影响，中东欧地区批发市场电价受季节影响波动较大。

图 2-28 中东欧地区批发市场电价

单位：欧分 / 千瓦时

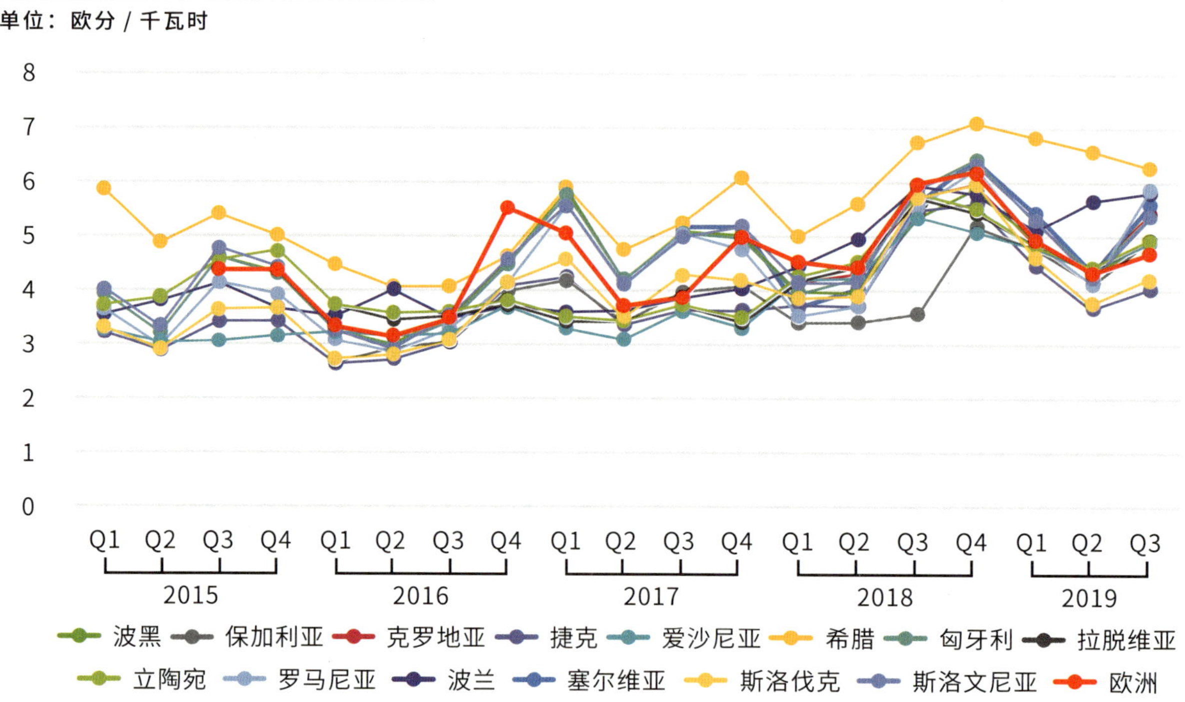

数据来源：Market Observatory for Energy

* 暂无阿尔巴尼亚、北马其顿和黑山电价数据

中东欧各国之间批发市场电价差异较大，同一时期电价差最大达到3欧分/千瓦时。这是由跨境电力互联程度不足、可再生能源分布不均衡、碳排放的高额成本等一系列因素造成的影响，由于各国装机结构、能源储量不同，上述因素对各国影响程度不同而造成批发市场电价产生巨大差异。

中东欧地区批发电价较高的三个国家为希腊、波兰和匈牙利。希腊和匈牙利主要依靠电力进口，且跨境互联通道容量较小，导致批发市场电价较高；波兰和希腊的传统化石能源发电机组比例较高，随着碳价格升高，需要为二氧化碳的排放支付高额费用；希腊本国岛屿较多，电力系统较为薄弱，电网运营商为可再生能源装机总量设定了限额，限制了当地风光等可再生能源的发展。

中东欧地区批发电价较低的三个国家为保加利亚、爱沙尼亚和捷克。保加利亚能源资源储量丰富，本国电力供应充足，是欧洲地区的电力净出口国，2018年净出口电力近80亿千瓦时，约占2018年发电总量的20%，此外，自2015年以来保加利亚对可再生能源发电的补贴政策逐步减弱，市场化的竞争环境促进了批发市场电价的降低；爱沙尼亚具有丰富的油页岩资源，2000年油页岩发电量占比高达90%，此外爱沙尼亚与芬兰进行电力互联，输电容量达到100万千瓦，北欧地区风能和水能资源丰富，且与欧洲其他地区相比电价较低，北欧地区廉价的风电和水电电力进入爱沙尼亚，拉低了爱沙尼亚批发市场电价；捷克核电和可再生能源装机占比较高，由于可再生能源和核电发电的边际成本非常低，其在批发市场的报价一般较低，使得批发市场的整体价格下降。

图 2-29 2014-2019 年中东欧各国批发市场电价区间

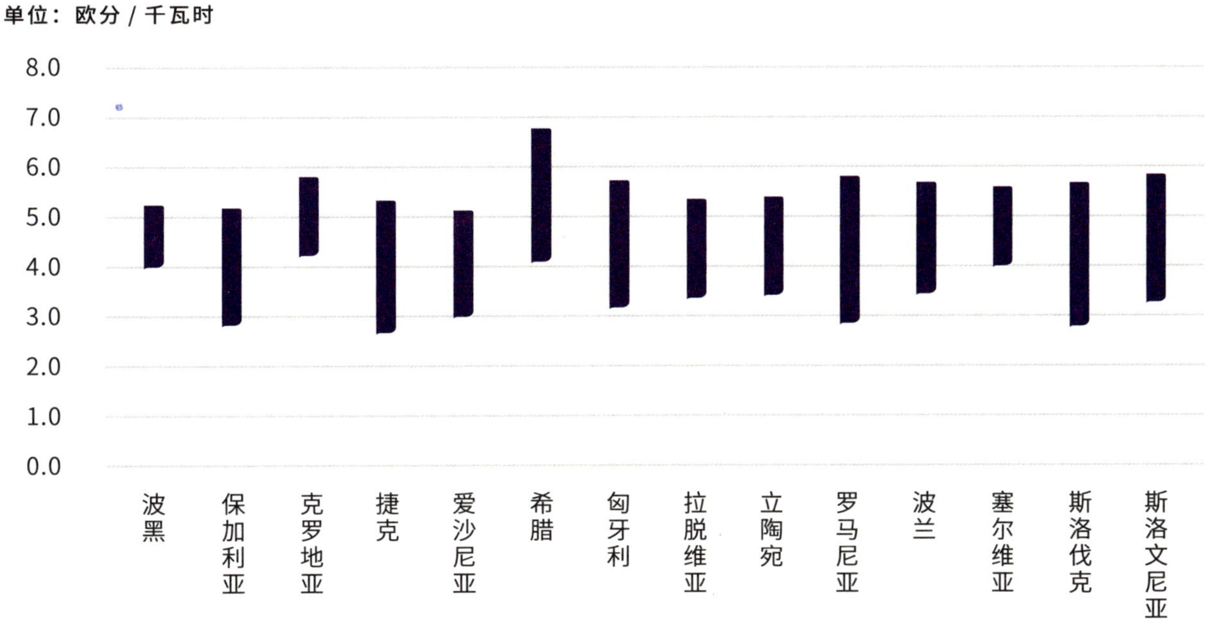

数据来源：Market Observatory for Energy
* 暂无阿尔巴尼亚、北马其顿和黑山电价数据

2.6.2 销售电价低于欧洲平均水平

中东欧国家销售侧电价主要分为居民电价和工业电价两类。总体来看，居民电价要显著高于工业电价。

中东欧地区居民电价在7欧分/千瓦时-17欧分/千瓦时之间，显著低于欧洲平均水平。各国之间差异较大，其中捷克、希腊、拉脱维亚电价水平较高，2019年居民电价超过16欧分/千瓦时。2017-2019年，中东欧地区居民电价总体呈现上涨趋势，这与批发市场的电价变化情况基本一致。

图 2-30 中东欧地区居民销售电价

单位：欧分 / 千瓦时

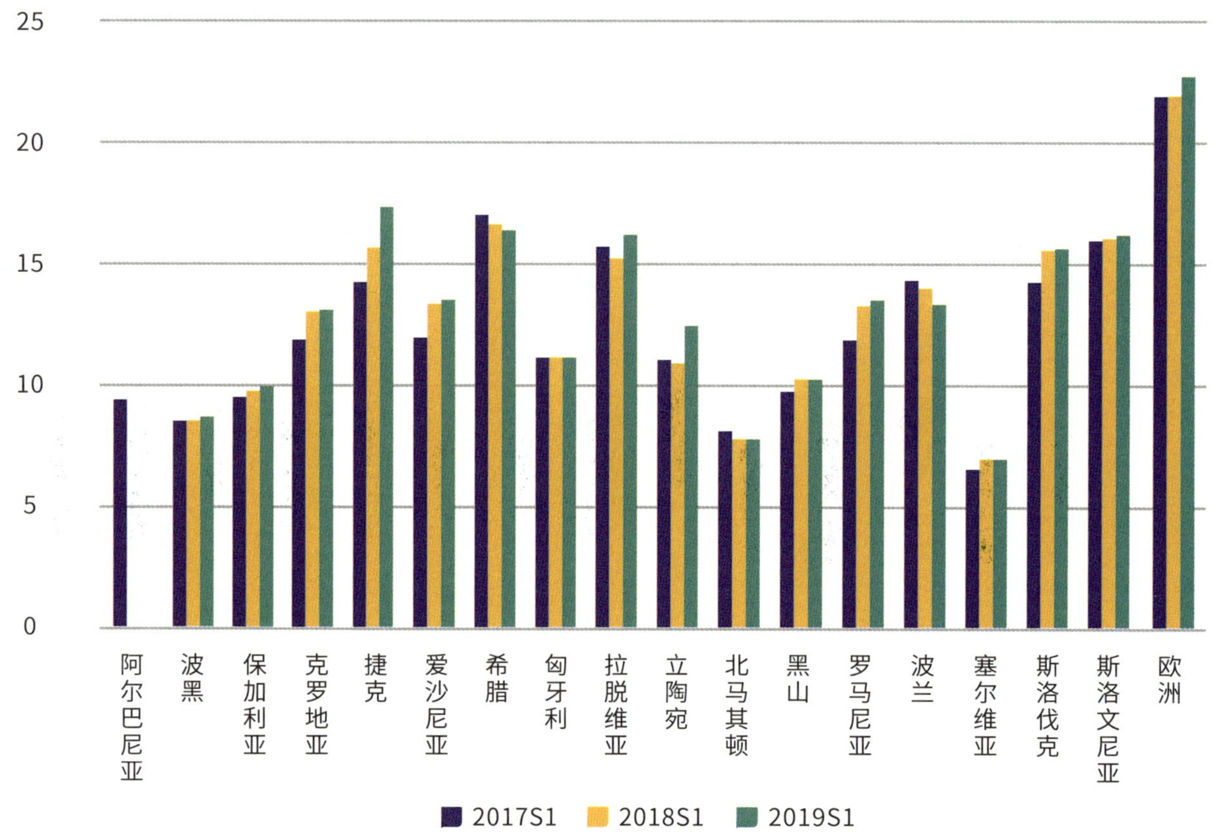

数据来源：Eurostat
* 暂无阿尔巴尼亚 2018 和 2019 年电价数据

中东欧各国工业电价在5欧分/千瓦时-13欧分/千瓦时之间，总体略低于欧洲平均水平。各国工业电价之间差异较大，其中斯洛伐克、希腊、拉脱维亚电价水平较高，2019年工业电价超过10欧分/千瓦时。2017-2019年，中东欧地区工业电价整体呈上涨趋势。

图 2-31 中东欧地区工业销售电价

单位：欧分 / 千瓦时

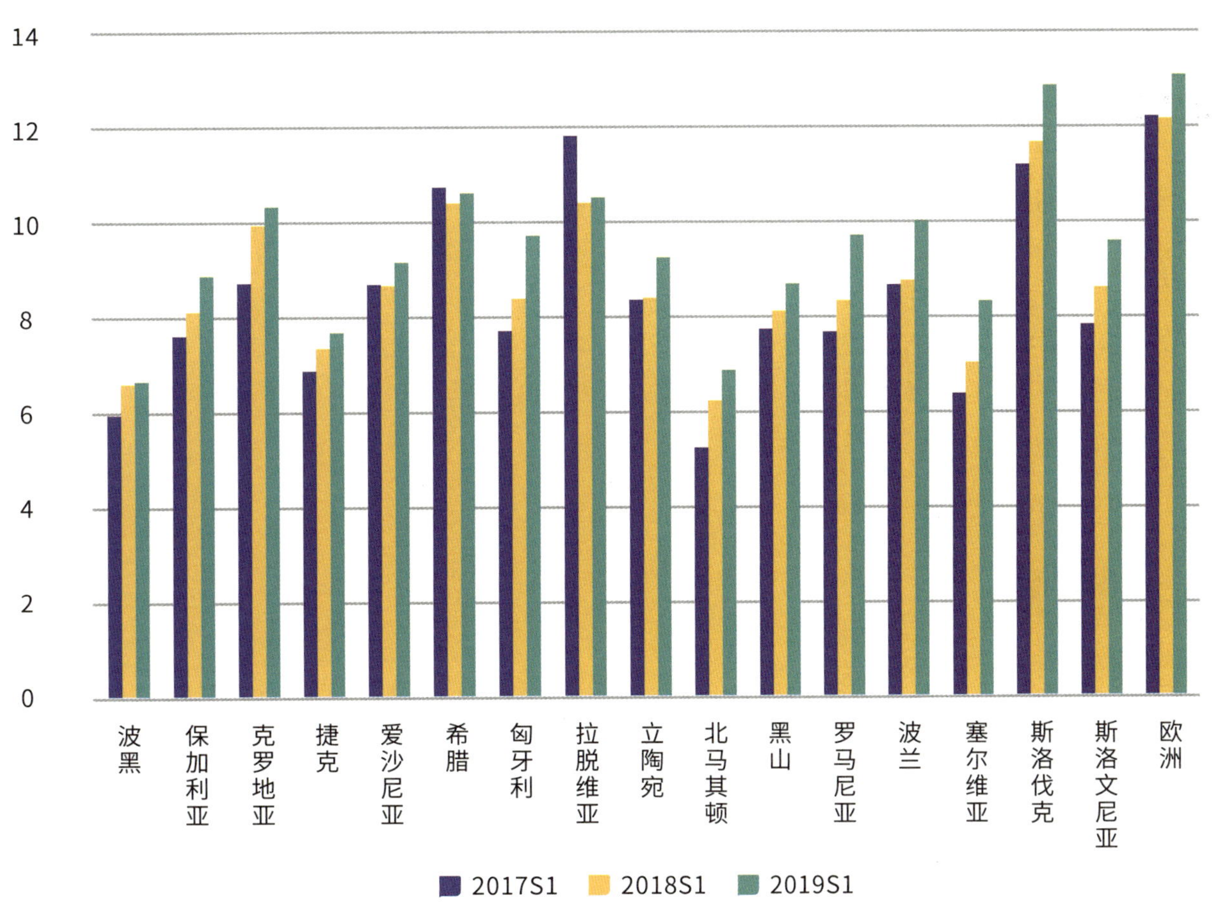

数据来源：Eurostat
* 暂无阿尔巴尼亚电价数据

2.7 可再生能源政策

为了实现可再生能源发展目标，中东欧各国采取了一系列的价格政策促进可再生能源发展，近年来政策变化主要表现为以下趋势：一是可再生能源装机激增（2010-2013年）带来了高额的补贴成本，为缓解政府的财政负担，标杆上网电价机制已名存实亡，目前仅适用于部分小规模项目；二是为了提高可再生能源市场的竞争力，可再生能源定价机制正在向上网电价补贴和拍卖机制过渡；三是随着可再生能源发电技术进步和欧盟对各成员国能源转型要求的提高，可再生能源仍然是近期中东欧各国发展的重点。

2.7.1 阿尔巴尼亚

标杆上网电价机制仅适用于小规模装机的可再生能源发电项目。规模以上的可再生能源发电项目（如3MW以上风电和2MW以上光伏发电）则需采用拍卖机制确定电价，电价有效期为15年。2018年，阿尔巴尼亚启动首个光伏发电项目Adriatic 100MW光伏电站，采用公开竞价确定投资方，最终中标电价为5.99欧分/千瓦时。2020年，阿尔巴尼亚启动了第二个140MW光伏电站招标，最终法国Voltalia公司中标，根据协议，该电站50%电力以2.489欧分/千瓦时的固定价格结算，另外50%电量则是按市场价格结算。

2.7.2 波黑

波黑可再生能源政策和电价由其两个政治实体（波黑联邦和塞族共和国）各自制定。其中波黑联邦采用标杆电价机制，主要适用于小规模装机项目，电价有效期为12年，并设置各品种的装机总量上限，计划于2021年引入拍卖机制。塞族共和国采用标杆电价机制和电价补贴政策，主要适用于小规模装机项目，电价有效期为15年，并设置年度新增容量总量上限，计划引入基于拍卖机制的可再生能源激励政策。

2018年以来，波黑塞族共和国开始实施竞标方式确定光伏项目开放商。2018年，组织了Ljubinje 65MW光伏电站招标，但未获得有效竞标。2020年，组织了Bileca 60MW光伏电站招标，英国Energy Financing Team（EFT）公司成功中标，项目总投资约4770万美元，EFT公司将与塞族共和国签订正式合同，并获得该项目50年的特许经营权。

2.7.3 保加利亚

2008-2012年，保加利亚可再生能源装机迅速发展。为了减轻迅猛增长的可再生能源发电补贴带来的财政负担，2012年起政府通过采取征收和提高过网费、所得税等措施，降低对可再生能源的补贴与支持，2015年起终止大规模可再生能源项目的标杆上网电价机制。在一系列政策影响下，2013年以来，保加利亚的风电和光伏装机增长基本停滞。2018年，政府提出向电价补贴机制过渡，目前尚未落实。

2.7.4 克罗地亚

2016年起，克罗地亚对0.5MW以上装机的可再生能源发电项目实行通过拍卖产生的电价补贴机制（Feed-in-Premium），电价有效期为12年，并实行年配额制。补贴根据每月电力批发市场的电价进行浮动，以鼓励可再生能源参与电力平衡。如果发电商提高可再生能源发电特性与电价波动的互补性，通过更精准的风功率预测、更灵活的市场响应而获得了高于市场平均电价的交易价格，则可以获得更多的收益。2020年5月，克罗地亚政府宣布将在未来开展一系列可再生能源招标，总容量2265MW。2020年8月，克罗地亚能源市场运营商（HROTE）正式启动可再生能源招标，项目总规模为88MW。

2.7.5 捷克

在积极的可再生能源政策促进下，2009-2010年捷克光伏发电装机迅猛增长（200万千瓦）。为了缓解税收减免和电价补贴带来的财政负担，2011年起政府对可再生能源的支持力度逐步减弱。2014年起，标杆电价和绿色补贴机制仅适用于新建小型水电和光伏项目以及在建可再生能源项目，电价和补贴有效期20年（水电项目30年）。在以上措施的作用下，2013年以来风光装机增长基本停滞，仅有小水电少量增加。目前尚未启动拍卖机制。

2.7.6 爱沙尼亚

0.05MW以上装机的可再生能源项目实行拍卖机制。2019年，爱沙尼亚启动第一个针对小型可再生能源发电项目的招标，中标者将在每月平均价格上获得额外补贴，合同有效期12年，最高补贴限价为5.37欧分/千瓦时，补贴与平均市场价格之和不超过9.3欧分/千瓦时。

2.7.7 希腊

希腊自2016年起实行电价补贴机制，补贴金额通过拍卖确定，有效期为20年（0.01MW以下屋顶光伏及光热项目为25年）。根据2019年小型可再生能源项目的竞标结果，共有23个（总容量共计142.8MW）小型光伏项目中标，其中最高价为6.93欧分/千瓦时，最低标价6.20欧分/千瓦时，加权平均价6.28欧分/千瓦时；共有9个（共179.5MW）风电项目中标，其中最高价为6.92欧分/千瓦时，最低标价5.91欧分/千瓦时，加权平均价6.73欧分/千瓦时。2019年，希腊启动了大型风电和光伏项目集中竞标，风电和光伏同平台竞价，报价上限为6.472欧分/千瓦时，共吸引到637.78MW的项目申请，未达到政府起初设定的800MW申请总量的最低线。

2.7.8 匈牙利

2017年起，匈牙利对小型项目实行上网电价或电价补贴机制，合同有效期大多为25年。1MW以上的项目以及所有的新建风电项目必须通过拍卖获得补贴，电价合同有效期最长20年。2019年，匈牙利启动第一次技术中立的可再生能源集中招标（METÁR），最高限价8.1欧分/千瓦时，参加竞价的169个项目中有168个为光伏项目（共348.5MW），光伏发电报价在5.78欧分/千瓦时-7.44欧分/千瓦时之间，中标者将获得最长15年的补贴支付。2020年，匈牙利将举行第二次可再生能源集中招标，总补贴金额按照8亿匈牙利福林/每年（约230万欧元/年）封顶。

2.7.9 拉脱维亚

由于可再生能源支持政策需要支付高额成本，自2012年起，拉脱维亚现存的补贴政策（包括标杆上网电价、配额制、竞价等）对新的可再生能源发电设施关闭并进行修订。目前尚未出台新的可再生能源支持政策。

2.7.10 立陶宛

0.01MW以下的可再生能源发电项目实行上网电价机制，电价有效期为12年。0.01MW以上的项目通过拍卖机制获得电价补贴，有效期12年。2019年立陶宛启动首次技术中立招标，参考价格为4.51欧分/千瓦时，最高限价为4.89欧分/千瓦时，最高补贴为0.39欧分/千瓦时。立陶宛可再生能源发展目标较高（2030年达到45%），期望通过拍卖机制提高可再生能源消费所占比重，同时减少对电力进口的依赖。

2.7.11 北马其顿

标杆上网电价机制适用于50MW以下风电、1MW以下太阳能发电、10MW以下水电、3MW以下生物质发电，各品种发电装机总量有上限规定。除光伏发电电价合同有效期为15年，其他品种为20年。北马其顿2018年起通过拍卖机制确定电价补贴（Feed-in-Premium），2019年首次启动光伏项目的招标，总装机共计62MW，补贴最高限价为1.5欧分/千瓦时，合同有效期15年。2020年5月，北马其顿政府与23个投资方签订光伏开发协议，政府将向总计21MW的光伏项目提供15年的固定补贴，政府每年支付的补贴总计约42万欧元。

2.7.12 黑山

标杆上网电价机制适用于风电以及小规模光伏、生物气、水电以及生物质项目，电价合同有效期12年，2020年起将逐步取消标杆上网电价机制。黑山政府正在计划实行拍卖机制，并启动首个风电项目的招标。2018年进行了Briska Gora 200 MW光伏项目的招标，中标者每年支付0.33欧元/平方米的特许经营费。

2.7.13 罗马尼亚

罗马尼亚2016年之前主要实行基于绿证的配额机制，期间该机制进行了多次修改，支持力度大幅度下降。2017年起配额制终止，配额制对2017年前投产的电厂仍然有效，并将持续到2031年。2019年，政府向公众征集关于实行拍卖机制的意见，在该机制下罗马尼亚电力和天然气市场运营商OPCOM S.A.将作为公共电力资金的管理和分配方，通过拍卖机制与发电商签订差价合同，发电商向电力市场出售电力，当市场价格低于合约价格时OPCOM向发电商补偿差价，反之发电商向OPCOM返还差价。该机制预计于2020年开始研究制定，最早将于2022年左右正式执行。

2.7.14 波兰

波兰自2016年起实行拍卖机制，共分为5类：（1）垃圾生物气；（2）水能、地热和海上风电；（3）农业沼气；（4）陆上风电和光伏；（5）混合可再生能源发电。招标分为1MW以上的大项目和1MW以下小项目两种类型，电价有效期15年。实行最高限价，分别为：农业沼气12.56欧分/千瓦时，1MW以下陆上风电6.83欧分/千瓦时，1MW以上风电7.71欧分/千瓦时，1MW以上光伏发电8.81欧分/千瓦时。2019年最大规模的招标结果显示，中标电价在3.6-5.2欧分/千瓦时之间，其中风电项目获得约35亿欧元投资，光伏项目获得约2840万欧元投资。作为煤电大国，波兰距离自身（2020年达到15%）及欧盟的可再生能源发展目标（2020年达到20%）尚有一定差距，希望通过实行拍卖机制来大力推动可再生能源发展。

2.7.15 塞尔维亚

实行标杆上网电价机制，电价有效期12年，对适用上网电价的各类项目总装机有限制，其中光伏10MW，风电500MW。2014年以来，塞尔维亚可再生能源装机新增较少，距离2020年可再生能源发展目标尚有一定差距。预计在2020年启动拍卖机制并对风光项目进行招标，预计2023年前将进行至少80MW光伏和450MW陆上风电的拍卖。

2.7.16 斯洛伐克

2019年起，针对0.5MW以上的项目实行拍卖机制以确定上网电价补贴。2020年2月，斯洛伐克启动首个技术中立的大规模拍卖项目，总装机30MW，风电光伏最高限价为8.5欧分/千瓦时，其他可再生能源技术最高限价10.68欧分/千瓦时，电价补贴有效期15年。

2.7.17 斯洛文尼亚

2017年起斯洛文尼亚通过拍卖机制支持新建可再生能源项目，0.5MW以上项目实行电价补贴机制，小规模发电项目采用上网电价机制。最近一次拍卖在2018年举行，共有41个可再生能源和热电联产项目总计129MW中标，中标平均电价6.6欧分/千瓦时。

2.8 电力市场化

中东欧各国正在加速推进电力体制改革，促进电力市场实现自由化。目前来看，保加利亚、克罗地亚、捷克、波兰等欧盟国家市场化程度较高，已基本完成现货交易市场建设，正在推动本国市场与区域电力市场的深度融合与联通，以实现更广范围的参与电力交易和互联互通。另一方面，阿尔巴尼亚、波黑、黑山等非欧盟国家竞争性电力市场建设还未完成，自由化水平相对较低，发电企业市场集中度较高，批发市场交易以中长期的双边合同为主，还未建立完善的现货市场，目前这些国家正致力于进一步推动电力市场自由化，并积极参与区域电力交易。与此同时，欧洲区域正在大力推动电力市场的跨国融合，构建欧洲统一的日前市场（SDAC，包括MRC和4MMC）和日内市场（SIDC），中东欧的许多国家都已经加入。

2.8.1 阿尔巴尼亚

发电行业集中度较高，国有发电企业KESh发电占比68%。阿尔巴尼亚计划2025年前实现电力市场自由化，政府定价将逐渐退出。目前已经建立了日前交易市场，正在筹建阿尔巴尼亚电力交易中心（APEX）并与科索沃进行日前交易市场的耦合。

2.8.2 波黑

三大国有发电企业EP BIH、ERS和EP HZ HB发电占比达到86%。目前，波黑还未建立成熟的电力市场，现存的电力交易主要基于双边合同。由于几大发电企业同时运营配售电业务，电力交易规模并不大。

2.8.3 保加利亚

发电行业集中度较高，国有发电企业BEH发电占比达到60%。目前，自由的电力市场和管制市场并存，超过40%的销售电力仍然为政府定价模式。与此同时，保加利亚电力交易仍然以中长期合同为主、现货电力交易为辅。2014年，保加利亚建立保加利亚独立电力交易中心IBEX。2016年，IBEX和北欧电力交易所共同建立日前交易市场，2018年启动日内交易市场。2019年，IBEX中长期合约交易电量为227亿千瓦时，日前市场交易电量61亿千瓦时，日内交易电量1.7亿千瓦时。保加利亚已加入欧洲统一日前交易市场SDAC和日内市场SIDC。

2.8.4 克罗地亚

发电行业集中度高，国有发电企业HEP发电占比约80%。2014年建立克罗地亚电力交易有限公司CROPEX（由克罗地亚能源市场运营公司和克罗地亚输电运营公司共同持股）。CROPEX于2016年正式启动日前电力交易市场，2017年启动日内交易市场。2019年，CROPEX日前市场交易电量达到52.5亿千瓦时（约占全部用电量的28%），日内市场交易电量累计达到1.0亿千瓦时。克罗地亚已加入欧洲统一日前交易市场SDAC和日内市场SIDC。

2.8.5 捷克

发电行业集中度较高，国有发电企业CEZ发电占比约2/3。捷克电力市场比较完善，所有消费者均可以自由选择能源供应商。2001年成立OTE负责组织电力市场交易。现货交易市场的流动性较高，2019年OTE日前市场交易电量238亿千瓦时（约占电力消费总量的1/3）,日内交易电量约11亿千瓦时。捷克是4MMC（包括捷克、匈牙利、罗马尼亚、斯洛伐克四国的区域电力市场）的组成部分，也已加入欧洲统一日前交易市场SDAC和日内市场SIDC。

2.8.6 爱沙尼亚

发电行业集中度较高，国有发电企业Eesti Energia发电占比80%。目前爱沙尼亚建立了自由的电力市场，18%的消费者享受普遍服务，其余消费者签订电力合同（55%为固定电价合同，27%为电力交易合同）。2010年加入北欧电力交易所日内市场，目前已建立完善的现货电力交易市场。爱沙尼亚已加入欧洲统一日前交易市场SDAC和日内市场SIDC。

2.8.7 希腊

发电行业集中度较高，国有发电企业PPC发电占比约60%。电力市场向所有的消费者开放，消费者可以在自由市场和政府定价模式之间转换。2018年建立了希腊能源交易所HEnEx，所有的电力生产商和进口商必须售电给TSO批发市场，计划成立独立的电力交易中心，承担电力市场组织的职能。2018年，HEnEx上组织的日前市场交易电量558.5亿千瓦时。希腊正在积极推进与巴尔干区域各国电力交易市场的融合。希腊已加入欧洲统一日前交易市场SDAC和日内市场SIDC，同时也在积极推进与巴尔干区域各国电力交易市场的融合。

2.8.8 匈牙利

发电行业集中程度在区域内属于较低水平，发电主体较多，最大的发电企业MVM公司发电占比约52%。自由的电力市场和管制市场并存。2010年建立匈牙利日前交易市场，2019年，HUPX日前市场交易量约220亿千瓦时，约占电力总消费的50%；日内市场交易量1.6亿千瓦时。匈牙利与周边国家的日前市场已经实现全面融合，是4MMC区域市场的组成部分，也已加入欧洲统一日前交易市场SDAC和日内市场SIDC。

2.8.9 拉脱维亚

发电集中度较高，国有发电企业Latvenergo发电占比75%以上。电力市场向所有消费者开放，居民用电仍然为政府定价模式，约占整个市场份额的25%。2013年拉脱维亚加入北欧电力交易市场（Nord pool），现货电力交易十分完善。拉脱维亚已加入欧洲统一日前交易市场SDAC和日内市场SIDC。

2.8.10 立陶宛

发电行业集中度较低，国有发电企业LEG发电占比约30%。所有消费者均可以自由选择能源供应商，独立供应商约提供零售电力消费的70%。2010年波罗的海国家通过“共同波罗的海电力市场”进行电力交易，90%以上的电力交易通过运营商RAO Lietuva进行。2012年立陶宛加入北欧电力交易市场（Nord pool），立陶宛等波罗的海国家计划2025年前与欧洲大陆区域电网（CEN）实现电网同步。立陶宛已加入欧洲统一日前交易市场SDAC和日内市场SIDC。

2.8.11 北马其顿

发电行业集中度较高，国有发电企业ELEM发电占比75%。2019年起电力市场向所有的消费者开放，均可获得电力普遍服务，自由市场的交易量约40%。2018年，北马其顿国家电力市场运营商MEMO成立。2019年，MEMO正式开始组织电力交易。目前，MEMO正在筹备现货电力交易市场。根据计划，MEMO将在2020年启动日前电力交易市场，并将与保加利亚市场、阿尔巴尼亚实现联通。北马其顿还未加入欧洲统一日前交易市场SDAC和日内市场SIDC。

2.8.12 黑山

发电行业集中度较高，国有发电企业发电占比100%。目前还未建立成熟的电力市场，现存的电力交易主要基于双边合同。计划与北欧电力交易所共同建立日前交易市场，并与塞尔维亚SEEPX日前市场联通。黑山还未加入欧洲统一日前交易市场SDAC和日内市场SIDC。

2.8.13 罗马尼亚

国有发电企业（Hidroelectrica、CE Oltenia、Nuclearelectrica、OMV Petrom、Elcen）发电占比约80%。电力市场开放程度较高，70%以上的消费者在自由市场进行交易。电力交易由罗马尼亚电力和天然气交易运营商Opcom组织开展。目前，Opcom已经建立了完善的现货电力交易市场，2019年日前市场交易电量231亿千瓦时，日内市场交易电量3.7亿千瓦时。罗马尼亚已经加入欧洲统一日前交易市场SDAC和日内市场SIDC。

2.8.14 波兰

国有发电企业（PGE、Tauron Polska Eneria、ENEA）发电占比约70%。波兰已经建立了充分开放的电力市场。2018年起，所有的发电商必须将全部电力（除可再生能源发电）在波兰电力交易中心（TGE）进行交易。TGE的年交易量约2260亿千瓦时，其中商品衍生品市场（Commodity Derivatives Market）交易量1980亿千瓦时，现货市场交易量约280亿千瓦时。波兰已加入欧洲统一日前交易市场SDAC和日内市场SIDC。

2.8.15 塞尔维亚

发电行业集中度较高，国有发电企业EPS占比约95%。所有消费者均可以自由选择能源供应商，居民和小型消费者仍然为政府定价模式，自由电力市场的交易量超过40%。批发市场已经完全市场化，零售市场面向所有的消费者。2016年塞尔维亚建立SEEPEX电力交易中心，进行日前批发市场的交易，年交易量约23亿千瓦时。塞尔维亚还未加入欧洲统一日前交易市场SDAC和日内市场SIDC。

2.7.16 斯洛伐克

发电行业集中度较高，国有企业Slovenske Elektrarne发电占比约75%。电力市场向所有的消费者开放。2011年成立短期电力交易运营商OKTE。OKTE于2015年正式启动现货电力交易。2019年，OKTE完成电力现货市场交易量107亿千瓦时，斯洛伐克是4MMC区域市场的组成部分，目前，斯洛伐克已加入欧洲统一日前交易市场SDAC，但还未加入日内交易市场SIDC。

2.8.17 斯洛文尼亚

发电行业集中度较高，国有发电企业（HSE、Gen Energija）发电占比87%。电力市场向所有的消费者开放。2001年建成斯洛文尼亚电力市场运营商Borzen，2010年建立区域电力市场（BSP Southpool）。斯洛文尼亚现货电力市场流动性很高，2018年，日前市场交易电量74亿千瓦时，日内市场交易电量3.3亿千瓦时，平衡市场交易电量1.3亿千瓦时，现货交易电量占到总用电量的约60%。2018年与克罗地亚电力交易市场（Cropex）实现现货市场耦合。目前，斯洛文尼亚已加入欧洲统一日前交易市场SDAC和日内市场SIDC。

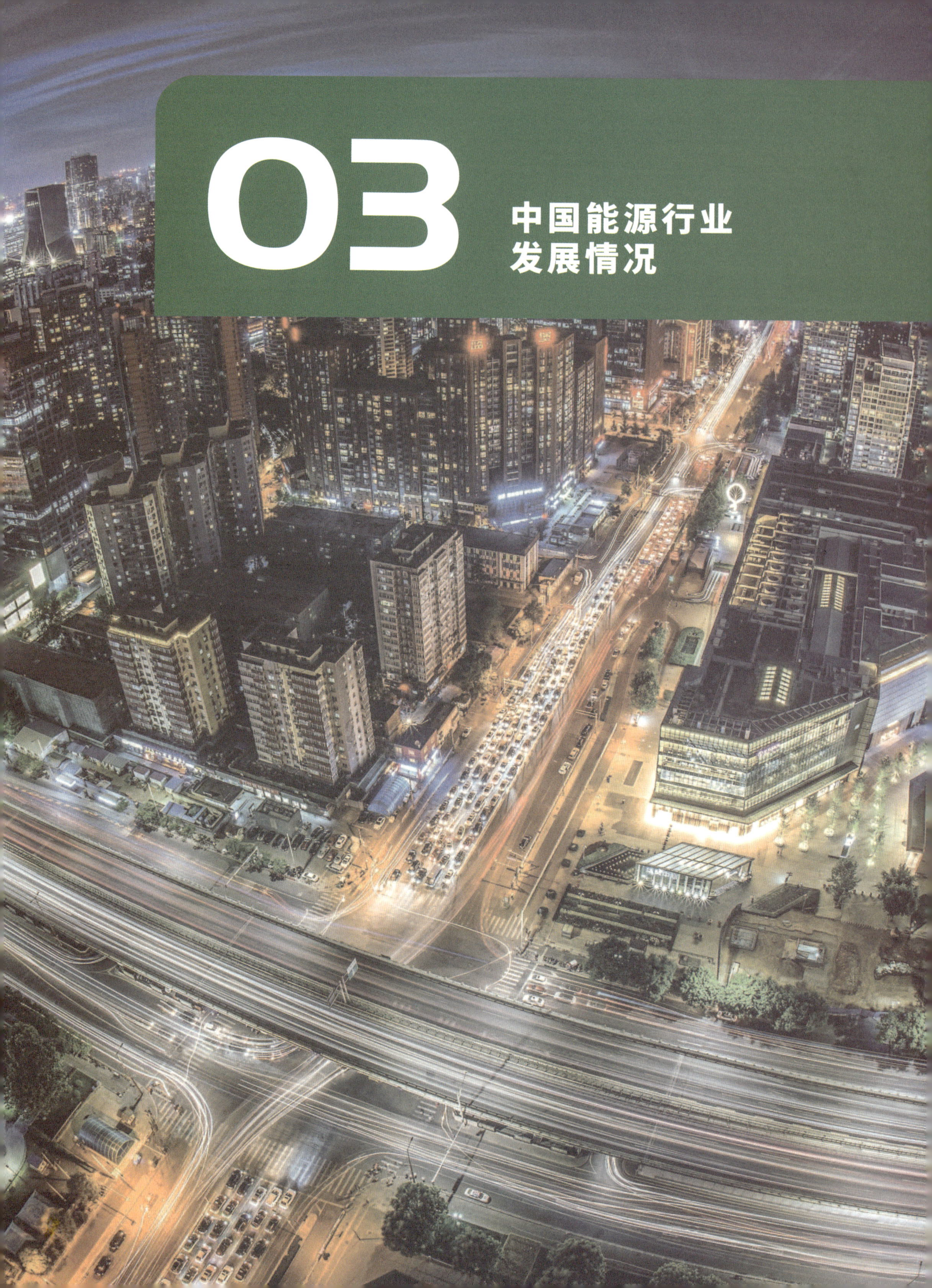

03 中国能源行业发展情况

03

中国能源行业发展情况

近年来，中国能源消费量保持较快增长，用能条件和水平不断改善，能源消费结构大幅优化，清洁低碳化进程不断加快。中国已建成世界上最大的能源供应体系，供应能力稳步增长，能源安全生产和供给水平显著提高。能源科技创新能力不断提升，能源装备技术快速发展。能源体制改革提速推进，能源领域对外开放步伐持续加快。

3.1 能源消费

3.1.1 能源消费总量稳步增长

2019年，中国一次能源消费总量48.6亿吨标准煤，同比增长3.3%；人均一次能源消费量达到3471千克标准煤，同比增长3.9%，消费量与增速均高于世界平均水平。2019年，单位产值能源消费为0.49吨标煤/万元，比上年下降2.5%，能源利用效率不断提高。2015-2019年，中国一次能源消费总量年均增速为3.1%，平均能源消费弹性系数为0.48，中国以较低的能源消费增速支撑了经济的中高速增长。

图 3-1 2015-2019 年中国一次能源消费总量

单位：亿吨标准煤

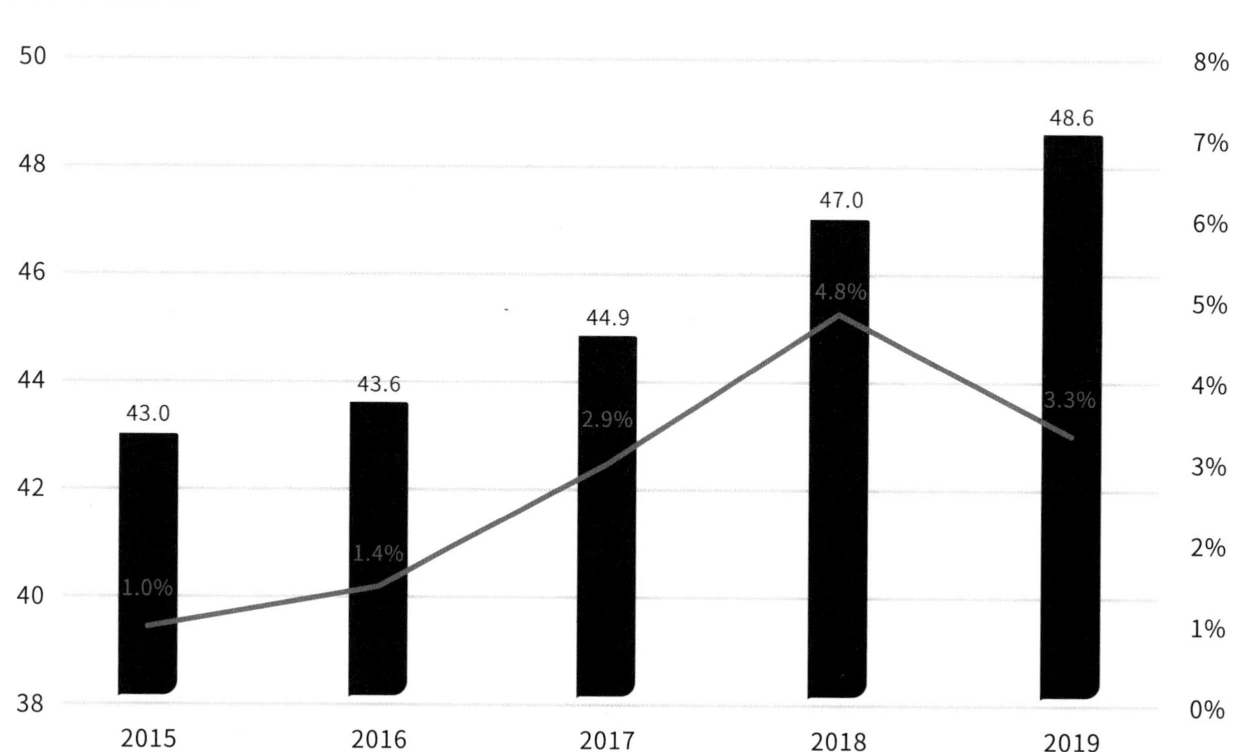

3.1.2 能源消费结构持续优化

2019年，中国全年煤炭消费40亿吨，占能源消费的比重为57.7%，提前完成“十三五”末降至58%以下的目标；原油消费量9.2亿吨标煤，占比为18.9%；天然气消费量4亿吨标煤，占比8.2%；非化石消费量7.4亿吨标煤，占比15.2%。

近年来，中国大力调整能源结构，把发展清洁低碳能源作为调整能源结构的主攻方向，坚持发展非化石能源与清洁高效利用化石能源并举，逐步降低煤炭消费比重，提高天然气和非化石能源消费比重。2013-2019年，煤炭占能源消费的比重由67.4%下降了近10个百分点；天然气占能源消费的比重上升了2.9个百分点；非化石能源消费比重增加了4.9个百分点，提前完成“十三五”规划目标。

图 3-2 2015-2019 年中国能源消费结构

单位：亿吨标准煤

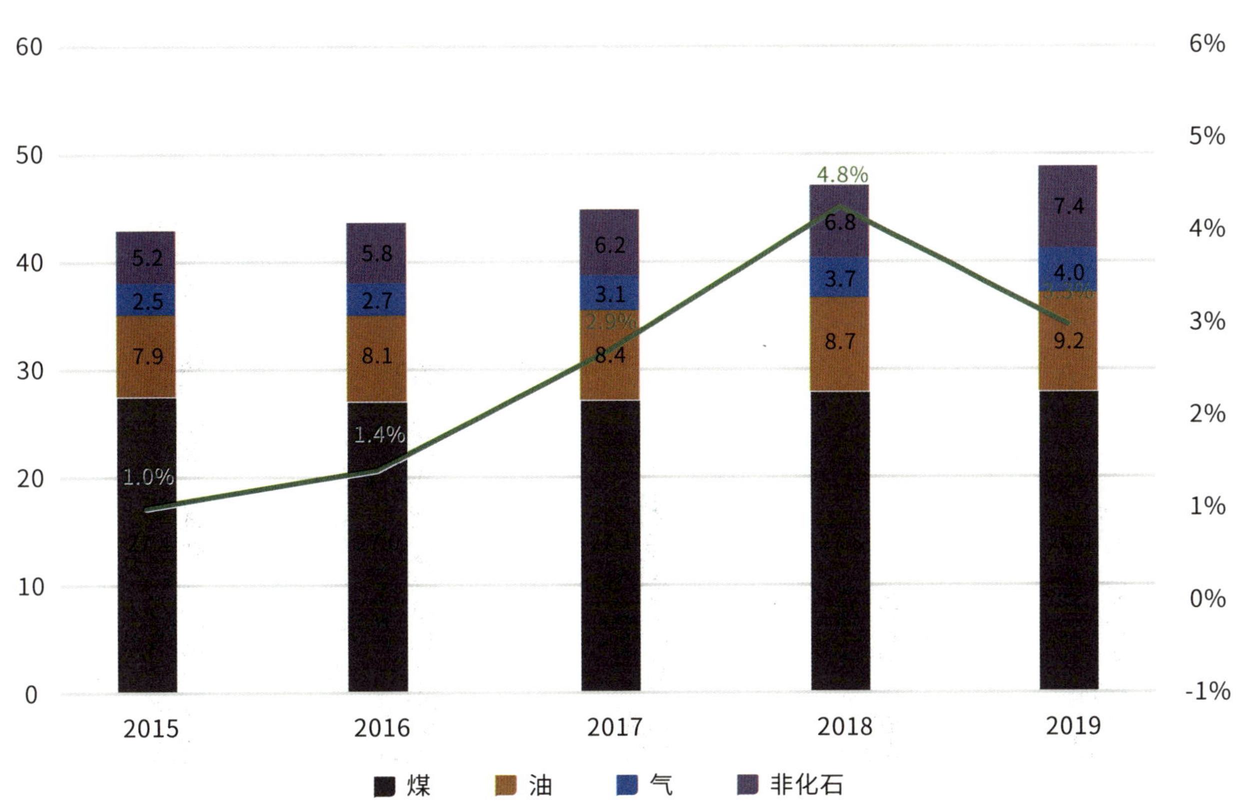

3.2 能源供给

3.2.1 能源生产总量稳中有升

2019年，中国能源生产总体稳中有升，达到39.7亿吨标准煤，同比增长5.1%，能源自给率为79%。其中，煤炭生产总量为38.5亿吨，同比增长4.0%；原油生产总量为1.91亿吨，同比增长0.9%；天然气生产总量为1762亿立方米，同比增长10.0%；一次电力发电量为2.28万亿千瓦时，同比增长10.2%。

图 3-3 2015-2019 年中国一次能源生产总量

单位：亿吨标准煤

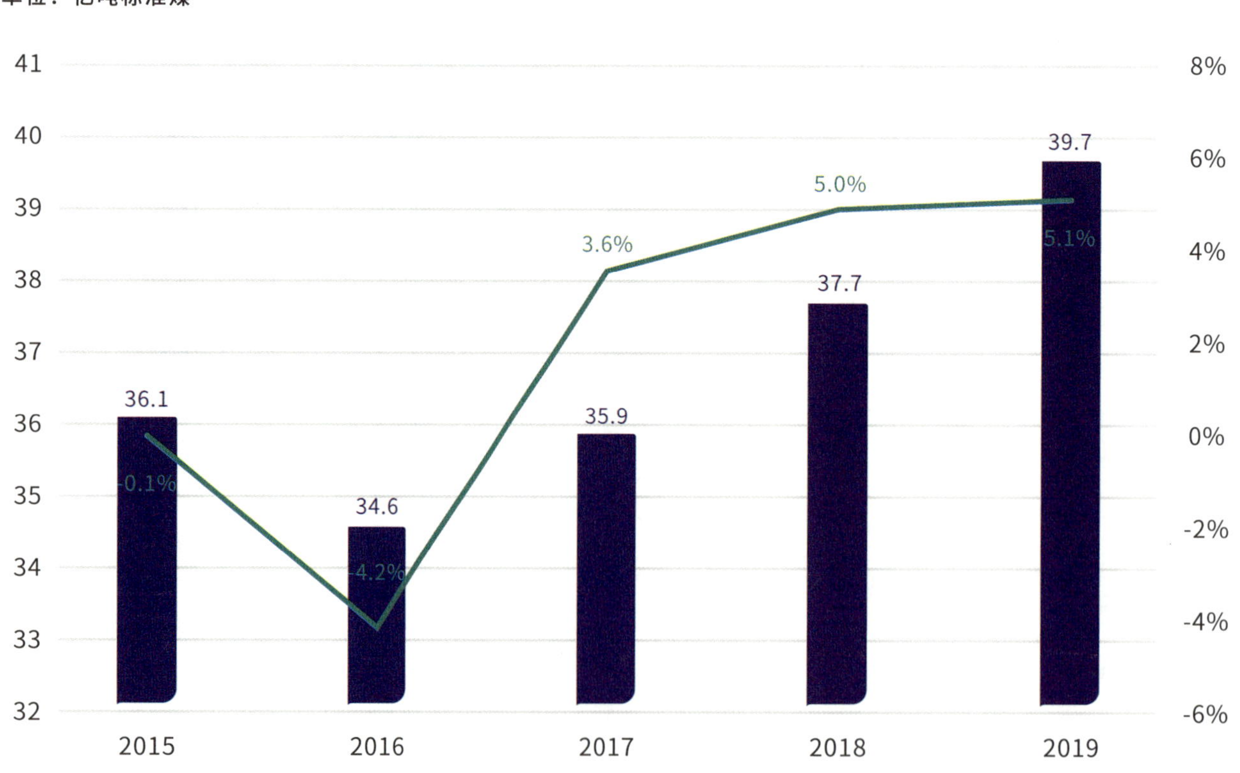

3.2.2 能源供给结构持续调整

2019年，煤炭在能源生产总量的占比为68.6%，较上年下降0.5个百分点；石油占比为6.9%，较上年下降0.2个百分点；天然气占比为5.9%，较上年提升0.3个百分点；非化石能源占比为18.6%，较上年提升0.4个百分点。

图 3-4 2019 年中国能源生产结构

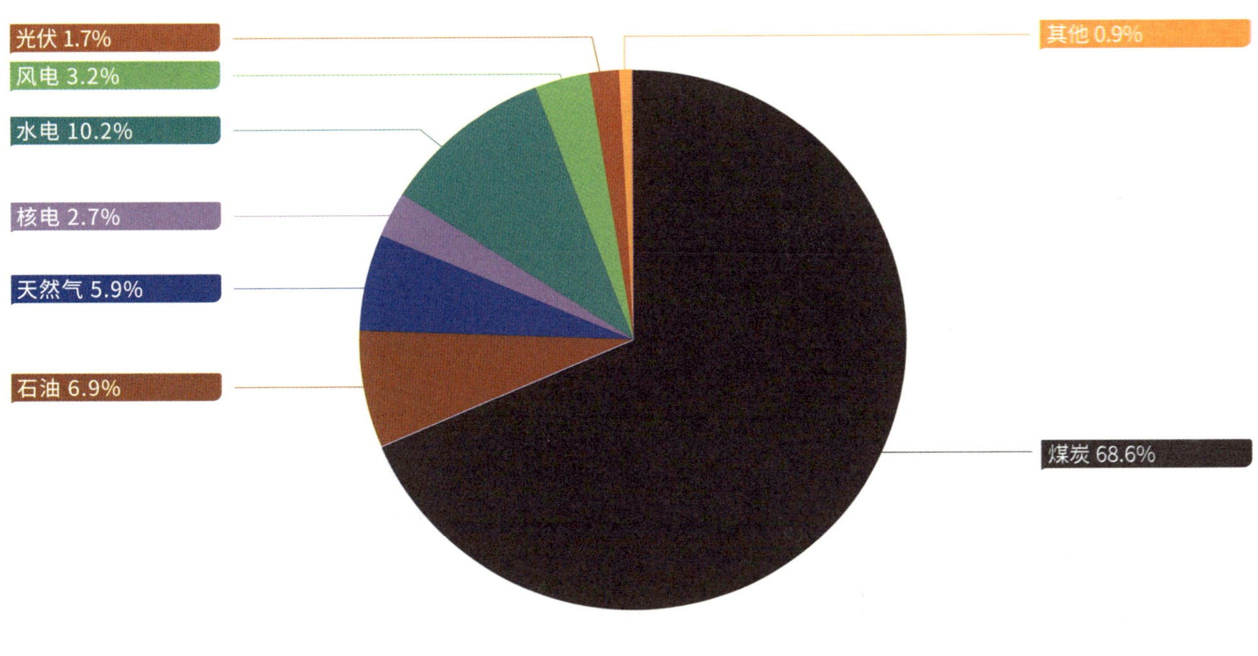

中国正在致力于构建清洁低碳的多元能源供给体系，大力推进煤炭清洁高效利用，着力发展非煤能源，形成煤、油、气、核、新能源、可再生能源多轮驱动的能源供应体系。至2019年，中国累计退出煤炭落后产能8.1亿吨，淘汰关停落后煤电机组3000万千瓦以上；非化石能源发展迅猛，可再生能源发电装机突破7亿千瓦，核电在建在运装机达到5800万千瓦，有力提升能源供给质量。

3.3 电力消费

3.3.1 电力消费总量平稳增长

2019年，中国全社会用电量达到72255亿千瓦时，同比增长4.5%；日均用电量198亿千瓦时；人均用电量5161千瓦时。2015-2019年，中国全社会用电量累计增加15322亿千瓦时，年均增速5.1%。由于中、西部地区加快推进产业结构调整、乡村电气化等，新产业新业态新模式不断涌现，带动用电量较快增长，年均增速超过一次能源消费增速。

图 3-5 2015-2019 年中国全社会用电量

单位：亿千瓦时

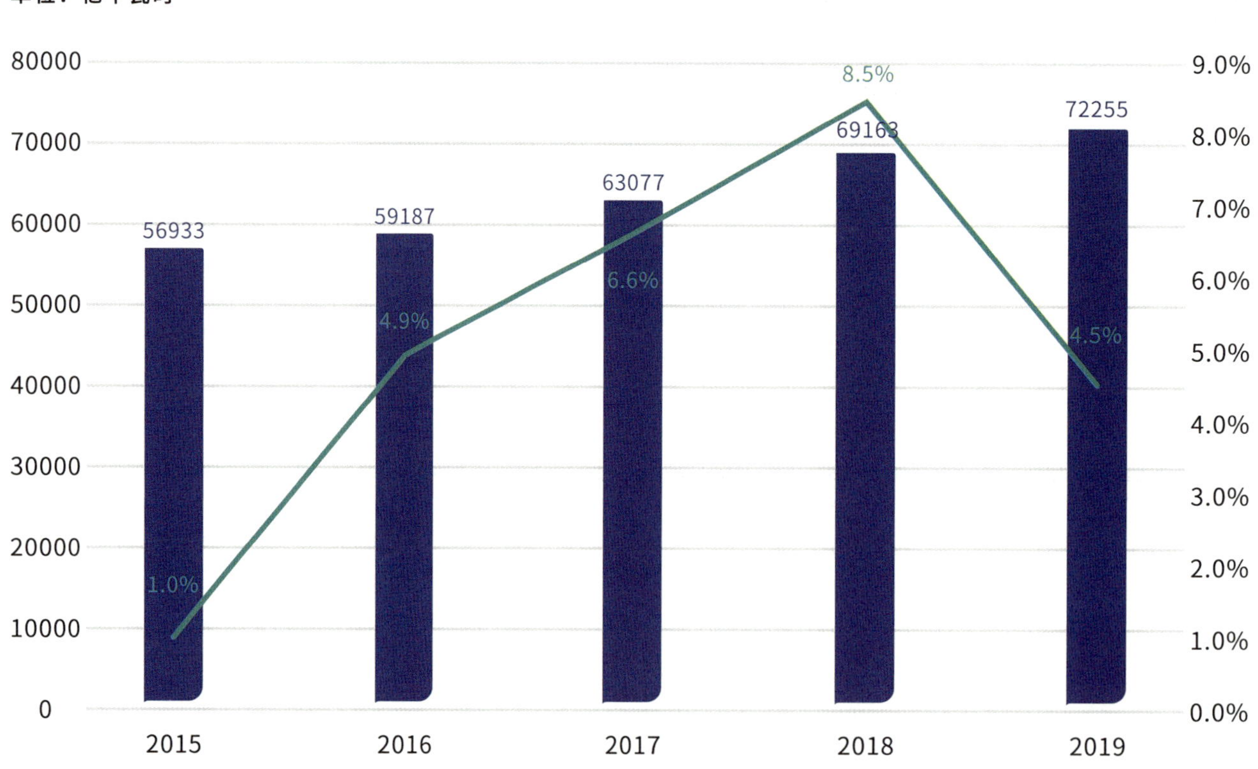

3.3.2 电力消费结构逐渐调整

2019年，中国第一产业用电量780亿千瓦时，同比增长4.5%；第二产业用电49362亿千瓦时，同比增长3.1%，对全社会用电增长的贡献率为47.9%；第三产业用电11863亿千瓦时，同比增长9.5%，对全社会用电增长的贡献率为33.1%；居民生活用电10250亿千瓦时，同比增长5.7%，对全社会用电增长的贡献率为17.9%。从用电占比看，受产业结构调整及信息化相关产业的迅速崛起，第三产业和居民生活用电占比逐年增加，第一产业和第二产业用电占比逐渐减小。

图 3-6 2015-2019 年中国全社会用电结构

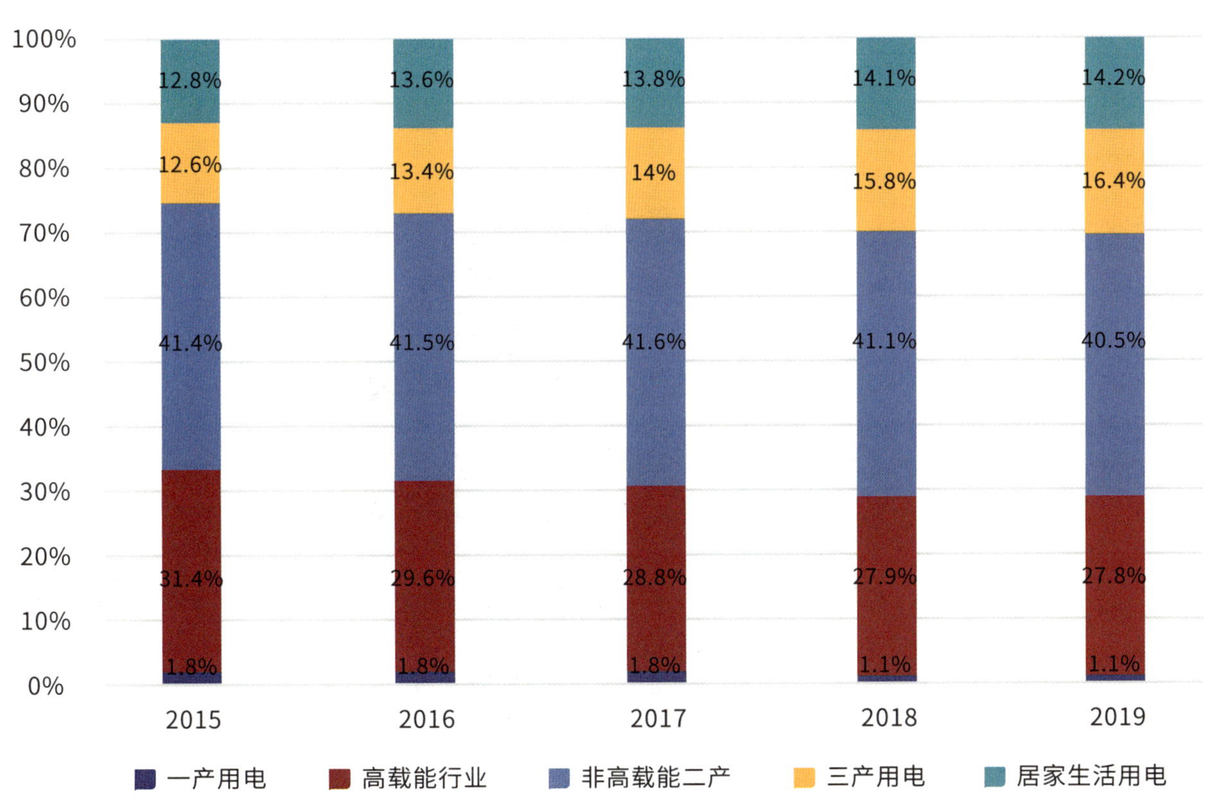

3.4 电力供给

3.4.1 发电量稳步增长

截至2019年底，中国电力装机容量约20.1亿千瓦，同比增长5.8%。其中，火电装机11.9亿千瓦，占比59.2%，水电装机3.6亿千瓦，占比17.7%，风电装机2.1亿千瓦，占比10.4%；太阳能发电装机2.05亿千瓦，占比10.2%；核电装机4824万千瓦，占比2.4%。

图 3-7 2019 年中国电力装机结构

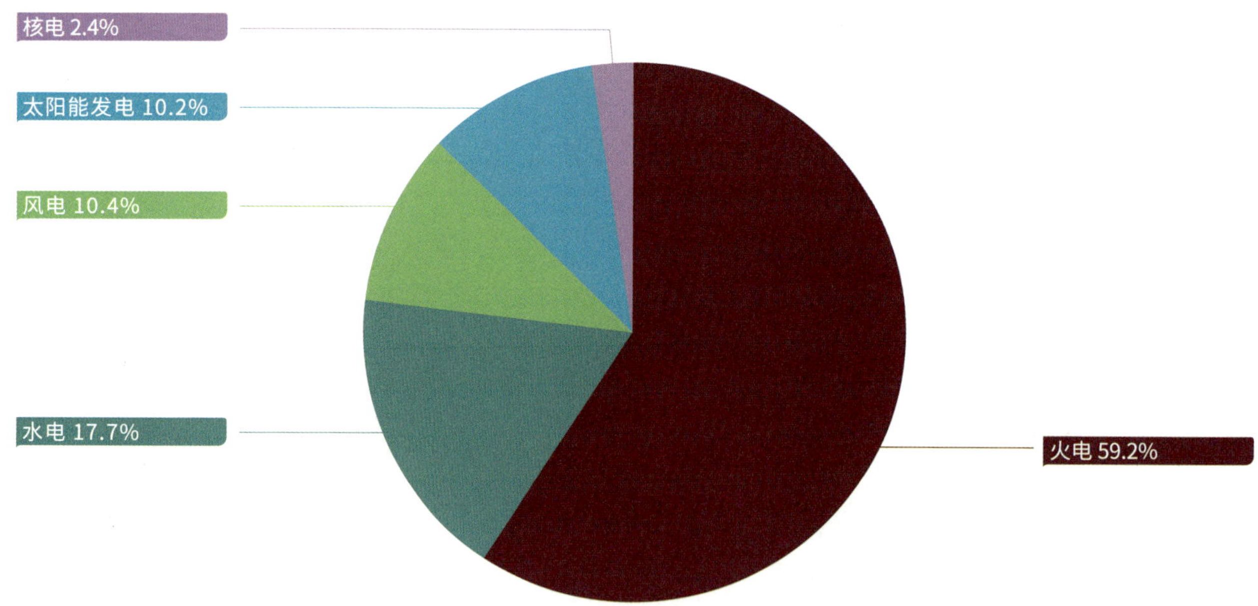

2019年，规模以上工业发电量7.3万亿千瓦时，比上年增长4.7%。其中，煤电占比62.3%，气电占3.2%，核电占4.8%，水电占17.8%，风电占5.5%，太阳能占3.1%，其他占3.1%。水电、核电、风电和太阳能发电占全部发电量的31.2%，占比较上年提高了1.5个百分点。

图 3-8 2019 年中国电力生产结构

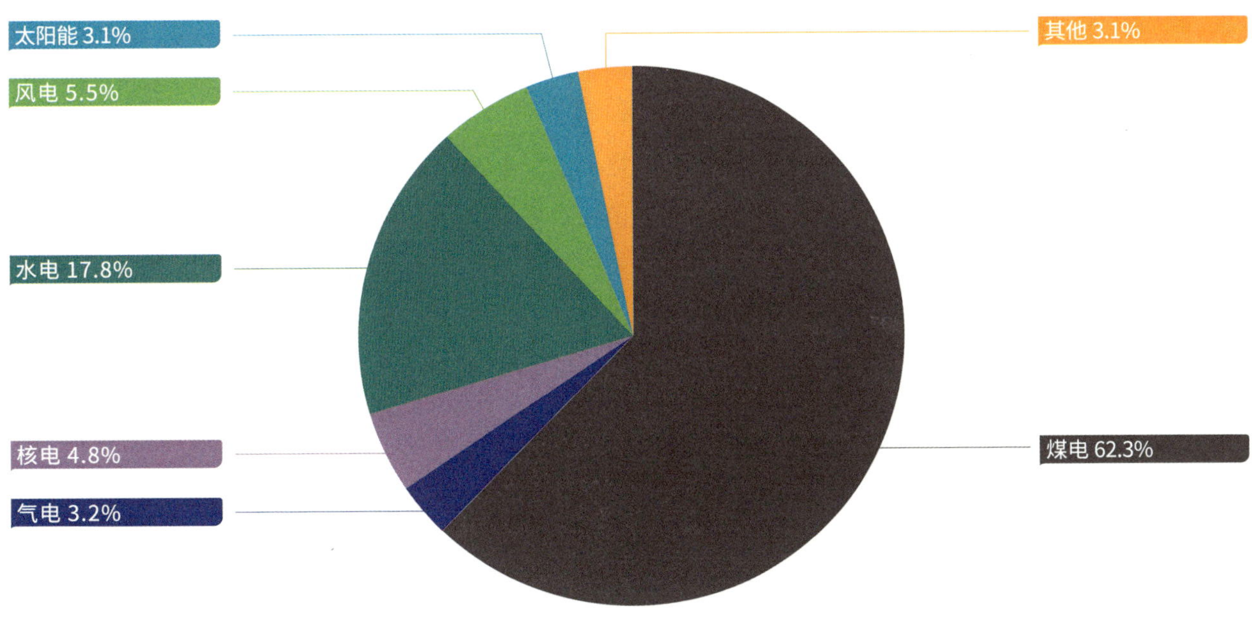

3.4.2 电源结构持续优化

随着能源转型步伐加快和电力体制改革的深入推进，中国火电发电装机增速放缓，可再生能源装机占比不断提高，完成规模化开发的水电发展趋于平缓，风电、光电和核电发展进入快车道，电源结构不断优化。

2019年，中国风电新增并网装机2578万千瓦，较2018年提高约551万千瓦。截至2019年底，中国累计并网风电装机21005万千瓦，同比增长14.0%，占全国电源总装机容量的10.4%，较2015年增长约2个百分点。2019年，中国光伏发电新增并网装机2683万千瓦，增速较上年有所回落，但仍处于全球领先位置。截至2019年底，中国光伏装机容量为20431万千瓦，同比增长15.1%，占全国电源总装机容量的10.2%，较2015年增长超过7个百分点。

图 3-9 2015-2019 年新增装机情况

单位：万千瓦

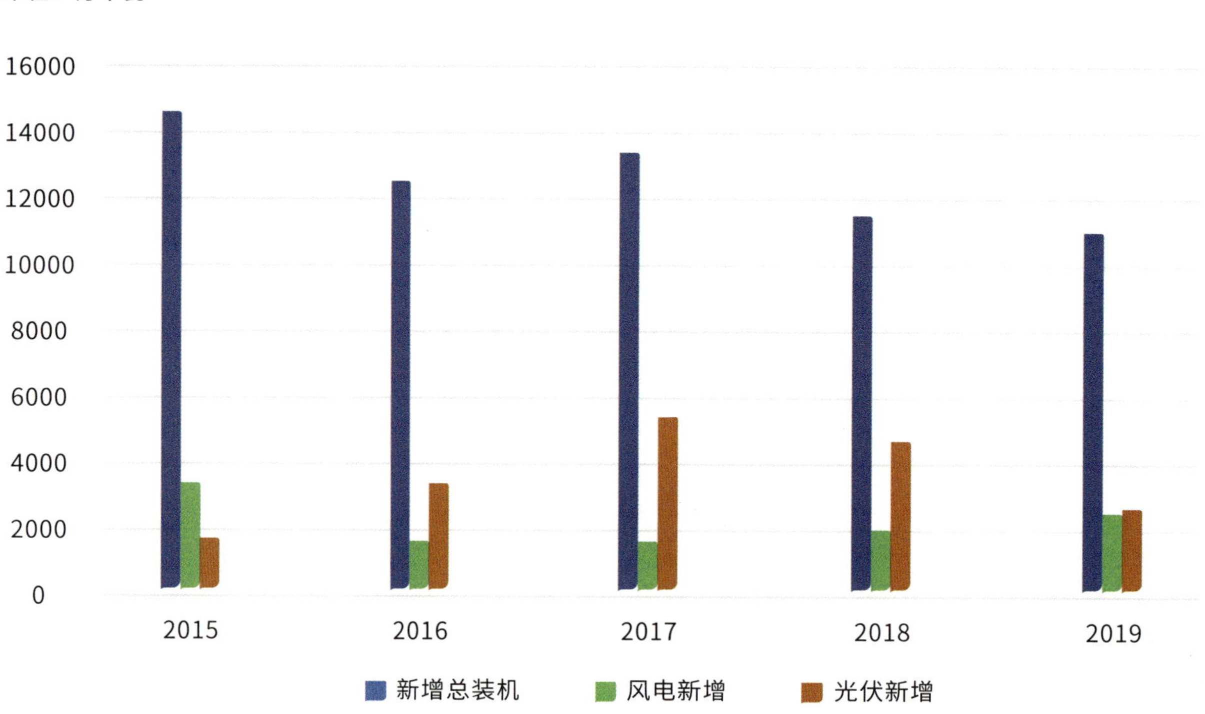

可再生能源方面，中国出台了《可再生能源法》、可再生能源补贴政策等措施，建立补贴项目的竞争机制，鼓励各地开展平价上网试点示范，完善可再生能源发电全额保障性收购制度等相关政策体系等。截至2019年底，中国可再生能源累计并网装机容量达到7.9亿千瓦，发电装机占全部电力装机的39.5%，可再生能源发电量占总发电量的28%。2019年，中国可再生能源的清洁替代作用日益凸显，已成为中国能源结构调整的中坚力量。

3.5 能源技术

3.5.1 风力发电技术

为适应低风速地区风能资源的开发利用，近年来中国在低风速风电技术中取得了较大突破。目前，中国领先企业的低风速风电技术在年平均风速5米/秒的情况下，年平均发电小时数可达2000小时，使得低风速地区的风能资源具备了经济可开发性。低风速风电技术的进步，一方面体现为采用先进的控制技术，通过激光雷达等提前对环境和风况调减进行探测感知，利用智能控制算法有效降低荷载，提升机组效率；另一方面体现为增长叶片和增高塔筒，以便更有效地捕获风能。

风电技术持续向大容量方向发展，2019年新增风电机组中2兆瓦风机约占45%，新增2.1兆瓦至2.9兆瓦机组占约35%，3兆瓦至3.9兆瓦机组、4兆瓦及以上机组的占比较去年略有增加，约10%。2019年新增风电机组平均风轮直径约123米。累计装机方面，2019年，2兆瓦机组装机容量占累计装机与1.5兆瓦机组占比相当，两者总和占总装机容量的77%左右。

根据中国国家能源局发布的《2019年风电并网运行情况》，截至2019年底，中国海上风电并网容量593万千瓦。单机容量仍以4兆瓦机组最多，占海上风电总装机容量约52%；单机容量5兆瓦累计占海上风电总装机容量的5%，已成2019年海上风电项目招标的主流机型，7兆瓦风机已实现商业化运行。2019年下半年10兆瓦海上风力发电机组下线，中国风电机组单机规模进入“两位数时代”。

根据2019年度典型工程初步设计及施工图资料，建筑安装工程与其他费用采用现行计价标准，设备材料价格采用2019年中国北京地区市场价格（下同），测算得到中国2019年陆上风电造价指标为6500元/千瓦-7200元/千瓦，海上风电造价指标为16000元/千瓦-18000元/千瓦。

3.5.2 太阳能发电技术

2019年单多晶电池量产平均转换效率分别提升至22.3%、19.3%。多晶、单晶PERC、TOPCon、IBC、异质结等不同电池及组件技术路线转换效率不断打破纪录。铸锭单晶技术已经开始产业化应用。使用PERC技术的多晶电池效率仍较单晶PERC低。N型电池的效率高，转化效率在22.7%以上，将是未来电池技术的主要发展方向。组件功率基本仍以每年≥5W的速度向前增长，2019年60片常规多晶组件功率已达到285W，使用黑硅+PERC技术的多晶组件和使用PERC技术的单晶组件功率提高到300W和320W。

根据测算，2019年光伏发电工程造价指标为4000元/千瓦-5000元/千瓦，光热发电工程造价指标为26191元/千瓦-28859元/千瓦。在少数资源和建设条件优越地区，光伏发电已初步具备发电侧平价上网条件。第三期光伏发电应用领跑基地项目中，最低中标电价为0.31元/千瓦时，已低于当地燃煤标杆电价。

表 3-1 光伏发电应用领跑基地

序号	基地名称	基地规模（万千瓦）/项目数量	项目最低中标电价（元/千瓦时）
1	大同二期光伏发电应用领跑基地	50/5	0.39
2	寿阳光伏发电应用领跑基地	50/5	0.44
3	渭南光伏发电应用领跑基地	50/5	0.48
4	海兴光伏发电应用领跑基地	50/4	0.44
5	白城光伏发电应用领跑基地	50/5	0.41
6	泗洪光伏发电应用领跑基地	50/5	0.49
7	格尔木光伏发电应用领跑基地	50/5	0.31
8	达拉特光伏发电应用领跑基地	50/4	0.34
9	德令哈光伏发电应用领跑基地	50/5	0.32
10	宝应光伏发电应用领跑基地	50/5	0.46

3.5.3 水力发电技术

中国在水电项目工程建设、勘测设计、装备制造、施工技术、运行管理等方面都有着先进技术和丰富经验。中国建成了世界上最大规模的水电站——三峡水电站，装机容量达到2250万千瓦，大坝总高185米，在枢纽总体布置、水轮发电机组设计与制造、工程管理与运行、生态环境保护等方面都取得重要突破，创下多项世界之最，有效带动了中国水利水电技术的发展；乌东德水电站是中国“西电东送”的骨干电源，装机规模为中国第四、世界第七，电站共安装12台单机容量85万千瓦水轮发电机组，是世界目前已投产的最大水轮发电机组，创下了大坝单位坝顶弧长泄量世界第一、地下厂房高度世界第一等多项世界纪录，创下全坝采用低热水泥混凝土等多项“全球首次”，攻克大体积混凝土温控防裂、800兆帕高强钢焊接等系列世界级难题；白鹤滩水电站是位于金沙江下游干流河段梯级开发的第二个梯级电站，具有以发电为主，兼有防洪、拦沙、改善下游航运条件和发展库区通航等综合效益，初拟装机容量1600万千瓦，多年平均发电量602.4亿千瓦时，电站建成后，将仅次于三峡水电站成为中国第二大水电站。根据测算，2019年常规水电工程造价指标为14561元/千瓦。

3.5.4 火力发电技术

01 高效燃煤发电技术

超超临界二次再热发电技术：近年来随着技术的提高，火电机组参数达到主汽压力31兆帕-35兆帕、温度600°C或615°C，再热气温620°C或630°C，由于在耐高温金属材料研制上的迟缓，更高参数超超临界机组的研制步伐放缓，而采用二次再热技术可以提高发电效率近2%，是目前可用耐高温金属条件下提高燃煤发电效率的最佳选择之一。江苏泰州电厂1000兆瓦机组经过二次再热改造，发电效率达到48%，供电煤耗降至266.5克/千瓦时，目前已投入商业运行。

630°C超超临界煤电机组发电技术：通过提高热部件的材料等级，将汽轮机入口主蒸汽参数提高至35兆帕/615°C，一次再热蒸汽和二次再热蒸汽均提高至630°C。在此基础上，通过优化和创新，机组发电效率提高到50%以上，发电标准煤耗降低至246克/千瓦时以下。山东郓城630°C超超临界二次再热项目，首次实现机组发电热效率大于50%，设计供电标准煤耗255克/千瓦时。

02 超低排放技术

超低排放，是指火电厂燃煤锅炉在发电运行、末端治理等过程中，采用多种污染物高效协同脱除集成系统技术，使其大气污染物排放浓度基本符合燃气机组排放限值，即烟尘、二氧化硫、氮氧化物排放浓度（基准含氧量6%）分别不超过10mg/Nm^3、30mg/Nm^3、50 mg/Nm^3。截至2019年，实现超低排放的煤电机组累计约8.9亿千瓦，占总装机容量的86%。中国海南国电乐东电厂2号机组经过“近零排放”改造，二氧化硫、氮氧化物和粉尘排放显著低于超低排放标准，分别为4.44 mg/Nm^3、8.37 mg/Nm^3、0.63 mg/Nm^3。煤电机组超低排放改造的投资及运营成本增加约为0.5分/千瓦时-1.4分/千瓦时。

03 重型燃气轮机装备技术

重型燃气轮机是高精尖的动力装备，具有效率高、污染小、运行灵活等突出优点，在发电领域广泛应用于大型调峰电站和热电联产电站。中国已初步建成相对完整的燃气轮机设备制造产业链，重型燃气轮机的国产化率不断提高，实现了部分型号重型燃气核心部件的自主化设计、自主化加工制造和自主化冶炼及锻造。

表 3-2 2019 年燃煤和燃机发电工程造价指标

单位：元 / 千瓦

电源类型	类别	造价指标
燃煤发电工程	2×350兆瓦	4185
	2×660兆瓦	3621
	2×1000兆瓦	3315
燃机发电工程	2×300兆瓦等级（9F纯凝）	2097
	2×300兆瓦等级（9F供热）	2206
	2×180兆瓦等级（9E级）	2837

3.5.5 核电技术

立足中国国内装备制造业的现实基础，通过消化吸收国际三代核电技术的先进安全设计理念，中国开发出具有自主知识产权的ACP1000和ACPR1000+“华龙一号”三代核电技术，其安全指标和技术性能达到了国际三代核电技术的先进水平。

组织研发出大型先进压水堆核电技术CAP1400，沿用了AP1000的设计理念，通过提升功率、优化总体参数、平衡电厂设计、创新主设备设计等，CAP1400进一步增强了安全性，提升了经济竞争能力，改进了环境相容性，优化了运行维护性能。

核能供热是以核裂变产生的能量为城市集中供热或工业供热，核能供热低碳清洁、供热能力大。中国自主研发了泳池式低温堆供热、核电厂对外供热、高温气冷堆供热等技术，对消除燃煤造成的环境污染、缓解热源紧张以及促进供热热源多元化有重要意义。

3.5.6 电网技术

01 超 / 特高压输电技术

目前中国已经掌握了±500千伏、±800千伏、±1100千伏超/特高压直流输电技术，500千伏、750千伏、1000千伏超/特高压交流输电技术。中国输电技术在电压等级、输送容量和输电距离等方面均实现了重大突破。特高压直流电压等级从±800千伏提升至±1100千伏，输送容量和距离同步提升。各地区500千伏/750千伏交流网架逐步建成，多个跨地区1000千伏交流特高压输电工程先后投运。

02 柔性交流输电技术

柔性交流输电系统（FACTS）是综合电力电子技术、微处理和微电子技术、通信技术和控制技术而形成的用于灵活快速控制交流输电的新传输系统，它能够增强交流电网的稳定性并降低电力传输的成本。柔性直流输电作为新一代直流输电技术，在孤岛供电、城市配电网的增容改造、交流系统互联、大规模风电场并网等方面具有较强的技术优势，是改变大电网发展格局的战略选择之一。

03 高电压等级交直流电缆技术

中国高压直流电缆的电压等级已逐步从±160千伏、±200千伏、±320kV提升至±525千伏等级。中国研制的±525千伏交联聚乙烯（XLPE）绝缘直流电缆，输电容量可达3000MW，比目前运行的±320千伏直流电缆容量提升了135%。交直流电缆技术可实现电力传输、光纤通信、同步测温等一体化功能，可适用于城市配电、海岛供电、海上风电等领域。

04 智能电网技术

智能电网是在传统电力系统基础上，通过集成新能源、新材料、新设备和先进传感技术、信息技术、控制技术、储能技术等新技术，形成的新一代电力系统，具有高度信息化、自动化、互动化等特征，集成了从发电、输电和配电以及用电设备领域的大量创新技术和手段，可以更好地实现电网安全、可靠、经济、高效运行，以满足不断变化的未来社会需求。

表 3-3 输电线路工程 2019 年单位造价参考指标

单位：万元 / 千米

电压等级	回路数	导线规格	单位造价
1000千伏	双回	8×JL/G1A-630/45	1252
±800千伏	双极	6×JL/G3A-1000/45、6×JL/G2A-1000/80	434
750千伏	双回	6×JL/G1A-500/45	591
	单回	6×JL/G1A-400/50	276
500千伏	双回	4×JL/G1A-630/45	393
	单回	4×JL/G1A-630/45	210
330千伏	双回	2×JL/G1A-300/40	188
	单回	2×JL/G1A-300/40	106
220千伏	双回	2×JL/G1A-400/35	154
	单回	2×JL/G1A-400/35	90
110千伏	双回	2×JL/G1A-300/40	129
	单回	2×JL/G1A-300/40	71

3.5.7 储能技术

截至2019年底，中国电化学储能新增装机636.9兆瓦，累计装机规模达到1709.6兆瓦，同比增速59.4%。已投运电化学储能项目中，锂离子电子的累计装机规模最大，为1378兆瓦，所占比重为80.6%，同比增长81.6%。除锂电池外的各种技术路线的累计装机规模和占比，分别为：铅蓄电池304兆瓦，17.8%；液流电池20兆瓦，1.2%；超级电容6.8兆瓦，0.4%；其他约0.8兆瓦，小于0.1%。已投运电化学储能项目在各应用场景中的累计装机规模和占比，分别如下：用户侧802.3兆瓦，占比46.9%；电网侧341.9兆瓦，占比20.0%；辅助服务270.1兆瓦，占比15.8%；可再生能源并网295.7兆瓦，占比17.3%。

在用户侧，利用峰谷电价差机制，通过在用户侧“谷充峰放”来降低用电成本，获取收益，这是目前用户侧占比最大的应用场景。其次，用户侧应用还有用户光储一体应用，增加光伏发电自用比例，降低自用时的弃光率，减小用户购电成本。第三，用户侧应用还包括通信基站备用电源。电网侧应用，主要在高比例新能源地区和特高压交直流混联电网，利用储能的灵活调节能力，为系统提供支撑和调节。电源侧应用主要是：第一，在已建火力发电厂建设储能项目，通过提高发电机组AGC调频水平，改善发电机组运行指标获取收益；第二，在风电、光伏电站建设储能项目，通过辅助跟踪计划出力、平滑新能源发电出力波动，将弃风、弃光存储为多余电等手段来获取收益。

随着硫基电池、金属空气电池、液金属电池、锂硫电池等研究的不断加强，未来钠离子电池、铁铬液流电池等电化学储能电池技术有望突破关键材料、制造、系统集成等技术限制，实现在百兆瓦级的大规模储能应用。在成本方面，以锂电池为例，根据网络公布的等效单位度电成本的平均值2010年约为2.42元/千瓦时，2014年约为1.5元/千瓦时，2016年约为0.85元/千瓦时，2018年约为0.5元/千瓦时。锂电池的造价呈逐渐下降趋势，未来三年有望降至0.3元/千瓦时-0.4元/千瓦时的区间，预计到2030年，锂电池的等效单位度电成本有望达到0.1元/千瓦时-0.2元/千瓦时。

3.5.8 燃料电池发电技术

燃料电池是一种不燃烧燃料而通过电化学反应将燃料化学能转化为电能的发电装置，具有高效率、零排放、低碳、响应迅速、燃料来源广等优点。根据电解质种类不同，燃料电池基本分为五种：碱性燃料电池（AFC）、熔融碳酸盐燃料电池（MCFC）、磷酸燃料电池（PAFC）、固体氧化物燃料电池（SOFC）以及质子交换膜燃料电池（PEMFC）。国内外实验室研究和商业化产品已证实，燃料电池发电效率可达55%以上（较超超临界机组高10%），热电联供后可达80-90%。

中国重视燃料电池发电技术研发，出台了一系列支持政策来支持燃料电池发展，在碱性燃料电池（AFC）、熔融碳酸盐燃料电池（MCFC）、磷酸燃料电池（PAFC），以及质子交换膜燃料电池（PEMFC）等领域的技术已逐渐成熟并投入商业化应用，目前正在积极开展固体氧化物燃料电池（SOFC）相关研发。

3.5.9 氢能技术

研究氢能技术有利于带动制氢、燃料电池等相关产业的发展，煤制氢作为车辆燃料，可以降低油气对外依存度，保障能源安全。氢能关键技术包括氢气生产和氢气储运两方面。氢气不能直接开采，是二次能源，因此发展氢能，需要研究高效、廉价、低碳的制氢技术，目前成熟的制氢技术包括天然气重整、煤气化、电解水、甲醇转化等，能效达到50%以上，每立方米氢气成本在0.6元-2.5元之间，正在研发中的制氢技术包括热化学制氢、水光解制氢、生物制氢等。氢气体积能源密度低，不足甲烷的1/3，沸点为-253°C，比天然气低91°C，难以像LNG一样液化储运。考虑到氢气的体积能量密度和沸点，氢气的储存运输成本会达到同等能量天然气的数倍。因此，储运技术是氢能大规模发展的一个瓶颈。目前储存技术主要包括高压气态储氢、低温液态储氢、有机液体储氢、储氢合金储氢，运输技术主要包括长管拖车运输、液态槽车运输、管道运输等。氢气主要应用于燃料电池、化工原材料、燃料等。

中国氢能发展继续取得积极进展。2014年中国国务院印发的《能源发展战略行动计划（2014-2020）》中，氢能与燃料电池技术创新列为15项重点任务之一，氢能产业首次被提升到国际能源发展的战略高度。2019年中国政府工作报告首次加入“推动充电、加氢等设施建设”与氢能相关内容。2019年中国安徽六安成功签约1兆瓦分布式氢能综合利用站电网调峰示范项目，是国内第一个兆瓦级氢能源储能电站。河北张家口启动全球最大的风电制氢项目——沽源风电制氢综合利用示范项目，一期投产后年制氢700.8万标准立方米。中国国内首个电解制氢掺入天然气项目——朝阳可再生能源掺氢示范项目第一阶段完成，全面验证了示范氢气“制取-储运-掺混-综合利用”产业链关键技术。在国家政策的大力支持下，氢能和燃料电池产业迅猛发展，目前已在十余个省市建立超过15个氢能产业园。

3.6 能源政策

3.6.1 能源发展目标

2017年1月，国家能源局发布《能源发展“十三五”规划》及《可再生能源发展“十三五”规划》（以下简称《规划》），明确了中国2016年到2020年能源发展目标和重点任务等内容。同年4月发布了《能源生产和消费革命战略（2016—2030）》（以下简称《战略》），明确了能源革命的战略目标。

根据规划文件，中国将控制能源消费总量，进一步优化能源结构。2016-2020年要把能源消费总量控制在50亿吨标准煤以内，煤炭消费总量控制在41亿吨以内，非化石能源消费比重要提高到15%以上，天然气消费比重力争达到10%；2021-2030年能源消费总量控制在60亿吨标准煤以内，非化石能源占能源消费总量比重达到20%左右，天然气占比达到15%左右，新增能源需求主要依靠清洁能源满足。

节能减排方面，到2020年单位国内生产总值二氧化碳排放要比2015年下降18%，单位国内生产总值能耗比2015年下降15%，煤电平均供电煤耗下降到每千瓦时310克标准煤以下，电网线损率控制在6.5%以内；2021-2030年单位国内生产总值二氧化碳排放2005年下降60%－65%，二氧化碳排放2030年左右达到峰值并争取尽早达峰，单位国内生产总值能耗（现价）达到目前世界平均水平，主要工业产品能源效率达到国际领先水平。

3.6.2 能源体制改革快速推进

01 油气体制改革

2017年5月，中共中央、国务院印发《关于深化石油天然气体制改革的若干意见》，明确了深化石油天然气体制改革的指导思想、基本原则、总体思路，部署了八个方面的重点改革任务。目前，油气体制改革已取得了良好进展。

油气勘查开采体制改革循序展开。油气上游改革的重点是推行矿业权竞争性出让制度，最终实现“以大型国有油气公司为主导、多种经济成分共同参与的勘查开采体系”。为推动矿业权出让制度改革，自然资源部开展油气探矿权竞争出让试点，开放油气勘查开采市场，在国内注册、净资产不低于3亿元人民币的内外资公司均有资格按规定取得油气矿业权；油气矿业权实行探采合一制度，不仅对新增探矿权出让征收出让收益，对存量探矿权一定期限后也要征收出让收益。

油气管网体制改革成效显著。2017年前，管网输送与油气生产和销售企业未分开，管道运输主要服务于自身。虽然有第三方准入的要求，但实际执行的量很小。2017年，中共中央、国务院印发《关于深化石油天然气体制改革的若干意见》，提出油气管网改革实行“网运分开”、完善油气管网公平接入机制。2019年，中国油气管网体制改革迈出了实质性的步伐，国家油气管网公司正式成立，管道、接收站、储气库等基础设施向第三方开放。

下游竞争性环节市场化程度不断提高。2017年5月，中共中央、国务院印发《关于深化石油天然气体制改革的若干意见》，提出要深化下游竞争性环节改革，完善油气进出口管理体制，改革油气产品定价机制，完善油气储备体系。2019年3月，中央全面深化改革委员会第七次会议提出油气下游改革的目标是形成油气销售市场充分竞争的市场体系。

02 电力体制改革

2014年，中共中央和国务院出台了新一轮电力体制改革的指导意见，确立了“三放开一独立三强化”的总体改革思路。“三放开”即有序放开输配以外的竞争性环节电价；有序向社会资本放开配售电业务;有序放开公益性和调节性以外的发用电计划。“一独立”指推进交易机构相对独立，规范运行。“三强化”，指继续深化对区域电网建设和适合中国国情的输配体制研究，进一步强化政府监管;进一步强化电力统筹规划;进一步强化电力安全高效运行和可靠供应。

目前，输配电改革、电价市场化、增量配电网、统一电力市场的建设等电力体制改革的各方面都迈出了实质性进展的步伐，新一轮电改走向持续纵深阶段。

现货市场建设成为电力市场建设“主旋律”。自2018年国家发改委、国家能源局联合印发《关于积极推进电力市场化交易 进一步完善交易机制的通知》以来，电力市场主体范围和交易规模不断扩大。2019年全国完成市场化交易电量2.71万亿千瓦时，同比增长29%，占全社会用电量的37.5%，为电力用户释放红利约790亿元。8个电力现货试点完成试运行，意味着2020年在部分试点区域启动连续现货运行已具备可能性，部分具备条件的省份也将总结试点经验启动试运行。

进一步推进电力交易独立规范运行。2018年，国家发改委与国家能源局发布《关于推进电力交易机构规范化建设的通知》，要求电力交易机构完善股权结构。截至2020年8月，电网企业在2家区域性、32家省级电力交易机构中的持股比例均已下降至80%以下，其中北京电力交易中心、广州电力交易中心的电网持股比例分别为70%、66.7%。国家电网区域内28家电力交易机构全部完成股份制改造，共引入非电网企业股东超过240家，四成电力交易机构引入了民营企业参股。

增量配业务进一步扩大试点覆盖范围，优化试点项目结构。为鼓励社会资本投资增量配电业务，国家发改委启动了多轮增量配电网试点，截至2019年8月31日，增量配电网试点项目共计达到380个，进一步向县域延伸，并通过取消部分项目进一步优化了试点项目结构。

售电市场发展进入新阶段。截至2020年3月13日，全国各电力交易中心公示的售电公司已超过4000家。当前全国电力市场注册用户超过十万家且多数为大中型电力用户，售电市场格局已经基本形成。

煤电电价机制改革进一步深化。从2020年1月1日起，燃煤标杆上网电价机制改为“基准价+上下浮动”的市场化价格机制，基准价按各地现行燃煤发电标杆上网电价确定，浮动幅度范围为上浮不超过10%、下浮原则上不超过15%。这一改革将有效反映电力供求变化，促进电力资源进一步优化配置。具备条件的市场交易条件的双方通过市场化方式形成上网电价，将显著增大市场交易主体数量、拓展市场交易规模，为电力交易市场规范发展、售电公司加快发展创造巨大空间。

3.6.3 能源领域对外开放步伐加快

中国对外商投资实行准入前国民待遇加负面清单管理制度。2019年，新版负面清单进一步压减清单条目近两成，并扩大了《鼓励外商投资产业目录》，较大幅度增加鼓励外商投资领域。

2019年10月，国家外汇管理局表示将研究推出12项跨境贸易投资便利化政策措施，优化外汇管理方式，简化办事流程，拓宽企业的资金使用渠道，支持境内企业拓展对外贸易投资，提升跨境贸易投资便利化水平。

此外，《外商投资法》对知识产权和技术转让的合规性提出了更高的要求，包括禁止利用行政手段强制转让技术、对知识产权侵权行为严格依法追究法律责任、保障外国投资者在中国境内的知识产权许可使用费依法以人民币或者外汇自由汇入汇出等。

在能源投资方面，外商投资于中国能源领域首先受到《外商投资准入特别管理措施（负面清单）》的管辖。2018年中国发布的新版负面清单中，取消了特殊稀缺煤类开采的外资限制以及电网的建设、经营须由中方控股的限制，进一步提高了能源电力领域对外资开放的范围与程度。2019年版的负面清单则取消了对油气勘探开发和城市燃气领域的外资准入限制，油气上游勘查开发的市场更加公平竞争、有序开放。

中国国家能源局于2020年4月10日发布关于《中华人民共和国能源法（征求意见稿）》（以下简称“征求意见稿”）公开征求意见的公告。征求意见稿总则中明文规定“国家坚持发挥市场在资源配置中的决定性作用，构建有效竞争的市场结构和市场机制，在竞争性领域形成主要由市场决定能源价格的机制，建立有效的能源监管体系”，对于能源市场的主题、目标、价格机制、市场监管等问题有了论述。这有利于推动能源体制的市场化改革，促进能源回归商品属性，进一步改善能源投资便利化。

04 中国-中东欧能源合作机遇

04

中国 - 中东欧能源合作机遇

近年来，中方能源企业在中东欧地区的活跃度日益升高，合作成果逐步显现。未来，中东欧地区经济将保持持续增长态势，能源需求稳步提升，尤其是对可再生能源的需求将大幅提高。电力需求保持强劲增长势头，电力基础设施建设及升级改造空间较大，电力装机结构向清洁低碳转变，中国与中东欧在能源领域具有巨大的合作空间。

4.1 中国 - 中东欧能源合作现状

4.1.1 工程项目建设合作

近年来，中国企业参与中东欧地区大型电力项目工程建设的案例逐渐增多，成为中国-中东欧国家产能合作的重要内容。根据公开信息整理，中国企业在中东欧地区参与的总承包项目累计装机容量约240万千瓦，项目信息参见表4-1（不包含未签署正式合作协议的意向项目）。

中国企业在这一区域承建的多为中东欧当地企业投资项目。中方工程建设企业在工程设计、装备制造以及要素整合等方面的优势获得当地投资方的认可。早期，中国企业参与建设的项目多为煤电和水电站等大型电源项目，项目的建设有效保障了当地的电力供给。近几年，中国企业在该区域参与的项目更加多元化，特别是海上风电、光伏、光热发电、生物质发电等新兴领域的项目逐渐增多，有力地推动了中国与中东欧地区的清洁能源合作。从所承建的项目区域来看，中国企业的参与主要集中在巴尔干地区和中欧地区。在北部的波罗的海三国，中国企业还未有大型电力项目的EPC案例和业绩。

表 4-1 中国与中东欧工程项目建设合作

	国别	项目名称	装机(MW)	状态	签约时间	中方总包企业	项目业主
1	波黑	斯坦纳瑞（STANARI）燃煤电站项目	300	2016年投产	2013	东方电气	EFT Rudnik i Termoelektrana Stanari
2	波黑	图兹拉（TUZLA）7号机组燃煤电站项目	450	融资关闭/在建	2014	中国能建	Elektroprivreda BIH (EPBIH)
3	波黑	巴诺维奇（BANOVIC）燃煤电站项目	350	融资关闭/在建	2015	东方电气	RMU Banovici dd Banovici
4	波黑	库普雷斯（KUPRES）风电一期	48	已签约/已获得建设许可	2017	中技进出口总公司	-
5	波黑	尤乐高（ULOG）水电站	35	已签约/融资关闭/在建	2012	中国水电	Energy Financing Team
6	波黑	达巴尔水电站项目	160	已签约	2020	中国能建	波黑塞族共和国电力公司-达巴尔电力公司
7	黑山	普列夫利亚电厂环保改造项目	-	已签约	2020	东方电气	黑山电力公司
8	保加利亚	Svilocell生物质电站	16	已签约/在建	2018	济南锅炉	Svilocell EAD
9	希腊	MINOS 50MW塔式光热电站项目	50	已签约/在建	2019	中国能建	Nur Energie
10	希腊	光伏电站	25.5	已签约	2020	上海电气	-
11	北马其顿	科佳（KOZJAK）水电站项目	80	2004年投产	-	中国水利水电	Elektrani na Makedonija AD
12	罗马尼亚	罗马尼亚光伏电站项目群	50	2012年投产	2012	中盛光电	-
13	波兰	科杰尼采变电站扩建及改造项目	-	2018年竣工	2016	国家电网	波兰国家电网公司
14	波兰	波兰地面光伏电站项目	150	已签约	2020	凯盛科技	欧洲GPC集团
15	波兰	波兰波罗的海海上风电项目群	324.8	已签约	2019	中国能建	MAX DEAL
16	塞尔维亚	潘切沃（PANCEVO）燃气电站项目	160	已签约/在建	2018	上海电气	Energoprojekt
17	塞尔维亚	科斯托拉茨（KOSTOLAC）燃煤电站	350	已签约/在建	2013	国机集团	EPS

4.1.2 能源项目投资合作

近年来，中东欧国家能源转型的步伐加快，特别是风电、光伏等新能源发展呈现提速趋势。新能源项目规模小，决策周期短；而且新能源项目有电价保障，投资者风险相对较小。风电以及光伏成为中国企业在中东欧进行绿地投资的主要领域。早期，中国企业在中东欧地区的投资主要为中小型光伏电站项目，投资方主要为中国的光伏装备企业。近年来，中国企业在中东欧投资的大型风电和光伏项目也取得突破，例如国机集团在匈牙利投资建设的考波什堡光伏电站项目和北方国际在克罗地亚投资建设的塞尼风电项目，单体规模均超过10万千瓦，目前均进入建设阶段。项目投资也成功带动了中国的新能源装备进入中东欧区域，例如，克罗地亚塞尼风电项目拟采用上海电气的风电机组，黑山莫祖拉风电项目采用了远景能源的风电机组，有力推动了装备企业在这一区域的业绩突破。

除新能源项目之外，中国企业也在关注中东欧地区核电、水电和火电等大型项目的投资。

表 4-2 中国与中东欧能源项目投资合作

	国别	项目名称	类型	装机(MW)	状态	中方投资企业
1	保加利亚	江苏综艺Yambol光伏电站	光伏	16.9	2012年投产	江苏综艺
2	保加利亚	正泰电器保加利亚光伏电站	光伏	50	2012年投产	浙江正泰电器
3	克罗地亚	塞尼（Senj）风电场	风电	156	在建	北方国际
4	匈牙利	Tiszaszolos光伏电站	光伏	11.6	在建	联盛新能源
5	匈牙利	考波什堡（Kaposv）光伏电站项目	光伏	100	在建	国机集团
6	罗马尼亚	江苏综艺布加勒斯特光伏电站	光伏	12.5	投产	江苏综艺股份
7	罗马尼亚	光伏电站项目	光伏	15.4	投产	浙江昱辉阳光
8	黑山	莫祖拉（Mozura）风电场	风电	46	2019年投产	上海电力
9	波兰	昱辉阳光波兰光伏电站项目	光伏	35	2018年投产	浙江昱辉阳光

4.1.3 股权投资及并购

2016-2017年，中方企业和中资金融机构在能源领域开展了多个股权收购和并购案例，仅公布收购规模的项目，总资产接近40亿欧元。从模式来看，既有股权投资也有股权并购；从区域来看，合作方主要集中在欧盟国家；从资产类型来看，以风电等新能源资产为主。股权合作也为中方企业在该区域从事项目开发投资提供了便利。

2009年7月，欧盟正式通过了一揽子能源市场改革法案，统称为“第三能源包法令”，对欧盟电力和天然气市场进行改革，旨在拆分电力和天然气上下游企业的所有权，实现厂网分离，避免大型能源生产企业同时控制输送网络，违反第三能源包相关规定将面临多项处罚。近年来，欧盟严格执行第三能源包法令相关规定，持续加大对在欧投资能源基础设施领域的监管。由于欧盟将中国国有企业视为由中国国务院国资委控制的“同一集团”，因此欧盟将中资企业在欧的控制权收购纳入重点监管范围，一旦“同一集团”同时持有输电资产和发电资产并达到控制权，将触发欧盟的第三能源包法令。鉴于以上情况，中资企业在欧盟成员国开展股权投资及并购时应将上述因素考虑在内，充分做好各类监管风险评估。

与此同时，2017下半年以来，欧盟更加注重外资安全审查。欧盟委员会 2017年9月提议出台相关政策，维护欧盟在外国直接投资方面的安全和公共秩序；2019年4月，欧盟正式通过了《欧盟外国直接投资审查框架条例》，能源相关的实体并购和投资归于“关键基础设施”，属于外资安全审查的范围。根据统计，中东欧国家的欧盟成员国中，已经有4个国家（拉脱维亚、立陶宛、匈牙利、波兰）建立了外资安全审查体系。中资企业在中东欧开展投资并购等活动面临着新的不确定性因素。

表 4-3 中国与中东欧股权投资及并购合作

	国别	项目名称	时间	资产类型	收购方名称	卖方名称	总价
1	阿尔巴尼亚	阿尔巴尼亚班克斯油田收购	2016	油气	中国洲际油气	班克斯石油公司	-
2	克罗地亚	克罗地亚能源工程公司76%股权收购	2017	风电	北方国际	个人	3201万欧元
3	捷克	捷克能源21公司股权投资	2016	光伏	中国-中东欧投资基金	中欧罗巴合伙人	-
4	希腊	希腊国家电网24%股权投资	2017	电网	中国国家电网公司	希腊公共电力公司	3.2亿欧元
5	希腊	希腊4个风电项目75%股权收购	2017	风电	国家能源集团	希腊Copelouzos 集团	约30亿欧元
6	立陶宛	立陶宛国家电网设计院公司收购	2013	工程服务	华北电力设计院	-	-
7	立陶宛	立陶宛Elgama公司66.7%股权收购	2016	装备	江苏林洋能源	-	-
8	波兰	EDPR 波兰资产部分股权收购	2016	新能源	中国长江三峡集团	EDPR	3.63亿欧元
9	波兰	波兰Polenergia集团股权投资	2014	风电	中国-中东欧投资基金	波兰POLENERGIA集团	7822万欧元
10	波兰	风电项目收购	2017	风电	中国-中东欧投资基金	GEO Renewables公司	-

4.1.4 技术交流合作

自2016年成立以来，“17+1”能源中心与各国利益相关方通力合作，举办了一系列技术交流合作活动，以务实推进中国-中东欧国家政府、企业、金融机构、智库等之间的交流及合作。主要活动包括：

1 **2017年11月**

“17+1”能源中心在罗马尼亚布加勒斯特组织召开首届中国-中东欧能源博览会暨论坛，会议通过了《中国-中东欧能源合作联合研究部长声明》和《中国-中东欧能源合作白皮书》成果文件。

2 **2018年6月**

“17+1”能源中心在北京举办中国-中东欧国家能源合作第一次技术交流会，中国及中东欧国家能源电力行业参会代表就能源规划与政策、电力发展技术、商业模式、工程实践、能源合作展望等主题进行了沟通交流。会后组织中东欧参会代表赴江苏和浙江进行新能源项目的调研。

3 **2019年10月**

“17+1”能源中心在克罗地亚萨格勒布举办中国-中东欧国家能源合作论坛，就“清洁能源投资与产能合作”这一主题进行交流探讨，并组织开展企业间双边会见。期间，中方企业与波黑、保加利亚、克罗地亚、希腊、匈牙利、北马其顿、黑山、罗马尼亚等中东欧国家共开展双边会谈28场，达成了12项清洁能源投资项目合作意向。

4.2 中东欧地区能源发展展望

4.2.1 经济保持中低速增长态势

随着欧债危机的解除，近年来中东欧地区经济逐渐复苏。未来，中东欧地区经济增长的主要驱动力包括欧洲经济一体化、全球化、内需的增长和基础设施建设等，预计未来中东欧地区经济将继续保持平稳增长态势，是欧洲地区经济增长的重要力量之一。预计到2030年，中东欧地区GDP总量将超过2.7万亿美元，较2019年增幅超过29%，2019-2030年GDP年均增速约2.35%。预计到2040年，中东欧地区GDP总量将达到3万亿美元。

图 4-1 2000-2040 年中东欧地区 GDP 总量

单位：亿美元

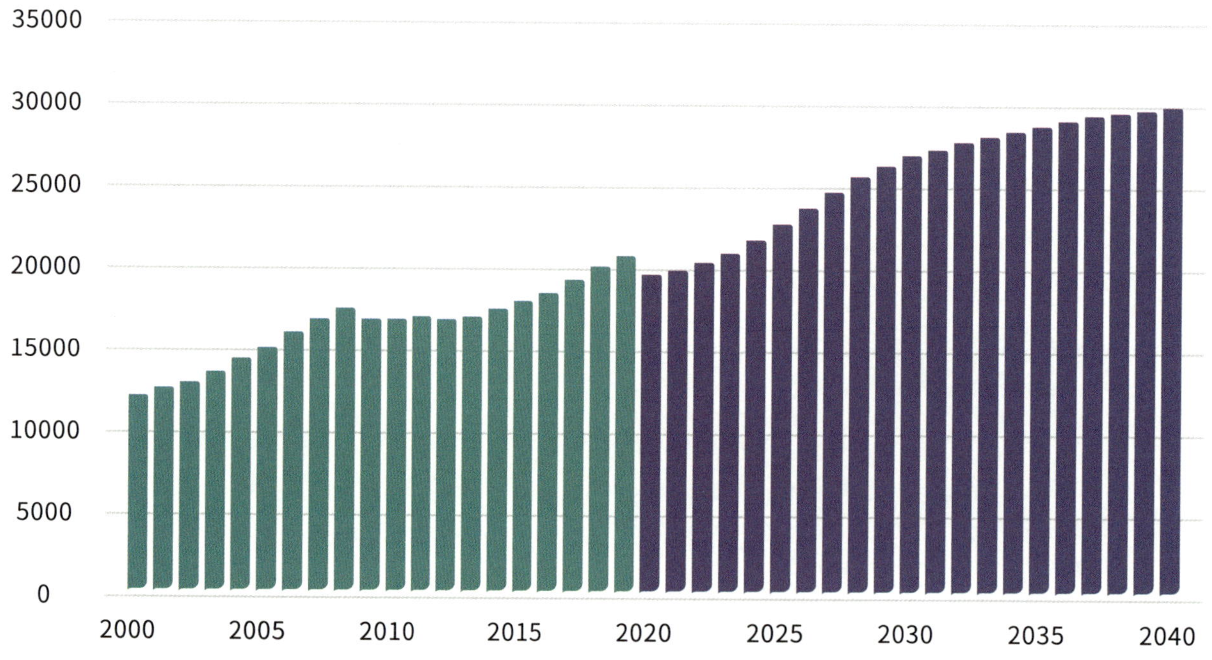

数据来源：世界银行，国际货币基金组织，本报告研究

到2030年，中东欧地区人均GDP得到大幅提高，预计将达到2.2万美元/人，较2019年增幅超过30%，然而仍低于当前欧洲平均水平（3.2万美元/人），经济发展存在巨大的潜力。到2040年，中东欧地区人均GDP将达到2.5万美元/人，较2019年增幅接近60%。

图 4-2 2019-2040 年中东欧地区人均 GDP

单位：美元 / 人

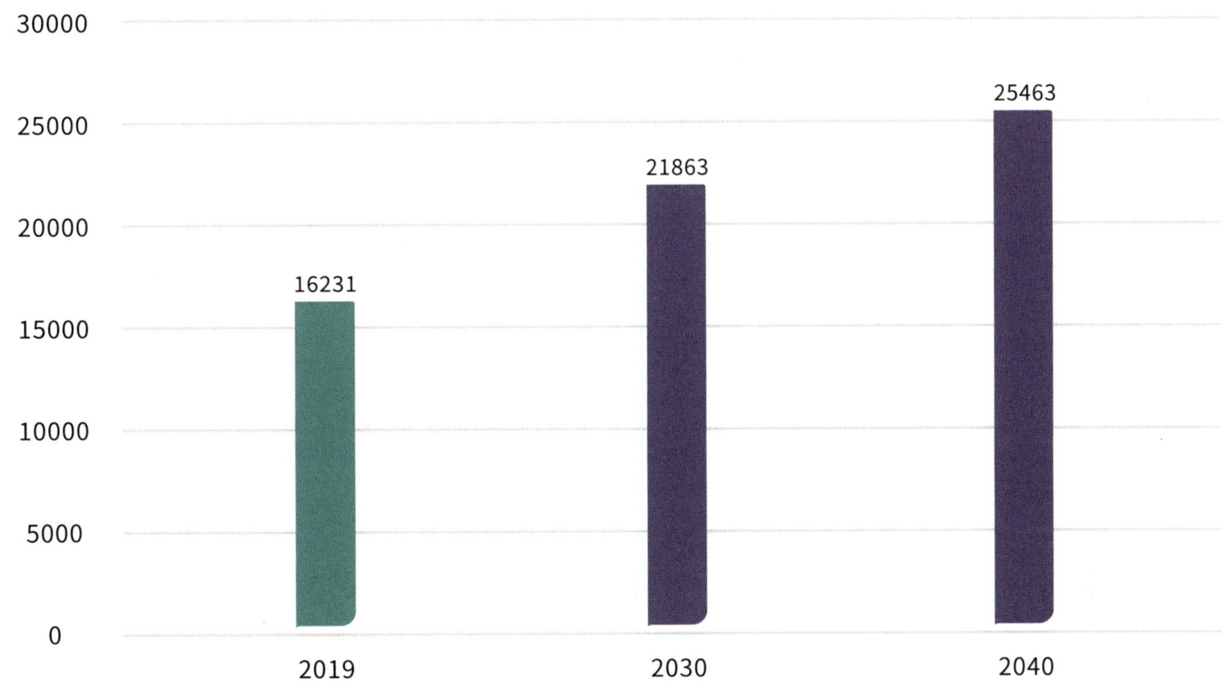

数据来源：联合国人口司，国际货币基金组织，本报告研究

4.2.2 能源需求将稳步提升

在综合考虑人口增长、经济发展、政策完善、技术进步等因素的基础上，本研究面向未来设计了三种情景，分别为延续情景、转型情景、加速转型情景。其中，延续情景是以当前政策措施基本保持不变、技术创新稳步推进为基础而预测的未来能源发展形势；延续情景是以当前政策措施基本保持不变、技术创新稳步推进为基础而预测的未来能源发展形势；转型情景是以实现联合国可持续发展目标以及巴黎协定的能源及气候变化相关内容为导向，能源转型政策得到实施、技术创新步伐加快为基础而预测的未来能源发展形势；加速转型情景是以尽快实现联合国可持续发展目标以及巴黎协定为目标，大幅度调整各国既有的能源政策、大量的创新技术得到规模化应用为基础而预测的未来能源发展形势。

在延续情景下，中东欧地区能源需求总量增长较快，2030年能源需求总量超过3.5亿吨标油，较2019年增幅超过10%，2040年能源需求总量接近3.7亿吨标油；在转型情景下，能源转型的潜力释放，能效持续提升，节能减排的力度加大，能源需求增长放缓，2030年能源需求总量接近3.5亿吨标油，较2019年增长超过7%，2040年能源需求总量超过3.5亿吨标油；在加速转型情景下，能源转型加快推进，碳排放对能源消费形成刚性约束，能源消费呈现低速增长，2030年能源需求总量接近3.4亿吨标油，较2019年增长约5%，2040年能源需求总量约3.4亿吨标油。

图 4-3 1990-2040 年中东欧地区能源需求预测

单位：百万吨标油

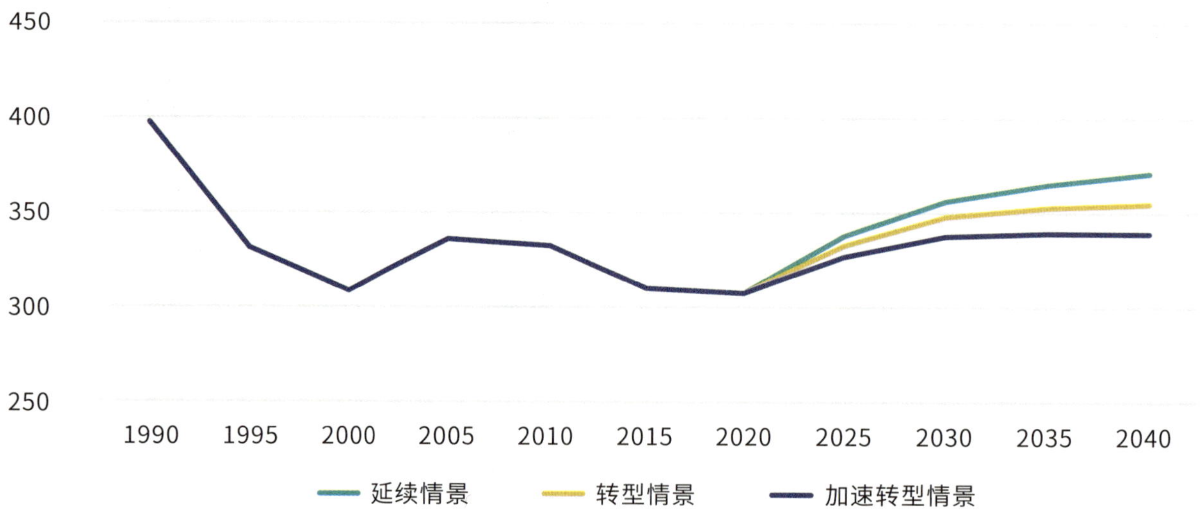

数据来源：国际能源署，Eurostat，BP，本报告研究

长期以来，化石能源在中东欧地区能源消费中占据主要位置，随着以风、光、生物质为代表的可再生能源的迅速发展，中东欧地区能源消费结构向清洁低碳的趋势转变。结合中东欧各国的可再生能源发展目标进行预测，2030年中东欧地区非化石能源消费占比将提升到25%以上。在延续情景下，2030年非化石能源消费占比达到28%，比2019年高7个百分点，2040年非化石能源消费占比达到31%；在转型情景下，2030年非化石能源消费占比达到30%，比2019年高9个百分点，2040年非化石能源消费占比达到33%；在加速转型情景下，2030年非化石能源消费占比达到33%，比2019年高12个百分点，2040年非化石能源消费占比达到38%。

图 4-4 1990-2040 年中东欧地区非化石能源需求占比

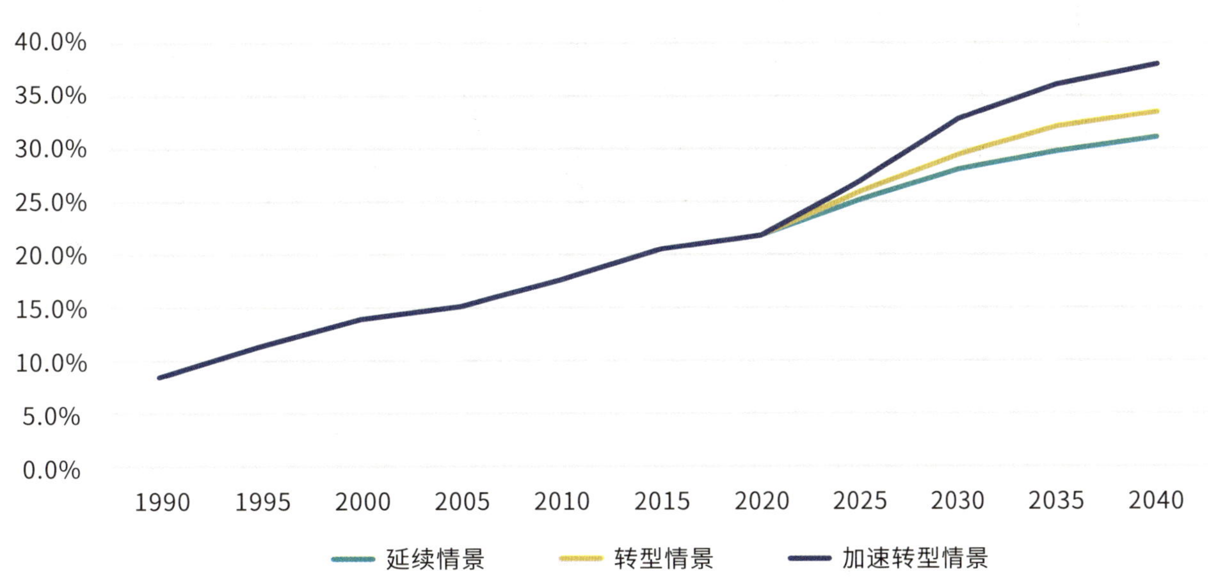

数据来源：各国规划（NCEP），国际能源署，Eurostat，本报告研究

在转型情景下，2030年可再生能源消费占比达到22%；从1990年起煤炭消费占比持续下降，2030年预计降至25.6%，2040年预计降至23.8%；石油消费占比呈现波动趋势，自2018年以后呈现下降趋势，2030年降至25.5%，2040年降至23.5%；天然气消费占比保持平稳态势，2015年起略有上升，2030年达到19.3%，2040年基本保持不变；核能消费占比保持稳中有升的趋势，2030年占比达到7.5%，2040年占比达到7.9%。到2040年，预计可再生能源消费占比将超过煤炭，占据中东欧地区能源消费的主要位置。

图 4-5 1990-2040 年中东欧地区分品种能源消费占比

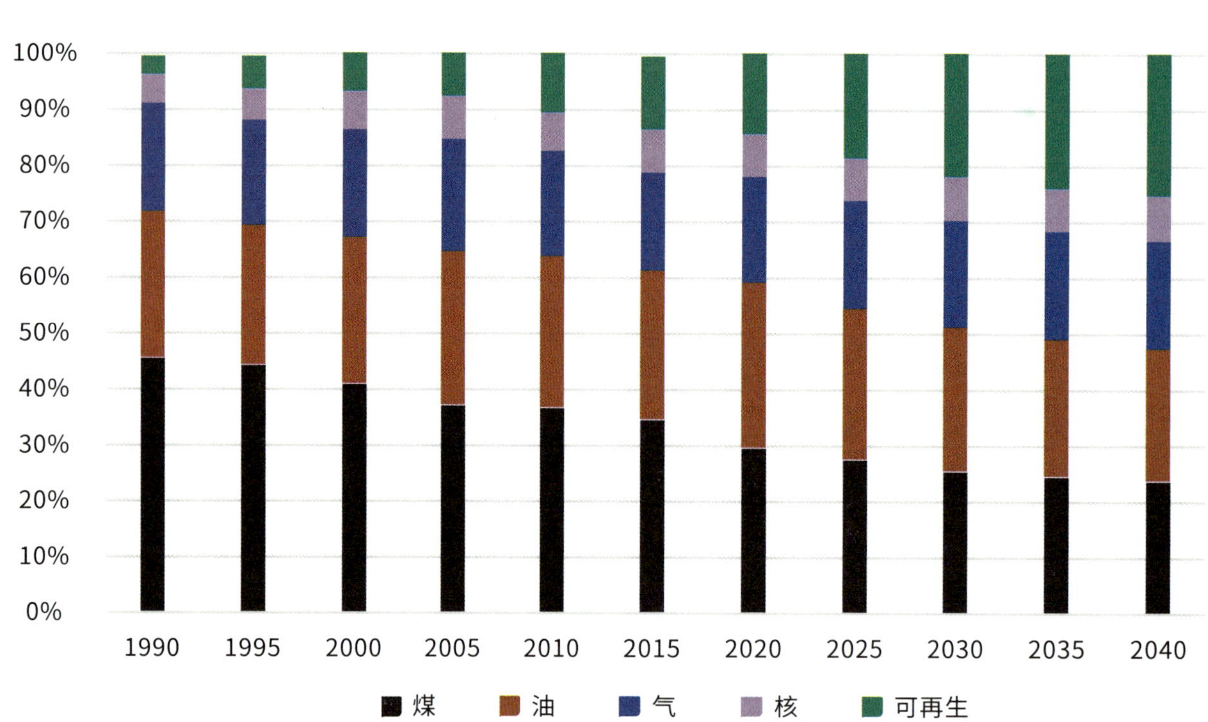

数据来源：国际能源署，Eurostat，BP，本报告研究

在转型情景下，未来波兰、捷克、罗马尼亚仍然是中东欧地区的能源需求大国，黑山、阿尔巴尼亚、北马其顿等国能源需求体量较小。总体来看，2030年各国能源需求量占整个中东欧地区能源需求总量的比例基本无太大变化。

图 4-6 2019-2040 年中东欧地区分国别能源需求占比预测

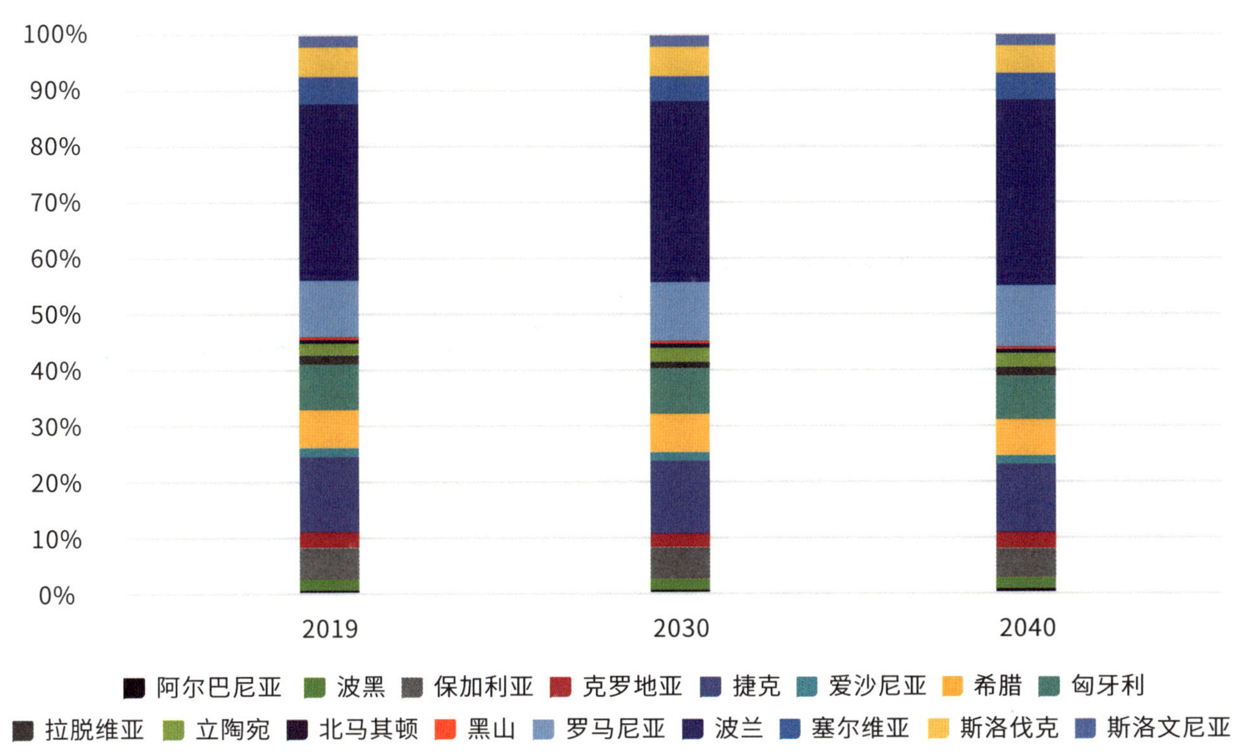

数据来源：国际能源署，BP，本报告研究

未来，能源领域仍然是中东欧地区发展的重点。预计从目前到2040年，中东欧地区能源领域投资超过7000亿欧元，主要集中在可再生能源、能效提高、CO_2减排、电力互联互通基础设施建设、电力系统升级改造等领域。

4.2.3 煤炭需求将持续下行

受欧洲去煤化的趋势以及碳价格上涨等因素的影响，在转型情景下，中东欧地区煤炭需求持续下降，预计2030年将降至8900万吨标油，较2019年降幅接近7%，消费占比将至25.6%，较2019年下降约4个百分点。绝对大多数国家煤炭消费总量净减少，少部分煤炭储量较为丰富的国家煤炭消费略有上涨。预计2040年煤炭需求将降至8400万吨标油。

图 4-7 1990-2040 年中东欧地区煤炭需求预测

单位：百万吨标油

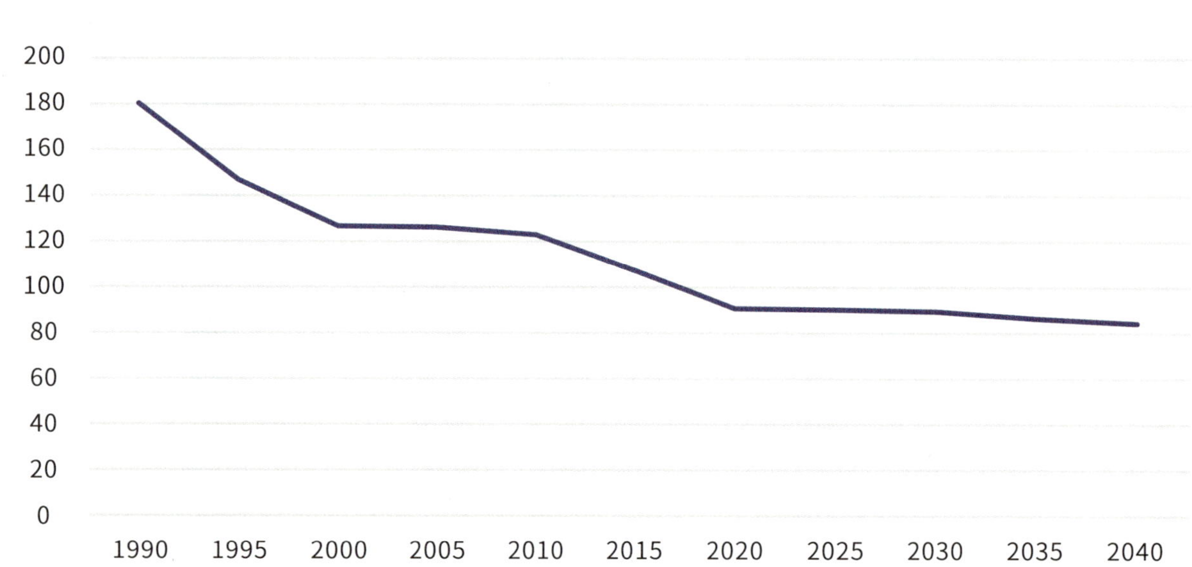

数据来源：国际能源署，BP，本报告研究

从供应来看，中东欧地区煤炭储量相对丰富，波兰、塞尔维亚等煤炭储量较为丰富且产量较高的国家，将成为中东欧地区煤炭供应增长的主要来源。其中波兰煤炭储量约265亿吨，占整个中东欧地区的50%以上，年生产量超过7000万吨，是煤炭净出口国，根据波兰2050年能源战略规划，2030年将计划提高煤炭年产量到7500万吨，同时继续增加对煤矿开采的投资。塞尔维亚煤炭储量超过75亿吨，年生产量超过1000万吨，主要由两个煤矿供应（Kolubara和Kostolac），目前这两个煤矿均计划扩大产量，同时塞尔维亚计划开发新的煤矿并增加投资。捷克是中东欧地区仅次于波兰的第二大煤炭生产国，年生产量接近2200万吨，计划减少煤炭供应，到2030年年生产量降至1500万吨以下。

中东欧地区煤炭自给水平较高，自给率达到94%，煤炭年净进口量约1300万吨，主要来自俄罗斯、乌克兰、南非、澳大利亚等地。未来随着煤炭需求量下降，中东欧地区将逐步减少煤炭进出口贸易，俄罗斯、乌克兰等地仍将是中东欧地区煤炭进口的主要来源。

4.2.4 石油需求将继续下降，天然气需求比重将平稳增长

油气作为中东欧地区主要的一次能源品种，自给率水平较低，约有80%以上的油气资源从俄罗斯、欧洲等国家和地区进口，为了提高能源独立性、保障能源安全性，未来中东欧地区将增加本地能源供给，并控制油气消费。

在转型情景下，中东欧地区石油消费预计在2030年左右达到约8900万吨标油；2025年后石油消费将会逐渐下降， 2040年石油需求总量将降至约8300万吨标油。交通电气化的进程对石油需求的影响较大，燃油效率的提升及交通电气化水平的提高，是影响中东欧地区石油的主要因素。

图 4-8 1990-2040 年中东欧地区石油需求预测

单位：百万吨标油

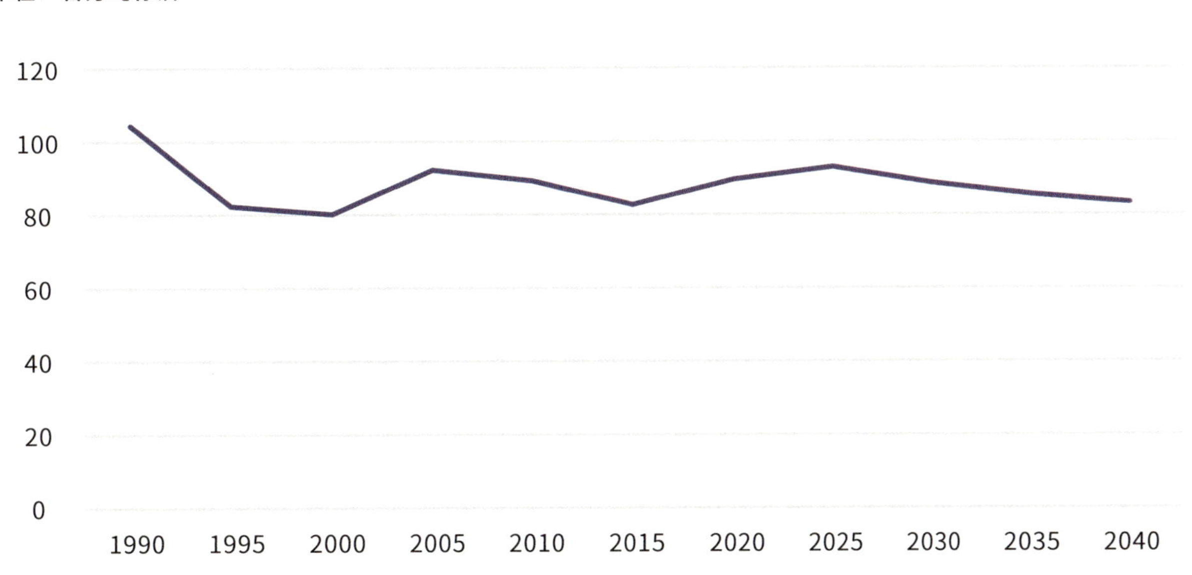

数据来源：国际能源署，BP，本报告研究

在转型情景下，由于煤炭消费的萎缩，天然气需求将不断提升，特别是电力板块的天然气消费增速较快，主要弥补煤电机组退役带来的电力缺口，2030年中东欧地区天然气需求量超过6700万吨标油，较2019年增幅超过9%。2040年中东欧地区天然气需求量超过6800万吨标油。

图 4-9 1990-2040 年中东欧地区天然气需求预测

单位：百万吨标油

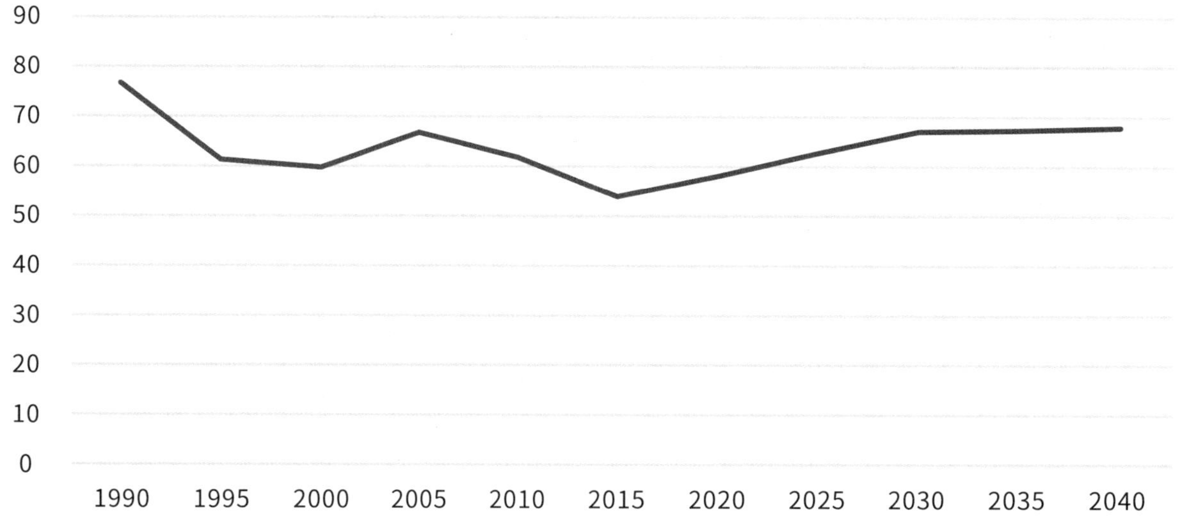

数据来源：国际能源署，BP，本报告研究

从供应来看，阿尔巴尼亚、克罗地亚、罗马尼亚、波兰、塞尔维亚等国具有一定的石油资源，目前部分国家已经进行了海上和陆上石油开采项目的拍卖，区域石油管网建设项目也正在启动。其中罗马尼亚、塞尔维亚、克罗地亚、斯洛文尼亚等国正在参与泛欧洲石油管网项目（Pan European Oil Pipeline），预计长度1360公里，年输送量6000万吨；塞尔维亚计划在2030年前投资约4亿欧元用于石油勘探与生产。

为满足环境要求和改善能源效率，中东欧地区多数国家注重天然气发展，计划增加天然气供应量。根据相关规划，2020-2030年中东欧地区天然气开发项目超过60个，已公开的投资金额达到210亿欧元。保加利亚、阿尔巴尼亚等国占据了重要的战略地理位置，将大力发展天然气互联互通基础设施。其中，阿尔巴尼亚规划2020-2040年重点开发国内天然气传输通道，并与周边国家联通；保加利亚天然气输送公司Bulgartransgaz计划2018-2076年投资4.32亿欧元用于天然气管网建设；波兰正在规划与斯洛伐克、立陶宛以及中欧联通的天然气传输走廊项目。

中东欧地区石油和天然气自给水平较低，自给率仅为10%和24%，目前年净进口量分别为1亿吨标油和4500万吨标油左右，主要来自俄罗斯、非洲、欧洲其他国家等地。未来，随着石油需求量降低以及本国天然气生产能力的提升，预计中东欧地区将逐渐减少油气进口。

4.2.5 可再生能源需求量将大幅提高

中东欧各国普遍制定了2020和2030年可再生能源发展目标，由于各国能源资源情况和发展战略各有不同，各国目标高低不一，能源转型的步伐也不一致。具体来看，爱沙尼亚、拉脱维亚、立陶宛等国能源转型目标较高，2030年可再生能源消费目标超过40%；捷克、匈牙利、波兰、斯洛伐克等国能源转型相对滞后，2030年可再生能源消费目标在20%左右。

从整体来看，中东欧国家可再生能源消费占比情况较欧盟2030年目标尚有一定差距，且部分国家差距较大，能源转型步伐需进一步加快，发展可再生能源的需求和潜力较大，各国需要根据自身条件制定适合本国的转型路径。随着欧盟能源转型要求的提高，未来中东欧地区将大力发展可再生能源。

图 4-10 中东欧各国可再生能源发展现状及目标

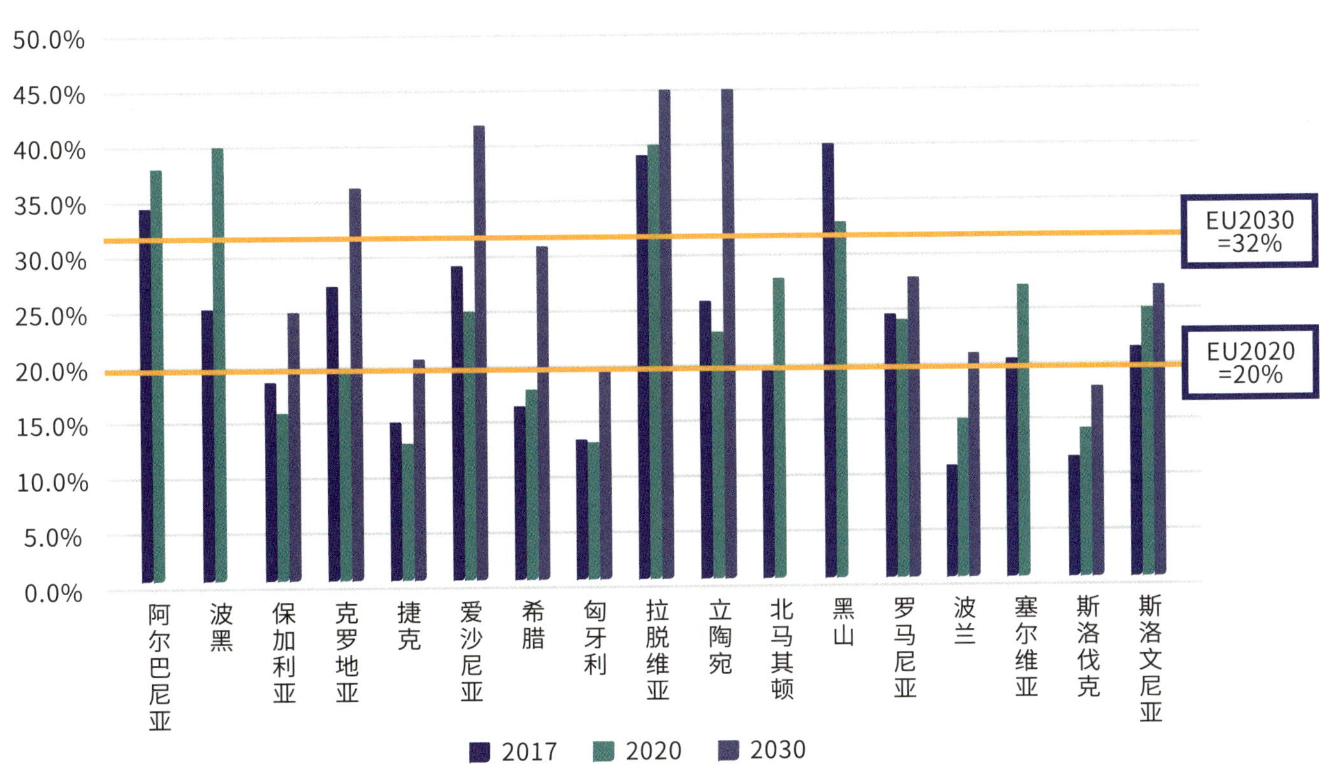

数据来源：各国规划（NECP）

基于各国的可再生能源发展目标，在转型情景下，预计2030年中东欧地区可再生能源需求总量将超过7600万吨标油，较2019年增加约80%，2019-2030年均增速超过5%。其中，风、光、水等可再生能源需求增长主要用于发电，生物燃料将主要用于生物质制气和供暖。预计2040年中东欧地区可再生能源需求总量将超过9000万吨标油。

图 4-11 1990-2040 年中东欧地区可再生能源需求预测

单位：百万吨标油

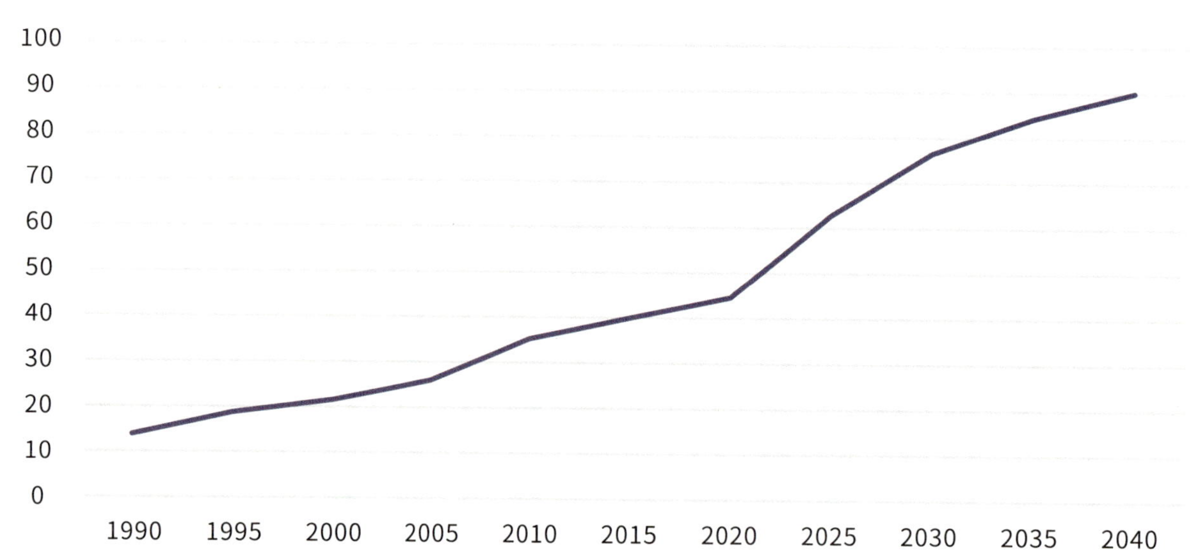

数据来源：国际能源署，BP，本报告研究

4.3 中东欧地区电力发展展望

4.3.1 电力需求将保持较快发展势头

在经济复苏的推动下，中东欧地区电力消费增长势头强劲，随着经济的逐渐回暖和电气化率提升，未来一段时间中东欧地区电力需求增速仍将处于欧洲较高水平，电力系统基础设施建设需求较大。在延续情景下，中东欧地区电力需求总量增长较快，预计2030年电力需求总量将达到6654亿千瓦时，较2019年增长17%，预计2040年电力需求总量将达到7170亿千瓦时；在转型情景下，2030年电力需求总量达到6555亿千瓦时，较2019年增长15%，2040年电力需求总量达到7004亿千瓦时；在加速转型情景下，电力需求保持平稳增长，2030年电力需求总量约6457亿千瓦时，较2019年增长13%，2040年电力需求总量约6833亿千瓦时。

图 4-12 2040 年中东欧地区电力需求

单位：十亿千瓦时（TWh）

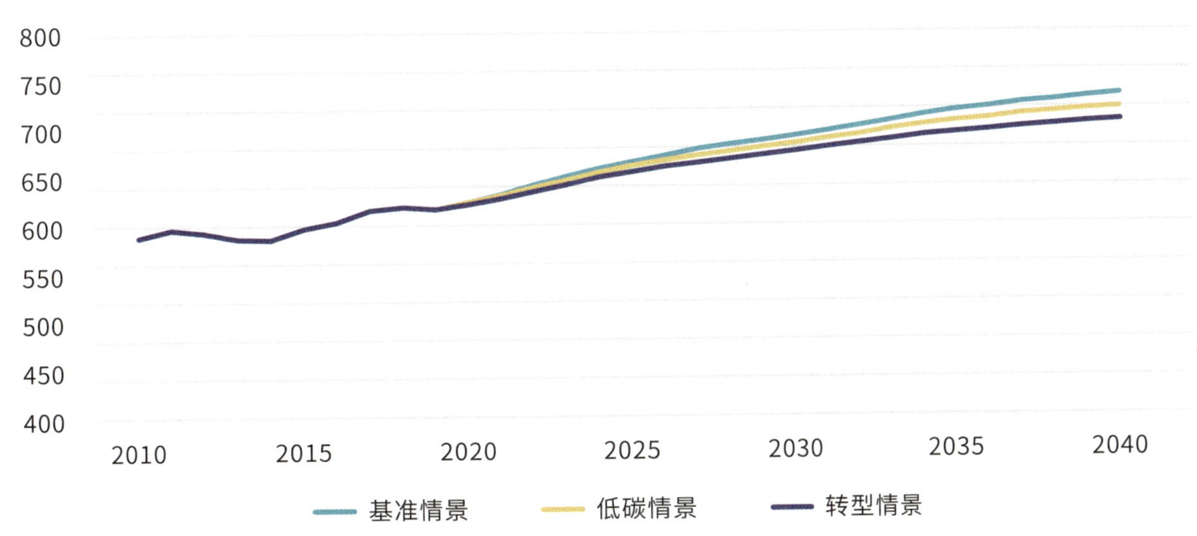

数据来源：国际能源署，ENTSO-E，本报告研究

在转型情景下，2030年中东欧地区人均用电量达到5304千瓦时/人，较2019年增幅达到20%。从整个欧洲来看，中东欧地区人均用电水平仍然较低，与欧洲发达国家相比，2030年中东欧地区人均用电水平仍低于当前欧盟国家人均用电量（6824千瓦时/人/年），未来还有较大的增长空间。2040年中东欧地区人均用电量将达到6000千瓦时/人/年左右。

单位GDP用电量反映了经济活动中电力利用效率的高低。在转型情景下，2030年中东欧地区单位GDP用电量为2506千瓦时/万美元，较2019年降低约8%，与当前欧洲平均电耗水平（1527千瓦时/万美元）相比，仍具有较大差距。2040年中东欧地区单位GDP用电量将降至约2200千瓦时/万美元。

4.3.2 电力装机缺口持续扩大，电力设施建设需求巨大

结合各国电力负荷增长以及老旧火电机组退役情况，在转型情景下，预计2030年中东欧地区电力缺口将超过6000万千瓦，传统电力系统升级改造和新的电力基础设施建设是中东欧地区电力发展的首要任务。同时，欧盟能源转型目标对电力系统提出了新的要求，许多国家的电网系统不能满足用电量增长及可再生能源接入的需要，电网基础设施建设空间较大。到2040年，预计中东欧地区电力缺口将超过9000万千瓦。

图 4-13 2019-2040 年电力缺口预测

单位：兆瓦（MW）

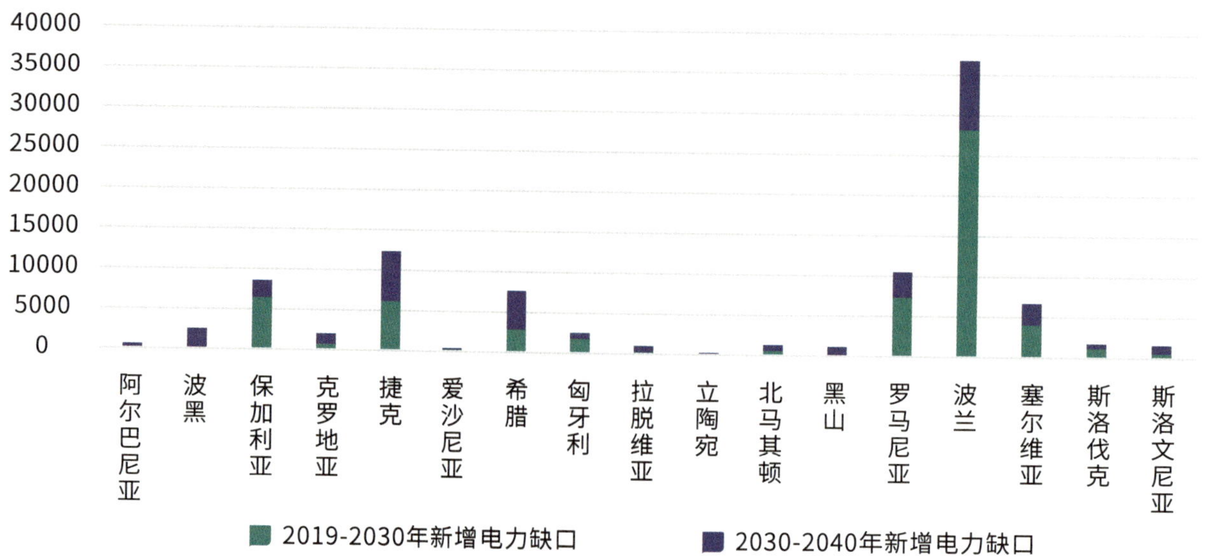

40000
35000
30000
25000
20000
15000
10000
5000
0

阿尔巴尼亚
波黑
保加利亚
克罗地亚
捷克
爱沙尼亚
希腊
匈牙利
拉脱维亚
立陶宛
北马其顿
黑山
罗马尼亚
波兰
塞尔维亚
斯洛伐克
斯洛文尼亚

2019-2030年新增电力缺口
2030-2040年新增电力缺口

数据来源：ENTSO-E, Eurostat, 本报告研究

4.3.3 电源装机结构向清洁低碳转变

目前中东欧地区电力装机仍然以化石能源装机为主，部分机组面临设备老旧的问题，2030年前将被新的发电机组代替。由于欧盟能源转型目标的提高以及碳价格的上涨，以煤电机组为主的化石能源将逐渐被清洁发电机组所代替。尤其是风光发电，2030年前具有巨大的增长潜力，技术进步和成本下降使得风电和光伏的竞争力日益强劲。

根据预测，由于高污染物和CO_2排放，煤电装机将进行大规模改造和削减，2030年发电装机占比将下降到28.9%，气电将逐步成为主要的可调节化石能源装机，可再生能源装机占比增至42.7%。到2040年，煤电装机下降至24.3%，以风电和光伏为主力的可再生能源发电装机将接近50%，成为中东欧地区最主要的发电装机类型。

图 4-14 2019-2040 年中东欧地区电源装机结构

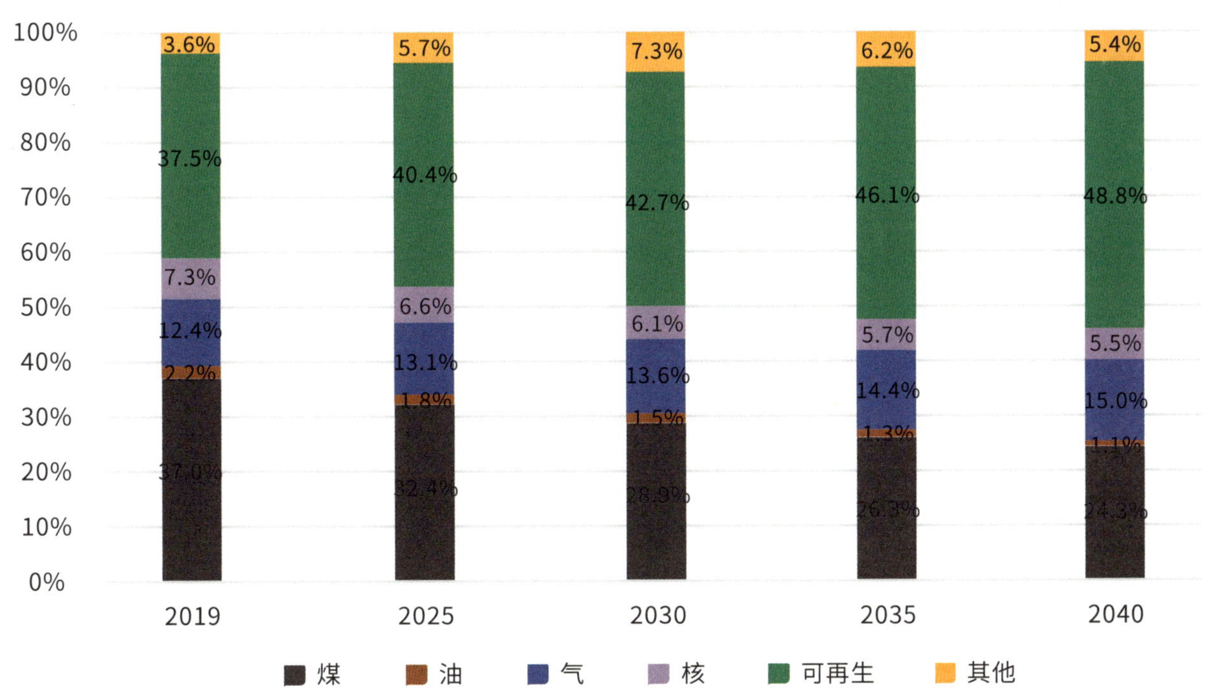

数据来源：各国规划（NCEP），国际能源署，ENTSO-E，本报告研究

1 化石电源

根据欧盟及各国能源转型的需求，到2030年中东欧地区煤电和气电机组退役装机总量接近7000万千瓦，为补齐电力缺口，在充分发挥电网互联效益和需求侧响应的同时，仍需要建设一定规模的电源。其中化石电源发展主要取决于中东欧各国能源政策和规划以及储能等新兴技术的发展情况，但总体来看，化石能源装机将呈现逐渐下降的趋势。

图 4-15 2019-2040 年中东欧地区气电装机变化情况

单位：兆瓦（MW）

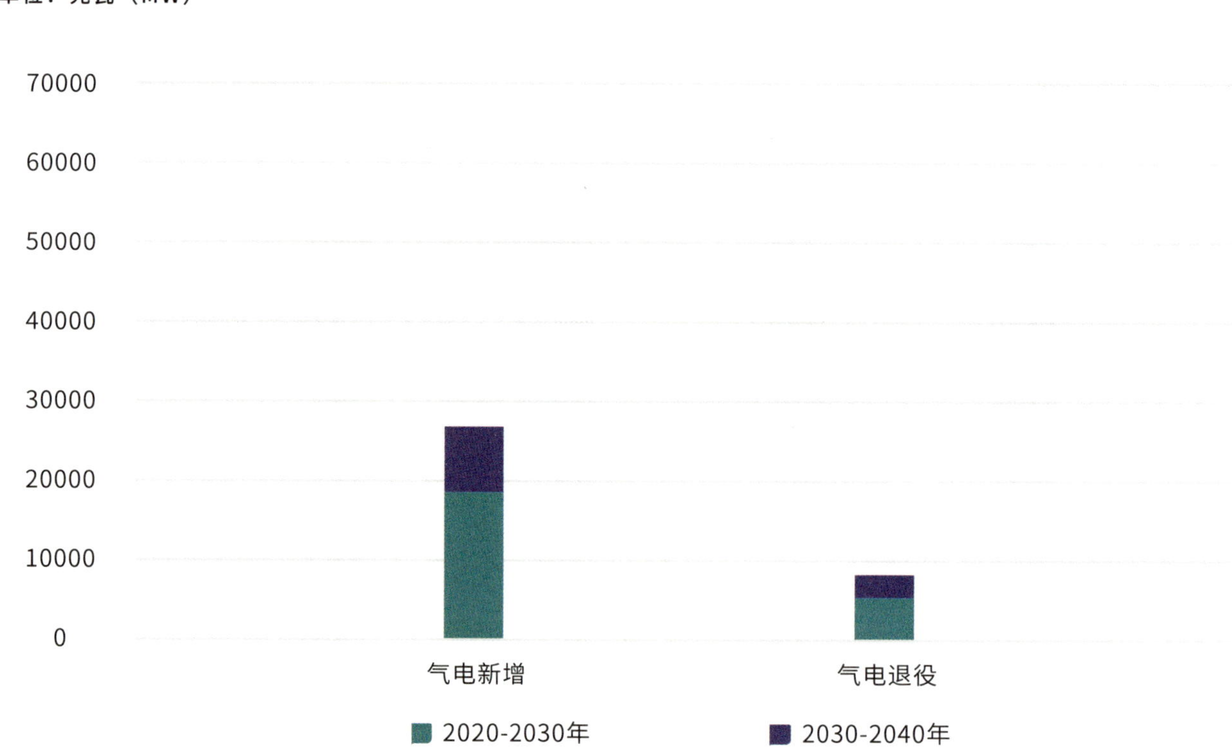

数据来源：ENTSO-E，本报告研究

2 光伏电站

中东欧地区光伏资源较为丰富，尤其是中欧和东南欧地区，光伏的年发电小时数超过1400小时，具有大规模开发光伏电站的巨大潜力。

图 4-16 中东欧地区光伏资源潜力

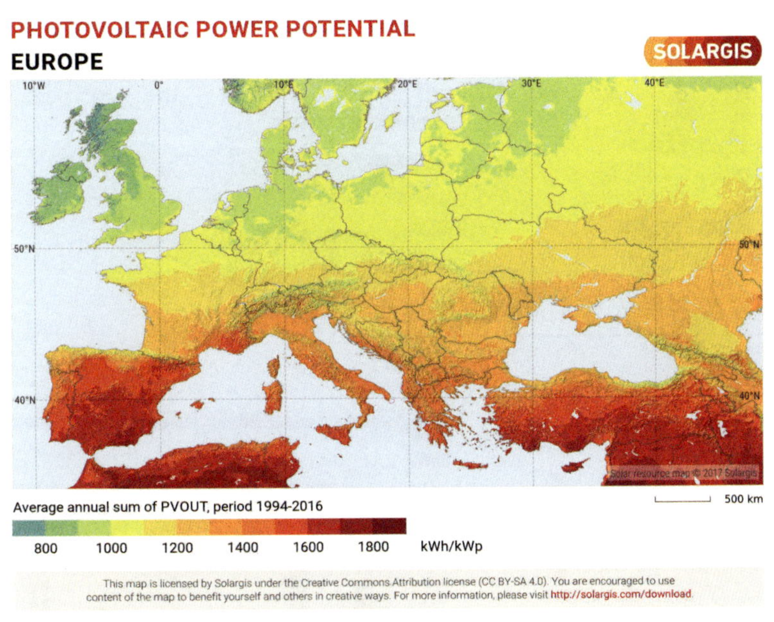

数据来源：SOLARGIS

随着技术的进步，光伏发电的成本优势逐渐凸显。平准化度电成本（Levelized Cost of Energy，LCOE），是对项目生命周期内的成本和发电量进行平准化后计算得到的发电成本，即生命周期内的成本现值/生命周期内发电量现值，在计算成本时考虑资金的时间价值、固定资产折旧、税收等因素的影响。根据测算，2019年中东欧地区光伏度电成本在6欧分/千瓦时上下，部分光资源较好的地区，光伏度电成本接近5欧分/千瓦时，与批发市场电价基本持平，已具备平价上网的条件。预计到2040年，中东欧地区光伏度电成本将下降到5欧分/千瓦时左右，部分光资源较好的地区，光伏度电成本将降至4欧分/千瓦时以下，光伏发电的价格优势进一步显现。

图 4-17 2019 年中东欧各国光伏平准化度电成本

单位：欧分 / 千瓦时

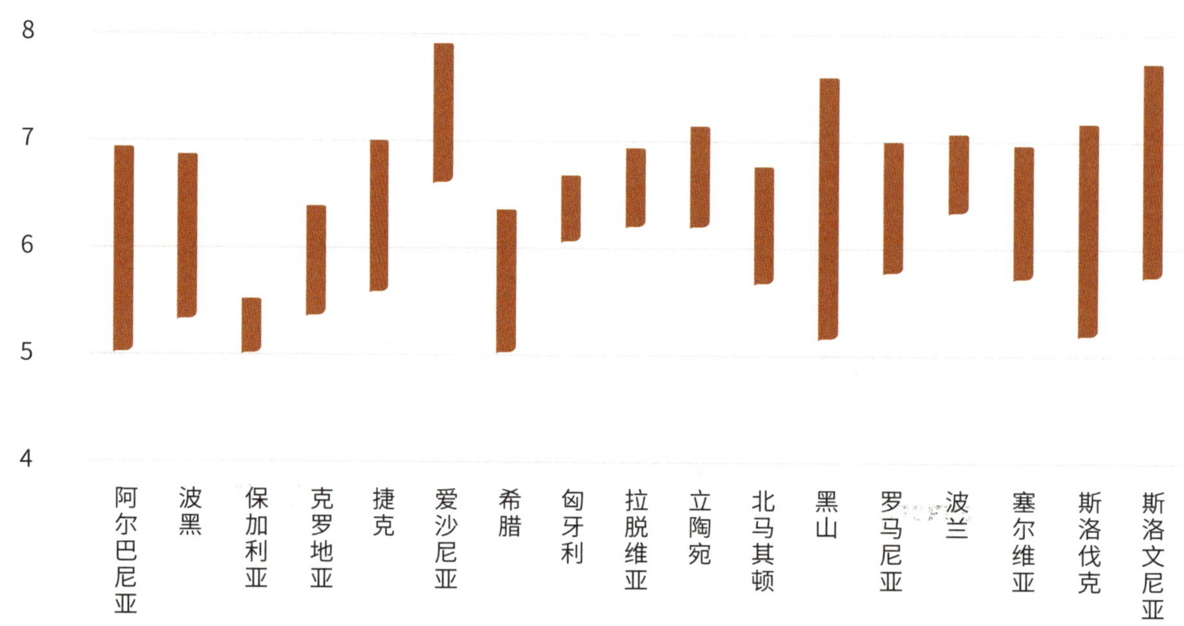

数据来源：SOLARGIS，国际可再生能源署，Agora，本报告研究

图 4-18 2040 年中东欧各国光伏平准化度电成本

单位：欧分 / 千瓦时

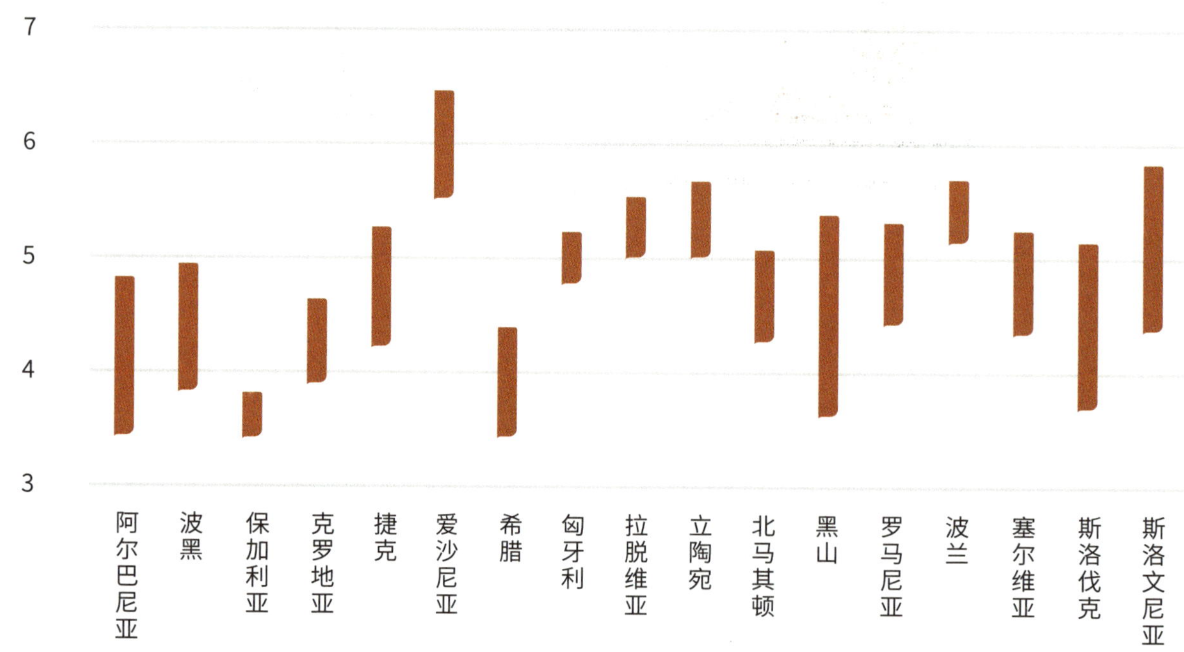

数据来源：SOLARGIS，国际可再生能源署，Agora，本报告研究

统筹考虑电力需求、资源状况、电价竞争力、可再生能源发展目标四个方面的因素，预计从目前到2030年，中东欧地区新增光伏装机将超过3000万千瓦，2030年光伏装机总量接近4000万千瓦；2030-2040年新增光伏装机约2500万千瓦，2040年光伏装机总量超过6300万千瓦。

图 4-19 2019-2040 年中东欧各国光伏发电装机预测

单位：兆瓦（MW）

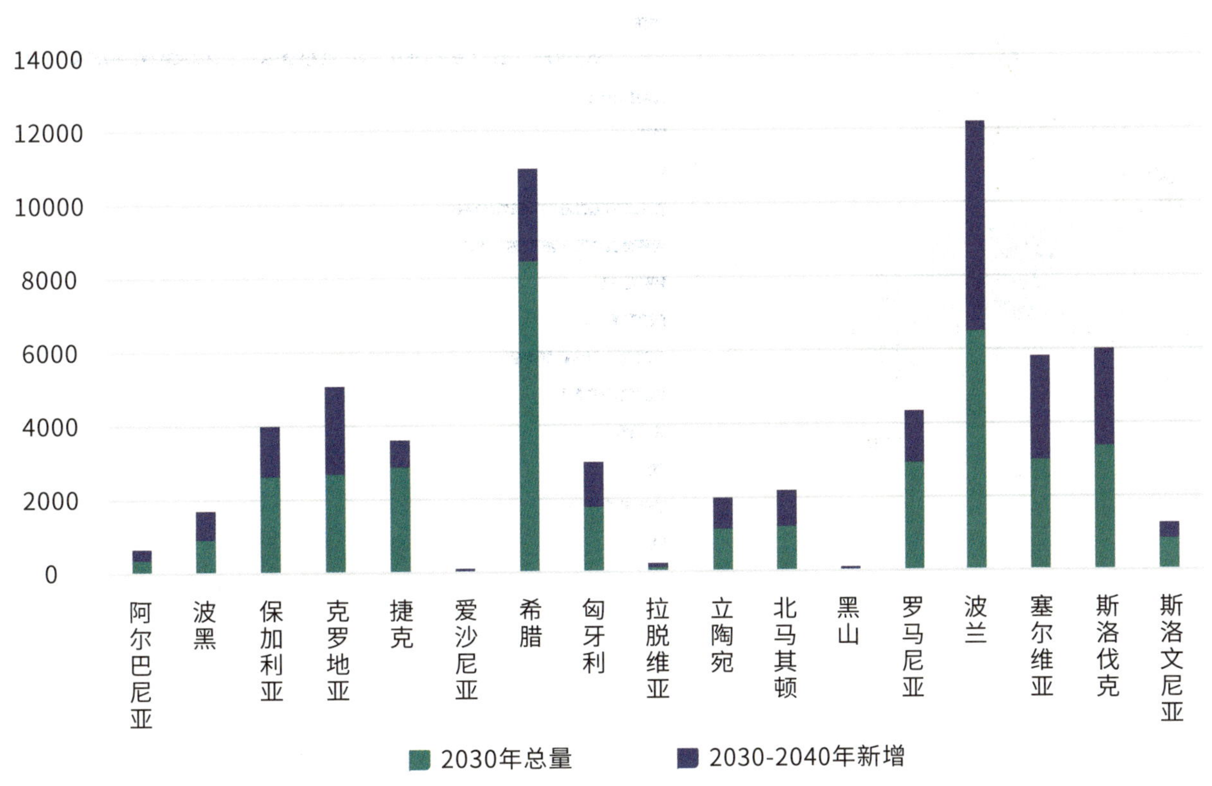

数据来源：各国规划（NCEP），ENTSOE，本报告研究

3 陆上风电

中东欧地区风能资源丰富，根据相关研究，中东欧地区陆上风电经济技术可开发规模接近17亿千瓦，其中具有显著价格竞争力（成本显著低于当地化石能源发电价格）的可开发规模约5700万千瓦。

图 4-20 中东欧地区陆上风电资源潜力

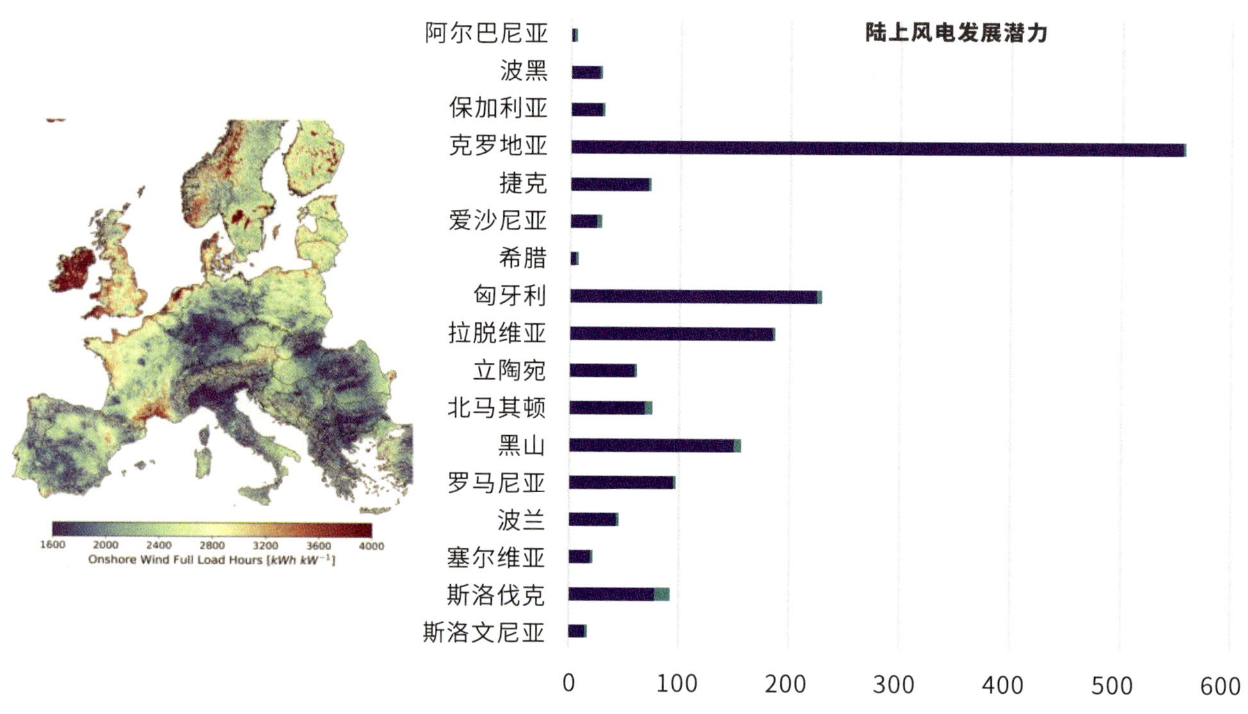

数据来源：Ryberg, etc. The Future of European Onshore Wind Energy Potential. Energy, 182(2019).

根据测算，2019年中东欧地区陆上风电平准化度电成本在6欧分/千瓦时-10欧分/千瓦时之间，其中风能资源较丰富的波罗的海沿岸地区陆上风电平准化度电成本可以达到6欧分/千瓦时左右，基本具备平价上网的条件。预计到2040年，中东欧地区风电度电成本将下降到7欧分/千瓦时左右，陆上风资源较好的波罗的海地区，风电度电成本将降至5欧分/千瓦时左右。

图 4-21 2019 年中东欧各国风电平准化度电成本

单位：欧分 / 千瓦时

数据来源：Ryberg, etc., Agora，国际可再生能源署，本报告研究

图 4-22 2040 年中东欧各国风电平准化度电成本

单位：欧分 / 千瓦时

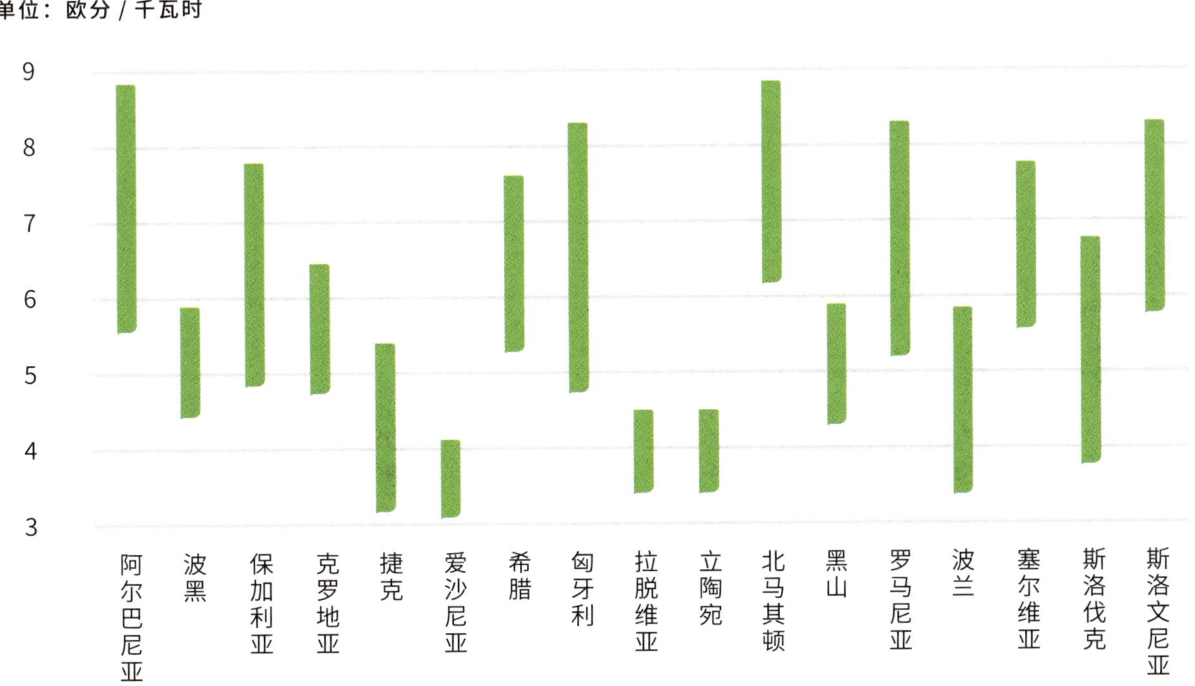

数据来源：Ryberg, etc., Agora，国际可再生能源署，本报告研究

统筹考虑电力需求、资源状况、电价竞争力、可再生能源发展目标四个方面的因素，预计从目前到2030年，中东欧地区新增陆上风电装机将超过2000万千瓦，2030年风电装机总量接近4000万千瓦；2030-2040年新增陆上风电装机将超过1400万千瓦，2040年风电装机总量超过5000万千瓦。

图 4-23 2019-2040 年中东欧各国风电装机预测

单位：兆瓦（MW）

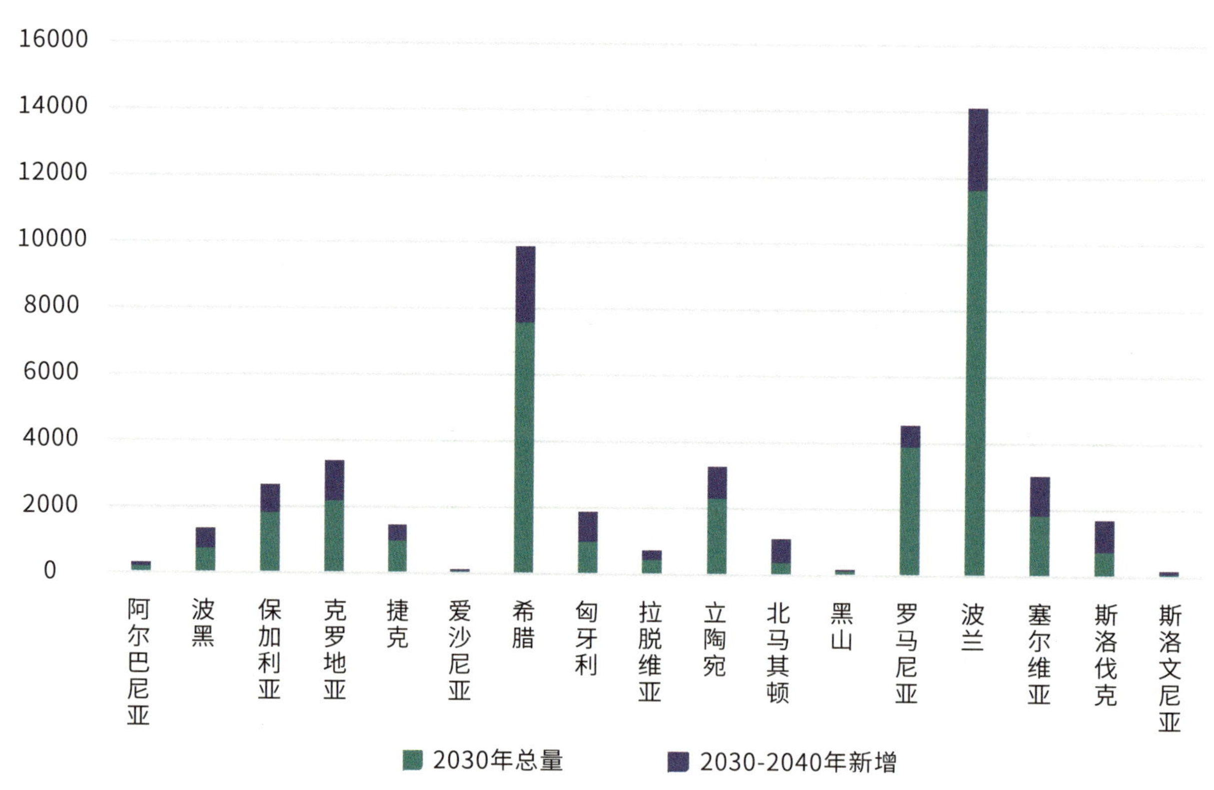

数据来源：各国规划（NCEP），ENTSOE，本报告研究

4 海上风电

波罗的海区域风能资源丰富。目前，欧洲海域海上风电装机总量超过2000万千瓦，其中波罗的海区域约有200万千瓦。根据预测，波罗的海区域累计潜在海上风电装机总量超过9300万千瓦，年发电量达到3250亿千瓦时。预计到2030年，波罗的海区域海上风电装机将达到900-1400万千瓦。中东欧地区的爱沙尼亚、立陶宛、拉脱维亚、波兰位于波罗的海沿线，海上风电发展潜力巨大。根据现有项目的情况，波罗的海区域海上风电电价约在5欧分/千瓦时-6.5欧分/千瓦时之间。随着海上风电技术的发展和成本降低，越来越多的海上风电项目已经去补贴化。波罗的海区域海上风电年利用小时数约为3500小时-4200小时。

波兰具有丰富的海上风能资源，潜在海上风电装机总量超过1000万千瓦，预计2025年首个海上风电项目开始发电。由于未来将不再新建煤电机组，政府将大力发展海上风电，预计到2030年前后海上风电装机总量将达到1000万千瓦。目前海上风电项目实行拍卖机制，波兰政府正在计划出台新的海上风电支持政策。

立陶宛潜在海上风电装机总量达到335万千瓦。为了实现2030年达到300万千瓦绿色发电装机的目标，立陶宛将大力发展海上风电，以实现能源转型并减少能源进口。预计2021-2022年进行第一个海上风电项目的拍卖。爱沙尼亚和拉脱维亚也正计划联合进行100万千瓦海上风电项目的开发，以提高能源安全并满足欧盟能源转型目标。

5 核电

核电作为一种清洁、高效、优质的现代能源，是中东欧地区实现能源转型发展的重要途径之一。目前中东欧地区有保加利亚、捷克、匈牙利、罗马尼亚、斯洛伐克、斯洛文尼亚6个国家有核电并继续发展核电。其中，保加利亚在2018年重启贝列内（Belene）核电项目，2019年邀请中方企业在内的多家核电企业提交意向文件成为该项目的战略投资商；捷克计划发展特梅林（Temelin）核电站3、4号机组项目；罗马尼亚将启动切尔纳沃德核电站3、4号机组建设项目的新一轮招标。此外，波兰正计划建设首个核电站，并考虑2033年开发100万千瓦-150万千瓦的核电项目并投入商业运营。

6 水电

2019年，中东欧地区水电发电总量738亿千瓦时，仍然是中东欧地区最大的可再生能源发电类型。与此同时，中东欧地区待开发的水电资源仍然较为丰富，根据相关统计，中东欧地区水电技术可开发量超过2000亿千瓦时/年，主要集中在东南欧地区，该地区技术可开发量接近1700亿千瓦时/年。东南欧地区的许多国家正在致力于加入欧盟，为了与欧盟能源转型发展目标保持一致，未来该区域将大力发展水电。

预计到2030年，中东欧地区水电装机新增将超过600万千瓦，发电总量新增将超过200亿千瓦时，主要集中在保加利亚、罗马尼亚、波黑等东南欧国家。2030-2040年水电装机预计新增约300万千瓦，发电总量新增约100亿千瓦时。

表 4-1 中东欧国家水电开发潜力

国家	简称	2019年水电发电量 单位：十亿千瓦时（TWh）	水电技术可开发量 单位：十亿千瓦时/年（TWh/a）
阿尔巴尼亚	AL	8.1	12
波黑	BA	5.8	19
保加利亚	BG	4.3	14.8
克罗地亚	HR	6.4	12
捷克	CZ	1.6	3.4
爱沙尼亚	EE	0.1	0.2
希腊	GR	5.1	20
匈牙利	HU	0.2	4.6
拉脱维亚	LV	2.4	4
立陶宛	LT	0.4	2.1
北马其顿	MK	1.6	5.5
黑山	ME	0	10
罗马尼亚	RO	17.7	40
波兰	PL	1.7	12
塞尔维亚	RS	10.4	27
斯洛伐克	SK	3.4	6.6
斯洛文尼亚	SI	4.6	8.8
合计		73.8	202

数据来源：各国规划（NCEP），Hydropower & Dams World Atlas, International Hydropower Association

7 抽水蓄能电站

2019年，中东欧地区抽水蓄能装机容量879万千瓦，占电力系统总装机的5.4%。从运行情况来看，抽水蓄能的利用小时数不高，主要为充当备用，在部分时段配合区域内的核电和火电运行，或根据系统调度需要发挥缓解电网阻塞的作用。

目前，中东欧地区规划和在建的抽水蓄能装机容量464万千瓦。总体来看，抽水蓄能未来的发展前景主要取决于区域内可再生能源发展的速度、电力市场规则以及与西欧区域电网互联的程度有关。目前批发市场的电价波动还不足以维持抽水蓄能电站的合理收益，中东欧地区仅有少数国家允许抽水蓄能全面参与辅助服务市场获得额外收益。未来随着可再生能源规模的增加以及辅助服务市场机制的不断完善，系统对抽水蓄能的需要也会增加。同时，现役的抽水蓄能电站需要进行改造，提升其响应速度并实现部分负荷下的运行。

表 4-2 中东欧国家抽水蓄能开发潜力

单位：兆瓦（MW）

国家	简称	2019年抽水蓄能装机容量	抽水蓄能规划/在建容量
阿尔巴尼亚	AL	0	-
波黑	BA	440	1120
保加利亚	BG	1054	-
克罗地亚	HR	281	490
捷克	CZ	1172	-
爱沙尼亚	EE	-	-
希腊	GR	699	496
匈牙利	HU	-	-
拉脱维亚	LV	-	-
立陶宛	LT	900	-
北马其顿	MK	-	347
黑山	ME	660	-
罗马尼亚	RO	-	1000
波兰	PL	1776	750
塞尔维亚	RS	614	-
斯洛伐克	SK	1016	-
斯洛文尼亚	SI	180	440
合计		8792	4643

数据来源：International hydropower association

4.3.4 电网基础设施建设空间较大

1 智能电网

中东欧地区电网体系多建于上20世纪90年代以前，损坏和老化现象严重，目前存在大量电网设施亟待更新，尤其是阿尔巴尼亚、立陶宛、北马其顿等国，电网线损率在20%以上，需要建立具有较高运行效率和自动化水平的经济型智能电网。在欧盟和各国可再生能源目标的驱动下，未来中东欧地区将有高比例的可再生能源接入电力系统，对电网性能提出了更高的要求，要求配套电网具有较高的调度自动化水平和较强的稳定运行能力。中东欧地区终端电价普遍较高，分布式能源也将快速发展，这需要更加高效的配电网技术，建设一个面向分布式发电、交互式供电的分散智能电网。

在此背景下，智能电网技术在中东欧地区应用前景良好，中东欧地区将成为智能电网新兴市场中最具有投资潜力的区域之一。

2 骨干电网

随着中东欧地区电力交易市场的联通和现货电力市场的完善，中东欧各国之间的电力互联互通将进一步加强，各国也相应提出了跨国电力互联升级及项目建设的规划。2020年，中东欧地区电力交换容量达到5800万千瓦；到2030年中东欧各国电力交换容量将超过8000万千瓦，较2020年新增容量超过3000万千瓦，将带来一定规模的高压电网的建设需求。

图 4-24 2020-2030 年中东欧各国电力交换容量

单位：兆瓦（MW）

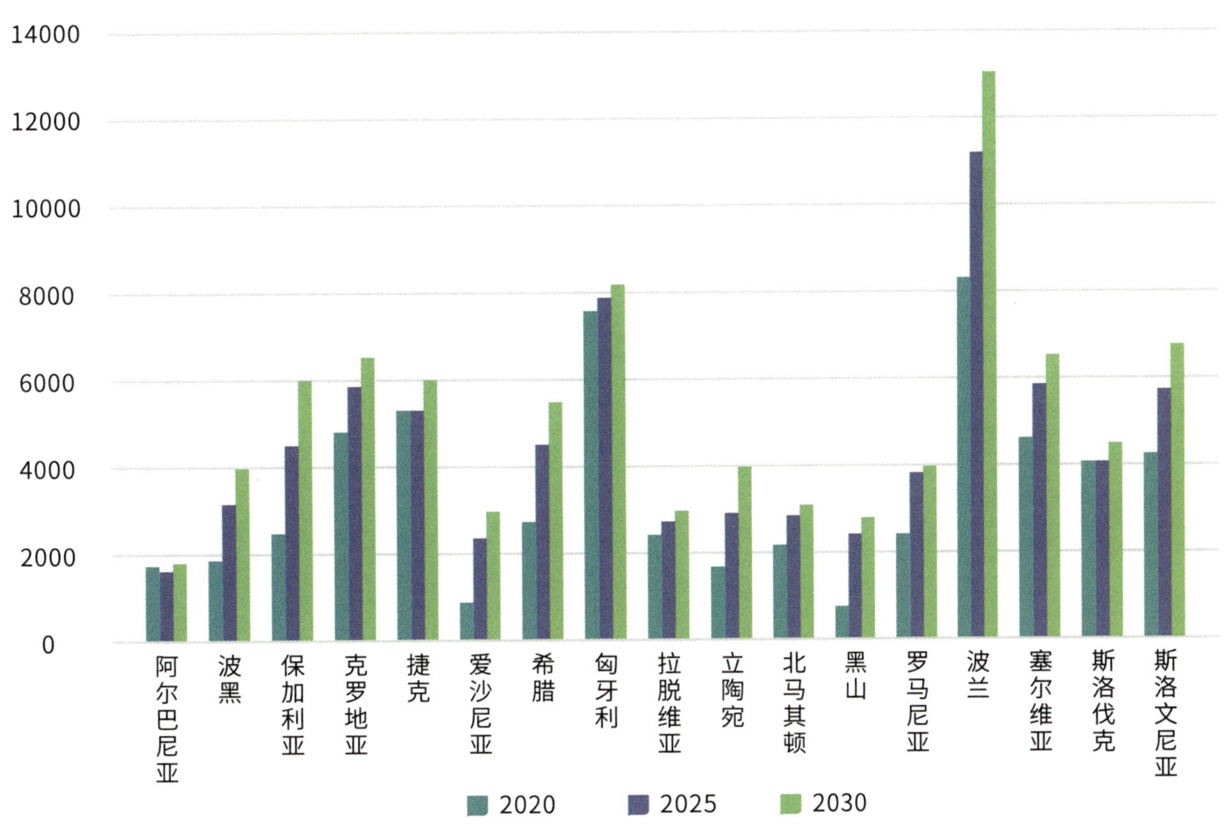

数据来源：ENTSO-E，本报告研究

根据规划，中东欧国家已经明确或者在建的电力互联项目如下表所示：

表 4-3 中东欧国家电力互联项目（在建或规划）

项目	主要内容	状态
黑山-意大利	1- 高压直流海底隧道（跨巴尔干走廊项目、中欧东部走廊项目）2-直流换流站	在建
爱沙尼亚-拉脱维亚	在Kilingi-Nomme（爱沙尼亚）和Riga CHP2（拉脱维亚）之间新建330千伏交流线路	许可
拉脱维亚-瑞典	立陶宛-瑞典NordBalt海底电缆项目的二期工程，以实现NordBalt一期高压直流项目的高效利用	许可
斯洛伐克-匈牙利	新建400千伏双回从new Gabcikovo（斯洛伐克）到Gonyu（匈牙利）交流线路	许可
捷克 西南-东部走廊项目	1- 新建400千伏双回交流架空线路，长度120.5km，容量2*1730兆伏安，连接Kocin和Mirovka 420千伏变电站 2- 新建Kocin 到Prestice 400千伏架空线路，包括将现有400千伏单回线路升级为双回，扩容至2*1730兆伏安 3- 现有420千伏Kocin变电站升级和扩展	许可
保加利亚-希腊	1- 新建保加利亚和希腊之间400千伏交流线路 2- 新建保加利亚南部400千伏交流架空线路	许可
罗马尼亚-保加利亚黑海走项目	包括4个400千伏双回架空线路	许可
塞尔维亚-罗马尼亚	新建双回400千伏线路	许可
克罗地亚-波黑	220千伏线路升级至400千伏	许可
南爱琴海互联项目	新建海底直流传输线路，输送爱琴海的可再生能源电力到希腊大陆及相关岛屿	许可
斯洛文尼亚-匈牙利/克罗地亚互联项目	在斯洛文尼亚境内新建80公里双回400千伏架空线路及400千伏变电站，新建线路将与现有的匈牙利-克罗地亚400千伏双回架空线路连接	许可

数据来源：ENTSO-E，本报告研究

4.4 中国 - 中东欧能源合作展望

未来，中国-中东欧能源合作应致力于推动能源系统的清洁低碳发展，高度重视能源发展中的环境保护问题，助力各国实现设定的可再生能源发展目标，满足各国能源消费增长需求；进一步促进双方能源价值链的深度融合，推动能源投资便利化，为资金、技术、装备等要素的流通创造更有利的条件，实现双方企业在全球能源产业链上的优势互补；更加重视惠及民生和社会发展，推动能源基础设施升级改造，为各国民生改善和经济发展注入新动力，为人民生活带来新福祉，带动地方经济社会发展。

具体来看，中国-中东欧合作领域主要包括油气基础设施、清洁火电、新能源、核电、水电和智能电网。

4.4.1 油气基础设施领域具有潜在合作机遇

为了提高油气互联程度以及传输效率，油气开发、管网建设等基础设施领域将成为今后中东欧许多国家在油气领域的发展重点。

中国在油气开采和管网建设方面技术领先，掌握了世界先进的超深井钻井技术，随钻测井一体化技术应用效果显著，油气储运建设技术实现跨越式发展，可与中东欧国家在油气基础设施建设领域开展合作。

4.4.2 清洁火电技术合作空间较大

到2040年，化石能源发电机组在中东欧地区电力装机结构中仍占有较大比重，对在运火电机组的清洁化和节能改造将带来巨大的经济和社会环境效益，提高运营效率，并满足欧盟对煤电机组排放水平的要求，同时随着可再生能源的大量接入，需要火电机组具备更高的灵活性，以满足系统调节的需求。

中国已建成世界上规模最大的清洁高效煤电系统，煤电超低排放机组超过8.9亿千瓦，排放标准世界领先，中国企业在煤电机组超低排放和节能改造方面积累了丰富的经验，可以参与中东欧地区火电机组的新建扩建和升级改造。此外，中国在提升火电机组灵活性方面有着全面的技术优势，在推动火电机组和可再生能源融合发展方面也积累了大量的实践经验，可与中东欧地区发电企业开展该领域的合作。

4.4.3 新能源领域合作前景可观

中东欧地区光伏资源较为丰富，并且光伏发电具有较大的成本优势，未来中东欧地区将大力发展光伏电站。中国是全球的光伏装备生产基地，也是光伏电站投资最大的国家，在集中式光伏电站和分布式光伏电站等领域具有先进的技术和装备优势，可以为中东欧地区光伏发展提供装备和技术服务，也可参与中东欧地区光伏发电项目的投资建设。对于光伏发展速度较快的国家，中国的光伏制造企业也可以在当地投资建厂，服务本地的同时辐射欧洲区域。

中东欧多数地区为风资源次优区域，类似于中国东部和中部的低风速区域，具有一定的开发潜力。中国在低风速风电开发方面积累了丰富的经验，建立了完善的低风速装备生产线，中方企业可以参与中东欧陆上低风速风电场的建设及项目投资，提供技术装备。随着各项电力改革措施的推进，中东欧地区竞争性电力市场日趋完善，电价的不确定性也将日益显著。对于中东欧地区的风电投资项目，需要做好价格的风险管理与应对，确保项目的收益率。

波罗的海区域风能资源丰富，潜在可开发市场空间巨大。中国是仅次于英国和德国的世界第三大海上风电国家，具有发展海上风电的经验和技术优势，目前已经掌握了大容量风机的制造技术，在设备制造和海上风电施工等方面具有大量技术积累，可与中东欧国家在海上风电项目投资、设备制造、工程施工等领域进行合作。

4.4.4 核电领域具有一定的合作机遇

核电是中东欧地区实现能源转型和清洁排放发展的重要途径之一，目前已有部分国家明确将继续发展核电。中国具有安全高效的核电发电技术，自主开发设计的华龙一号技术目前已经应用于机组建设，有序推进高温气冷堆示范工程发电，AP1000、EPR和VVER机组的建设、调试能力走在世界前列，在小堆、快堆、熔盐堆等新一代核能技术的研发工作正在开展，核电设备的加工制造和建设安装能力突出，具备技术、资金、成本、产业链等方面的综合优势，可与中东欧国家在核电开发领域开展合作。

4.4.5 水电领域合作可期

目前水电是中东欧地区最大的可再生能源发电类型，待开发的水电资源仍然较为丰富，未来具有较大的发展潜力。依托大型水电工程项目的建设及已建流域水电管理运行，中国水电工程建设和成套设备制造能力持续提升，以解决工程实践具体问题为导向的技术创新能力不断提高，水电行业勘测、设计、施工、运行管理水平全面提升，特别是在复杂地质条件下水电站建设等领域掌握了先进的技术，在处理水电开发与生态环境保护、水库移民安置之间的协调关系方面积累了丰富的经验，可以在水电项目开发、工程建设和设备制造等方面与中东欧国家开展合作。

抽水蓄能电站仍然是目前世界上最为成熟和经济的大规模储能方式，长远来看发展前景良好，中东欧是世界上较早建设抽水蓄能电站的地区，拥有先进的技术和丰富的实践经验。中国已经是抽水蓄能电站装机规模最大的国家，在抽水蓄能电站全产业链积累了全面的技术能力。抽水蓄能项目周期较长，应提早开始前期工作。双方可积极开展抽水蓄能电站的规划和勘测，并根据市场的变化情况推动工程项目开发和建设方面的合作。

4.4.6 电网领域合作势头强劲

未来中东欧地区将成为智能电网新兴市场中最具有投资潜力的区域之一。近年来，中国在智能电网领域发展迅速，在新能源送出与接入、超高压直流输电、柔性交流输电、配电自动化、能量管理系统等方面掌握了先进的技术和装备优势，可以为中东欧地区智能电网建设提供支持。近期可重点围绕输配电电网升级改造、柔性交直流输电技术、智能电表、配电自动化等领域开展合作，解决中东欧地区输配电网容量不足、线损率较高等问题，对于智能电网装备需求较大的国家可以鼓励中国电网装备制造企业在当地建立智能电网生产制造基地。

随着欧洲电力交易市场的联通，未来中东欧各国之间的电力互联互通将进一步加强，电网建设市场前景广阔。中国在电网基础设施建设和运行领域技术先进，全面掌握了特高压和超高压输变电技术，形成了集规划设计、工程建设、装备制造、运行维护和技术服务为一体的完整产业链，特别是近年来逐渐成熟的柔性交流输电技术、动态无功补偿、电网侧电化学储能等新兴技术在中东欧地区的应用前景较大，中国企业可为中东欧国家电网建设与运行提供技术支持，并参与中东欧国家跨国电力互联项目的建设。

05 中国 - 中东欧能源合作行动建议

05

中国-中东欧能源合作行动建议

为了保持中国与中东欧区域向上向好的发展态势，进一步扩大中国-中东欧能源合作的局面，建议双方加强政策沟通和高层交流，制定能源合作项目指引，推进技术标准对接和装备认证互信，打造高质量能源合作示范项目，开展专题联合研究，加强人员交流和技术创新合作，推动高质量能源合作与发展。

中东欧地区是连接亚欧大陆的纽带，是欧洲新兴市场国家较为集中的地区，也是中国在“一带一路”沿线的重要合作伙伴。随着全球气候变化治理的持续推动和能源技术的升级进步，中东欧国家能源发展面临前所未有的新机遇。加强中国-中东欧能源合作对于推动中东欧地区经济社会发展、保障能源安全、助力可持续发展具有重要意义。

中国-中东欧国家能源合作应秉承开放包容、互利共赢、市场运作和安全发展的原则，面向所有相关方开放，各国政府、企业、金融机构、智库等均可参与，兼顾各方在能源领域的利益关切及合作意愿，充分发挥各方的优势和潜力，实现互利共赢、共同发展，充分认识市场的重要作用和企业的主体地位，遵守相关国际法和所在国法律法规，遵循商业原则、国际惯例开展能源合作，尊重各方在能源安全方面的关切，构建安全高效的能源保障体系。

5.1 加强政策沟通和高层交流

加强双方在政策领域的对话与交流，推动双方在投资政策、法律法规、行业监管等方面的沟通协调，共同营造开放、透明和便利的投资环境，提升中东欧国家投资便利化水平。建议共同推动中国与中东欧各国能源部长级对话交流的机制化，搭建高端对话平台，推动相关能源合作活动的定期化，围绕能源安全、可持续发展、气候变化、投资审查等重大话题开展磋商，培育面向未来的跨国能源投资合作新模式，带动能源领域全面合作；发挥好中国-中东欧国家能源项目对话与合作中心的平台作用，定期举办中国-中东欧能源合作论坛，推动中国和中东欧各国政府、企业、金融机构和研究机构等全面交流，分享先进技术和成功案例，促进政府和企业间的对接，助力企业间的商业合作，共商行业热点话题。

5.2 制定能源合作项目指引

目前中国-中东欧能源合作已经积累了一定的基础，合作重点方向也逐步明确，需要制定更加具体的合作指引，助力企业促成合作项目落地。建议依托中国-中东欧国家能源项目对话与合作中心，制定中国-中东欧能源合作项目指引，收集汇总中东欧各国拟与中国进行合作的意向领域，梳理各国近期拟开展的能源项目清单，为中方企业开拓中东欧市场与项目推进提供指引与参考。

5.3 推进技术标准对接和装备认证互信

中东欧国家多采用欧盟技术标准体系，与我国标准体系差异较大，给双方开展更深层次、更大范围的产能合作带来一定挑战，也造成项目建设成本提高、质量控制难度变大。建议举办技术标准对接交流，加强双方能源项目建设及设备制造相关标准的互相了解，推动双方在电力产品质量、技术国际认证交流合作，推进双方装备认证互信，共同参与国际标准的更新和制定。

5.4 打造高质量能源合作示范项目

随着能源的低碳发展和能源系统的数字化转型，新的能源利用方式和商业形态逐步显现，中国-中东欧双方在智慧能源、综合能源、储能等领域合作潜力巨大。建议本着互惠互利、商业运作、利于推广的原则，识别并打造一批高质量能源合作示范项目，发挥示范项目的头雁效应，培育中国-中东欧能源合作的新动能，在带动中国更多企业和先进技术进入中东欧国家的同时，也吸引中东欧企业到中国投资兴业，将中国-中东欧能源合作的双向道夯实、拓宽。

5.5 开展专题联合研究

随着合作的进一步深入，技术标准差异、融资困难、市场化风险高等问题逐步凸显，有必要开展专项问题联合研究，建议充分发挥智库在中国-中东欧能源合作中的“第二轨道”作用，针对中国-中东欧能源合作中的热点问题，联合企业、智库、金融机构等共同开展专项问题研究，实现中国与中东欧国家能源行业的精准对接，为双方合作打造切实可行、量身定做的解决方案。

5.6 加强人员交流和技术创新合作

高效的人员交流和技术创新合作将有助于双方开展包括项目投资、合作经营、装备研发和产能合作等多领域的全方位合作。建议聚焦中国与中东欧重点合作领域，加快构建国际人才培训与交流体系，培养高素质的国际人才队伍，同时加强中东欧国家对我国企业和先进技术的了解；加强技术创新合作，就双方共同关注的技术领域开展课题研究、技术孵化等活动。

附录 A 中东欧国家基本信息

国家	简称	面积 单位:万平方公里	人口 单位:万人	GDP 单位:亿美元	人均GDP 单位:美元/人
阿尔巴尼亚	AL	3	285	149	5210
波黑	BA	5	330	206	6238
保加利亚	BG	11	698	630	9026
克罗地亚	HR	6	407	669	16452
捷克	CZ	8	1067	2543	23833
爱沙尼亚	EE	4	133	275	20735
希腊	GR	13	1072	2575	24025
匈牙利	HU	9	977	1706	17466
拉脱维亚	LV	6	191	319	16696
立陶宛	LT	6	279	514	18426
北马其顿	MK	3	208	117	5636
黑山	ME	1	62	53	8547
罗马尼亚	RO	23	1936	2348	12131
波兰	PL	31	3797	6602	17387
塞尔维亚	RS	9	695	501	7213
斯洛伐克	SK	5	545	1148	21040
斯洛文尼亚	SI	2	209	567	27151
合计		145	12890	20922	16231

数据来源：世界银行，联合国，本报告研究

附录 B 中东欧国家能源基础数据

表 B-1 1990-2019 年分国别一次能源消费总量

单位：百万吨标油（mtoe）

国家	简称	1990	1995	2000	2005	2010	2015	2016	2017	2018	2019[e]
阿尔巴尼亚	AL	2.67	1.33	1.79	2.17	2.12	2.19	2.35	2.35	2.35	2.36
波黑	BA	6.18	1.49	4.35	5.04	6.48	6.18	6.75	6.79	6.80	6.87
保加利亚	BG	27.96	23.03	18.55	19.89	17.69	18.47	18.04	18.66	18.69	18.08
克罗地亚	HR	9.47	7.81	8.38	9.73	9.37	8.39	8.45	8.73	8.49	8.20
捷克	CZ	49.77	41.68	41.12	45.22	45.27	42.06	41.63	43.09	43.11	42.57
爱沙尼亚	EE	9.58	5.16	4.71	5.22	5.64	5.39	5.96	5.71	6.23	5.01
希腊	GR	21.38	22.57	26.96	30.14	27.53	23.11	22.62	23.24	22.56	22.56
匈牙利	HU	28.98	25.86	24.99	28.26	26.36	25.03	25.39	26.48	26.44	26.71
拉脱维亚	LV	7.88	4.61	3.84	4.53	4.51	4.27	4.27	4.41	4.64	4.73
立陶宛	LT	16.07	8.75	7.18	8.73	6.78	6.83	6.99	7.26	7.36	7.32
北马其顿	MK	2.48	2.50	2.67	2.92	2.87	2.65	2.67	2.72	2.75	2.94
黑山	ME	1.13	1.11	1.05	1.02	1.13	1.01	0.97	1.02	1.05	1.06
罗马尼亚	RO	62.94	46.60	36.63	38.51	34.86	31.62	31.47	33.10	33.36	32.46
波兰	PL	103.13	99.52	88.95	92.23	101.05	95.09	99.77	104.27	105.76	103.19
塞尔维亚	RS	19.55	13.60	13.54	16.02	15.61	14.76	15.28	15.61	15.70	15.87
斯洛伐克	SK	21.28	17.74	17.70	18.66	17.67	16.22	16.30	17.21	17.00	16.47
斯洛文尼亚	SI	5.71	6.07	6.42	7.30	7.19	6.42	6.65	6.84	6.79	6.51
合计		396.15	329.43	308.83	335.58	332.14	309.68	315.56	327.49	329.08	322.60

数据来源：EUROSTAT，国际能源署，本报告研究
注：e 代表估算

表 B-2 1990-2019 年分国别煤炭消费总量

单位：百万吨标油（mtoe）

国家	简称	1990	1995	2000	2005	2010	2015	2016	2017	2018	2019[e]
阿尔巴尼亚	AL	0.63	0.02	0.02	0.01	0.11	0.10	0.12	0.12	0.12	0.13
波黑	BA	3.62	0.35	2.46	3.03	4.03	3.62	4.11	4.19	4.20	4.17
保加利亚	BG	8.74	7.61	6.41	6.92	6.94	6.61	5.70	6.12	5.63	5.14
克罗地亚	HR	0.81	0.17	0.43	0.68	0.68	0.61	0.65	0.39	0.37	0.44
捷克	CZ	31.47	22.69	21.58	20.24	18.85	16.39	16.55	15.84	15.73	14.65
爱沙尼亚	EE	5.95	3.47	2.96	3.19	3.92	3.89	3.85	4.45	4.50	3.18
希腊	GR	8.07	8.39	9.04	8.95	7.86	5.61	4.37	4.82	4.56	3.30
匈牙利	HU	6.20	4.64	3.85	3.07	2.70	2.36	2.19	2.23	2.12	1.88
拉脱维亚	LV	0.71	0.27	0.13	0.08	0.11	0.05	0.04	0.04	0.05	0.08
立陶宛	LT	10.80	0.24	0.09	0.19	0.20	0.18	0.18	0.19	0.21	0.20
北马其顿	MK	1.33	1.43	1.34	1.46	1.30	0.96	0.88	0.97	0.98	1.20
黑山	ME	0.42	-	-	0.29	0.42	0.38	0.30	0.30	0.30	0.29
罗马尼亚	RO	12.70	10.79	7.47	8.75	6.96	5.90	5.29	5.40	5.06	4.52
波兰	PL	78.86	70.32	56.28	54.66	55.22	48.37	49.54	49.67	49.25	45.13
塞尔维亚	RS	10.17	8.84	8.65	8.07	7.83	7.76	7.89	7.87	7.80	7.77
斯洛伐克	SK	7.83	5.39	4.27	4.24	3.90	3.28	3.22	3.38	3.34	2.75
斯洛文尼亚	SI	1.57	1.38	1.31	1.54	1.45	1.07	1.15	1.14	1.13	1.05
合计		179.88	145.99	126.28	125.38	122.48	107.12	106.02	107.12	105.35	95.87

数据来源：EUROSTAT，国际能源署，本报告研究
注：e 代表估算

表 B-3 1990-2019 年分国别石油消费总量

单位：百万吨标油（mtoe）

国家	简称	1990	1995	2000	2005	2010	2015	2016	2017	2018	2019e
阿尔巴尼亚	AL	1.21	0.62	1.03	1.42	1.22	1.19	1.30	1.30	1.30	1.32
波黑	BA	1.53	0.67	1.16	1.13	1.71	1.53	1.73	1.72	1.72	1.78
保加利亚	BG	9.40	5.98	4.10	4.80	3.84	4.17	4.14	4.32	4.35	4.60
克罗地亚	HR	4.67	3.90	3.88	4.44	3.63	3.13	3.13	3.33	3.17	3.05
捷克	CZ	8.71	7.79	7.69	9.64	8.97	8.60	7.98	9.31	9.39	9.46
爱沙尼亚	EE	2.88	0.85	0.66	0.77	0.56	0.22	0.39	0.06	0.06	0.06
希腊	GR	12.01	12.74	14.70	16.78	13.72	11.07	11.24	10.77	10.17	10.60
匈牙利	HU	8.61	7.32	6.63	7.19	6.57	6.86	6.85	7.36	7.81	7.88
拉脱维亚	LV	3.44	1.88	1.27	1.43	1.40	1.38	1.37	1.42	1.44	1.58
立陶宛	LT	6.71	2.98	2.14	2.64	2.50	2.52	2.74	2.79	2.96	2.95
北马其顿	MK	1.10	0.79	0.94	0.91	0.94	0.95	1.07	1.01	1.02	1.11
黑山	ME	0.31	-	-	0.28	0.31	0.28	0.31	0.34	0.34	0.36
罗马尼亚	RO	19.00	13.38	9.99	9.62	8.49	8.39	8.51	9.30	9.59	10.12
波兰	PL	13.06	15.68	19.35	21.66	25.45	23.43	25.89	29.12	29.80	30.10
塞尔维亚	RS	5.15	1.86	1.46	4.38	3.89	3.40	3.66	3.66	3.66	3.72
斯洛伐克	SK	4.48	3.36	2.82	3.23	3.46	3.06	3.28	3.65	3.74	3.57
斯洛文尼亚	SI	1.74	2.31	2.39	2.56	2.57	2.26	2.38	2.41	2.42	2.26
合计		104.01	82.10	80.20	92.87	89.23	82.43	85.96	91.87	92.94	94.51

数据来源：EUROSTAT，国际能源署，本报告研究
注：e 代表估算

表 B-4 1990-2019 年分国别天然气消费总量

单位：百万吨标油（mtoe）

国家	简称	1990	1995	2000	2005	2010	2013	2014	2015	2016	2017	2018	2019e
阿尔巴尼亚	AL	0.20	0.02	0.01	0.01	0.01	0.02	0.03	0.03	0.04	0.04	0.04	0.05
波黑	BA	0.18	0.12	0.20	0.30	0.20	0.16	0.15	0.18	0.19	0.20	0.20	0.21
保加利亚	BG	5.40	4.58	2.93	2.80	2.30	2.40	2.36	2.59	2.69	2.76	2.61	2.44
克罗地亚	HR	2.19	1.93	2.21	2.37	2.63	2.28	2.02	2.08	2.17	2.49	2.29	2.39
捷克	CZ	5.25	6.55	7.50	7.70	8.07	6.95	6.18	6.48	7.02	7.20	6.82	7.11
爱沙尼亚	EE	1.22	0.58	0.66	0.80	0.56	0.55	0.44	0.39	0.43	0.41	0.41	0.38
希腊	GR	0.14	0.04	1.70	2.35	3.23	3.24	2.48	2.68	3.49	4.20	4.12	4.49
匈牙利	HU	8.91	9.17	9.66	12.09	9.82	7.70	6.98	7.49	8.03	8.54	8.27	8.43
拉脱维亚	LV	2.38	1.01	1.09	1.36	1.46	1.20	1.08	1.10	1.11	0.99	1.17	1.12
立陶宛	LT	4.68	2.03	2.06	2.48	2.49	2.16	2.06	2.07	1.84	1.92	1.78	1.72
北马其顿	MK	-	-	0.05	0.06	0.10	0.13	0.11	0.11	0.18	0.23	0.23	0.27
黑山	ME	-	-	-	-	-	-	-	-	-	-	-	-
罗马尼亚	RO	28.84	19.24	13.68	13.92	10.79	9.84	9.35	8.92	9.02	9.61	9.84	9.26
波兰	PL	8.94	8.99	9.96	12.23	12.80	13.74	13.40	13.78	14.63	15.44	16.12	16.48
塞尔维亚	RS	2.59	1.35	1.53	1.95	1.85	1.87	1.61	1.75	1.89	2.12	2.12	2.17
斯洛伐克	SK	5.09	5.22	5.78	5.88	5.01	4.56	3.77	3.88	3.90	4.14	4.08	4.17
斯洛文尼亚	SI	0.76	0.75	0.83	0.93	0.86	0.69	0.63	0.66	0.71	0.74	0.72	0.72
合计		76.77	61.59	59.86	67.23	62.18	57.49	52.65	54.19	57.33	61.02	60.82	61.43

数据来源：EUROSTAT，国际能源署，本报告研究
注：e 代表估算

表 B-5 1990-2019 年分国别核能消费总量

单位：百万吨标油（mtoe）

国家	简称	1990	1995	2000	2005	2010	2013	2014	2015	2016	2017	2018	2019[e]
阿尔巴尼亚	AL	-	-	-	-	-	-	-	-	-	-	-	-
波黑	BA	-	-	-	-	-	-	-	-	-	-	-	-
保加利亚	BG	3.78	4.47	4.72	4.85	3.85	3.67	4.05	3.91	4.01	3.94	4.17	4.27
克罗地亚	HR	-	-	-	-	-	-	-	-	-	-	-	-
捷克	CZ	3.25	3.15	3.51	6.46	7.29	8.04	7.82	6.99	6.28	7.02	7.45	7.50
爱沙尼亚	EE	-	-	-	-	-	-	-	-	-	-	-	-
希腊	GR	-	-	-	-	-	-	-	-	-	-	-	-
匈牙利	HU	3.54	3.62	3.70	3.62	3.96	3.87	3.94	3.99	4.07	4.08	4.01	4.14
拉脱维亚	LV	-	-	-	-	-	-	-	-	-	-	-	-
立陶宛	LT	4.59	3.24	2.33	2.80	-	-	-	-	-	-	-	-
北马其顿	MK	-	-	-	-	-	-	-	-	-	-	-	-
黑山	ME	-	-	-	-	-	-	-	-	-	-	-	-
罗马尼亚	RO	0.00	0.00	1.41	1.43	2.92	2.92	2.94	2.94	2.81	2.91	2.88	2.84
波兰	PL	-	-	-	-	-	-	-	-	-	-	-	-
塞尔维亚	RS	-	-	-	-	-	-	-	-	-	-	-	-
斯洛伐克	SK	3.10	2.95	4.25	4.73	3.85	4.11	4.05	4.03	3.76	3.99	3.76	3.91
斯洛文尼亚	SI	1.19	1.23	1.23	1.52	1.34	1.25	1.50	1.33	1.35	1.49	1.36	1.37
合计		19.45	18.66	21.15	25.41	23.21	23.86	24.30	23.19	22.41	23.43	23.63	24.03

数据来源：EUROSTAT，国际能源署，本报告研究

表 B-6 1990-2019 年分国别可再生能源消费总量

单位：百万吨标油（mtoe）

国家	简称	1990	1995	2000	2005	2010	2013	2014	2015	2016	2017	2018	2019e
阿尔巴尼亚	AL	0.61	0.68	0.65	0.69	0.86	0.81	0.64	0.75	0.65	0.65	0.65	0.62
波黑	BA	1.04	0.47	0.62	0.70	0.87	0.80	0.96	1.04	1.05	0.81	0.82	0.82
保加利亚	BG	0.31	0.40	0.77	1.11	1.49	1.88	1.86	2.08	2.02	0.81	2.52	2.13
克罗地亚	HR	1.20	1.54	1.56	1.86	2.08	2.10	2.02	1.97	2.02	1.91	2.18	1.83
捷克	CZ	1.14	1.43	1.62	2.10	3.18	4.13	4.27	4.39	4.44	4.54	4.57	4.83
爱沙尼亚	EE	0.19	0.34	0.51	0.59	0.86	0.86	0.87	0.91	0.98	1.06	1.16	1.18
希腊	GR	1.10	1.29	1.46	1.70	2.19	2.68	2.51	2.84	2.70	2.92	3.14	3.02
匈牙利	HU	0.75	0.87	0.83	1.69	2.78	3.11	2.86	3.02	3.01	2.98	2.79	3.17
拉脱维亚	LV	1.05	1.26	1.19	1.48	1.43	1.61	1.61	1.54	1.62	1.94	1.87	1.73
立陶宛	LT	0.32	0.49	0.67	0.88	1.06	1.21	1.28	1.42	1.46	1.57	1.55	1.73
北马其顿	MK	0.04	0.27	0.33	0.35	0.41	0.37	0.35	0.41	0.38	0.35	0.36	0.25
黑山	ME	0.40	0.40	0.40	0.30	0.40	0.38	0.32	0.31	0.33	0.28	0.29	0.27
罗马尼亚	RO	1.58	2.80	4.04	4.94	5.86	5.55	6.12	5.97	6.19	6.04	6.04	5.72
波兰	PL	1.58	3.92	3.80	4.49	7.29	8.61	8.65	9.02	8.81	8.97	9.08	10.35
塞尔维亚	RS	1.81	1.59	1.65	1.78	2.06	1.93	2.01	1.93	2.00	1.89	1.90	1.89
斯洛伐克	SK	0.33	0.50	0.49	0.81	1.32	1.41	1.42	1.58	1.58	1.59	1.58	1.64
斯洛文尼亚	SI	0.52	0.54	0.79	0.77	1.12	1.17	1.20	1.05	1.12	1.06	1.13	1.09
合计		13.97	18.78	21.38	26.24	35.27	38.61	38.94	40.23	40.36	40.49	41.63	42.28

数据来源：EUROSTAT，国际能源署，本报告研究
注：e 代表估算

表 B-7 2013-2019 年分国别分行业能源消费总量（工业）

单位：百万吨标油（mtoe）

国家	简称	2013	2014	2015	2016	2017	2018	2019e
阿尔巴尼亚	AL	0.28	0.37	0.3	0.29	0.40	0.40	0.40
波黑	BA	0.75	0.72	0.756	0.75	0.83	0.83	0.84
保加利亚	BG	2.60	2.62	2.72	2.66	2.75	2.73	2.62
克罗地亚	HR	1.12	1.10	1.09	1.09	1.18	1.19	1.15
捷克	CZ	6.42	6.33	6.47	6.41	6.73	6.69	6.60
爱沙尼亚	EE	0.64	0.55	0.52	0.45	0.46	0.49	0.45
希腊	GR	2.84	3.09	3.13	3.07	3.10	2.76	2.66
匈牙利	HU	3.73	3.71	3.87	3.99	4.27	4.45	4.55
拉脱维亚	LV	0.77	0.79	0.79	0.75	0.79	0.90	0.93
立陶宛	LT	1.04	1.03	0.98	0.99	1.07	1.11	1.10
北马其顿	MK	0.56	0.52	0.48	0.44	0.38	0.38	0.38
黑山	ME	0.18	0.13	0.13	0.12	0.13	0.13	0.13
罗马尼亚	RO	6.27	6.43	6.42	6.26	6.39	6.59	6.36
波兰	PL	14.21	14.15	14.10	14.65	15.84	16.36	15.94
塞尔维亚	RS	2.38	1.93	2.08	2.23	2.33	2.33	2.37
斯洛伐克	SK	3.11	3.24	3.33	3.31	3.45	3.66	3.55
斯洛文尼亚	SI	1.20	1.23	1.23	1.24	1.30	1.39	1.35
合计		49.48	47.94	48.40	48.70	51.40	52.39	51.37

数据来源：EUROSTAT，国际能源署，本报告研究
注：e 代表估算

表 B-8 2013-2019 年分国别分行业能源消费总量（交通）

单位：百万吨标油（mtoe）

国家	简称	2013	2014	2015	2016	2017	2018	2019e
阿尔巴尼亚	AL	0.80	0.83	0.83	0.83	0.83	0.83	0.83
波黑	BA	0.93	0.98	1.03	1.19	1.24	1.24	1.28
保加利亚	BG	2.62	2.92	3.21	3.27	3.32	3.37	3.30
克罗地亚	HR	1.92	1.89	1.99	2.04	2.19	2.14	2.09
捷克	CZ	5.74	5.95	6.20	6.42	6.62	6.66	6.65
爱沙尼亚	EE	0.74	0.75	0.76	0.78	0.80	0.83	0.81
希腊	GR	5.61	5.64	5.75	5.90	5.82	5.90	5.86
匈牙利	HU	3.46	3.87	4.18	4.34	4.53	4.81	4.95
拉脱维亚	LV	0.94	0.98	1.04	1.03	1.08	1.11	1.14
立陶宛	LT	1.50	1.66	1.75	1.86	1.96	2.08	2.12
北马其顿	MK	0.51	0.53	0.59	0.67	0.70	0.70	0.78
黑山	ME	0.16	0.16	0.19	0.22	0.23	0.23	0.25
罗马尼亚	RO	5.19	5.27	5.34	5.74	6.15	6.30	6.28
波兰	PL	15.74	15.80	16.56	18.56	21.43	22.41	22.80
塞尔维亚	RS	1.93	1.99	1.97	2.01	2.09	2.09	2.07
斯洛伐克	SK	2.31	2.18	2.17	2.43	2.77	2.74	2.72
斯洛文尼亚	SI	1.81	1.79	1.77	1.88	1.93	1.97	1.90
合计		51.91	53.20	55.31	59.17	63.70	65.42	65.82

数据来源：EUROSTAT，国际能源署，本报告研究
注：e 代表估算

表 B-9 2013-2019 年分国别分行业能源消费总量（居民）

单位：百万吨标油（mtoe）

国家	简称	2013	2014	2015	2016	2017	2018	2019e
阿尔巴尼亚	AL	0.58	0.55	0.53	0.49	0.49	0.49	0.48
波黑	BA	0.84	0.98	1.11	1.14	1.05	1.05	1.04
保加利亚	BG	2.24	2.16	2.19	2.25	2.32	2.23	2.13
克罗地亚	HR	2.49	2.23	2.43	2.41	2.39	2.30	2.20
捷克	CZ	7.27	6.56	6.77	7.09	7.20	7.04	6.96
爱沙尼亚	EE	0.93	0.89	0.86	0.93	0.94	0.94	0.90
希腊	GR	3.82	3.84	4.46	4.35	4.41	3.92	3.88
匈牙利	HU	6.21	5.49	5.97	6.16	6.30	5.82	5.80
拉脱维亚	LV	1.27	1.24	1.11	1.14	1.20	1.23	1.23
立陶宛	LT	1.47	1.40	1.36	1.43	1.46	1.49	1.47
北马其顿	MK	0.52	0.52	0.53	0.49	0.53	0.53	0.56
黑山	ME	0.27	0.26	0.27	0.26	0.26	0.26	0.26
罗马尼亚	RO	7.72	7.41	7.38	7.41	7.68	7.75	7.51
波兰	PL	20.44	18.97	18.95	19.78	19.94	19.31	18.32
塞尔维亚	RS	2.85	2.75	2.82	2.92	2.85	2.85	2.82
斯洛伐克	SK	2.15	1.95	1.99	2.03	2.11	2.06	1.97
斯洛文尼亚	SI	1.20	1.02	1.11	1.15	1.12	1.07	1.02
合计		62.26	58.23	59.84	61.44	62.25	60.34	58.55

数据来源：EUROSTAT，国际能源署，本报告研究
注：e 代表估算

表 B-10 2013-2019 年分国别分行业能源消费总量（服务业）

单位：百万吨标油（mtoe）

国家	简称	2013	2014	2015	2016	2017	2018	2019e
阿尔巴尼亚	AL	0.19	0.18	0.20	0.18	0.21	0.21	0.22
波黑	BA	0.29	0.36	0.36	0.44	0.36	0.36	0.35
保加利亚	BG	1.03	0.99	1.08	1.16	1.17	1.23	1.22
克罗地亚	HR	0.71	0.68	0.74	0.76	0.80	0.82	0.81
捷克	CZ	3.01	2.92	2.98	3.09	3.18	3.13	3.10
爱沙尼亚	EE	0.42	0.46	0.47	0.50	0.47	0.49	0.47
希腊	GR	1.82	1.71	1.87	2.04	2.19	2.10	2.16
匈牙利	HU	2.34	2.11	2.20	2.18	2.16	2.10	2.07
拉脱维亚	LV	0.60	0.61	0.59	0.59	0.61	0.59	0.59
立陶宛	LT	0.59	0.59	0.57	0.60	0.63	0.65	0.65
北马其顿	MK	0.20	0.20	0.21	0.21	0.22	0.22	0.24
黑山	ME	0.01	0.07	0.07	0.08	0.09	0.09	0.09
罗马尼亚	RO	1.78	1.77	1.76	1.81	1.84	1.97	1.93
波兰	PL	8.08	7.79	7.84	8.50	8.09	7.98	7.58
塞尔维亚	RS	0.80	0.77	0.87	0.89	0.94	0.94	0.96
斯洛伐克	SK	1.71	1.23	1.30	1.31	1.43	1.31	1.25
斯洛文尼亚	SI	0.47	0.43	0.45	0.49	0.48	0.43	0.41
合计		24.06	22.86	23.56	24.82	24.86	24.61	24.08

数据来源：EUROSTAT，国际能源署，本报告研究
注：e 代表估算

附录 C 中东欧国家电力基础数据

表 C-1 2014-2019 年分国别用电量

单位：十亿千瓦时（TWh）

国家	简称	2010	2011	2012	2013	2014	2015	2016	2017	2018	2019e
阿尔巴尼亚	AL	5.64	6.41	5.87	7.33	6.66	6.04	5.74	7.10	7.20	7.20
波黑	BA	11.70	12.20	12.10	12.00	11.60	12.00	12.30	12.60	12.60	12.60
保加利亚	BG	31.50	33.20	32.50	32.20	31.20	33.20	33.70	34.40	34.10	33.90
克罗地亚	HR	17.60	17.50	17.30	17.10	16.40	17.00	17.30	17.90	18.20	18.20
捷克	CZ	64.00	63.00	63.00	62.70	62.00	63.40	64.90	66.30	66.60	66.60
爱沙尼亚	EE	8.00	7.80	8.10	8.00	8.20	8.10	8.40	8.50	8.70	8.70
希腊	GR	53.60	52.90	52.10	49.60	49.30	51.20	51.30	51.90	51.60	51.60
匈牙利	HU	39.00	40.20	39.90	39.00	39.50	40.80	40.90	41.90	42.50	42.50
拉脱维亚	LV	7.30	7.30	7.70	7.40	7.40	7.20	7.30	7.30	7.40	7.40
立陶宛	LT	9.70	10.40	10.60	10.60	10.70	10.90	11.40	11.70	12.10	12.10
北马其顿	MK	8.30	9.00	8.50	8.00	7.90	7.40	7.10	7.20	7.10	7.10
黑山	ME	4.00	4.20	4.20	4.50	4.40	3.40	3.20	3.40	3.40	3.40
罗马尼亚	RO	53.40	54.90	54.40	52.30	53.30	54.80	55.40	56.80	57.90	57.40
波兰	PL	143.60	145.70	144.90	145.50	146.90	151.10	155.30	159.30	162.20	160.70
塞尔维亚	RS	39.50	40.20	39.70	39.40	38.20	39.30	38.80	39.60	39.10	39.10
斯洛伐克	SK	26.60	26.80	26.80	26.60	26.10	27.20	27.70	28.60	28.50	28.30
斯洛文尼亚	SI	12.50	12.60	12.60	12.70	13.20	13.60	13.80	14.20	14.40	14.40
合计		535.94	544.31	540.27	534.93	532.96	546.64	554.54	568.70	573.60	570.70

数据来源：ENTSO-E，国际能源署，本报告研究

表 C-2 2014-2019 年分国别电力装机

单位：兆瓦（MW）

国家	简称	2014	2015	2016	2017	2018	2019e
阿尔巴尼亚	AL	1797	1797	1797	1932	1932	1932
波黑	BA	3638	3638	3972	3984	4044	4080
保加利亚	BG	13520	12710	12701	12037	11454	11632
克罗地亚	HR	4272	4378	4670	4778	4832	4877
捷克	CZ	20694	20627	20188	20845	20820	20824
爱沙尼亚	EE	2711	2984	2940	2831	2832	2832
希腊	GR	17536	17570	20897	16392	16392	17409
匈牙利	HU	8574	8176	8236	8569	8474	8569
拉脱维亚	LV	2623	2883	2934	2929	2829	2829
立陶宛	LT	4091	3794	3381	3509	3553	3557
北马其顿	MK	1732	1732	1890	1890	1894	1894
黑山	ME	880	880	880	952	952	998
罗马尼亚	RO	21137	20420	20274	19957	19766	19950
波兰	PL	36000	37674	38278	39389	39878	39978
塞尔维亚	RS	8564	8558	8609	8494	8766	8977
斯洛伐克	SK	8076	8095	7848	7721	7728	7730
斯洛文尼亚	SI	3456	3722	3802	3816	3958	3966
合计		159301	159638	163297	160025	160104	162034

数据来源：ENTSO-E，国际能源署，本报告研究

表 C-3 2014-2019 年分国别煤电装机

单位：兆瓦（MW）

国家	简称	2014	2015	2016	2017	2018	2019e
阿尔巴尼亚	AL	-	-	-	-	-	-
波黑	BA	1578	1578	1876	1888	1888	1888
保加利亚	BG	5747	4907	4907	4481	3733	3733
克罗地亚	HR	325	325	325	325	325	325
捷克	CZ	9500	9534	9129	9692	9650	9650
爱沙尼亚	EE	-	-	-	-	-	-
希腊	GR	4456	4456	4456	3904	3904	3904
匈牙利	HU	899	1007	1341	1341	1049	1049
拉脱维亚	LV	-	-	-	-	-	-
立陶宛	LT	-	-	-	-	-	-
北马其顿	MK	718	718	718	718	718	718
黑山	ME	220	220	220	220	220	220
罗马尼亚	RO	5242	4925	4596	4467	4373	4373
波兰	PL	25828	25541	26482	26751	27244	27244
塞尔维亚	RS	5263	5238	5283	5289	5314	5314
斯洛伐克	SK	1008	1008	678	554	566	566
斯洛文尼亚	SI	775	921	924	924	981	981
合计		61559	60378	60935	60554	59965	59965

数据来源：ENTSO-E，EUROSTAT，本报告研究

表 C-4 2014-2019 年分国别气电装机

单位：兆瓦（MW）

国家	简称	2014	2015	2016	2017	2018	2019e
阿尔巴尼亚	AL	-	-	-	-	-	-
波黑	BA	-	-	-	-	-	-
保加利亚	BG	838	799	775	563	755	755
克罗地亚	HR	496	496	731	743	743	743
捷克	CZ	2023	1606	1606	1606	1606	1606
爱沙尼亚	EE	241	262	204	200	200	200
希腊	GR	4902	4768	5613	4269	4269	4269
匈牙利	HU	4786	4124	3860	4120	4042	4042
拉脱维亚	LV	820	1031	1031	1031	1031	1031
立陶宛	LT	579	553	615	560	568	568
北马其顿	MK	250	250	250	250	250	250
黑山	ME	-	-	-	-	-	-
罗马尼亚	RO	2390	1850	1881	1829	1826	1826
波兰	PL	944	1354	1384	2521	2972	2972
塞尔维亚	RS	0	0	311	208	208	208
斯洛伐克	SK	1076	1093	1121	1106	1111	1111
斯洛文尼亚	SI	84	549	455	455	519	519
合计		19429	18735	19837	19461	20100	20100

数据来源：ENTSO-E，EUROSTAT，本报告研究

表 C-5 2014-2019 年分国别风电装机

单位：兆瓦（MW）

国家	简称	2014	2015	2016	2017	2018	2019e
阿尔巴尼亚	AL	-	-	-	-	-	-
波黑	BA	-	-	-	-	51	87
保加利亚	BG	701	701	701	701	700	875
克罗地亚	HR	340	384	429	537	556	593
捷克	CZ	278	277	277	308	316	320
爱沙尼亚	EE	301	301	375	341	341	341
希腊	GR	1662	1775	2092	2082	2082	3096
匈牙利	HU	329	328	328	323	325	356
拉脱维亚	LV	58	70	71	74	77	77
立陶宛	LT	288	290	438	521	533	533
北马其顿	MK	36	36	36	36	37	37
黑山	ME	-	-	-	72	72	118
罗马尼亚	RO	2894	2923	2965	2975	2977	3135
波兰	PL	3753	5186	5697	5652	5608	5608
塞尔维亚	RS	-	-	-	-	239	450
斯洛伐克	SK	3	3	3	3	3	5
斯洛文尼亚	SI	2	3	3	3	3	3
合计		10645	12277	13415	13628	13920	15633

数据来源：ENTSO-E，EUROSTAT，本报告研究

表 C-6 2014-2019 年分国别光伏装机

单位：兆瓦（MW）

国家	简称	2014	2015	2016	2017	2018	2019[e]
阿尔巴尼亚	AL	-	-	-	-	-	-
波黑	BA	-	-	-	-	-	-
保加利亚	BG	1039	1041	1043	1046	1052	1055
克罗地亚	HR	30	44	48	51	52	60
捷克	CZ	2061	2067	2027	2040	2049	2049
爱沙尼亚	EE	-	-	1	9	9	9
希腊	GR	2436	2444	2605	2448	2448	2451
匈牙利	HU	6	29	49	94	336	400
拉脱维亚	LV	-	-	-	-	-	-
立陶宛	LT	69	69	73	82	83	87
北马其顿	MK	-	-	17	17	17	17
黑山	ME	-	-	-	-	-	-
罗马尼亚	RO	1162	1249	1301	1285	1262	1288
波兰	PL	23	87	186	285	399	499
塞尔维亚	RS	-	-	-	-	-	-
斯洛伐克	SK	531	532	530	530	531	531
斯洛文尼亚	SI	260	263	271	271	290	298
合计		7617	7825	8151	8158	8528	8744

数据来源：ENTSO-E，EUROSTAT，本报告研究

表 C-7 2014-2019 年分国别水电装机

单位：兆瓦（MW）

国家	简称	2014	2015	2016	2017	2018	2019[e]
阿尔巴尼亚	AL	1700	1700	1700	1835	1835	1835
波黑	BA	2060	2060	1656	2096	2105	2105
保加利亚	BG	3191	3198	3204	3204	3188	3188
克罗地亚	HR	2112	2112	2112	2090	2095	2095
捷克	CZ	2261	2253	2259	2259	2259	2259
爱沙尼亚	EE	8	8	8	8	9	9
希腊	GR	3237	3242	3393	3399	3399	3399
匈牙利	HU	57	57	57	56	56	56
拉脱维亚	LV	1578	1556	1578	1572	1557	1557
立陶宛	LT	1026	1026	1026	1027	1027	1027
北马其顿	MK	539	539	676	676	676	676
黑山	ME	660	660	660	660	660	660
罗马尼亚	RO	6332	6339	6405	6375	6329	6329
波兰	PL	2354	2355	2361	2369	2355	2355
塞尔维亚	RS	2990	3009	3015	2997	3005	3005
斯洛伐克	SK	2536	2533	2537	2539	1526	1526
斯洛文尼亚	SI	1245	1233	1297	1297	1302	1302
合计		33886	33880	33944	34459	33383	33383

数据来源：ENTSO-E，EUROSTAT，本报告研究
* 含抽水蓄能

表 C-8 2014-2018 年分国别进出口电量

单位：十亿千瓦时（TWh）

国家	简称	2014		2015		2016		2017		2018	
		进口	出口	进口	出口	进口	出口	进口	出口	进口	出口
阿尔巴尼亚	AL	3.4	0.4	2.4	1.0	1.8	1.9	3.4	0.5	1.8	2.7
波黑	BA	3.2	6.0	3.9	6.0	3.1	6.8	3.3	0.5	3.1	7.7
保加利亚	BG	4.3	13.8	4.2	14.7	4.6	10.9	3.7	9.2	2.2	10.0
克罗地亚	HR	10.9	6.2	13.2	5.5	12.4	6.1	12.2	4.8	12.7	6.5
捷克	CZ	11.8	28.1	16.1	28.7	13.8	24.8	15.1	28.1	11.6	25.5
爱沙尼亚	EE	3.7	6.5	5.3	6.3	3.6	5.6	2.3	5.1	3.5	5.4
希腊	GR	9.6	0.7	11.1	1.5	9.8	1.0	8.7	2.5	8.6	2.3
匈牙利	HU	19.1	5.7	19.9	6.2	18.0	5.2	19.8	6.9	18.6	4.3
拉脱维亚	LV	5.3	3.0	5.2	3.4	4.8	3.8	4.1	4.1	5.2	4.3
立陶宛	LT	8.5	0.9	7.9	0.7	11.1	2.8	11.9	3.2	12.9	3.2
北马其顿	MK	5.6	2.6	5.3	2.8	5.2	3.2	4.2	2.2	4.1	2.2
黑山	ME	4.0	3.6	3.1	2.5	2.9	2.6	3.3	2.2	2.8	3.0
罗马尼亚	RO	1.4	8.5	1.4	8.2	2.3	7.3	3.2	6.1	2.8	5.4
波兰	PL	13.5	11.3	14.5	14.8	14.0	12.0	13.3	11.0	13.8	8.1
塞尔维亚	RS	7.3	5.0	6.6	7.4	5.6	7.9	7.0	5.7	7.3	6.7
斯洛伐克	SK	13.0	11.9	15.0	12.6	13.2	10.6	15.6	12.5	12.5	8.7
斯洛文尼亚	SI	7.2	10.0	9.0	9.0	8.4	9.4	9.1	9.6	8.9	9.3
合计		131.9	124.4	144.2	131.2	134.6	122.0	140.2	114.2	132.4	115.3

数据来源：ENTSO-E，EUROSTAT，本报告研究

附录 D 中东欧国家展望数据

表 D-1 经济社会发展展望结果

类别	2030	2040
人口 单位：万人	12359	11764
潜在支持比	2.5	2.2
GDP 单位：亿美元 （2010年不变价）	27021	29955
人均GDP 单位：美元/人	21863	25463

表 D-2 转型情景能源需求展望结果

单位：百万吨标油（mtoe）

类别	2030	2040
一次能源需求总量	347	353
煤	89	84
油	89	83
气	67	68
核	26	28
可再生	77	90
非化石能源占比	30%	33%

表 D-3 转型情景电力需求展望结果

类别	2030	2040
电力需求总量 单位：十亿千瓦时（TWh）	656	700
电力装机总量 单位：兆瓦（MW）	210783	252246
煤	60982	61232
油	3136	2706
气	28583	37833
核	12825	13825
可再生	89917	123037

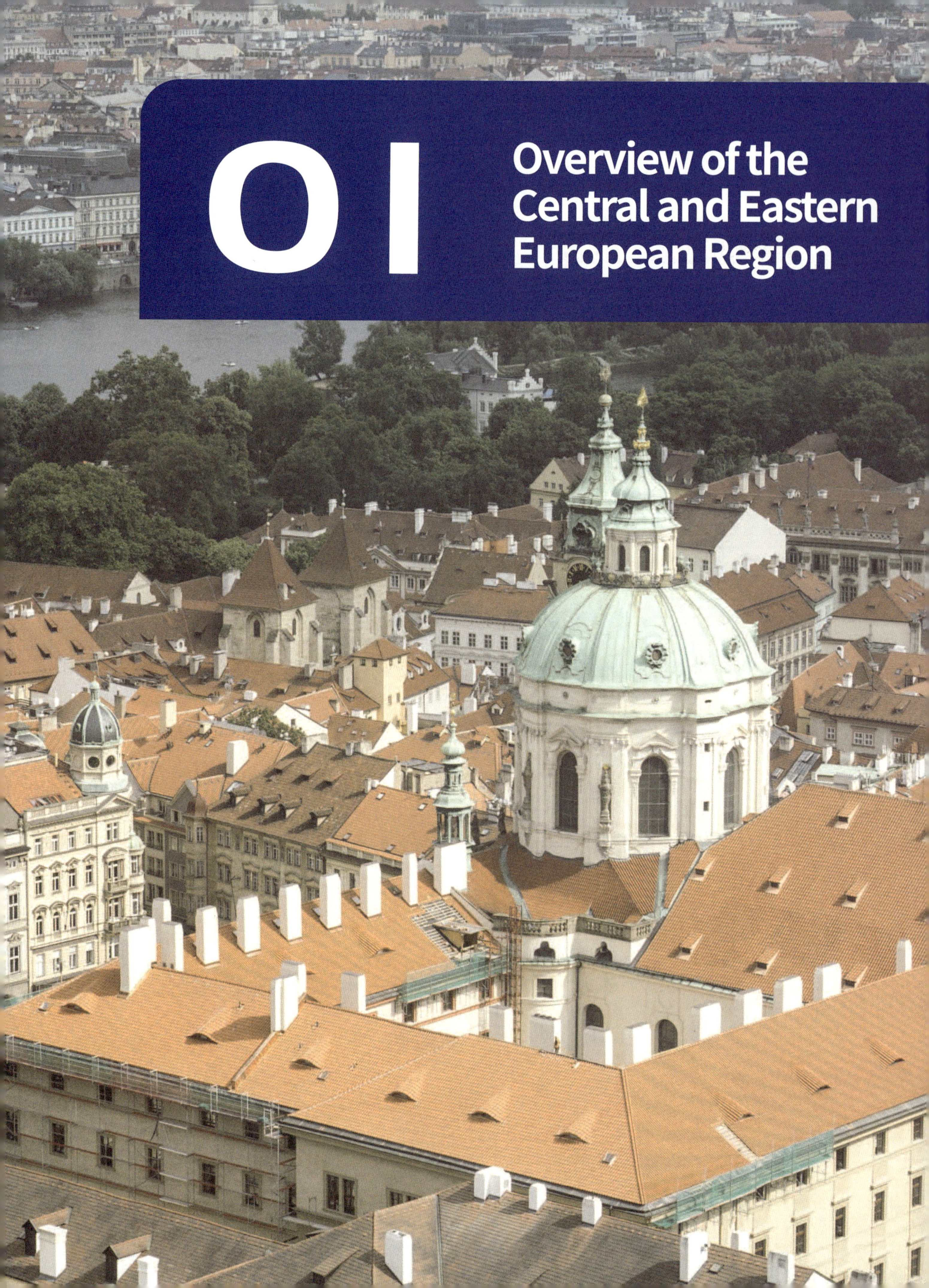

01 Overview of the Central and Eastern European Region

01

Overview of the Central and Eastern European Region

The Central and Eastern Europe (CEE) is a region linking Asia and Europe, and an important partner of China along the "Belt and Road Initiative". In recent years, the CEE region has demonstrated good economic growth momentum and improving business environment, becoming an important emerging force in Europe's economic development. In 2012, the Cooperation between China and Central Eastern Europen Countries (CEEC) was officially launched, and with the support of such a mechanism, the cooperation between the two sides has been further enriched and expanded to a wider range, making China-CEEC cooperation a model of cross-regional cooperation.

Geographical Location

The CEE region is located in the southeast of the Baltic Sea and west of Russia, linking Asia and Europe. It is also an important partner of China along the "Belt and Road Initiative". There are altogether 17 countries in the CEE region, including Albania, Bosnia and Herzegovina, Bulgaria, Croatia, the Czech Republic, Estonia, Greece, Hungary, Latvia, Lithuania, North Macedonia, Montenegro, Romania, Poland, Serbia, Slovakia and Slovenia. The CEE region covers a total area of 1.44 million square kilometers and hosts a total population of around 130 million, or 17% of the total population of Europe.

There are 12 European Union (EU) Member Countries, 4 EU candidate countries and 1 potential candidate country in the CEE region, and all the non-EU countries in the region are working towards EU accession.

01 EU Member Countries

The 12 EU member countries in CEE are Bulgaria, Croatia, Czech Republic, Estonia, Greece, Hungary, Latvia, Lithuania, Poland, Romania, Slovakia and Slovenia. Among them, Lithuania, Latvia, Estonia, Slovakia, Slovenia and Greece are Eurozone countries.

02 EU Candidate Countries

Such countries have submitted applications for EU membership and are preparing for or have entered into negotiation with the EU. There are 4 EU Candidate Countries in CEE region, namely Albania, North Macedonia, Montenegro and Serbia. Montenegro and Serbia have entered the stage of substantive consultations and negotiations on the details of 35 policy areas of the EU, and Montenegro is expected to formally join the EU by 2025. Previously, due to a lack of consensus within the EU, negotiations with Albania and North Macedonia did not commence. It was not until March 2020 that the EU members reached concensus to begin relevant negotiations with the two countries for their EU accession.

03 Potential EU Candidate Countries

Such countries have the willingness to join the EU, but have not yet been granted candidate status. Currently Bosnia and Herzegovina is a Potential EU Candidate Country. Since 2003 Bosnia and Herzegovina has signed a series of cooperation agreements with the EU, and in 2015, the Stabilisation and Association Agreement between the EU and Bosnia and Herzegovina entered into force. In 2016, Bosnia and Herzegovina formally submitted its application to join the EU.

1.2 Economic development

In 2019, the CEE region's GDP totaled USD 2092.2 billion (constant 2010 USD, same below), an increase of 3.4% year-on-year. Since 2000, the CEE region has been on rapid development, becoming an important emerging force in Europe's economic development. In 2009, in response to the global financial crisis and the negative impact of the European debt crisis, many CEE countries proposed the "Look East" strategy, which is to maintain cooperation with EU members while strengthening cooperation with China and other countries outside the EU to find new impetus for their economic growth. Since 2013, the impacts of the European debt crisis gradually subsided, and the economic recovery accelerated in CEE countries. In recent years, the GDP growth of CEE region has managed to maintain at around 4%, significantly faster than the European average.

Figure 1-1 Total GDP and growth rate in CEE region, 2001-2019

Units: 100 million USD

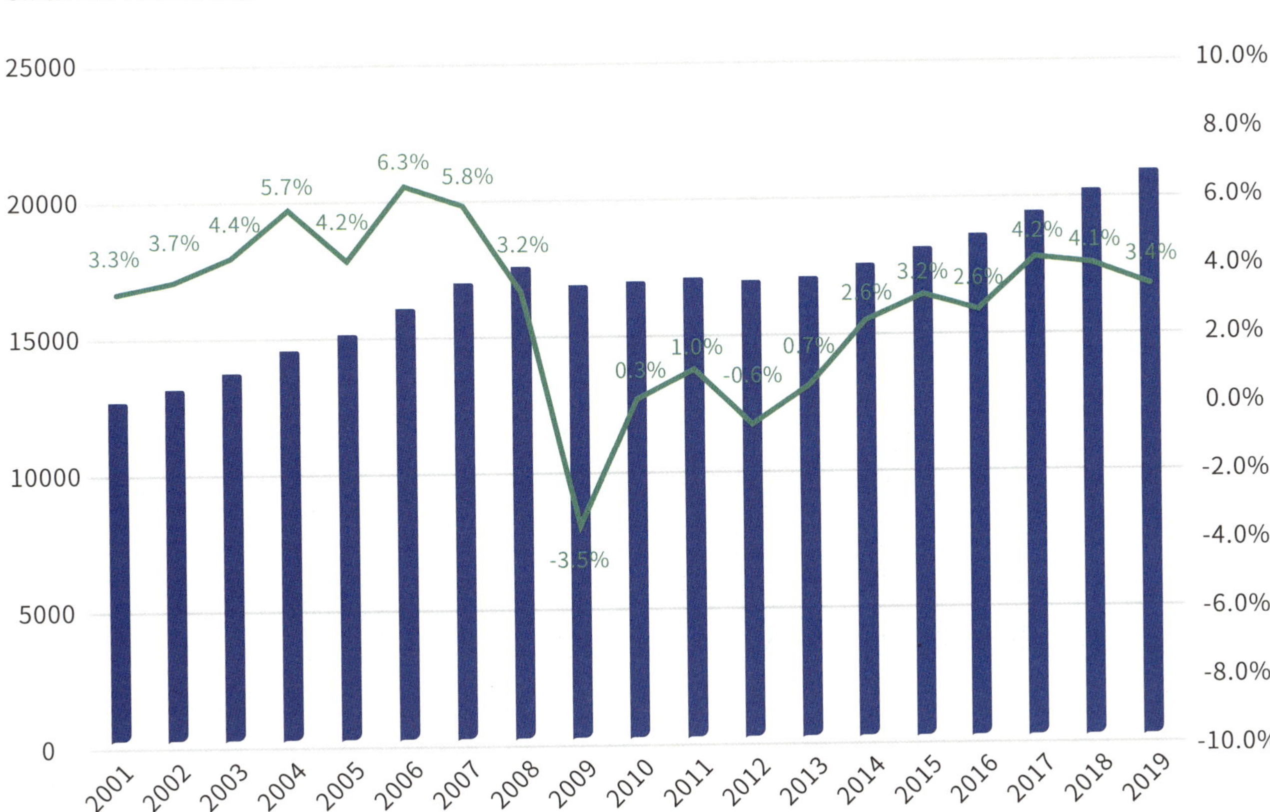

Source: World Bank

Looking by country, Poland is the largest economy in CEE region, with a GDP accounting for about 1/3 of the total GDP of CEE region in 2019. Greece, the Czech Republic and Romania also registered relatively larger GDP. As for GDP per capita, the number for CEE region in 2019 is USD 16,231, much lower than the European average (USD 31,808). Among them, the Czech Republic, Estonia, Greece, Slovakia and Slovenia have higher per capita GDP, exceeding USD 20,000, while numbers for countries such as Albania, Bosnia and Herzegovina and North Macedonia are relatively low, at around USD 6,000. In general, the level of economic development in CEE countries varies considerably from each other, and the region as a whole lags somewhat behind the European average.

Figure 1-2 Total GDP and GDP per capita for CEE countries, 2019

Unit: USD 100 million

Unit: USD/per capita

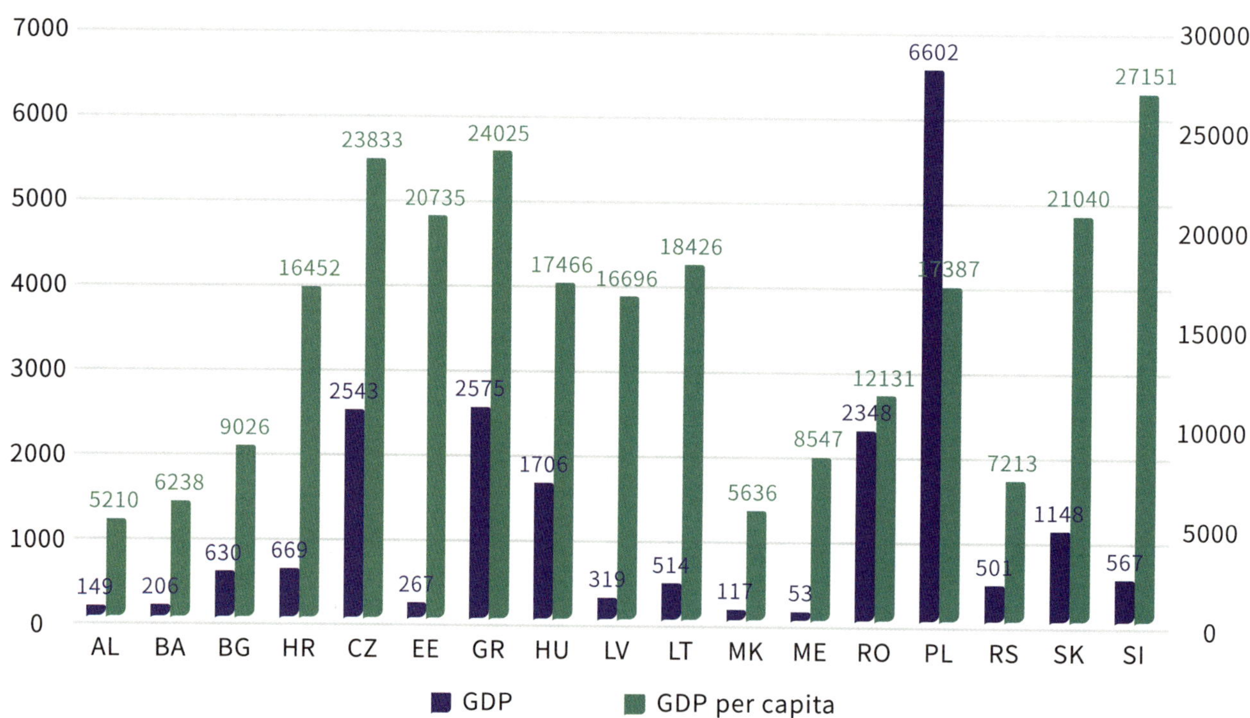

Daa Source: World Bank

1.3 Business environment

According to the World Bank report "Doing Business 2020", CEE countries are all ranked within the top 90 in business environment, and the overall business environment of the region is relatively good among the 190 economies ranked in the report.

Figure 1-3 Ranking in business environment of CEE Countries

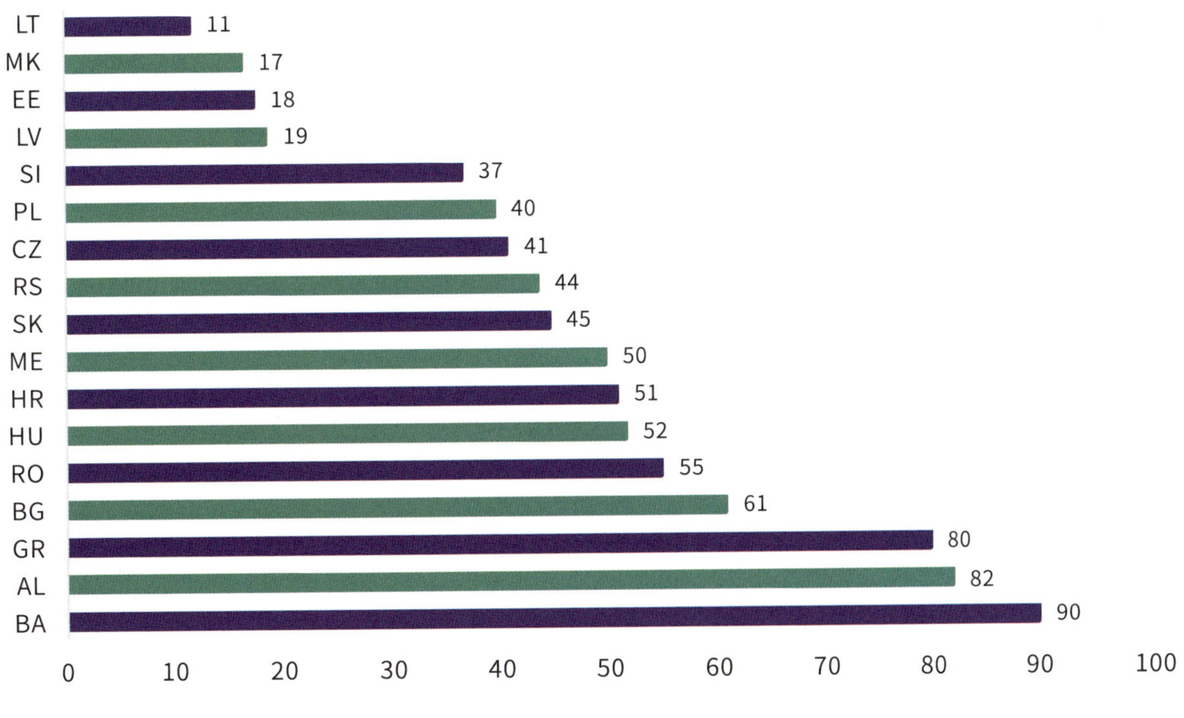

Source: World Bank

Among CEE countries, the three Baltic countries enjoy relatively good business environment, ranking the highest within the CEE region. Altogether, 10 CEE countries are ranked in the top 50 countries in global business environment.

1.4 Introduction of China-CEEC Cooperation Mechanism

In 2012, China and CEE countries jointly established the China-CEEC "16+1" cooperation mechanism, and in 2019, the formal accession of Greece upgraded the cooperation mechanism to "17+1". Since the establishment of the mechanism, China-CEEC leaders have held several meetings and achieved a series of guidelines and outcomes, promoting China-CEEC cooperation to expand to an increasingly wide range of areas, include more contents and various types of activities, and maintain a good development momentum. In the field of energy, enterprises of the two sides have carried out extensive pragmatic cooperation in engineering and construction of large-scale power projects, investment in new energy, and acquisitions and mergers of enterprises, bringing tangible environmental, social and economic benefits to both sides.

In order to implement the Suzhou Guideline, the outcome of the 4th Summit of China-CEEC, the China-CEEC Center for Dialogue and Cooperation of Energy Projects (hereinafter referred to as "17+1" Energy Center) was formally established in October 2016, with the Chinese secretariat located in the China Electric Power Planning and Engineering Institute and the European secretariat located in the Romanian Energy Center.

At present, the work of "17+1" Energy Center mainly focuses on three areas. Firstly, promoting multi-level exchanges and dialogue between China and CEE countries; secondly, carrying out studies on energy cooperation plans and roadmaps between China and CEE countries; and thirdly, promoting pragmatic cooperation between enterprises from China and CEE countries in the field of energy.

Figure 1-4 Summit of China-CEEC

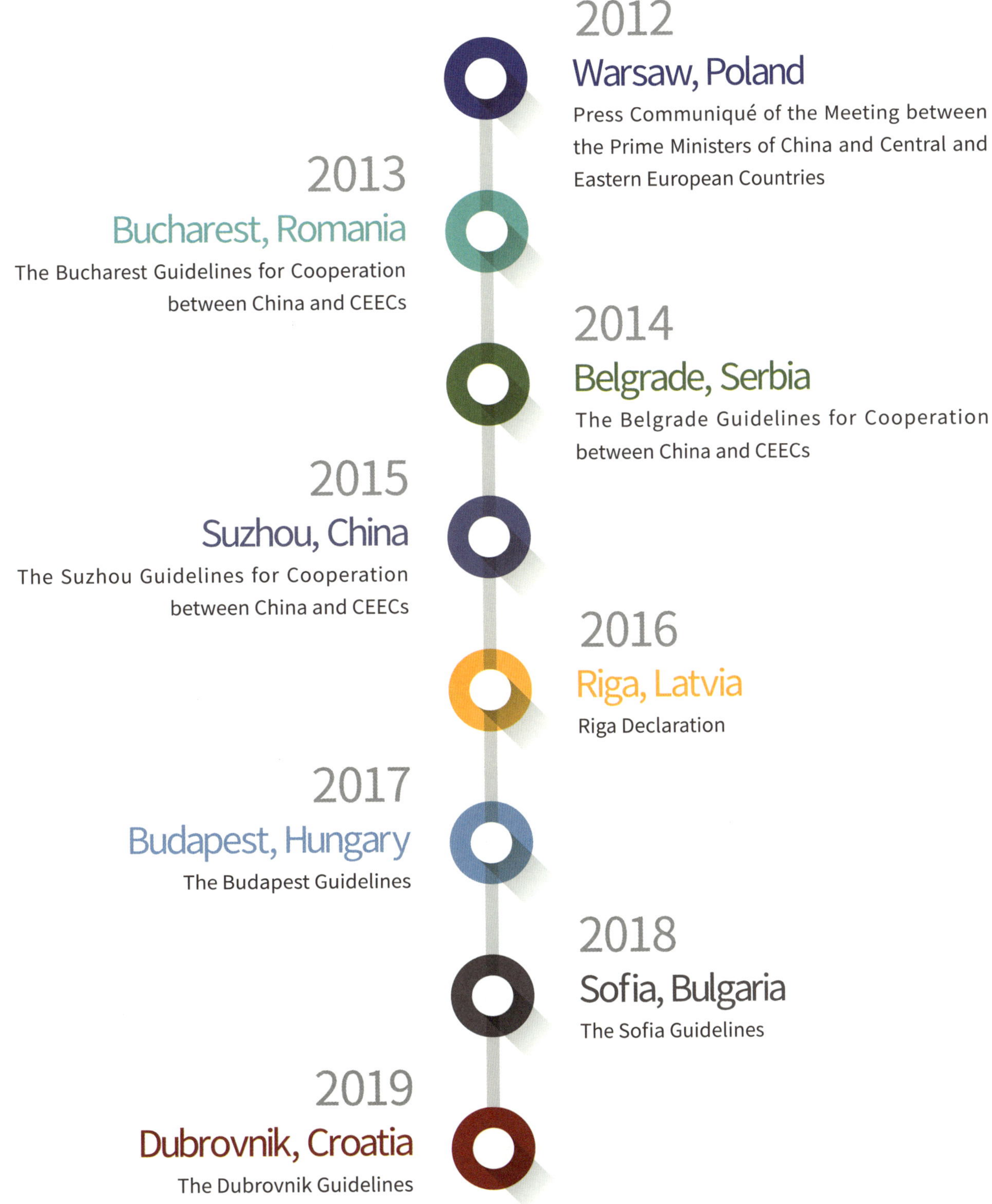

02 Energy Industry Development of Central & Eastern European Countries

Energy Industry Development of Central & Eastern European Countries

In recent years, total energy consumption in CEE region has maintained stable with a slight decline, and the consumption mix has undergone constant adjustments. The total energy production has been decreasing, and the energy self-sufficiency rate has shown a downward trend. Electricity demand has been growing at a medium to low rate, with wind and solar becoming the main sources of newly installed renewable capacity. Electricity tariffs for both wholesale and end users have shown an upward trend. In order to achieve their renewable energy development goals, CEE countries continue to optimize and adjust their policies to support renewable energy, and at the same time accelerating the development of power markets and expanding cross-border trading of electricity.

2.1 Energy consumption

2.1.1 Steady total energy consumption with a slight decline

In 2019, the total energy consumption of the CEE region is 323 million tons of oil equivalent (mote), down by about 2.0% year-on-year, the first decline in total energy consumption since 2015. From 2014 to 2019, the growth rate of energy consumption in CEE region showed an upward and then downward trend. Since 2015, with the gradual receding of impacts of the European debt crisis, the CEE region demonstrated strong momentum in economic growth, and its energy consumption growth also shifted from negative to positive, registering positive growth in energy consumption for 4 consecutive years. Since the second half of 2018, price for carbon emission permits in Europe rose sharply, which suppressed overall energy consumption in Europe to a certain extent. CEE region also showed a trend of "decoupling" between energy growth rate and GDP growth rate of CEE region, with elasticity coefficient of energy consumption growth being -0.57 in 2019. Overall, CEE region continues to be among the fast-growing energy consumers in Europe, with a cumulative increase of around 6.0% in total energy consumption between 2014 and 2019, significantly faster than the European average (around 2.1%).

Figure 2-1 Total energy consumption and growth rate in the CEE region, 2014-2019

Unit: million tons of oil equivalent (Mtoe)

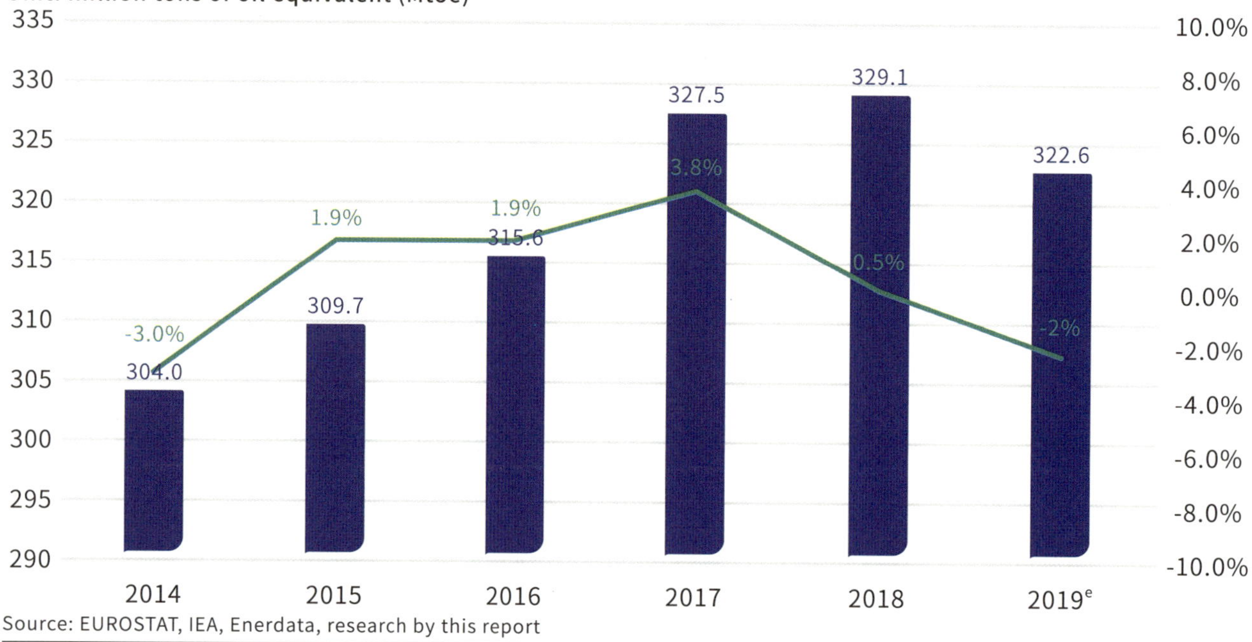

335
330
325
320
315
310
305
300
295
290
10.0%
8.0%
6.0%
4.0%
2.0%
0.0%
-2.0%
-4.0%
-6.0%
-8.0%
-10.0%
304.0
-3.0%
309.7
1.9%
315.6
1.9%
327.5
3.8%
329.1
0.5%
322.6
-2%
2014
2015
2016
2017
2018
2019e

Source: EUROSTAT, IEA, Enerdata, research by this report

1toe=1.4286toc=41868MJ

2.1.2 Continuous restructuring of energy consumption mix

In 2019, renewable energy consumption in the CEE region was 42 Mtoe, or 13.1% of the total; coal consumption was 96 Mtoe, or 29.7%; oil consumption was 95 Mtoe, or 29.3%; and natural gas consumption was 61 Mtoe, or 19.0%. From 2014 to 2019, the share of fossil energy consumption remained stable overall, with different types of fossil fuels demonstrating different trends. The share of coal consumption showed the most significant drop, by 5.6 percentage points over a five-year period; the share of oil consumption increased the fastest, by 3.3 percentage points in five years; the share of natural gas increased steadily, by 1.7 percentage points over a five-year period; and the shares of nuclear energy and renewable energy remained stable.

Figure 2-2 Energy consumption mix in the CEE region, 2014-2019

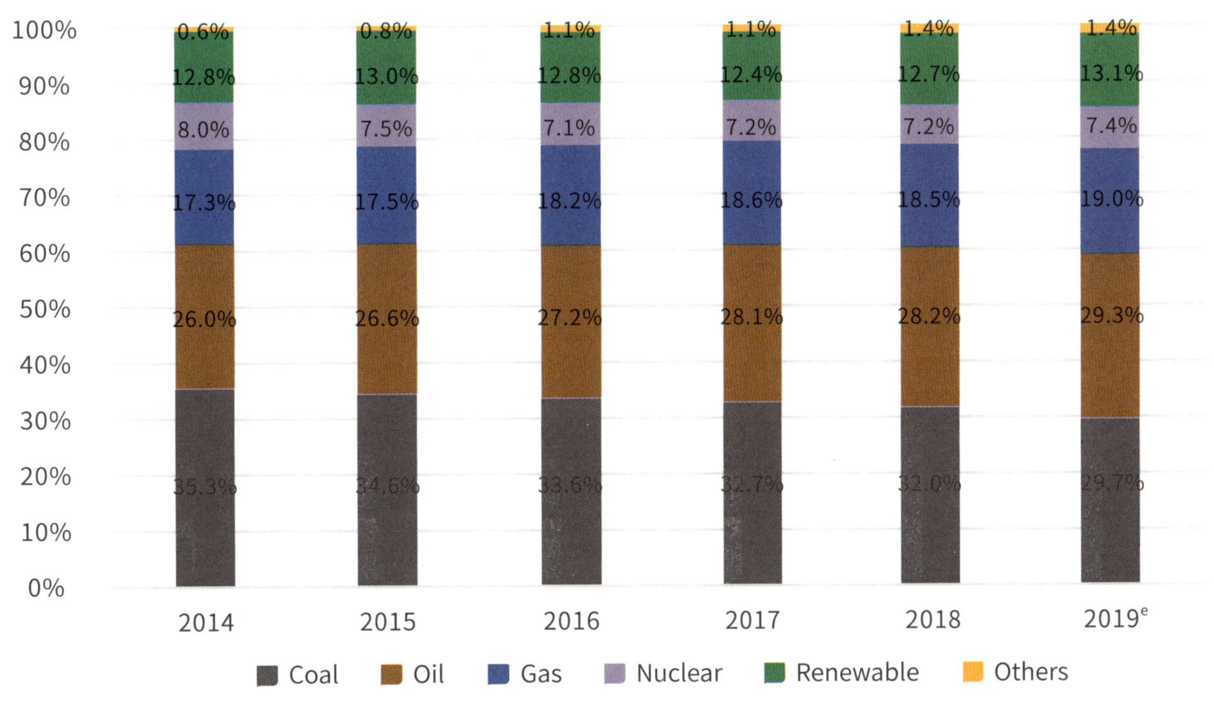

Source: EUROSTAT, IEA, Enerdata, research by this report

2.1.3 Big differences in per capita energy consumption among countries

Looking from country to country, Poland is a big energy consumer in the CEE region, accounting for about 1/3 of the total energy consumption of the CEE region in 2019. In addition, the Czech Republic and Romania also have relatively high volumes of energy consumption. In terms of per capita energy consumption, the number for CEE region in 2019 was 2.5 tons of oil equivalent, slightly lower than the European average (2.7 tons of oil equivalent). Due to the differences in economic development levels, industrial structure and energy resources endowment, per capita energy consumption varies largely from country to country, with Estonia and the Czech Republic having per capita energy consumption of up to nearly 4 tons of oil equivalent per person, while Albania, Macedonia, Montenegro and Romania having less than 2 tons of oil equivalent per person.

Figure 2-3 Total and per capita energy consumption in CEE countries, 2019

Unit: millions of tons of oil equivalent (Mtoe) Unit: toe/per capita/year

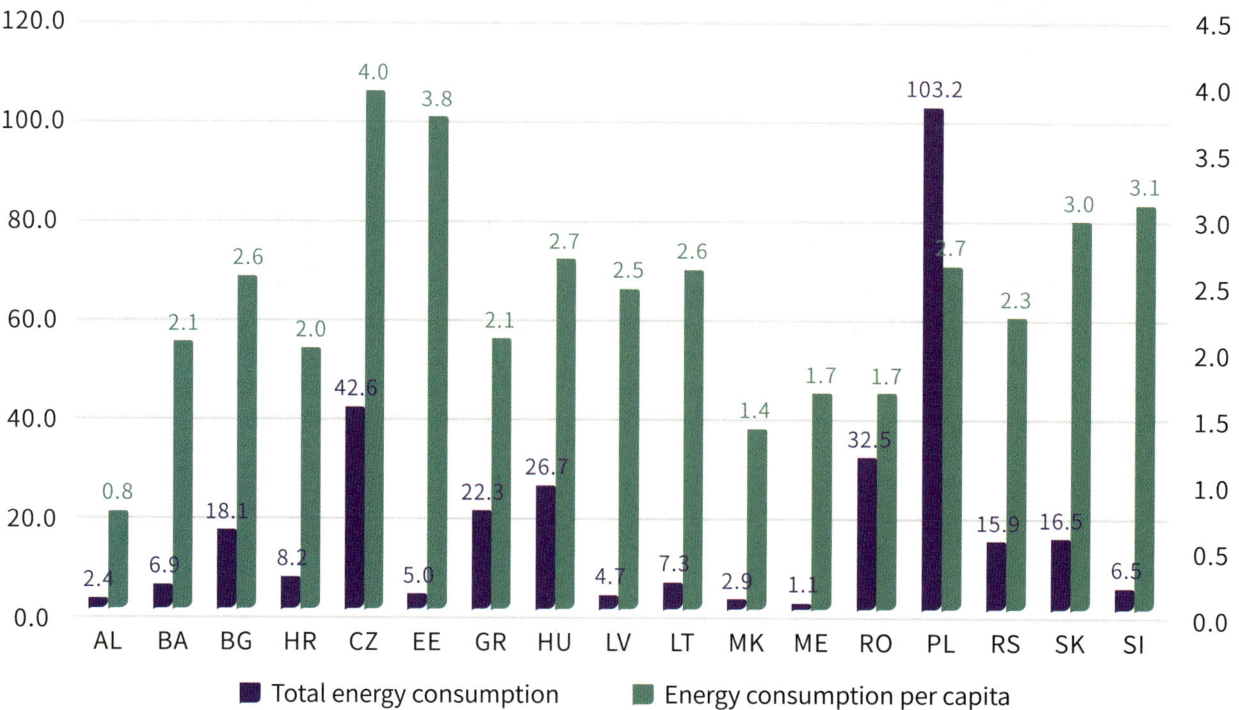

Source: EUROSTAT, International Energy Agency

2.1.4 Slight decrease in total final energy consumption

In 2019, total final energy consumption in the CEE region was 209 Mtoe, 1.4% lower than the same period last year. By sector, the industrial sector consumed 51 Mtoe, or 24.6% of the total. The transportation sector consumed 66 Mtoe, or 31.5% of the total. The residential sector consumed 59 Mtoe, or 28.0% of the total, and the service sector consumed 24 Mtoe, or 11.5% of the total. From 2014 to 2019, the share of energy consumption in the transportation sector continued to increase in CEE region, by 3.5 percentage points, and was the main driver of final energy consumption growth; the share of residential energy consumption showed a downward trend, decreasing by 2.6 percentage points; the share of energy consumption in industries and services also declined slightly.

Figure 2-4 Total final energy consumption and growth rate in the CEE region, 2014-2019

Unit: million tons of oil equivalent (Mtoe)

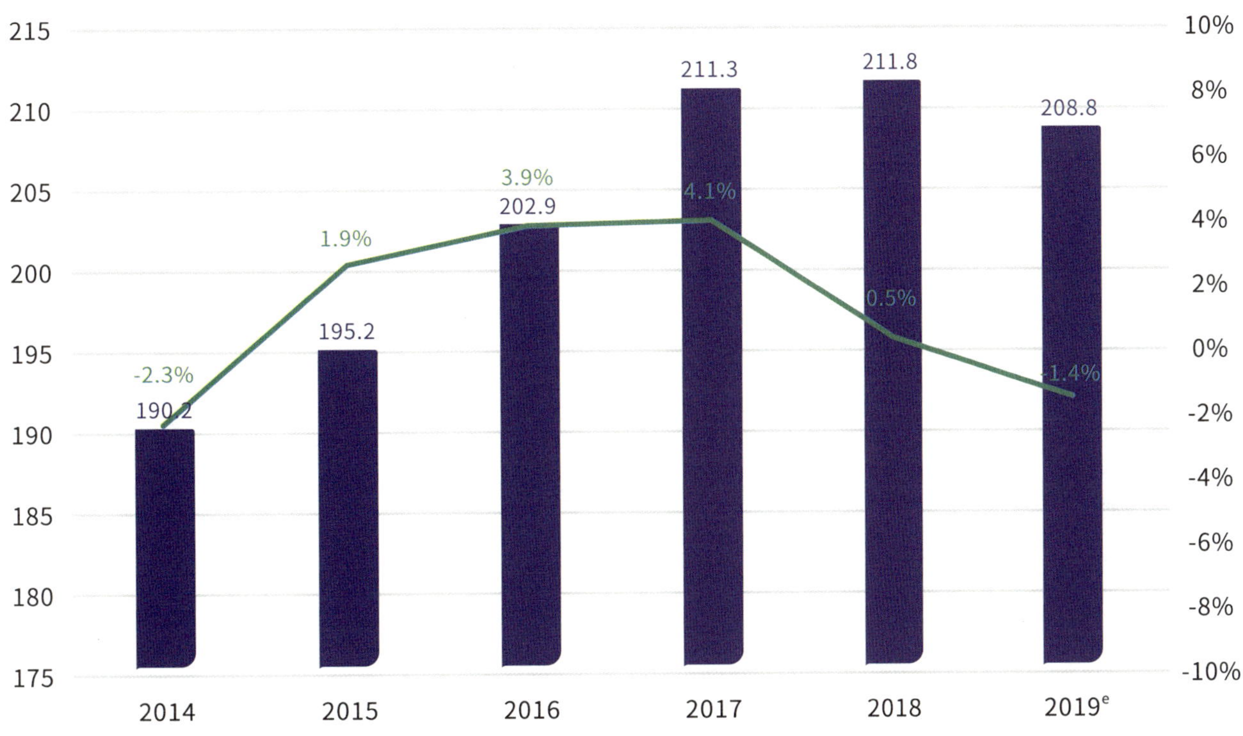

Source: EUROSTAT, IEA, Enerdata, research by this report

Figure 2-5 Share of energy consumption by sector in the CEE region, 2014-2019

	2014	2015	2016	2017	2018	2019e
Others	4.2%	4.1%	4.3%	4.3%	4.3%	4.3%
Service	12.0%	12.1%	12.2%	11.8%	11.6%	11.5%
Residential	30.6%	30.7%	30.3%	29.5%	28.5%	28.0%
Transportation	28.0%	28.3%	29.2%	30.1%	30.9%	31.5%
Industry	25.2%	24.8%	24.0%	24.3%	24.7%	24.6%

Source: EUROSTAT, International Energy Agency, research by this report

2.2 Energy supply

2.2.1 Continuous decline in total energy production

In 2019, the total energy production in the CEE region was 186 Mtoe, down by about 1.3% year-on-year. From 2014 to 2019, the overall energy production in the CEE region showed a downward trend, with an overall decrease of about 5.4% over the five-year period. Coal is the main source of energy supply in CEE region, and with the acceleration of energy transition in Europe and the increase in carbon prices, the production and utilization of coal has been affected, resulting in a decline in total energy production; at the same time, a stronger euro after the European debt crisis has gradually enhanced price competitiveness of fossil fuels outside the region, which has squeezed the room for local fossil energy production to a certain extent.

Figure 2-6 Total energy production and growth rate in the CEE region, 2014-2019

Unit: million tonnes of oil equivalent (Mtoe)

Source: EUROSTAT, International Energy Agency, research by this report

2.2.2 Gradual decarbonization in energy production mix

In 2019, renewable energy production in the CEE region amounted to 45 Mtoe, or 24.2% of total production; coal production reached 90 Mtoe, or 48.6%; oil production was 9 Mtoe, or 4.8%; and natural gas consumption was 15 Mtoe, or 8.0%. From 2014 to 2019, the share of fossil fuels in energy production demonstrated a downward trend, with the share of coal production decreasing most significantly, by 4.7 percentage points over a five-year period; the share of renewable energy production increased the fastest, by 3.7 percentage points over a five-year period; and the share of oil, natural gas and nuclear in energy production remained basically stable.

Figure 2-7 Energy production mix in CEE region, 2014-2019

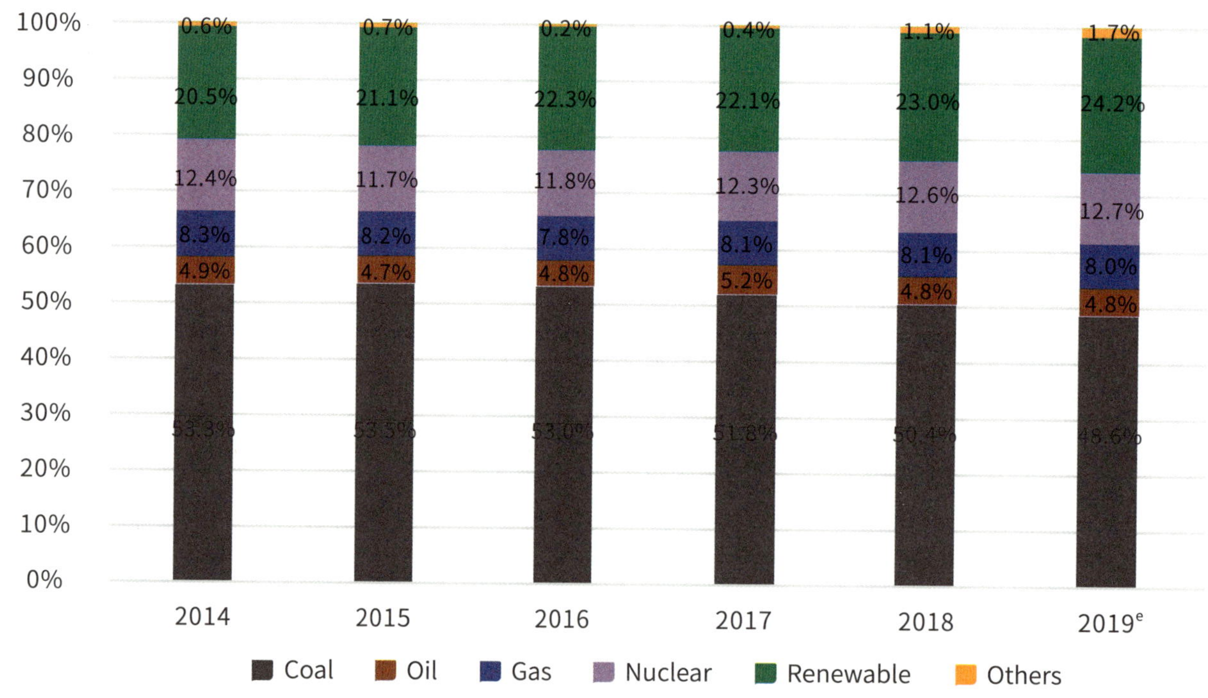

Source: EUROSTAT, IEA, Enerdata, research by this report

At country levels, Poland is a large energy producer in CEE region, and its total energy production in 2019 accounted for about one-third of CEE's total production. This is due to Poland's abundant coal reserves, and over 70% of its total energy production are coal production. In addition, countries such as the Czech Republic and Romania also have relatively high energy production. Limited by resources and the level of industry development, the volume of energy production in CEE countries differs greatly from each other.

Figure 2-8 Energy production in CEE countries, 2019

Unit: million tonnes of oil equivalent (Mtoe)

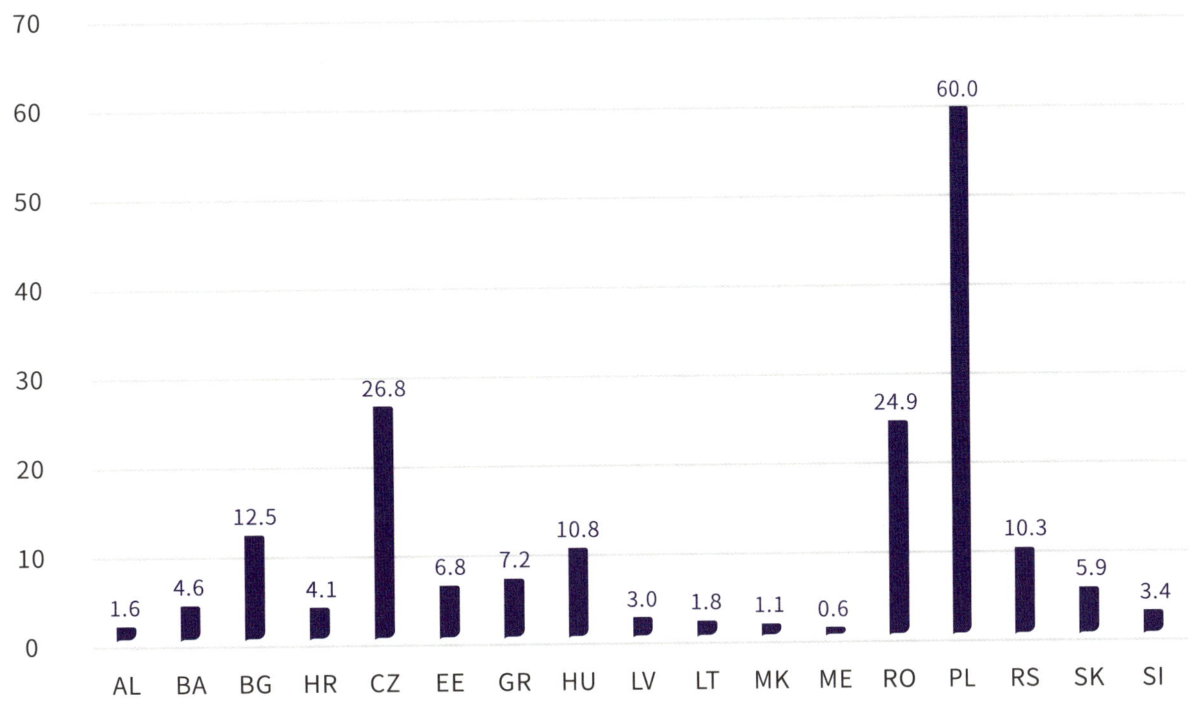

Source: EUROSTAT, International Energy Agency, research by this report

2.2.3 Continuous decline in energy self-sufficiency

The current level of energy self-sufficiency in CEE is relatively low, and the energy self-sufficiency in 2019 was only 57% on average. About 80% of oil and gas resources, the main sources of primary energy, are dependent on imports mainly from Russia, as well as some African and European countries. From 2014 to 2019, the overall level of energy self-sufficiency in CEE declined, dropping by about 8 percentage points. Increasing local energy supply and reducing oil and gas consumption for electricity production are important options for the CEE region to improve energy self-sufficiency.

Figure 2-9 Energy self-sufficiency levels in the CEE region, 2014-2019

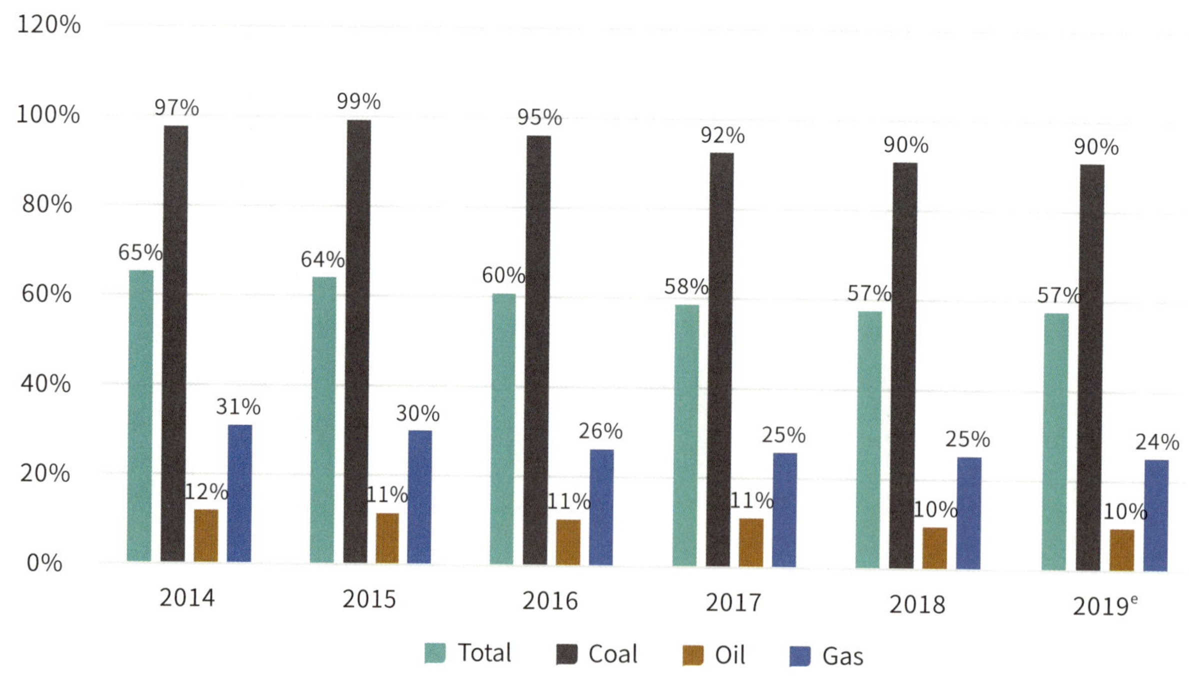

Source: EUROSTAT, International Energy Agency, research by this report

Greece, Hungary, Lithuania, North Macedonia and Slovakia have relatively low levels of energy self-sufficiency, with about half of their energy consumption dependent on imports, and the energy security needs to be further improved.

Figure 2-10 Energy self-sufficiency rates in CEE countries, 2019

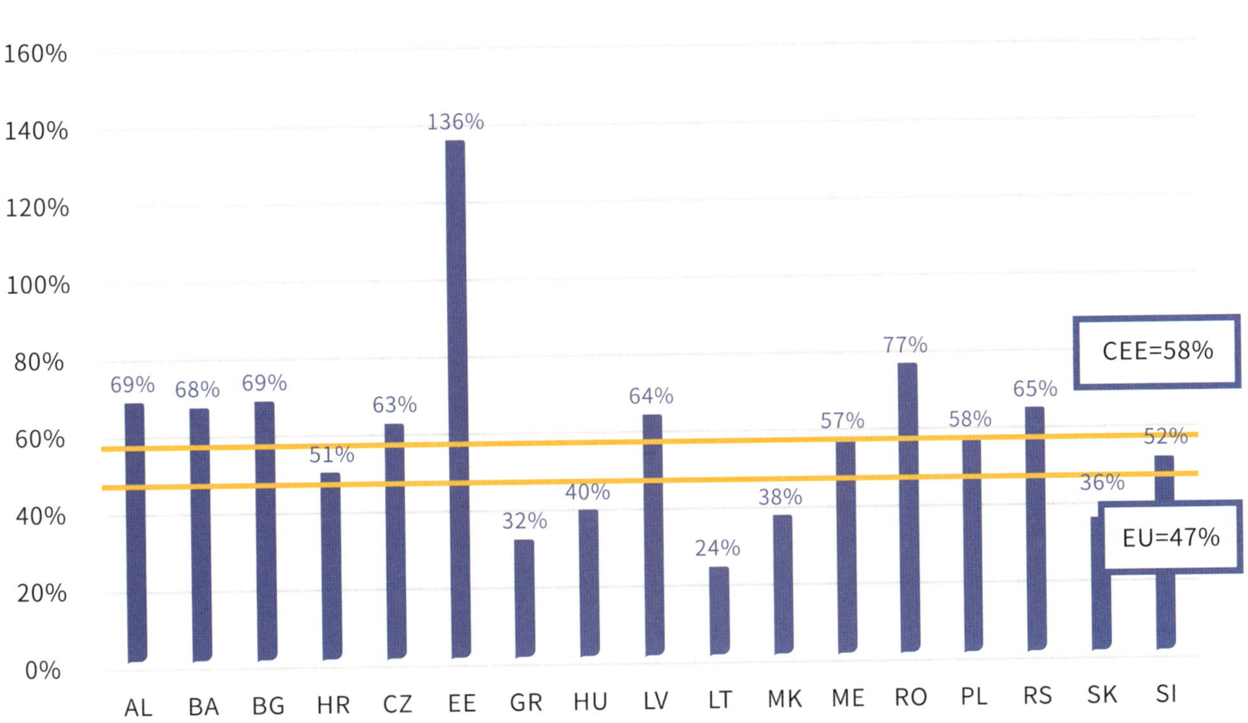

Source: EUROSTAT, International Energy Agency, research by this report

2.2.4 Overall abundance in coal supply

The coal reserves in the CEE region totals 48.7 billion tons, and is relatively rich but highly concentrated. Among them, Poland's coal reserves account for about more than 50% of that of the entire CEE region, and countries like Serbia, Hungary, Greece, the Czech Republic also have certain coal reserves. Overall, the supply of coal in CEE is relatively abundant, and the level of coal self-sufficiency reached 89.7% in 2019.

Figure 2-11 Coal reserves in CEE countries

Unit: Millions of tons

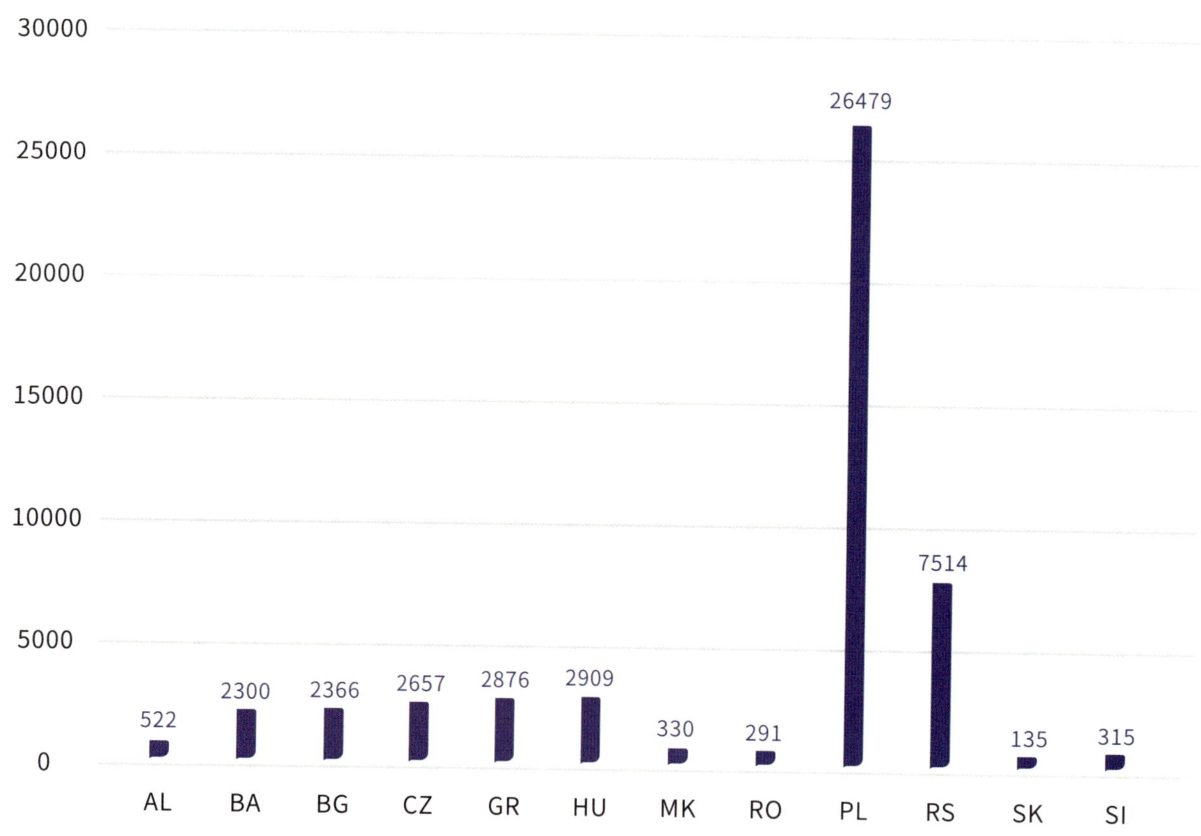

Source: BP, Enerdata

In 2019, the CEE region produced about 90 Mtoe of coal, down by 4.8% year-on-year, with production highly concentrated in three countries, namely the Czech Republic, Poland and Serbia. The coal production of these three countries accounted for more than 70% of the region's total production.

Figure 2-12 Coal production in CEE countries, 2019

Unit: Mtoe

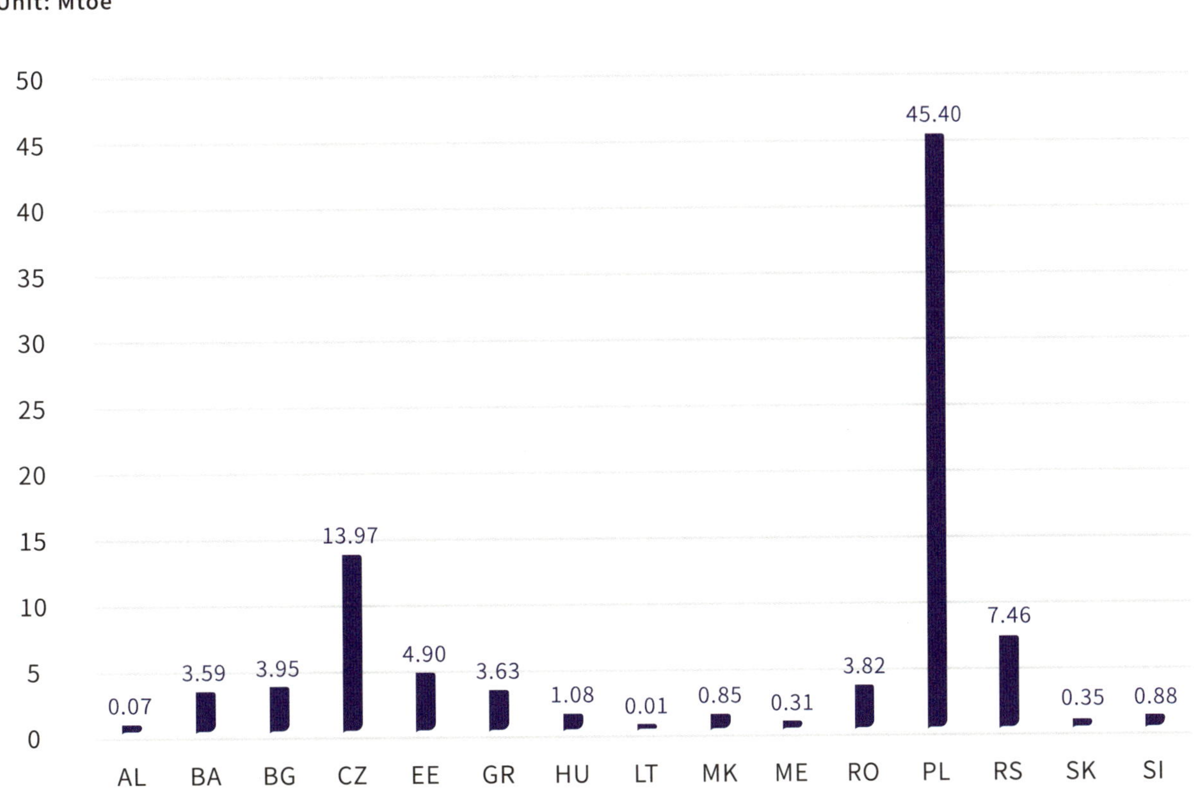

Source: BP, Enerdata, research by this report

In 2019, the CEE region was a net importer of coal, with net imports of about 20 million tons of coal on average for each country. All the countries except Montenegro rely on import for coal consumption, and among them, Poland and Slovakia have larger net coal imports.

2.2.5 Oil and gas production fell slightly

In 2019, oil production in the CEE region was 9.07 Mote, down by 0.1% year-on-year, while natural gas production was 14.82 mote, down by 2.3% year-on-year. The overall oil and gas resources in the CEE region are relatively scarce, and productions are mainly concentrated in countries such as Croatia, Hungary, Romania, Poland and Serbia.

Figure 2-13 Oil and gas production in CEE countries, 2019

Unit: Millions of tons of oil equivalent

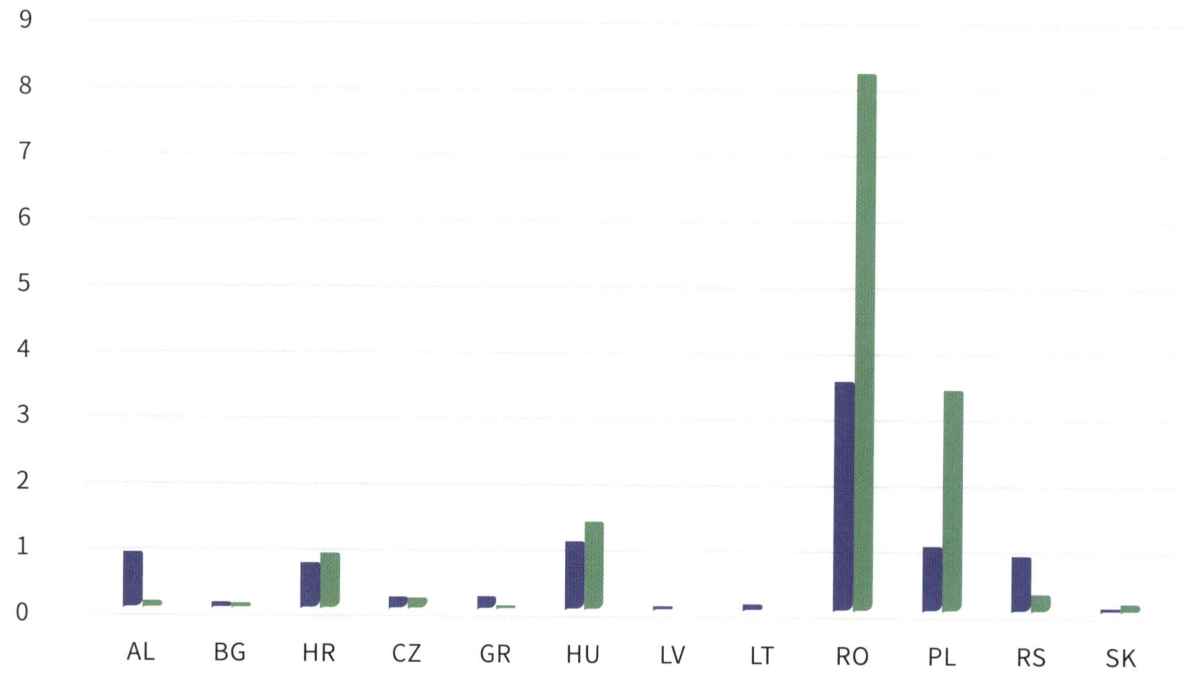

Source: BP, Enerdata, research by this

2.3 Electricity consumption

2.3.1 Slight decline in total electricity consumption

In 2019, total electricity consumption in the CEE region was 570.7 billion kWh, about 0.5% lower year-on-year, registering a first-time decline intotal energy consumption since 2015. From 2014 to 2019, the growth rate of electricity consumption in the CEE region showed an upward and then downward trend, largely in line with the development trend in energy consumption, with a cumulative increase of about 7.1%, significantly faster than the EU average (about 1.1%), and is the growth pole for electricity consumption in Europe.

Figure 2-14 Total electricity consumption and growth rate in the CEE region, 2014-2019

Unit: Billions of kilowatt-hours (TWh)

Source: EUROSTAT, IEA, research by this report

From 2014 to 2019, Lithuania and Croatia had the largest increase in electricity consumption of over 10%; Poland, the Czech Republic and Romania had the largest absolute increment in electricity consumption, reaching 13.8 TWh, 4.1 TWh and 4.1 TWh, respectively. The growth rate for the three countries are also high, at 9.4%, 6.6% and 7.7%, respectively, and are the countries with greater potential for electricity market development in the CEE region.

Figure 2-15 Electricity consumption growth in CEE countries, 2014-2019

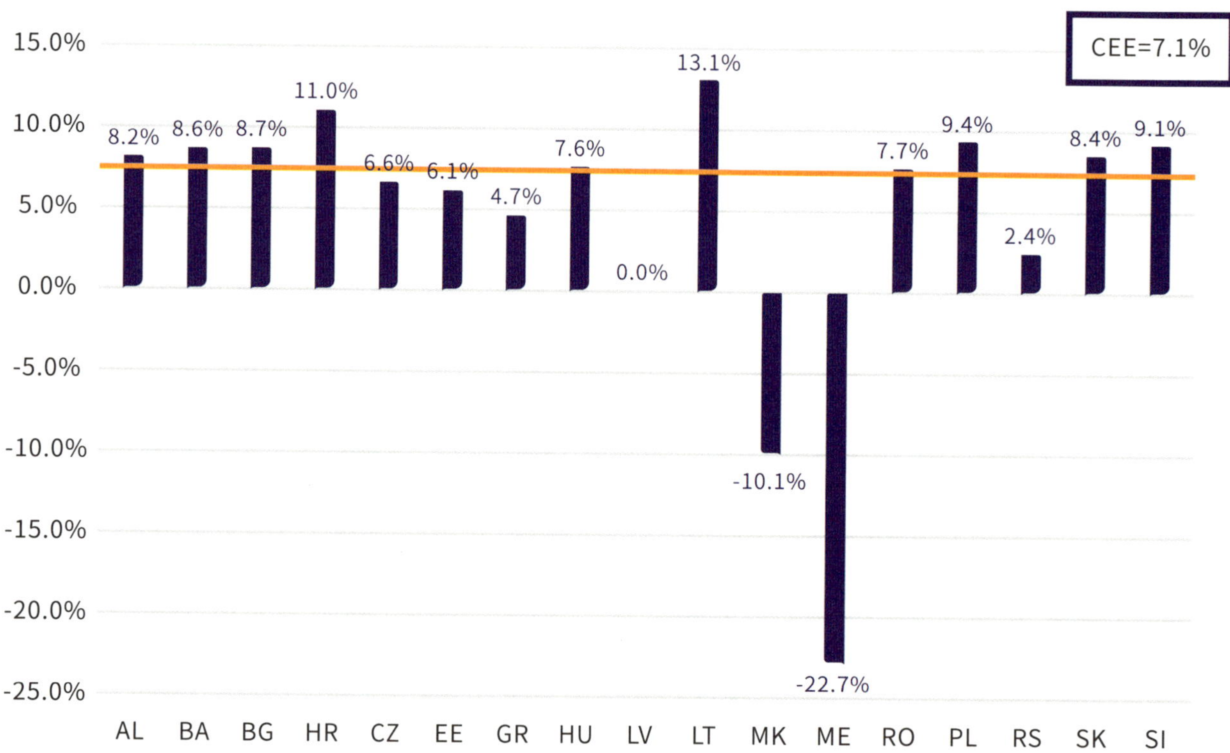

Source: ENTSO-E, EUROSTAT

Among the CEE countries, Poland is a big electricity consumer, accounting for about 30% of total electricity consumption of CEE in 2019. Countries such as the Czech Republic, Romania and Greece also have relatively high level of electricity consumption. In terms of electricity consumption per capita, the number for the CEE region in 2019 was 4,427 kWh, lagging far behind the EU average (6,824 kWh), suggesting room for future growth. Slovenia, Estonia and the Czech Republic have higher per capita electricity consumption, exceeding 6,000 kWh/person, while Albania and Romania have lower per capita electricity consumption, below 3,000 kWh/person.

Figure 2-16 Electricity consumption in CEE countries in 2019

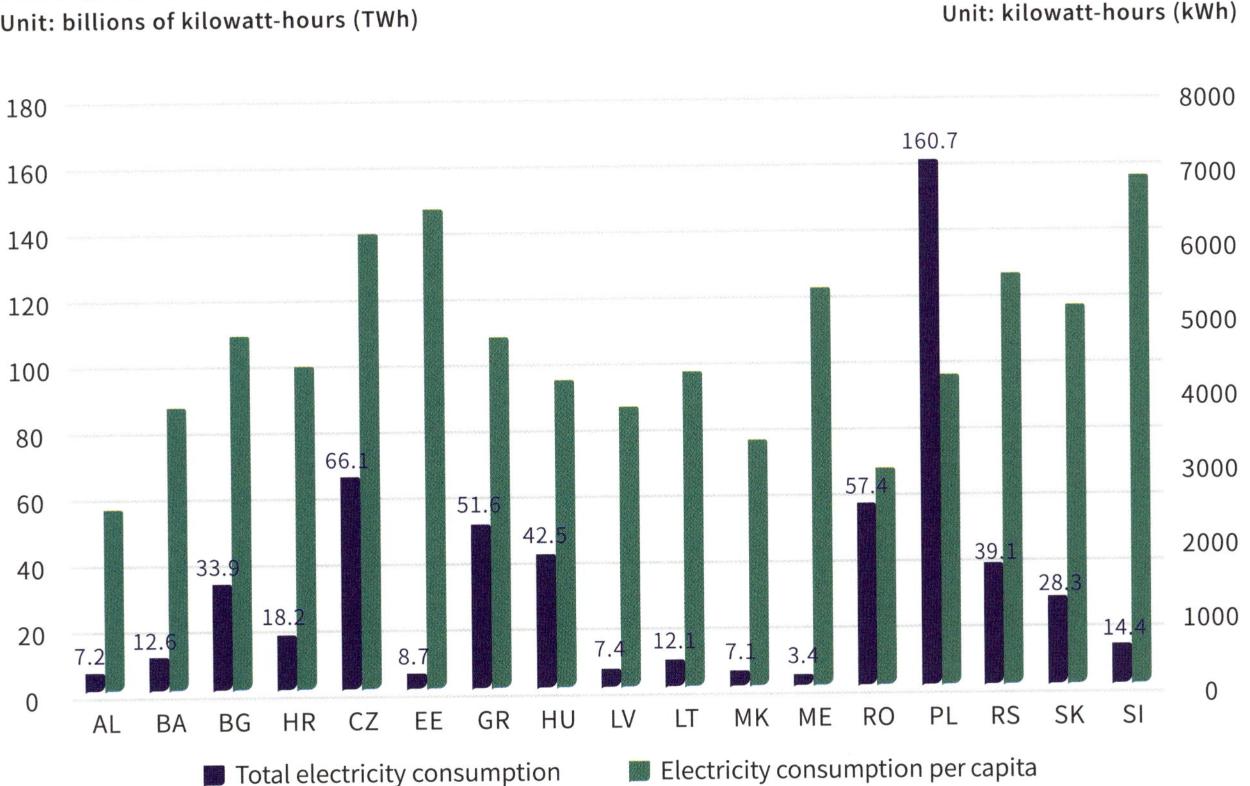

Source: EUROSTAT, International Energy Agency, research by this report

2.3.2 The shares of final electricity consumption remain stable across industries

In 2019, electricity consumption in the industrial sector in CEE was 202.6 TWh, or 35.5% of the total consumption, the residential sector 160.1 TWh, or 28.0% of the total, and the service sector 164.2 TWh, or 28.8% of the total. From 2014 to 2019, the share of electricity consumption in the industrial sector in CEE showed a slight increase, up 0.5 percentage points, and is a major sector of final electricity consumption; the share of electricity consumption in the residential sector is on a downward trend, decreasing by 0.9 percentage points; the share of electricity consumption in the service sector increased significantly by 1.3 percentage points. With the acceleration of electrification process, the CEE enjoys increasingly higher levels of electrification in various industries. The rapid development of the national economy has brought a huge space for the growth in electricity demand, and the electrification of transportation, heating and industries will become the main driving force for the growth of electricity demand in CEE.

Figure 2-17 Shares of final electricity consumption by sector in CEE, 2014-2019

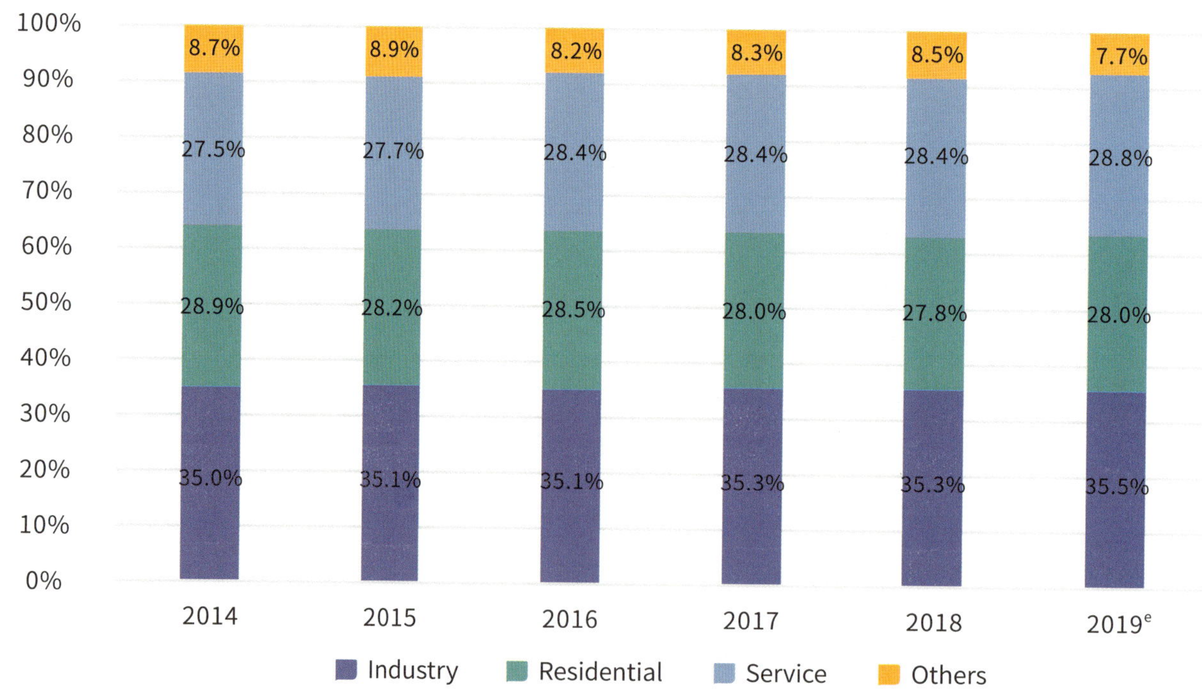

Source: Enerdata, International Energy Agency, research by this report

2.4 Electricity supply

2.4.1 Thermal power and hydropower are the main sources of power generation in CEE

In 2019, the total installed electricity generation capacity in the CEE region was 160 GW, an increase of about 1.2% year-on-year. From 2014 to 2019, the total installed capacity of electricity in the CEE region was generally stable, with an overall increase of about 1.7% in five years. Coal-fired power and hydropower are the main components of CEE's power generation, with the two accounting for nearly 60% of the total generation mix, but most of the coal-fired and hydropower units in the region face aging problems.

Figure 2-18 Total installed electricity capacity and growth rate in CEE, 2014-2019

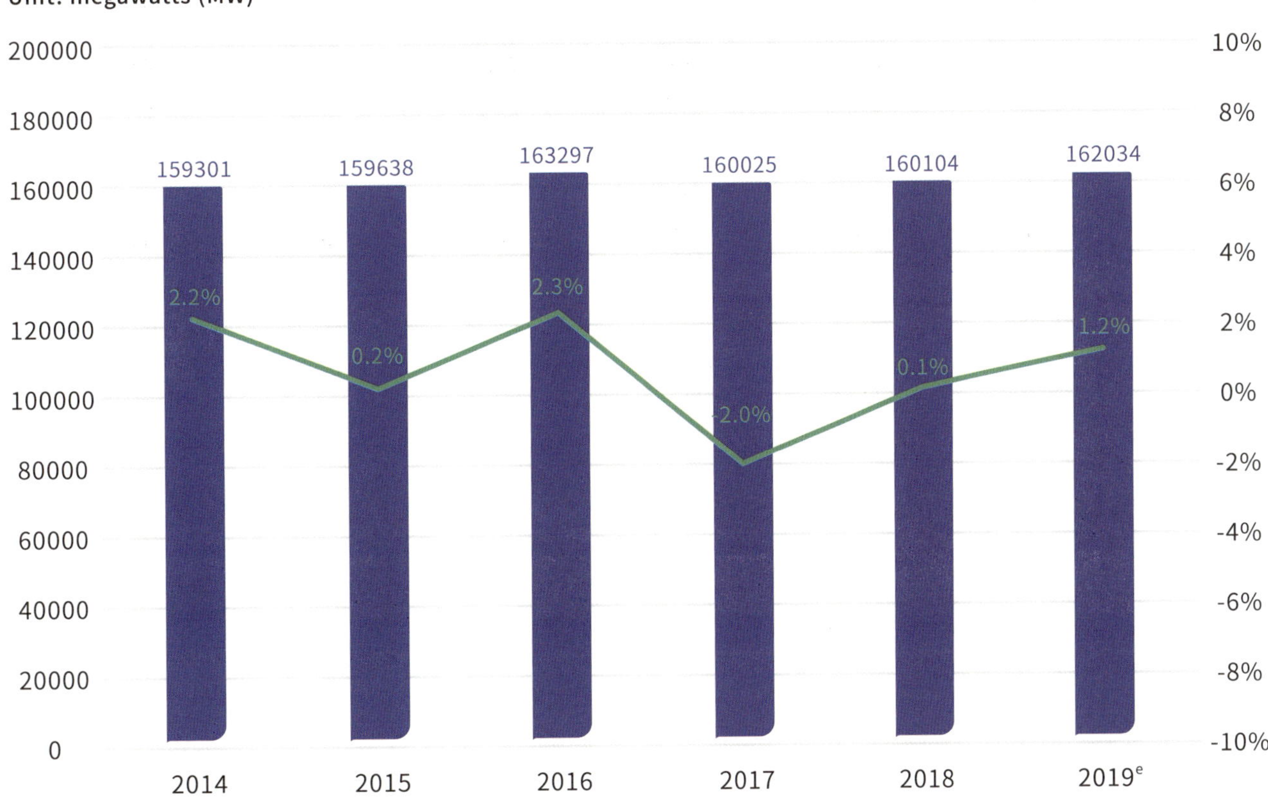

Source: EUROSTAT, IEA, Enerdata, research by this report

In recent years, the installed generation capacity mix in CEE has been continuously optimized, with renewable energy sources such as wind and solar PV growing steadily. In 2019, the share of installed capacity of renewables in CEE reached 37.5%, the share of installed capacity of non-fossil energy reached 44.8%, and the shares of wind and solar PV installations together reached 15%. From 2014 to 2019, both the installed capacity and consumption of fossil energy had declined, with the share of installed coal-fired capacity fell most significantly, by 1.6 percentage points; the share of installed capacity of renewables continued to rise, up 3.7 percentage points.

Figure 2-19 Electricity generation capacity mix in the CEE region in 2019

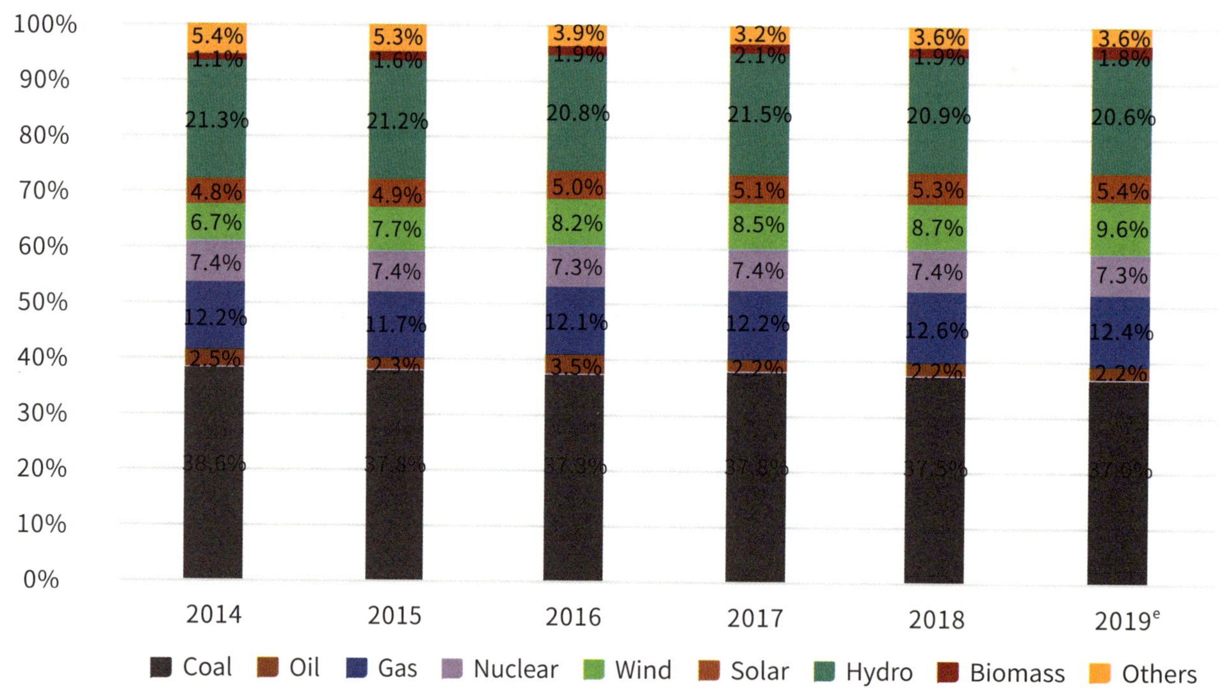

Source: ENTSO-E, EUROSTAT

2.4.2 Wind and solar has become major sources of renewable energy increment

In 2019, installed capacity of wind and solar PV in CEE reached 15.63 GW and 8.74 GW, respectively. The total installed renewable energy capacity grew by 6.86 GW from 2014 to 2019, at an average annual growth rate of 2.4%, with wind and solar being the main driver of growth. The total installed capacity of wind and solar PV grew by 6.12 GW from 2014 to 2019, with an average annual growth rate of 5.9%, becoming fast-growing sources of electricity generation in recent years in CEE.

Figure 2-20 Total wind and solar PV installations in CEE, 2014-2019

Unit: megawatts (MW)

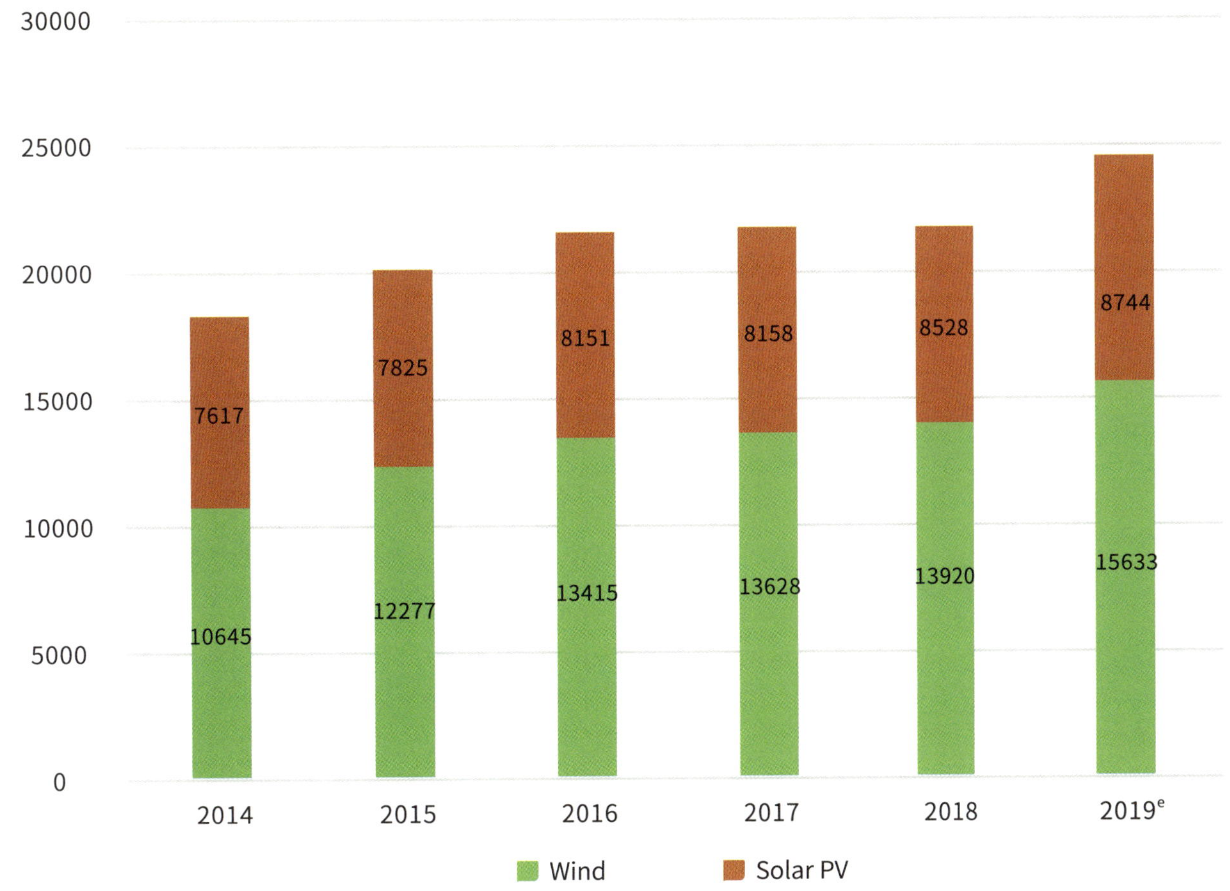

Source: ENTSO-E, EUROSTAT, research by this report

By country, Poland saw the largest increment in wind power installations (1.86 GW), with an average growth rate of 8.4% from 2014 to 2019. Other countries with relatively larger increments in wind power installations are Greece (1.43 GW) and Serbia (450 MW). As for solar PV installations, the countries registered large increments are Poland (480 MW), Hungary (390 MW) and Romania (130 MW).

Figure 2-21 Incremental installation of wind and solar PV in CEE countries, 2014-2019

Unit: megawatts (MW)

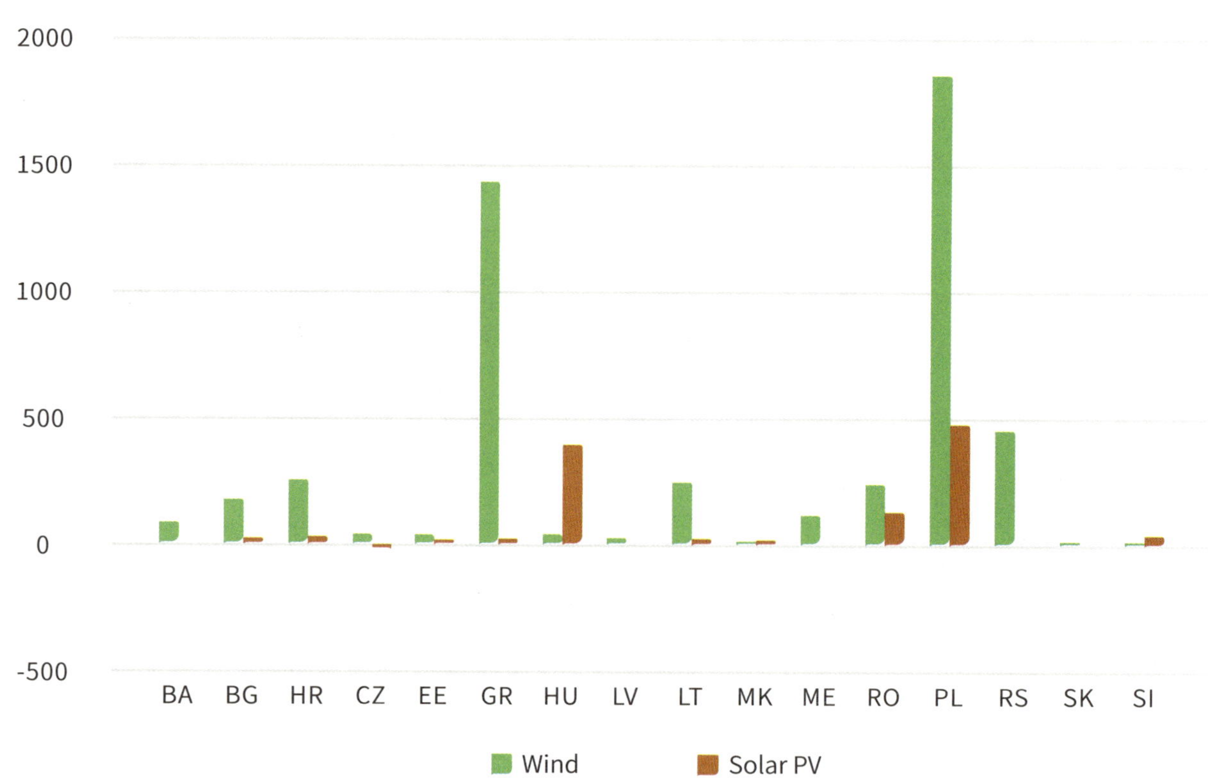

Source: ENTSO-E, EUROSTAT, research by this report

2.4.3 Coal-fired power units are at high operation loads

The utilization hours of coal-fired units in CEE remains at a high level, with Bosnia and Herzegovina, Montenegro, and Serbia having more than 5,000 utilization hours for their coal-fired power units in 2019. This is mainly due to the overall tight supply of electricity in these three countries, as well as the relatively abundant coal resources and the low cost of coal-fired power generation, which makes it more competitive than other types of power generation both within the country and in neighboring countries. The Czech Republic, Greece, North Macedonia and Romania have relatively low utilization hours for coal-fired power, all below 4,000 hours in 2019, while gas power utilization hours in these four countries are at a higher level.

Figure 2-22 Utilization Hours of coal-fired and gas-fired power in CEE countries, 2019

Unit: Hours

	Coal-fired	Gas-fired
AL	5720	
BG	4581	2252
HR	4000	2557
CZ	3876	3736
GR	3817	3303
HU	4290	1336
LV		2522
LT		528
MK	3760	2800
ME	6364	
RO	3201	2738
PL	4405	4812
RS	5288	962
SK	4417	2070
SI	4077	

Unit: Hours Source: ENTSO-E, EUROSTAT, research by this report

As a whole, the utilization hours of coal coal-fired power in CEE has shown a downward trend in recent years, while the utilization hours of gas power has gradually increased, mainly due to the following reasons: firstly, the rising prices of carbon permit in the EU has raised the cost of coal-fired generation, at the same time its impact on the cost of gas generation is relatively small; secondly, the large-scale development of renewable energy such as wind and solar and the reduction in generation costs also brought impact on coal-fired generation; thirdly, with the improving regional interconnection and upgrading of grids across Europe as well as the gradual improvement of cross-border power trading markets, the electricity generated by subsidized renewable energy in developed countries in Western Europe has, to a certain extent, squeezed the room for coal-fired power generation in CEE countries.

2.4.4 Significant aging problems in power systems

The aging of power systems in CEE is serious, with 95% of coal power units over 20 years old. In countries with larger installed capacity and higher shares of coal-fired units, such as Poland, the Czech Republic, Bulgaria, some units were built over 35 years ago. As such aging units faces decommissioning and shut down, more efficient and cleaner power generation are needed as supplements.

Figure 2-23 Years of coal-fired power units in CEE countries

Unit: Megawatts (MW)

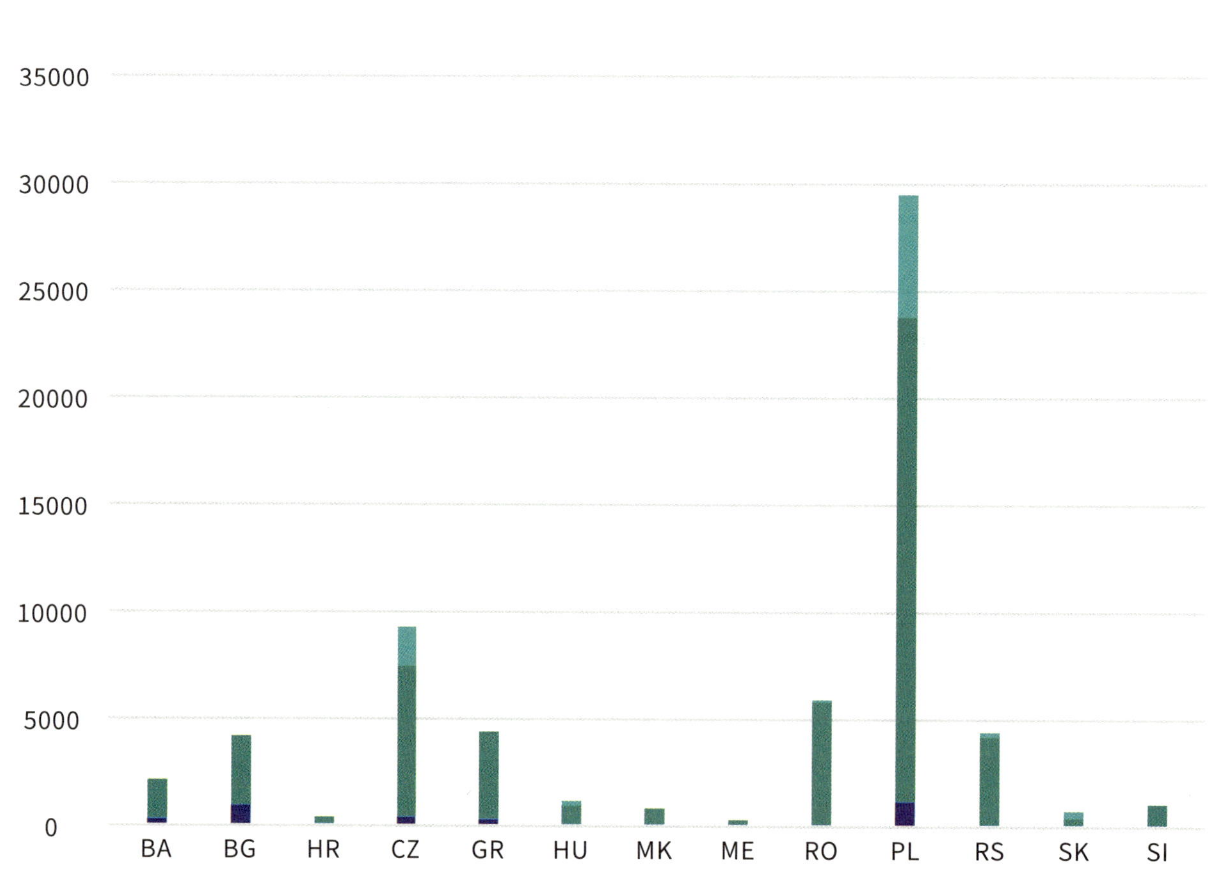

Source: Europe Beyond Coal

Nearly 50% of the gas-fired power units in CEE were built over 20 years ago. In most countries such as Romania, Bulgaria, Croatia and Slovenia, gas-fired power units have been in service for a long time and there is a strong need for upgrading and retrofit.

Figure 2-24 Years of gas-fired power units in CEE countries

Unit: Megawatts (MW)

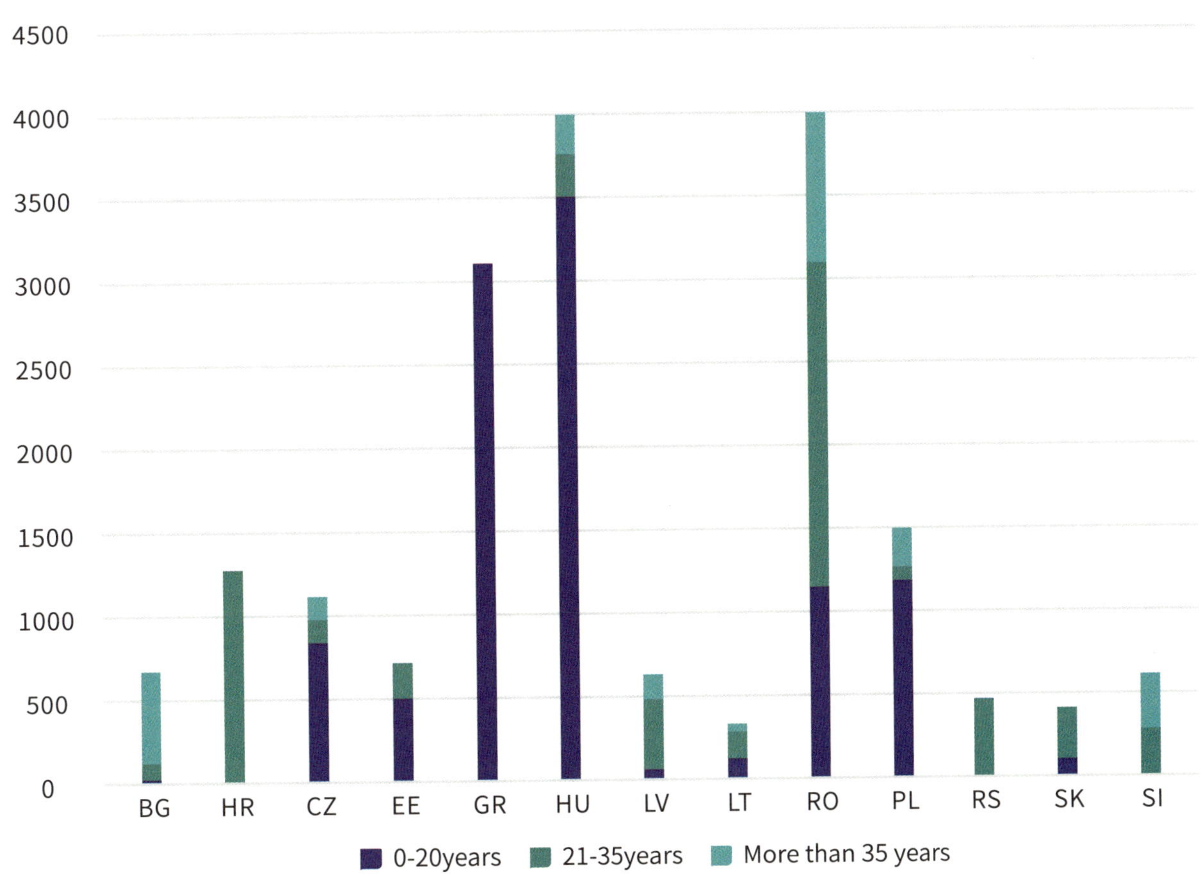

Source: Global Energy Observatory

2.5 Power transmission

2.5.1 CEE spans across two major synchronous power grids in Europe

The CEE region spans across the synchronous grid of Continental Europe and the Baltic synchronous grid, and is an important component of the European power grids. Among the CEE countries, Estonia, Latvia and Lithuania belong to the Baltic synchronous grid, and are interconnected with the Nordic synchronous grid; the rest belong to the synchronous grid of Continental Europe.

The total length of power grids in CEE countries is about 112,761 km, of which 35,249 km of the transmission lines are 380 kV and above, accounting for 31% of the total; 34,141 km, or 30% of the lines are 220-150 kV lines; and 43,371 km, or 39% of the lines are 132-50 kV lines.

Table 2-1 Length and voltage levels of power grids in CEE countries

Country	Abbrev	Length of lines (km)	Share of 440-380KV lines (%)	Share of 220-150kv lines (%)	Share of 132-50kv lines (%)
Albania	AL	3355	10	46	44
Bosnia - Herzegovina	BA	6405	14	24	62
Bulgaria	BG	15260	16	19	65
Croatia	HR	7239	17	16	67
Czech	CZ	5810	68	31	1
Estonia	EE	5349	29	3	68
Greece	GR	11136 (2012)	27	72	1
Hungary	HU	4861	67	29	4
Latvia	LV	5273	24	-	76
Lithuania	LT	6687	25	-	75
North Macedonia	MK	2116	25	-	75
Montenegro	ME	1240	23	28	49
Romania	RO	8759	55	45	-
Poland	PL	14069	41	58	1
Serbia	RS	9500	17	21	62
Slovakia	SK	2859	68	29	3
Slovenia	SI	2843 (2013)	24	12	65

Source: ENTSO-E, Enerdata

2.5.2 Active cross-border electricity trading

Electricity trading both among CEE countries and between CEE countries and countries outside the region are very active, with cross-border electricity transactions totaling about 250 TWh in 2018, over 40 percent of the region's total electricity consumption. CEE trades electricity mainly with the Western European region, the Nordic region and Russia, and is overall a net importer of electricity, importing an average of about 18 TWh of electricity from outside the region (mainly Western Europe) in the last three years.

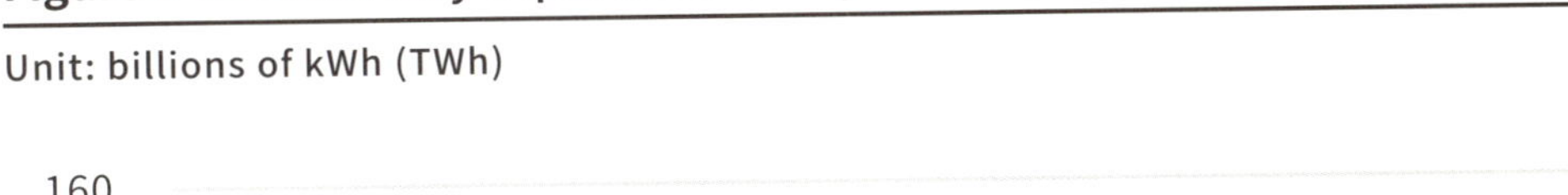

Figure 2-25 Electricity exported and imported by CEE countries, 2014-2018

Unit: billions of kWh (TWh)

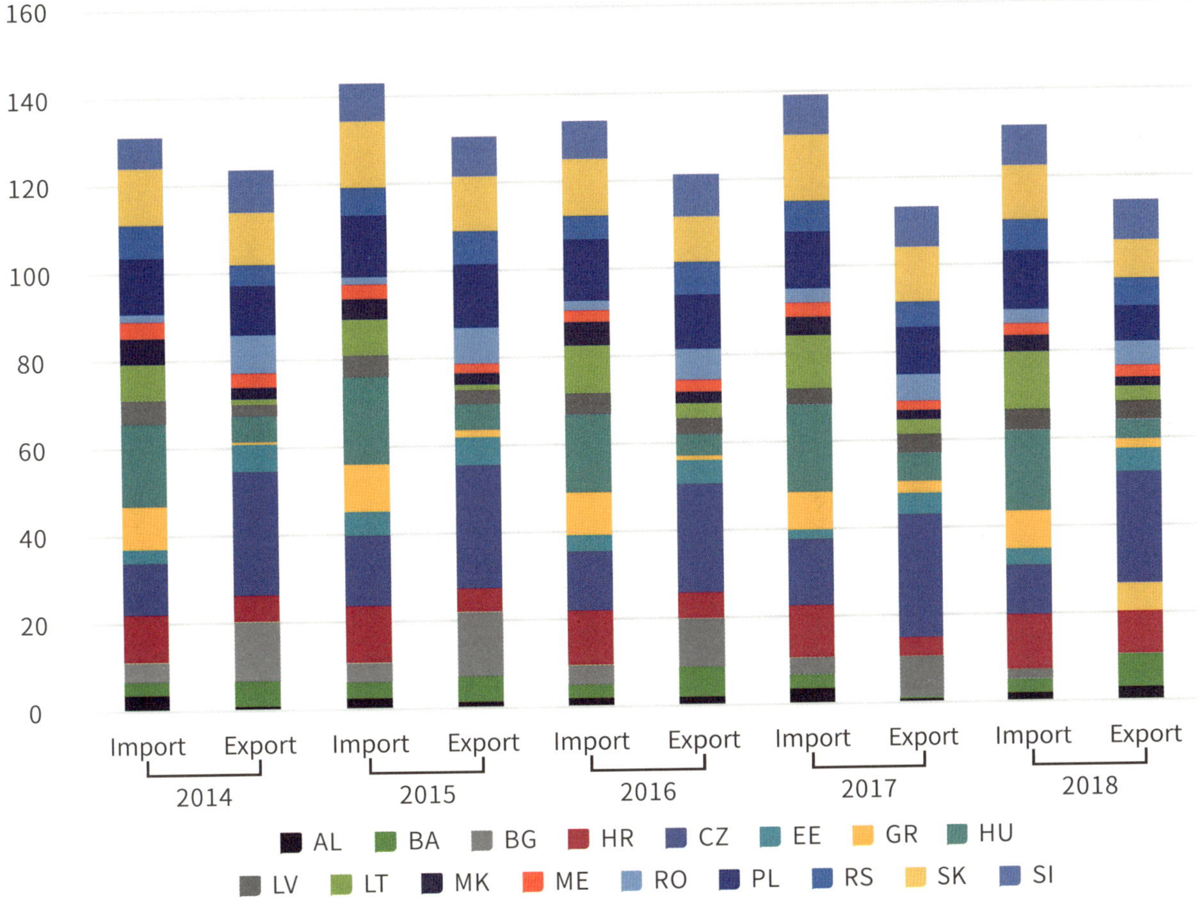

Source: ENTSO-E, EUROSTAT

By country, Hungary, Lithuania and Greece are major electricity importers, with over 6 TWh of net imports each in 2018. The Czech Republic and Bulgaria export more electricity, and the Czech Republic along exported about 14 TWh of electricity in 2018; Serbia, Slovakia and Slovenia are electricity hub countries, with most of their imported and exported electricity being transit electricity.

Figure 2-26 Electricity exported and imported by CEE countries in 2018

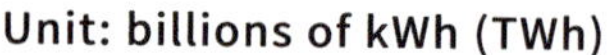

Unit: billions of kWh (TWh)

Source: ENTSO-E, EUROSTAT

2.5.3 Relatively high rate of grid losses

Most of the power grid systems in CEE were built before the 1990s, with serious damage and aging problems, and some countries also face technical management problems such as inaccurate metering facilities and low automation levels. According to relevant statistics, the grid losses in most CEE countries are significantly higher than the EU average (6.7%), especially in Albania, Lithuania, North Macedonia and other countries, where the grid losses are over 20%. There is a strong need to upgrade and renovate power grid infrastructure.

Figure 2-27 Power grid losses rates in CEE countries

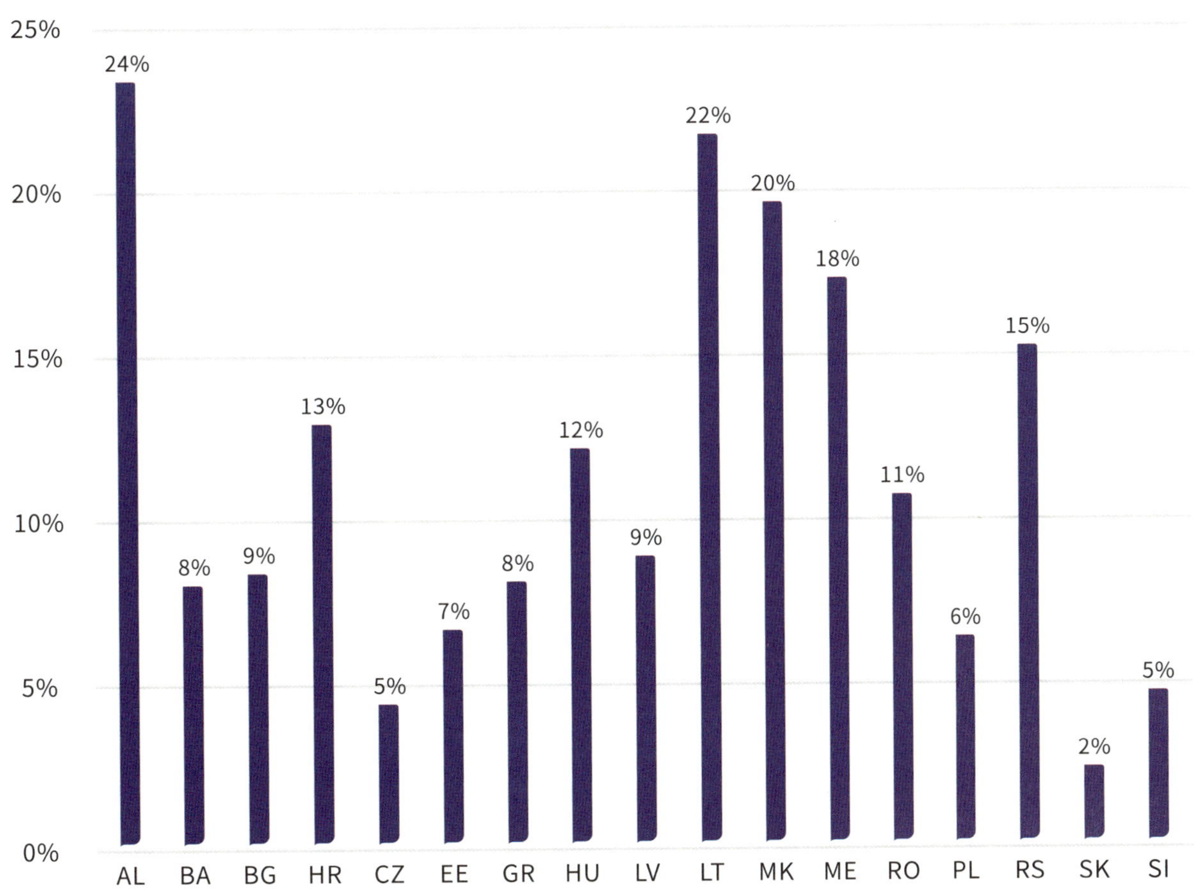

Source: International Energy Agency, Index mundi

2.6 Electricity tariffs

2.6.1 Upward trend of electricity tariffs in wholesale market

Most countries in the CEE region have established wholesale electricity markets where generators and consumers trade electricity. The wholesale tariffs reflect the average price of electricity production and, which is also the price at which generators actually sell electricity (prices for electricity consumers add transmission and distribution charges and various taxes to the wholesale electricity tariffs).

Statistics show that wholesale electricity tariffs in CEE countries are generally at EUR 4-6 cents per kWh. From 2015 to 2019, wholesale electricity tariffs in the CEE region as a whole showed an upward trend, mainly due to the quadrupled prices of carbon emission permits from EUR 5/ton to EUR 20/ton since 2017, which has led to an increase in the cost of electricity generation, resulting in a rise in wholesale electricity tariffs. In addition, the wholesale electricity tariffs in CEE region are more susceptible to seasonal influences, due to the seasonal fluctuations in power generation from renewables such as hydropower, the rising demand for electricity in winter and summer, and the shift from coal to gas.

Figure 2-28 Electricity tariffs in wholesale markets in CEE region

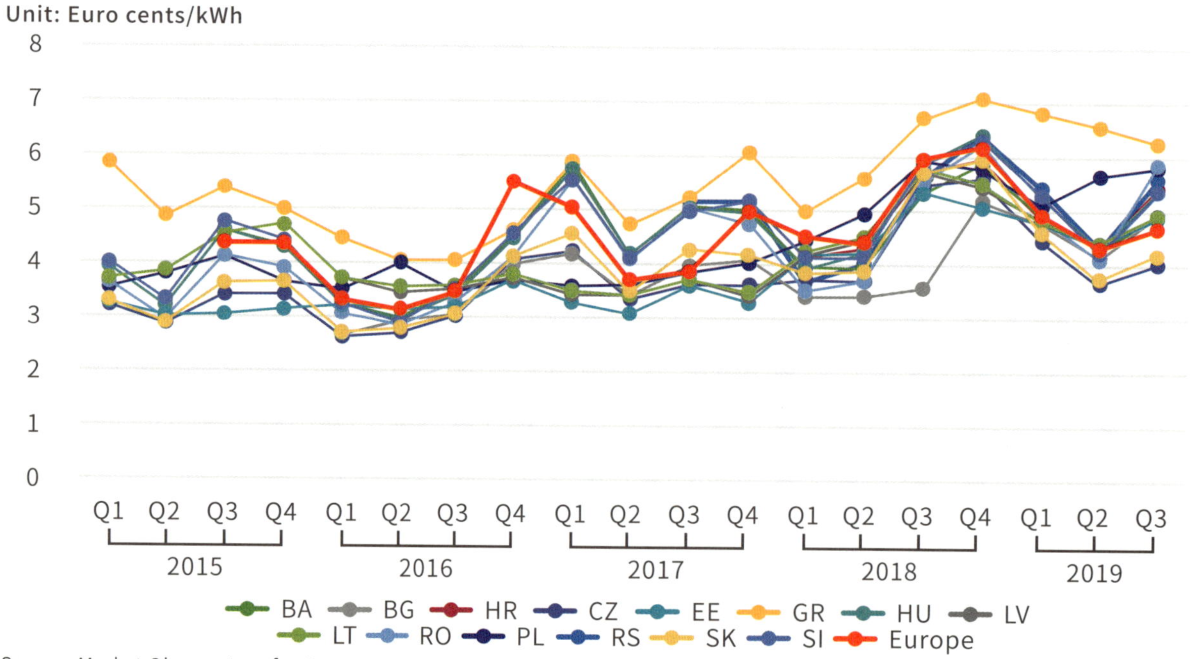

Unit: Euro cents/kWh

BA BG HR CZ EE GR HU LV LT RO PL RS SK SI Europe

Source: Market Observatory for Energy
* Electricity tariff data for Albania, North Macedonia and Montenegro are not available

Wholesale electricity tariffs vary widely from country to country in the CEE region, with price difference reaching up to EUR 0.03/kWh in the same period. This is due to insufficient cross-border power interconnection, the uneven distribution of renewable energy sources, the high cost of carbon emissions and other factors. The above factors influence each country to different degrees due to different installed capacity mix and energy reserves of those countries, resulting in huge differences in wholesale electricity tariffs.

The three CEE countries with relatively higher wholesale electricity tariffs are Greece, Poland and Hungary. Greece and Hungary rely mainly on electricity imports but have small cross-border interconnection capacity, leading to higher wholesale tariffs; Poland and Greece have a high proportion of conventional fossil fuel generation units, and need to pay a high price for carbon dioxide emissions as price for carbon emission permit rises; Greece, a country with many islands, has a relatively weak power system, and the grid operator has set a limit on the total amount of renewable energy installation, which limits the development of renewable energy sources such as wind and solar.

The three CEE countries with relatively low wholesale electricity tariffs are Bulgaria, Estonia and the Czech Republic. Bulgaria has rich reserves of energy resources and sufficient power supply, and it is a net exporter of electricity in Europe, exporting nearly 8 billion kWh of electricity in 2018, accounting for about 20% of its total annual electricity generation. In addition, Bulgaria's subsidies for renewable energy generation have been gradually lowered since 2015, and the market-oriented competition has contributed to lower wholesale electricity tariff. Estonia has rich oil shale resources, which generated up to 90% of total electricity in the country in 2000. In addition, it is interconnected with Finland by cables with a transmission capacity of 1 GW. The Nordic region has rich wind and hydro resources, and has relatively lower electricity tariffs compared with other parts of Europe. Estonia's interconnection with Finland allows the country to import low priced electricity generated by wind and hydro from the Nordic region and hence pulling down its wholesale tariffs. The Czech Republic has a high share of nuclear and renewables in its power mix, both of which enjoy low marginal cost for power generation and therefore are usually offered at lower prices in the wholesale market, resulting in lower overall tariffs in the country's wholesale electricity market.

Figure 2-29 Electricity Tariff ranges in wholesale markets in CEE countries, 2014-2019

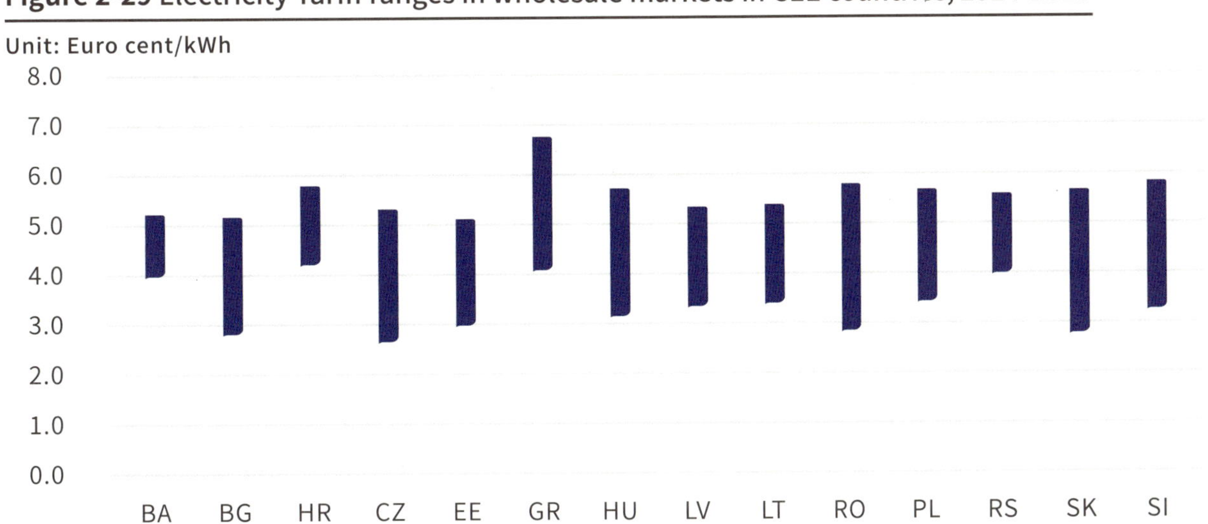

Source: Market Observatory for Energy

* Electricity tariff data for Albania, North Macedonia and Montenegro are not available

2.6.2 Lower retail electricity tariffs than the European average

Retail electricity tariffs in CEE countries are mainly divided into two categories: residential and industrial tariffs. In general, residential tariffs are significantly higher than industrial tariffs.

Residential tariffs in CEE are between EUR 0.07-0.17/kWh, significantly lower than the European average. There are significant differences between countrie: Czech Republic, Greece and Latvia having higher levels of electricity tariffs, and the residential tariffs exceeding EUR 0.16/kWh in 2019. From 2017 to 2019, residential tariffs in the CEE region showed an upward trend, which is generally in line with the changes in tariffs in the wholesale market.

Figure 2-30 Retail electricity tariffs for Residential Users in CEE

Unit: Euro cents/kWh

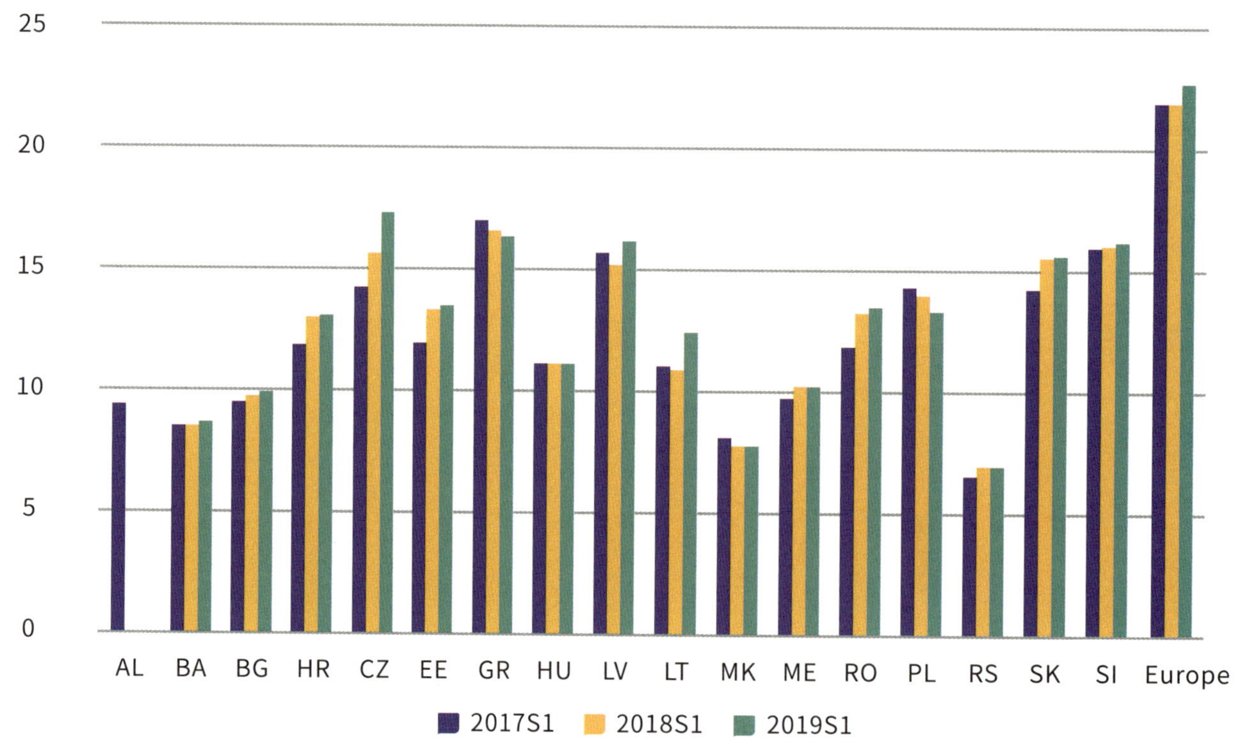

Unit: Eurocent/kWh Source: Eurostat

* Electricity tariff data for Albania for 2018 and 2019 are not available

Electricity tariffs for industrial users in the CEE countries range between EUR 0.05-0.13/kWh, slightly below the European average. Industrial electricity tariffs vary significantly from country to country, with Slovakia, Greece and Latvia having higher levels of industrial electricity tariffs, all exceeding EUR 0.10/kWh in 2019. From 2017 to 2019, industrial electricity tariffs in CEE as a whole had been on the rise.

Figure 2-31 Retail tariffs for industrial users in CEE

Unit: Euro cents/kWh

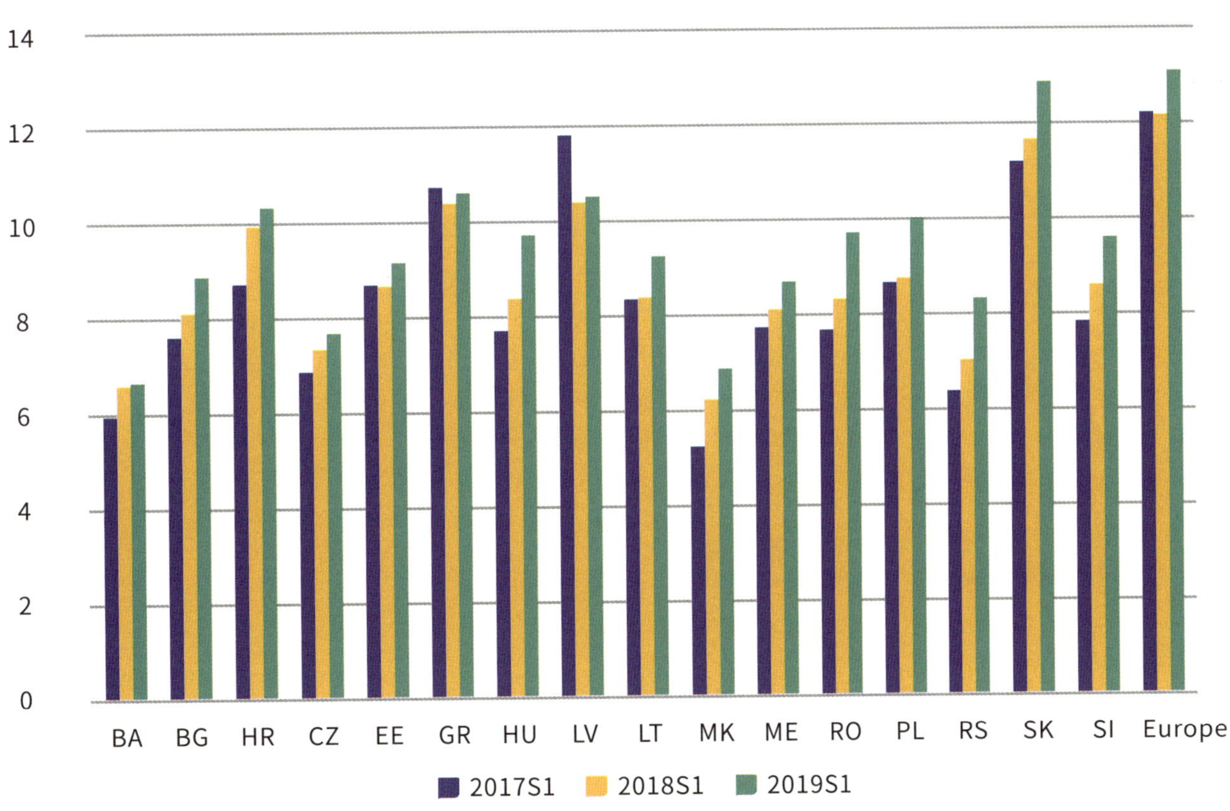

Source: Eurostat

*No data available on electricity tariffs in Albania

2.7 Renewable Energy Policies

In order to achieve their renewable energy development goals, the CEE countries have adopted a series of pricing policies to promote the development of renewable energy, and the policy changes in recent years mainly reflect the following trends: firstly, the surge in renewable energy installations (2010-2013) resulted in high subsidy costs, and to ease the financial burden on governments, the feed-in tariff mechanism now exists mostly only in name, and is offered only to some small-scale projects; secondly, in order to improve the competitiveness of the renewable energy market, the renewable energy pricing mechanism is transitioning to mechanisms of feed-in tariff subsidies and auctions; thirdly, with the technological advancement in renewable energy generation and the EU's growing energy transition requirements for its member states, renewable energy remains the focus of CEE countries in their recent energy developments.

2.7.1 Albania

The feed-in tariff mechanism is only applicable to renewable energy generation projects with small-scale installed capacity. Tariffs for renewable energy projects at scale (e.g. wind power projects above 3 MW and solar PV projects over 2 MW) shall be determined through auction, with a validity period of 15 years. In 2018, Albania launched its first solar PV project, Adriatic 100MW PV plant, with an open bidding process to identify investors and the project was awarded at a fixed tariff of EUR 0.0599/kWh. In 2020, Albania launched a second tender for a 140MW PV plant, which was eventually won by the French company Voltalia. According to the agreement, 50% of the electricity generated from the plant shall be settled at a fixed price of EUR 0.02489/kWh and the other 50% at market prices.

2.7.2 Bosnia and Herzegovina

The renewable energy policy and electricity price in Bosnia and Herzegovina are formulated by its two political entities (Federation of Bosnia and Herzegovina and Repbulika Srpska). The Federation of Bosnia and Herzegovina adopts benchmark electricity price mechanism, which is mainly applicable to small-scale installed projects. The Electricity price is valid for 12 years, and the upper limit of the total installed capacity of various varieties is set. It is planned to introduce auction mechanism in 2021. The Republika Srpska adopts benchmark electricity price mechanism and electricity subsidy policy, which is mainly applicable to small-scale installed projects. The electricity price is valid for 15 years, and the annual new capacity ceiling is set. It plans to introduce renewable energy incentive policy based on auction mechanism.

Since 2018, the Republic of Serbia and Montenegro in Bosnia and Herzegovina has started to implement bidding to determine the developers of PV projects. In 2018, the tendering for Ljubinje 65MW PV power station was organized, but no effective bidding was obtained. In 2020, the bidding for Bileca 60MW PV power station was organized, and the British Energy Financing Team (EFT) Company won the bid successfully, with a total investment of about 47.7 million US dollars. EFT Company will sign a formal contract with Republika Srpska and obtain a 50-year franchise right for the project.

2.7.3 Bulgaria

From 2008 to 2012, the installed capacity of renewable energy in Bulgaria developed rapidly. In order to reduce the financial burden caused by the rapid growth of subsidies for renewable energy power generation, the government has reduced subsidies and support for renewable by adopting measures such as levying and raising network fees and income taxes since 2012, and terminated the benchmark feed-in tariff mechanism for large-scale renewable energy projects since 2015. Under the influence of a series of policies, the installed capacity growth of wind power and PV in Bulgaria has basically stagnated since 2013. In 2018, the government proposed a transition to the electricity price subsidy mechanism, which has not yet been implemented.

2.7.4 Croatia

Since 2016, the electricity price subsidy mechanism (Feed-in-Premium) generated by auction were implemented for renewable energy power generation projects with installed capacity above 0.5 MW. The electricity price will be valid for 12 years and the annual quota system will be implemented. Subsidies fluctuated according to the monthly electricity price in the wholesale electricity market to encourage renewable energy to participate in electricity balance. If the power generation companies improve the complementarity between renewable energy generation characteristics and electricity price fluctuation and obtains the transaction price higher than the average market price through more accurate wind power forecast and more flexible market response, it can obtain more benefits. In May 2020, the Croatian government announced that it would launch a series of renewable energy tenders in the future, with a total capacity of 2265MW. In August 2020, Croatian energy market operator (HROTE) officially launched the tender for renewable energy, with a total project scale of 88MW.

2.7.5 Czech Republic

With the promotion of an active renewable energy policy, the installed capacity of PV power generation in the Czech Republic increased rapidly from 2009 to 2010 (2 GW). In order to alleviate the financial burden caused by tax breaks and electricity price subsidies, the government's support for renewable energy has gradually weakened since 2011. Since 2014, benchmarking and green subsidy mechanism apply only to new small hydropower and PV projects and renewable energy projects under construction, with electricity prices and subsidies valid for 20 years (30 years for hydropower projects). As a result of the above measures, the growth of installed capacity of PV and wind power has basically stagnated since 2013, with only a small increase in small hydropower. The auction mechanism has not yet started.

2.7.6 Estonia

Auction mechanism shall be implemented for renewable energy projects with installed capacity above 0.05MW. In 2019, Estonia launched the first tendering for small-scale renewable energy power generation projects, and the successful bidder would receive additional subsidies besides the monthly average price. The contract is valid for 12 years, and the maximum subsidy price limit is € 5.37 cents/kWh, and the sum of subsidies and average market price does not exceed € 9.3 cents/kWh.

2.7.7 Greece

The electricity price subsidy mechanism has been implemented since 2016. The amount of subsidy is determined by auction and is valid for 20 years (25 years for roof PV and photothermal projects under 0.01MW). According to the bidding results of small renewable energy projects in 2019, a total of 23 small PV projects (total capacity 142.8MW) won the bid, among which the highest price being € 6.93 cents/kWh, the lowest price was € 6.20 cents/kWh, and the weighted average price was € 6.28 cents/kWh; a total of nine (179.5MW) wind power projects won the bid, among which the highest price was € 6.92 cents kWh, the lowest price was € 5.91 cents/kWh, and the weighted average price was € 6.73 cents/kWh. In 2019, Greece launched a centralized bidding for large-scale wind power and PV projects, with the upper limit of € 6.472 cents/kWh, attracting a total of 637.78MW of project applications, which did not reach the minimum threshold of 800MW application set by the government at first.

2.7.8 Hungary

Since 2017, feed-in tariff or electricity price subsidy mechanisms were applied to small projects, and most of the contracts would be valid for 25 years. Projects above 1MV and all newly built wind power projects must be subsidized through auction, and the electricity price contract is valid for 20 years at the longest. In 2019, Hungary launched the first centralized bidding (METAR) for technology-neutral renewable energy, with the highest price of € 8.1 cents/kWh. Among the 169 projects participating in the bidding, 168 were PV projects (348.5MW in total), and the price of PV power generation ranged from € 5.78 cents/kWh to € 7.44 cents/kWh. In 2020, Hungary will hold the second centralized bidding for renewable energy, with the total subsidy amount capped at 800 million HUF (Hungarian Forint)/year (about € 2.3 million/year).

2.7.9 Latvia

As the cost of renewable energy support policies high, since 2012, existing subsidy policies (including benchmark feed-in tariff, quota system, bidding, etc.) do not apply to new renewable energy stations and being revised. At present, there is no new renewable energy support policy.

2.7.10 Lithuania

Renewable energy power generation projects below 0.01MW shall implement the feed-in tariff mechanism, and the electricity price shall be valid for 12 years. Projects above 0.01MW receive subsidies through auction mechanism, and the validity period is 12 years. The first technology-neutral tender was launched in 2019, with reference price of € 4.51 cents/kWh, maximum price of € 4.89 cents/kWh and maximum subsidy of € 0.39 cents/kWh. Lithuania has an ambitious goal of renewable energy development (reaching 45% in 2030) and expects to increase the proportion of renewable energy consumption through auction mechanism and reduce its dependence on electricity imports.

2.7.11 Northern Macedonia

Benchmark feed-in tariff mechanism is applicable to wind power below 50MW, solar power below 1MW, hydropower below 10MW and biomass power below 3MW, and there is an upper limit on the total installed capacity of each power generation. PV electricity price contract is valid for 15 years, contracts for other kinds of power generation are valid for 20 years. From 2018, the electricity price subsidy (Feed-in-Premium) will be determined through auction mechanism, and the tender for PV projects will be started for the first time in 2019, with a total installed capacity of 62MW, the maximum subsidy price of € 1.5 cents/kWh, and the contract will be valid for 15 years. In May 2020, the North Macedonian government signed PV development agreement with 23 investors, and the government will provide 15-year fixed subsidies for PV projects with a total of 21MW, with the annual subsidies paid by the government totaling about € 420,000.

2.7.12 Montenegro

Benchmark feed-in tariff mechanism is applicable to wind power and small-scale PV, biogas, hydropower, and biomass projects. The tariff contract is valid for 12 years, and the benchmark feed-in tariff mechanism will be phased out from 2020. The Montenegro government is planning to implement the auction mechanism and launch the first tendering for wind power project. In 2018, the bidding for Briska Gora 200MW PV project was conducted, and the successful bidder paid a franchise fee of € 0.33/ ㎡ every year.

2.7.13 Romania

Prior to 2016, there was mainly a quota mechanism based on green certificates. During this period, the mechanism was revised many times, and the support was greatly reduced. The quota system was terminated from 2017, and it is still valid for power plants put into operation before 2017 and will last until 2031. In 2019, the government solicited opinions from the public on the implementation of the auction mechanism. Under this mechanism, OPCOM S.A, the Romanian power and natural gas market operator, will act as the manager and distributor of public power funds, sign a price difference contract with the power generator through the auction mechanism, and the power generator will sell electricity to the power market. When the market price is lower than the contract price, OPCOM will compensate the power generator for the price difference, otherwise, the power generator will return the price difference to OPCOM. The mechanism is expected to be researched and formulated in 2020 and will be formally implemented around 2022 at the earliest.

2.7.14 Poland

The auction mechanism has been implemented since 2016, and is divided into five categories: 1) Waste biogas; 2) Hydropower, geothermal and offshore wind power; 3) Agricultural biogas; 4) Onshore wind power and PV; 5) Hybrid renewable energy to generate electricity. Tendering is divided into two types: large projects above 1MW and small projects below 1MW, and the electricity price is valid for 15 years. The maximum price limit is: € 12.56 cents/kWh for agricultural biogas, € 6.83 cents/kWh for onshore wind power below 1MW, € 7.71 cents/kWh for wind power above 1MW, and € 8.81 cents/kWh for PV power generation above 1MW. According to the results of the largest bidding in 2019, the bid price is between € 3.6-5.2 cents/kWh, of which about € 3.5 billion have been invested in wind power projects and about € 28.4 million in PV projects. As a big coal power country, Poland is still far from its own goal (reaching 15% in 2020) and the EU's renewable energy development target (reaching 20% in 2020) and hopes to promote renewable energy development vigorously through implementing the auction mechanism.

2.7.15 Serbia

The benchmark feed-in tariff mechanism is implemented, and the tariff is valid for 12 years. There are restrictions on the total installed capacity of projects applicable to the feed-in tariff, such as 10MW for PV projects and 500 MW for wind power projects. Since 2014, the installed capacity of renewable energy in Serbia had very little increase and there is still a certain gap from the development goal of renewable energy in 2020. It is expected that the auction mechanism will be launched in 2020 and the wind and PV projects will be tendered. It is expected that at least 80 MW PV and 450 MW onshore wind power will be auctioned before 2023.

2.7.16 Slovakia

Starting from 2019, auction mechanism will be implemented for projects above 0.5MW to determine subsidies for feed-in tariffs. In February 2020, Slovakia launched the first technology-neutral large-scale auction project, with a total installed capacity of 30MW, and the maximum price limit was € 8.5 cents/kWh for wind and PV power and € 10.68 cents/kWh for other renewable energy technologies, and the electricity price subsidy is valid for 15 years.

2.7.17 Slovenia

Starting from 2017, new renewable energy projects will be supported through auction mechanism, with electricity price subsidy mechanism for projects above 0.5 MW and feed-in tariff mechanism for small-scale power generation projects. The most recent auction was held in 2018. A total of 41 renewable energy and cogeneration projects with a total of 129 MW won the bid, with an average price of € 6.6 cents/kWh.

2.8 Electricity Marketization

Central and Eastern European countries are accelerating the reform of power system and promoting the liberalization of the power market. At present, Bulgaria, Croatia, Czech Republic, Poland, and other EU countries are highly market oriented. They have basically completed the construction of spot trading market and promoting the deep integration and connectivity between their domestic markets and regional power markets, so as to achieve wider participation in power trading and interconnection. On the other hand, Albania, Bosnia-Herzegovina, Montenegro and other non-EU countries have not completed the construction of competitive power market, the liberalization level is relatively low, the market concentration of power generation enterprises is high, the wholesale market transactions are mainly medium and long-term bilateral contracts, and a perfect spot market has not yet been established. At present, these countries are committed to further promoting the liberation of power market and actively participating in regional power transactions. At the same time, the European region is vigorously promoting the transnational integration of the electricity market, building a European unified day-ahead market (SDAC, including MRC and 4MMC) and intra-day market (SIDC). Many countries in Central and Eastern Europe have joined this market.

2.8.1 Albania

The power generation industry is highly concentrated, with state-owned power generation enterprises KESh accounting for 68% of the total. It is planned to liberalize the electricity market by 2025, and government pricing will gradually withdraw. At present, the day-ahead trading market has been established, and the Albanian electricity trading center (APEX) is being prepared to couple the day-ahead trading market with Kosovo.

2.8.2 Bosnia and Herzegovina

EP BIH, ERS and EP HZ HB, the three major state-owned power generation enterprises, account for 86% of power generation. At present, Bosnia and Herzegovina has not established a mature electricity market, and the existing electricity transactions are mainly based on bilateral contracts. As several major power generation enterprises operate the power distribution business at the same time, the scale of power transaction is not large.

2.8.3 Bulgaria

The power generation industry is highly concentrated, and the proportion of BEH power generation in state-owned power generation enterprises reaches 60%. At present, the free electricity market and the regulated market coexist, and more than 40% of the electricity market and the regulated market coexist, and more than 40% of the electricity sold is still in the government pricing mode. At the same time, Bulgaria's electricity trading is still dominated by medium and long-term contracts, supplemented by spot electricity trading. In 2014, Bulgaria established IBEX, an independent power trading center in Bulgaria. In 2016, IBEX and Nordic Power Exchange jointly established a day-ahead trading market. And in 2018, it launched an intra-day trading market. In 2019, IBEX's medium and long-term contracted traded 22.7 billion kWh of electricity, with 6.1 billion kWh of electricity traded in the day-ahead market and 170 million kWh of electricity traded in the intra-day market. Bulgaria has joined the European unified day-ahead trading market SDAC and intra-day trading market SIDC.

2.8.4 Croatia

The power generation industry is highly concentrated, with HEP power generation by state-owned power generation enterprises accounting for about 80%. In 2014, Croatia Electric Power Trading Co., Ltd. CROPEX was established (which is jointly held by Croatian Energy Market Operation Company and Croatian Transmission Operation Company). CROPEX officially launched the day-ahead electricity trading market in 2016 and the intra-day trading market in 2017. In 2019, the market trading power of CROPEX reached 5.25 billion kWh (accounting for 28% of the total electricity consumption), and the intra-day market trading power reached 100 million kWh. Croatia has joined the European unified day-ahead trading market SDAC and intra-day trading market SIDC.

2.8.5 Czech Republic

The power generation industry is highly concentrated, among which CEZ, a state-owned power generation enterprise, accounts for about 2/3. Czech electricity market is relatively well-developed, and all consumers are free to choose their energy suppliers. In 2001, OTE was established to organize electricity market transactions. The liquidity of the spot trading market is relatively high. In 2019, the OTE day-ahead market traded 23.8 billion kWh of electricity (accounting for 1/3 of the total electricity consumption), and the intraday trading volume was about 1.1 billion kWh. Czech Republic is part of 4MMC (including regional power markets of the Czech Republic, Hungary, Romania, and Slovakia). It has also joined SDAC and SIDC, the European unified intra-day trading market.

2.8.6 Estonia

The power generation industry is highly concentrated, with the state-owned power generation enterprise Eesti Energia accounting for 80%. At present, a free electricity market has been established, with 18% consumers enjoying universal services, and the remaining consumers signing electricity contracts (55% are fixed price contracts and 27% are electricity trading contracts). It joined the intra-day market of Nordic Power Exchange in 2010 and has established a perfect spot power trading market. Estonia has joined SDAC, the European unified day-ahead trading market and SIDC, the European intraday trading market.

2.8.7 Greece

The power generation industry in Greece is highly concentrated, with its state-owned power generation company Public Power Corporation accounting for about 60% of the market. The electricity market is open to all consumers, who can switch between free market and government pricing. In 2018, HEnEx, or Hellenic Energy Exchange, was established. All power producers and importers must sell electricity to the TSO in wholesale market. Greece plans to set up an independent power trading center to undertake the functions of power market organization. In 2018, the traded volumes at HEnEx day-ahead market was 55.85 TWh. Greece is actively promoting the integration of electricity trading markets with Balkan countries, and has joined the European day-ahead electricity market SDAC and intraday electricity market SIDC.

2.8.8 Hungary

The concentration degree of the power generation industry is relatively low in the region, and there are many power generation entities, with the largest power generation enterprise MVM accounting for about 52%. Free electricity market and regulated market coexist. In 2010, Hungary's day-ahead market was established. In 2019, the trading volume of the HUPX day-ahead market was about 22 billion kWh, accounting for about 50% of the total electricity consumption. The trading volume of the intra-day market was 160 million kWh. Hungary has been fully integrated with neighboring countries. it is part of the 4MMC regional market, and has joined SDAC, the European unified day-ahead market and the intra-day market SIDC.

2.8.9 Latvia

The concentration of power generation is relatively high, and the state-owned power generation enterprise Latvenergo account for more than 75% of the power generation. The electricity market is open to all consumers, and residential electricity is still priced by the government, accounting for about 25% of the total market share. It joined the Nord Pool in 2013 and its spot electricity trading is very well-developed. Latvia has joined the European unified day-ahead trading market SDAC and intraday trading market SIDC.

2.8.10 Lithuania

The concentration of power generation industry is low and LEG, a state-owned power generation enterprise, accounts for about 30%. All consumers are free to choose energy suppliers, and independent suppliers provide about 70% of the retail electricity consumption. In 2010, the Baltic states began to conduct electricity transactions through the "Common Baltic Electricity Market", and more than 90% of electricity transactions were conducted through the operator RAO Lietuva. Having joined the Nord Pool in 2012, Lithuania and other Baltic countries plan to achieve grid synchronization with CEN in continental Europe before 2025. Lithuania has joined the European unified day-ahead market SDAC and intra-day market SIDC.

2.8.11 Northern Macedonia

The concentration of the power generation industry is relatively high, and the state-owned power generation enterprise ELEM accounts for 75%. Since 2019, the electricity market is open to all consumers and they can get universal electricity services. The trading volume in the free market is about 40%. In 2018, MEMO, a national electricity market operator in North Macedonia, was established. In 2019, MEMO officially started to organize electricity trading. At present, MEMO is preparing for the spot power trading market. According to the plan, MEMO will start the electricity trading market in 2020, and connect with Bulgaria market and Albania. North Macedonia has not yet joined the European unified day-ahead trading market SDAC and intra-day trading market SIDC.

2.8.12 Montenegro

The power generation industry is highly concentrated, and state-owned power generation enterprises accounts for 100% of the total output. At present, a mature electricity market has not been established, and the existing electricity transactions are mainly based on bilateral contracts. It has planned to jointly establish a day-ahead trading market with Nordic Power Exchange and connect with the SEEPX day-ahead market in Serbia. Montenegro has not yet joined the European unified day-ahead trading market SDAC and intra-day trading market SIDC.

2.8.13 Romania

State-owned power generation enterprise (Hidroelectrica, Ceotenia, Nuclearelectrica, OMV Petrom, Eclen) account for about 80% of power generation. The electricity market is highly open, with more than 70% of consumers trading in the free market. Electricity trading is organized by Opcom, A Romanian electricity and natural gas trading operator. At present, Opcom has established a perfect spot power trading market. In 2019, 23.1 billion kWh of electricity is traded in the day-ahead market and 370 million kWh of electricity is traded in the intra-day market. Romania has joined the European unified day-ahead market SDAC and intra-day market SIDC.

2.8.14 Poland

State-owned power generation enterprises (PGE, Tauron Polska Eneria, ENEA) account for about 70% of power generation. Poland has established a sufficiently open electricity market. From 2018, all power generators must trade all their electricity (except renewable energy) in the Polish Power Trading Center (TGE). The annual trading volume of TGE is about 226 billion kWh, of which the trading volume of the Commodity Derivatives Market is 198 billion kWh and that of the spot market is about 28 billion kWh. Poland has joined the European unified day-ahead market SDAC and intra-day trading market SIDC.

2.8.15 Serbia

The power generation industry is highly concentrated, with the state-owned power generation enterprise EPS accounting for about 95% of the total output. All consumers are free to choose their energy suppliers while residents and small consumers still adopt the government pricing model, and the trading volume in the free electricity market exceeds 40%. The wholesale market has been fully marketized, and the retail market is open to all consumers. In 2016, SEEPEX Power Trading Center was established to deal with the day-ahead wholesale market, with an annual trading volume of about 2.3 billion kWh. Serbia has not yet joined the European day-ahead market SDAC and the intra-day market SIDC.

2.8.16 Slovakia

The power generation industry is highly concentrated, with the state-owned enterprise Slovenske Elektrarne generating about 75% of the total output. The electricity market is open to all consumers. In 2011, OKTE, a short-term power trading operator, was established. OKTE officially launched spot power trading in 2015. In 2019, OKTE achieved a trading volume of 10.7 billion kWh in the spot market, and Slovakia is part of the 4MMC regional market. At present, Slovakia has joined the European unified day-ahead market SDAC but has not joined the intra-day trading market SIDC yet.

2.8.17 Slovenia

The power generation industry is highly concentrated, with the state-owned power generation enterprises (HSE, Gen Energija) accounting for 87% of the total output. The electricity market is open to all consumers. Borzen, a Slovenian electricity market operation, was established in 2001, and BSP Southpool was established in 2010. The liquidity of Slovenia's spot electricity market is very high. In 2018, the trading volume for the day-ahead market was 7.4 billion kWh, and the trading volume for the intra-day market was 330 million kWh, and trading volume for the balanced market was 130 million kWh, accounting for about 60% of the total electricity consumption. In 2018, the coupling of spot market with Croatia Electricity Exchange Market (Cropex) shall be realized. At present, Slovenia has joined the European unified day-ahead trading market SDAC and the intra-day trading market SIDC.

03 Energy Industry Development of China

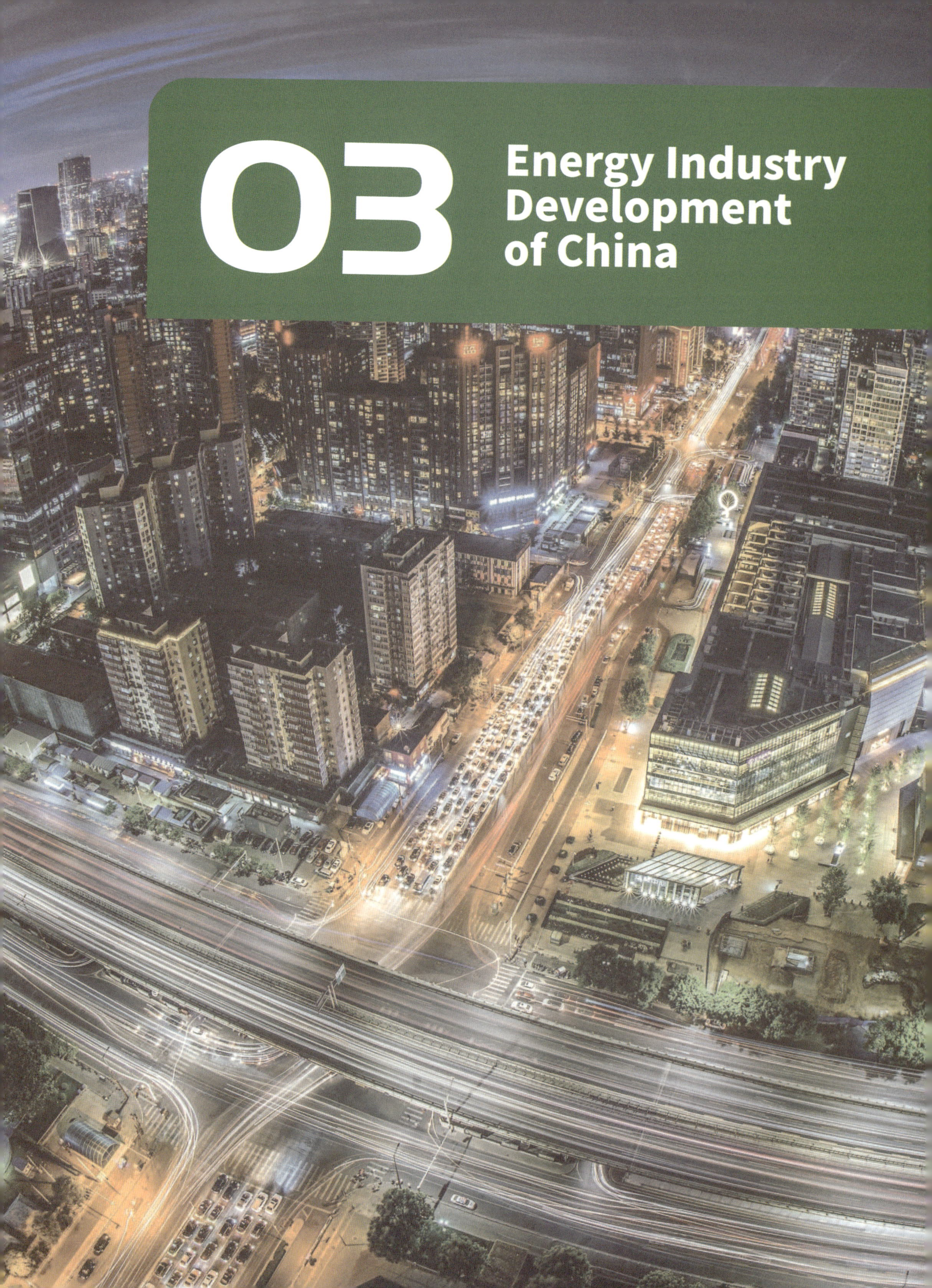

03

Energy Industry Development of China

In recent years, China's energy consumption has maintained rapid growth, the conditions and level of energy consumption have been continuously improved, the energy consumption structure has been greatly optimized, and the process towards clean and low-carbon energy consumption has been continuously accelerated. China has built the world's largest energy supply system. Its supply capacity has increased steadily, and the level of safe energy production and supply has improved significantly. Innovation capacity of energy science and technology has been continuously improved, and energy equipment technology has developed rapidly. The reform of the energy system has been accelerated, and the pace of opening up to the outside world in the energy sector has continued to accelerate.

3.1 Energy Consumption

3.1.1 Steady Growth of Total Energy Consumption

In 2019, China's total primary energy consumption was 4.86 billion tons of standard coal, a year-on-year increase of 3.3%; per capita primary energy consumption reached 3,471 kg of standard coal, up 3.9% year-on-year, and both consumption and growth rate were higher than the world average. In 2019, the energy consumption per unit output value was 0.49 tons of standard coal/¥ 10,000, down 2.5% from the previous year, and the energy utilization efficiency improved continuously. From 2015 to 2019, the average annual growth rate of China's total primary energy consumption is 3.1%, and the average energy consumption elasticity coefficient is 0.48%. China's has supported a medium and high-speed economic growth with a low energy consumption growth rate.

Figure 3-1 Primary Energy Consumption, 2015-2019

Unit: 100 Million Tons of Standard Coal

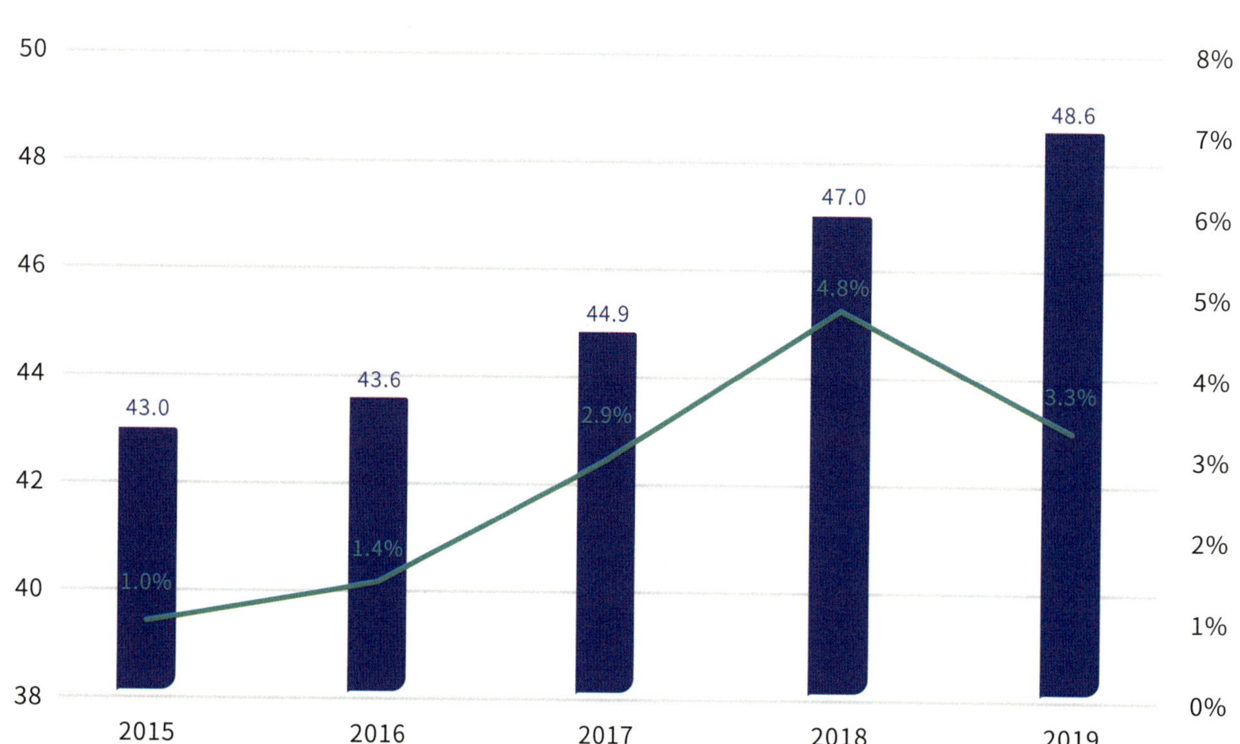

3.1.2 Continuous Optimization of Energy Consumption Structure

In 2019, China's annual coal consumption was 4 billion tons, accounting for 57.7% of energy consumption, achieving the goal of falling below 58% at the end of the 13th Five-Year Plan ahead of schedule; crude oil consumption is 920 million tons of standard coal, accounting for 18.9%; natural gas consumption is 400 million tons of standard coal, accounting for 8.2%; non-fossil fuel consumption is 740 million tons of standard coal, accounting for 15.2%.

In recent years, China has made great efforts to adjust its energy structure, taking the development of clean and low-carbon energy as its main direction, insisting on developing non-fossil energy and making clean and efficient use of fossil energy, gradually reducing the proportion of coal consumption and increasing the proportion of natural gas and non-fossil energy consumption. From 2013 to 2019, the proportion of coal in energy consumption decreased by nearly 10 percentage points from 67.4%; the proportion of natural gas in energy consumption increased by 2.9 percentage points; the proportion of non-fossil energy consumption increased by 4.9 percentage points, and the goal of the 13th Five-Year Plan was achieved ahead of schedule.

Figure 3-2 China's Energy Consumption, 2015-2019

Unit: 100 Million Tons of Standard Coal

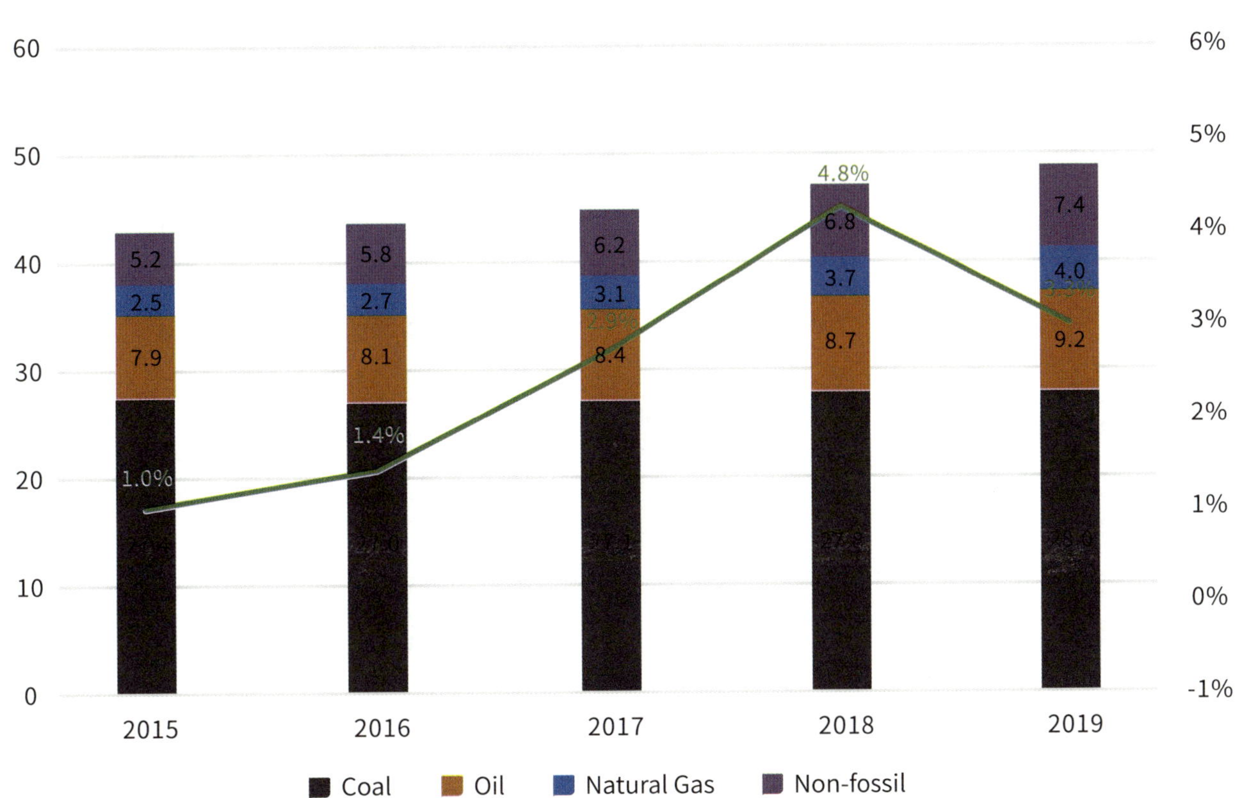

3.2 Energy Supply

3.2.1 Total Energy Production Rising Steadily

In 2019, China's energy production rose steadily, reaching 3.97 billion tons of standard coal, an increase of 5.1% year-on-year, and the energy self-sufficiency rate was 79%, among which the total coal production was 3.85 billion, a year-on-year increase of 4.0%; the total crude oil production was 191 million tons, a year-on-year increase of 0.9%; the total natural gas production was 176.2 billion cubic meters, a year-on-year increase of 10.0%; the primary power generation was 2.28 trillion kWh, up 10.2% year-on-year.

Figure 3-3 Total primary energy production in China from 2015 to 2019

Unit: 100 mtce

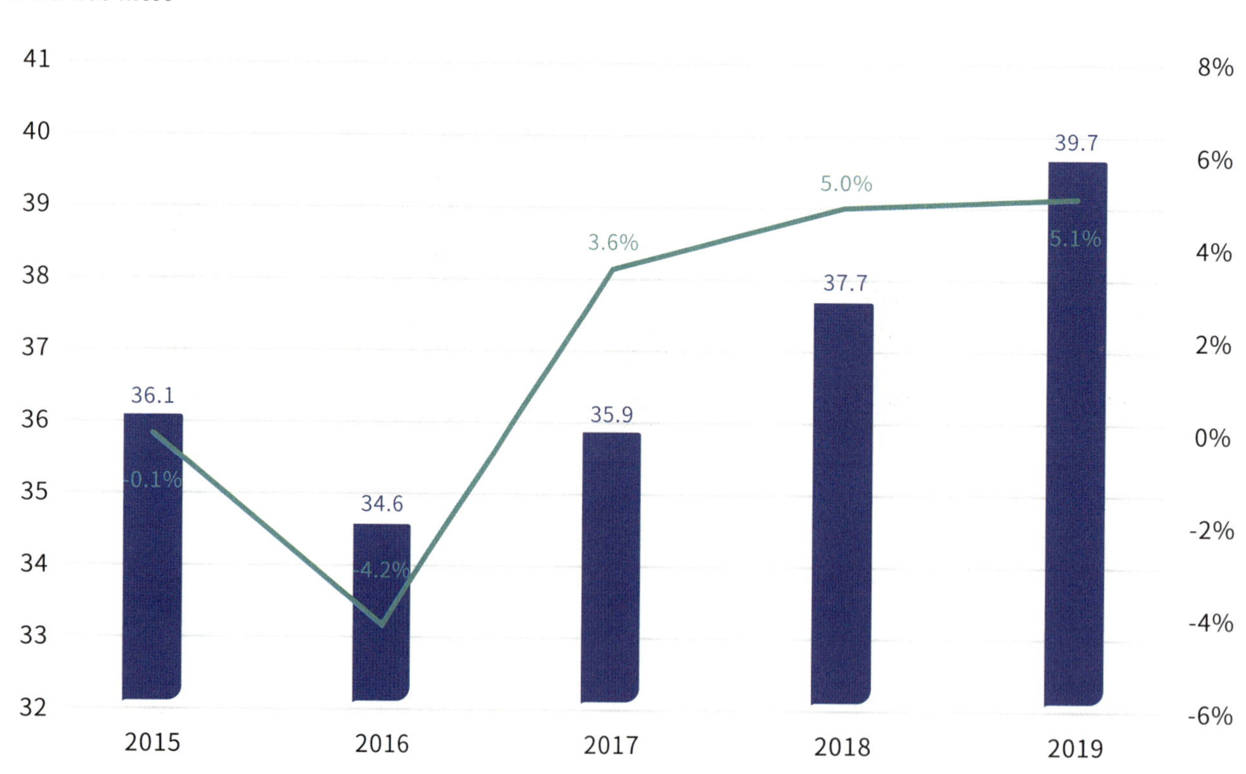

3.2.2 Continuous Adjustment of The Energy Supply Structure

In 2019, coal accounted for 68.6% of total energy production, down 0.5 percentage points from the previous year; oil accounted for 6.9%, down 0.2 percentage points from the previous year; natural gas accounted for 5.9%, an increase of 0.3 percentage points over the previous year; non-fossil energy accounted for 18.6%, up 0.4 percentage points from the previous year.

Figure 3-4 China's Energy Production Structure in 2019

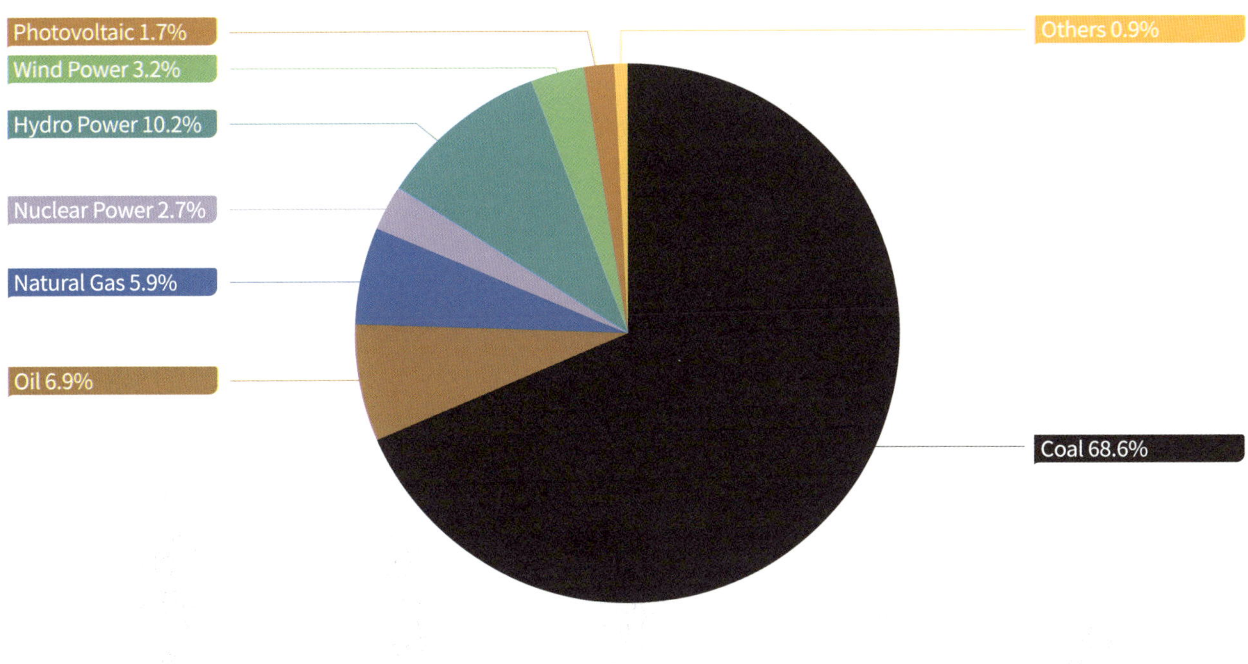

China is dedicated to building a clean and low-carbon multi-energy supply system, vigorously promoting clean and efficient utilization of coal, focusing on developing non-coal energy, and forming an energy supply system driven by coal, oil, gas, nuclear energy, new energy and renewable energy. By 2019, China has withdrawn 810 million tons of backward coal production capacity and eliminated more than 30 million kilowatts of backward coal-fired power units; non-fossil energy has developed rapidly. The installed capacity of renewable energy has exceeded 700 million kilowatts, and the installed capacity of nuclear power under construction has reached 58 million kilowatts, which has greatly improved the quality of energy supply.

3.3 Electricity Consumption

3.3.1 Steady Increase of the Total Power Consumption

In 2019, the electricity consumption of the whole society in China reached 7.2255 trillion kWh, a year-on-year increase of 4.5%; the average daily electricity consumption is 19.8 billion kWh; the per capita electricity consumption is5161kWh. From 2015 to 2019, the total electricity consumption in China increased by 1.5322 trillion kWh, with an average annual growth rate of 5.1%. Due to the acceleration of industrial restructuring and rural electrification in the central and western regions, new industries, new business models and types continue to emerge, leading to a relatively rapid growth in electricity consumption, with an average annual growth rate exceeding that of the primary energy consumption.

Figure 3-5 Electricity Consumption of the Whole Society from 2015-2019

Unit: 100 million kWh

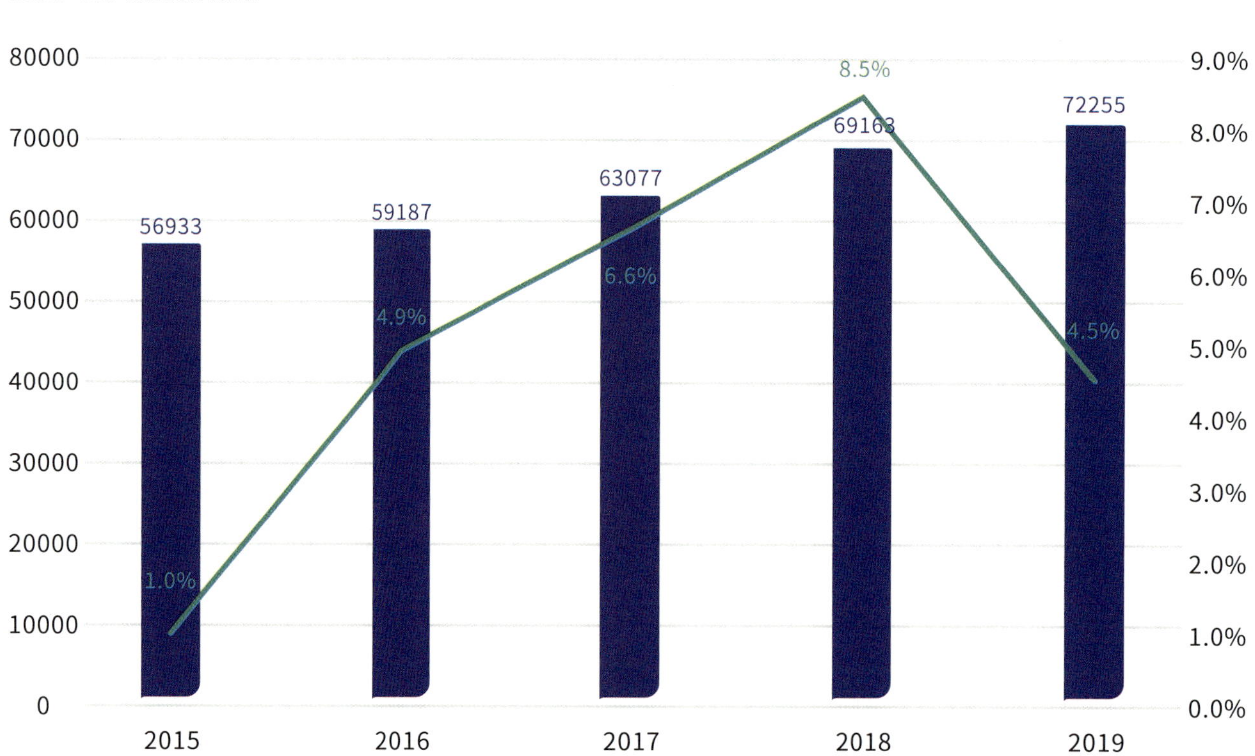

3.3.2 Electricity Consumption Structure

In 2019, China's primary industry used 78 billion kWh of electricity, a year-on-year increase of 4.5%; the electricity consumption of the secondary industry was 4.9362 trillion kWh, an increase of 3.1% year-on-year, and the contribution rate to the growth of electricity consumption in the whole society was 47.9%; the electricity consumption of the tertiary industry was 1.1863 trillion kWh, a year-on-year increase of 9.5%, and the contribution rate to the growth of electricity consumption in the whole society was 33.1%; residents' electricity consumption was 1.025 trillion kWh, up 5.7% year on year, and its contribution rate to the growth of electricity consumption in the whole society was 17.9%. From the perspective of the proportion of electricity consumption, due to the adjustment of industrial structure and the rapid development of information-related industries, the proportion of electricity consumption in the tertiary industry and the residents' lives has increased year by year, while the proportion of electricity consumption in the primary and secondary industries has gradually decreased.

Figure 3-6 Electricity Consumption Structure of the Whole Society from 2015 to 2019

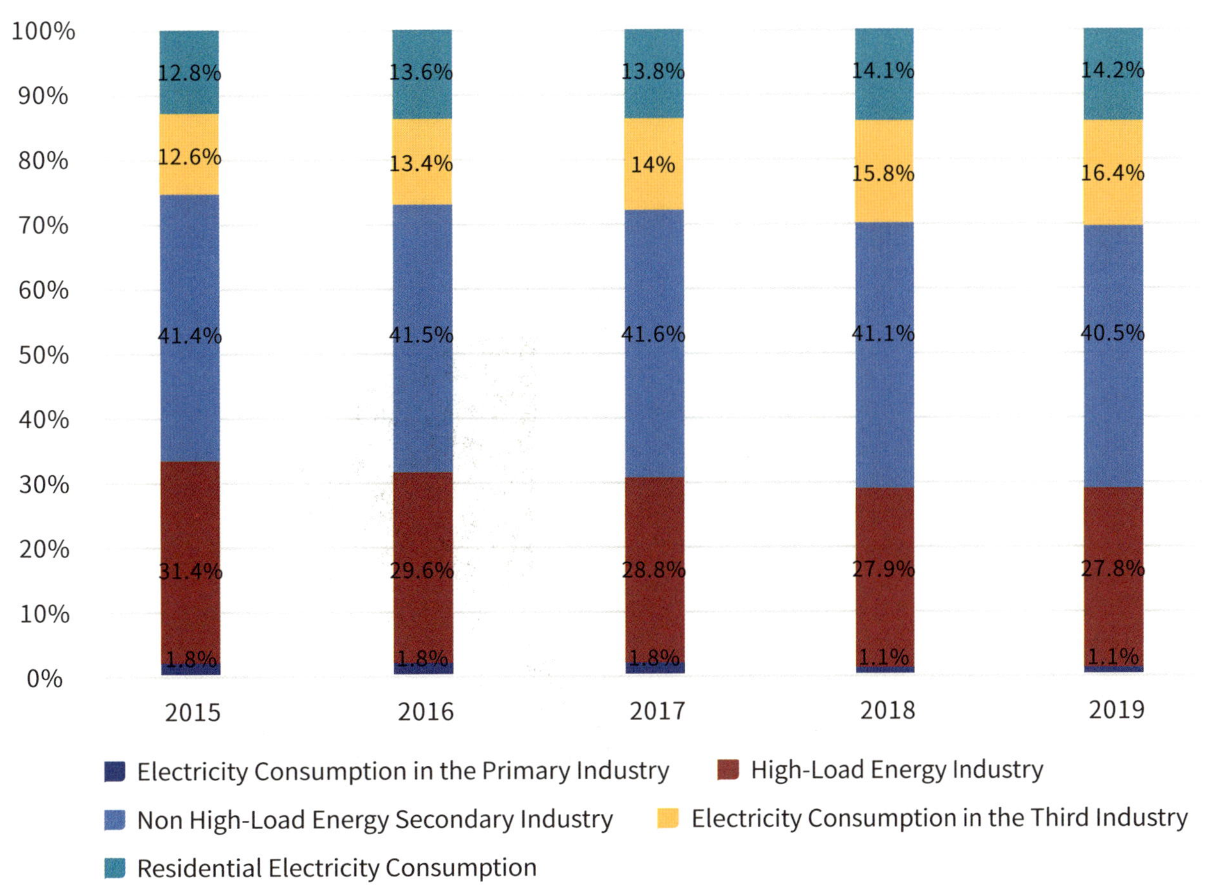

3.4 Power Supply

3.4.1 Steady Growth in Power Generation

By the end of 2019, China's installed power capacity was about 2.01 billion kilowatts, a year-on-year increase of 5.8%, among which the thermal power installed capacity is 1.19 billion kilowatts, accounting for 59.2%; hydropower installed capacity is 360 million kilowatts, accounting for 17.7%; wind power installed capacity is 210 million kilowatts, accounting for 10.4%; solar power installed capacity is 205 million kilowatts, accounting for 10.2%; nuclear power installed capacity is 48.24 million kilowatts, accounting for 2.4%.

Figure 3-7 China's Electric Power Installation Structure in 2019

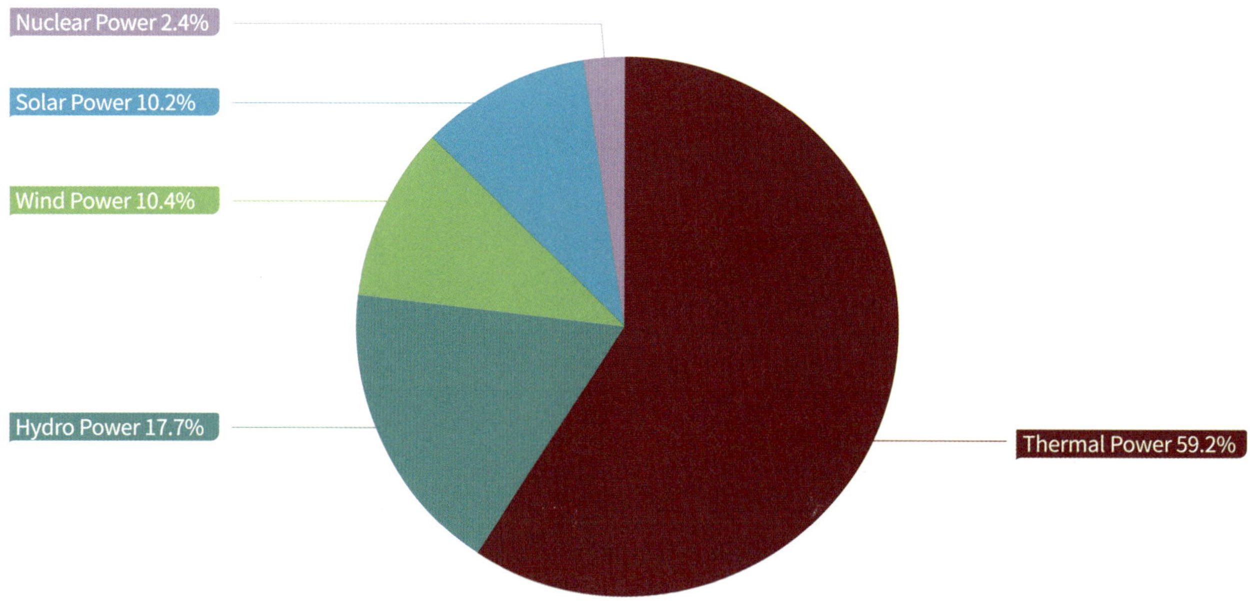

In 2019, the power generation output of industries above designated size was 7.3 trillion kWh, an increase of 4.7% over the previous year, among which coal-fired power accounts for 62.3%, gas-fired power accounts for 3.2%, nuclear power accounts for 4.8%, hydropower accounts for 17.8%, wind power accounts for 5.5%, solar energy accounts for 3.1% and others account for 3.1%. hydropower, nuclear power, wind power and solar power accounted for 31.2% of the total power generation output, an increase of 1.5 percentage points over the previous year.

Figure 3-8 Power Generation Mix of China in 2019

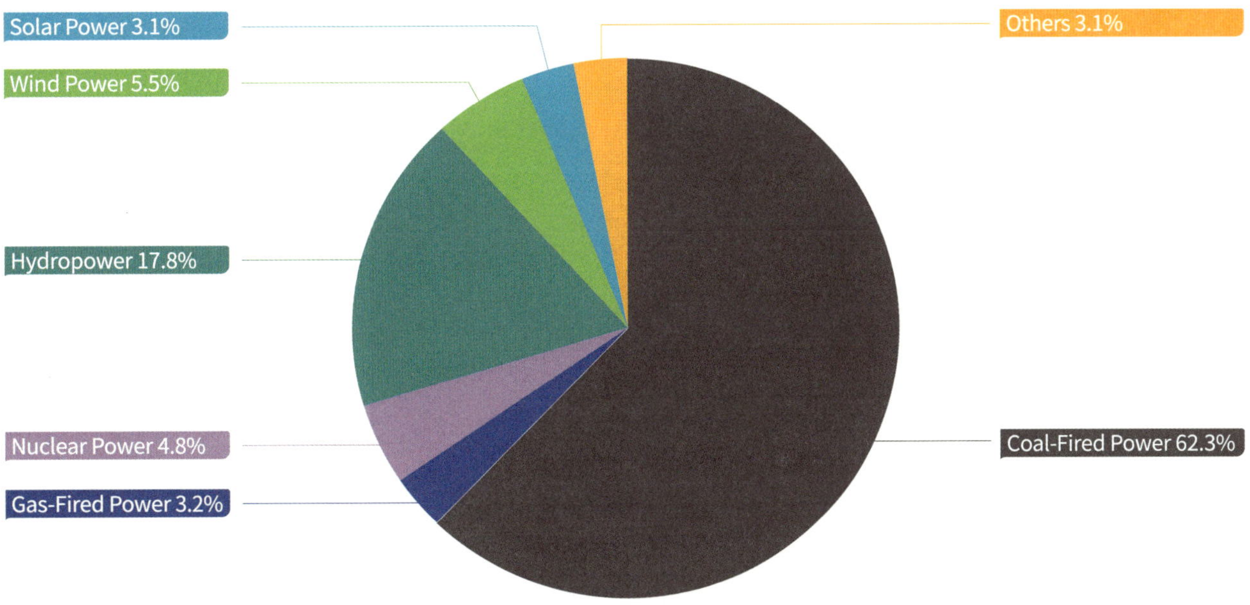

3.4.2 Continuous Optimization of Power Supply Structure

With the acceleration of energy transformation and the deepening of power system reform, the growth rate of installed capacity of thermal power generation in China has slowed down, and the proportion of installed capacity of renewable energy has increased continuously. The development of hydropower that has completed large-scale development tends to slow down. The development of wind power, photovoltaic and nuclear power has entered the fast lane, and the power supply structure has been optimized continuously.

In 2019, China's wind power grid-connected installed capacity increased by 25.78 million kilowatts, an increase of about 5.51 million kilowatts compared with 2018. By the end of 2019, China's cumulative grid-connected wind power installed capacity was 210.05 GW, up by 14.0% year-on-year, accounting for 10.4% of the country's total installed power capacity, an increase of about 2 percentage points compared with 2015. In 2019, China's PV power grid-connected installed capacity increased by 26.83 GW, a slower growth rate than that of the previous year, but still in the leading position of the world. By the end of 2019, China's installed PV capacity was 204.31 GW, up by 15.1% year-on-year, accounting for 10.2% of the country's total installed power capacity, increasing by more than 7 percentage points compared with 2015.

Figure 3-9 New Installed Capacity from 2015 to 2019

Unit: Ten Thousand Kilowatts

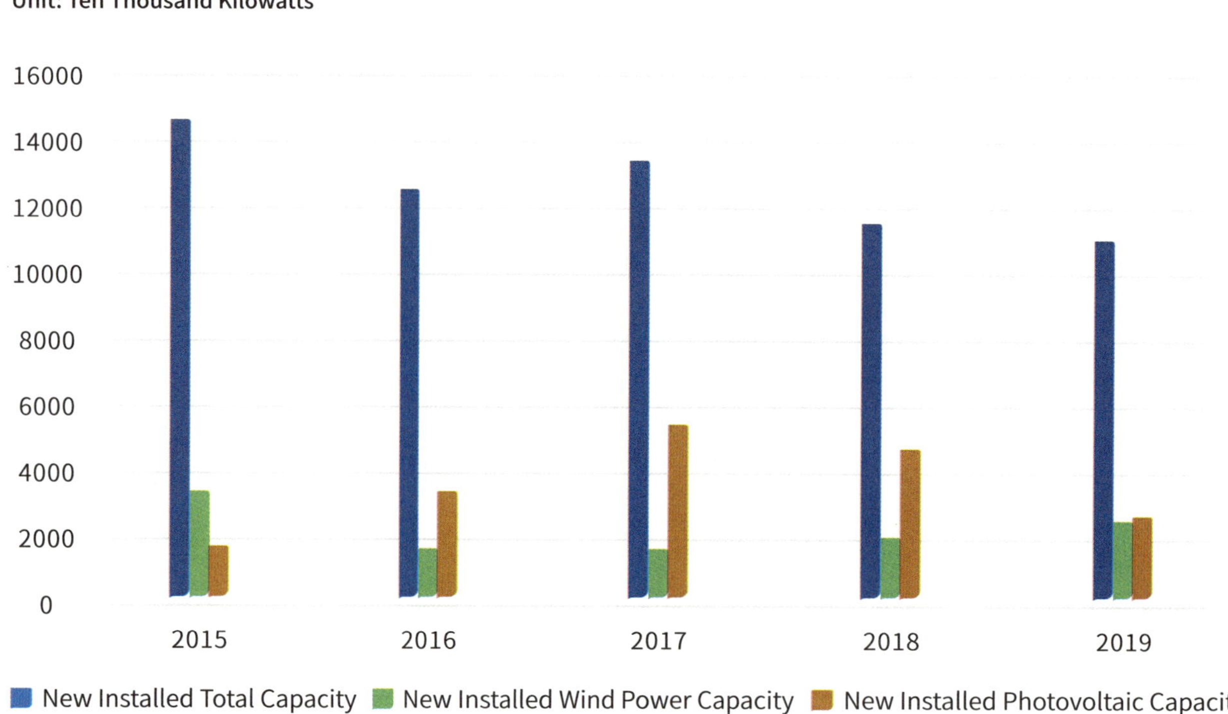

In terms of renewable energy, China has promulgated the Renewable Energy Law, renewable energy subsidy policy and other measures, established a competition mechanism for subsidized projects, encouraged local governments to carry out pilot demonstrations on affordable internet access, and improved the relevant policy systems such as the system of fully guaranteed acquisition of renewable energy power generation. By the end of 2019, China's cumulative grid-connected installed capacity of renewable energy had reached 790 GW, with installed power generation accounting for 39.5% of all installed power and renewable energy accounting for 28% of total power generation. In 2019, the clean alternative function of China's renewable energy has become increasingly prominent, and it has become the backbone of China's energy structure adjustment.

3.5 Energy Technology

3.5.1 Wind Power Generation Technology

In order to adapt to the development and utilization of wind energy resources in low wind speed areas, China has made great breakthroughs in low wind speed wind power technology in recent years. At present, the low wind speed wind power technology of China's leading enterprises can generate an average of 2000 hours a year under the condition of an average annual wind speed of 5m/s, which makes the wind energy resources in low wind speed areas economically exploitable. The progress of low-speed wind power technology, on the one hand, is reflected in adopting advanced control technology, detecting and sensing the environment and wind condition reduction in advance through laser radar, and using intelligent control algorithm to effectively reduce load and improve unit efficiency; on the other hand, it is embodied by increasing the length of blades and raising the height of towers, so as to capture wind energy more effectively.

Wind power technology continues to develop in the direction of large capacity. In 2019, about 45% of new wind turbines are 2MW, about 35% are 2.1MW to 2.9 MW, and the proportion of 3MW to 3.9MW and 4MW and above is slightly increased by about 10% compared with last year. In 2019, the average diameter of new wind turbines is about 123 meters. In terms of cumulative installed capacity, in 2019, the installed capacity of 2MW units accounted for the same proportion as that of 1.5 MW units, and the total of the two units accounted for 77% of the total installed capacity.

According to the "2019 Wind Power Installations and Production by Province" released by China's National Energy Administration, China's offshore wind power grid-connection capacity was 5.93 million kilowatts by the end of 2019. Most of the single unit capacity is still 4MW, accounting for about 52% of the total installed capacity of offshore wind power; units with a single capacity of 5MW account for 5% of the total installed capacity of offshore wind power, which has become the mainstream model for bidding of offshore wind power projects in 2019, and 7MW wind turbines have been commercialized. In the second half of 2019, the 10MW offshore wind turbine went of the production line, and the single-unit scale of China's wind turbine entered the "double-digit era".

Based on the preliminary design and construction drawing data of typical projects in 2019, the current pricing standard is adopted for construction and installation projects and other expenses, and the market price of equipment and materials in Beijing, China in 2019 (the same below), it is estimated that the cost index of onshore wind power in China in 2019 is ¥6,500-7,200/kW, and that of offshore wind power is ¥16,000-18,000/kW.

3.5.2 Solar Power Generation Technology

In 2019, the average conversion efficiency of monocrystalline battery and polycrystalline battery in mass production increased to 22.3% and 19.3% respectively. Technical route conversion efficiency of different batteries and components such as polycrystal, monocrystal PERC, TOPCon, IBC, heterojunction, etc. has continuously broken records. Ingot monocrystal technology has been applied industrially. The efficiency of polycrystalline battery using PERC technology is still lower than that of monocrystal PERC. The efficiency of N-type battery is high, and the conversion efficiency is more than 22.7%, which will become the main development direction of battery technology in the future. The module power is still increasing at a rate of ⩾ 5W per year. In 2019, the power of 60 conventional polycrystalline modules has reached 285W, and the power of polycrystalline modules using black silicon+PERC technology and monocrystalline modules using PERC technology has increased to 300W and 320W.

According to calculation, the cost index of photovoltaic power generation project in 2019 is ¥ 4000-5000/kW, and the cost index of photothermal power generation project is ¥ 26191-28859/kW. In a few areas with superior resources and construction conditions, photovoltaic power generation has initially met the conditions of affordable access to the internet on the power generation side. In the third phase of Photovoltaic Power Generation Application Leading Base Project, the lowest bidding price is ¥0.31/kWh, which is lower than the local benchmark price of coal-fired electricity.

Table 3-1 Photovoltaic Power Generation Application Leading Base

No.	Base Name	Base Scale (10,000Kw)/ Project Quantity	Lowest Bid Price of the Project (¥/kWh)
1	Datong Phase 2 Photovoltaic Power Generation Application Leading Base	50/5	0.39
2	Shouyang Photovoltaic Power Generation Application Leading Base	50/5	0.44
3	Weinan Photovoltaic Power Generation Application Leading Base	50/5	0.48
4	Haixing Photovoltaic Power Generation Application Leading Base	50/4	0.44
5	Baicheng Photovoltaic Power Generation Application Leading Base	50/5	0.41
6	Sihong Photovoltaic Power Generation Application Leading Base	50/5	0.49
7	Golmud Photovoltaic Power Generation Application Leading Base	50/5	0.31
8	Dalad Photovoltaic Power Generation Application Leading Base	50/4	0.34
9	Delingha Photovoltaic Power Generation Application Leading Base	50/5	0.32
10	Baoying Photovoltaic Power Generation Application Leading Base	50/5	0.46

3.5.3 Hydropower Generation Technology

China has advanced technology and rich experience in hydropower project construction, survey and design, equipment manufacturing, construction technology and operation management. China has built the world's largest hydropower station, the Three Gorges Hydropower Station, with an installed capacity of 22.5 GW and a total dam height of 185 meters. It has made important breakthroughs in the overall layout of the hub, the design and manufacture of hydroelectric generating units, the management and operation of the project, and the protection of the ecological environment, setting a number of the best in the world, effectively driving the development of China's water conservancy and hydropower technology; Wudongde hydropower station is the backbone power supply of China's "diversion of electricity from the western regions to the eastern regions", and its installed capacity is the fourth largest in China and the seventh largest in the world. There are 12 hydroelectric generating units with a single capacity of 850,000 kilowatts installed in the power station, which is the largest hydroelectric generating unit that has been put into operation in the world at present, setting a number of world records, such as the world's No. 1 discharger per unit dam crest arc length and the world's No.1 underground powerhouse height. It has set a number of "world's firsts" such as the use of low-heat cement concrete in the whole dam, and has overcome a series of world-class problems such as temperature control and crack prevention of mass concrete and 800MPa high-strength steel welding; Baihetan Hydropower Station is the second cascade hydropower station in the cascade development of the mainstream section of the lower Jinsha River. It has comprehensive benefits such as power generation, flood control, sand blocking, improvement of downstream navigation conditions and development of navigation in the reservoir area. The initial installed capacity is 16 GW, and the average annual power generation is 60.24 TWh. After the completion of the hydropower station, it will become the second largest hydropower station in China after the Three Gorges Hydropower Station. According to calculation, the cost index of conventional hydropower projects in 2019 is ¥ 14561/kW.

3.5.4 Thermal Power Generation Technology

01 Efficient Coal-Fired Power Generation Technology

Ultra-supercritical secondary reheating power generation technology: in recent years, with the improvement of technology, the parameters of thermal power units have reached 31-35MPa of main steam pressure, 600 °C or 615 °C , and the reheating temperature has reached 620 °C or 630 °C . Due to the slow development of high temperature resistant metal materials, the development of ultra-supercritical units with higher parameters has slowed down, while the adoption of secondary reheating technology can improve the power generation efficiency by nearly 2%, which is currently available under the condition of high temperature resistant metal. The 1000MW unit of Taizhou Power Plant in Jiangsu Province has been put into commercial operation after secondary reheating transformation, with the power generation efficiency reaching 48% and the coal consumption of power supply reduced to 266.5g/kWh.

630°C ultra-supercritical coal-fired power generation technology: by improving the material grade of hot parts, the main steam parameters at the steam turbine inlet are increased to 35MPa/615°C , and the primary reheat steam and secondary reheat steam are both increased to 630 °C . On this basis, through optimization and innovation, the power generation efficiency of the unit is increased to over 50%, and the standard coal consumption of power generation is reduced to below 246g/kWh. In the 630 °C ultra-supercritical secondary reheating projects in Yuncheng, Shandong Province, the thermal efficiency of generating units is over 50% for the first time, and the designed standard coal consumption for power supply is 255g/kWh.

02 Ultra-Low Emission Technology

Ultra-low emission means that coal-fired boilers in thermal plants adopt the integrated system technology of high-efficiency synergistic removal of various pollutants in the process of power generation operation and terminal treatment, so that the emission concentration of atmospheric pollutants basically meets the emission limit of gas units, that is, the emission concentration of smoke dust, sulfur dioxide and nitrogen oxides (the reference oxygen content is 6%) does not exceed 10mg/m, 30mg/m and 50mg/m respectively. By 2019, the coal-fired power units with ultra-low emission have accumulated about 890 million kilowatts, accounting for 86% of the total installed capacity. Unit 2 of Guodian Ledong Power Plant in Hainan, China, has undergone "near zero emission" transformation, and the emissions of sulfur dioxide, nitrogen oxides and dust are significantly lower than the ultra-low emission standards, which are 4.44 mg/m, 8.37mg/m and 0.63mg/m respectively. The investment and operating cost of ultra-low emission retrofit of coal-fired power units will increase by about 0.5-1.4 cents/kWh.

03 Equipment Technology of Heavy Gas Turbine

Heavy-duty gas turbine is a sophisticated power equipment with outstanding advantages such as high efficiency, low pollution, and flexible operation. It is widely used in large-scale peaking power stations and cogeneration power stations in the power generation field. China has initially established a relatively complete gas turbine equipment manufacturing industry chain, and the localization rate of heavy duty gas turbine has been continuously improved, realizing the independent design, independent processing and manufacturing, independent smelting and forging of some types of heavy-duty gas core components.

Table 3-2 Cost Index of Coal-fired and Gas Turbine Power Generation Projects in 2019

Unit: ¥/KW

Type of Power Supply	Category	Cost Index
Coal-fired Power Generation Project	2×350MW	4185
	2×660MW	3621
	2×1000MW	3315
Gas Turbine Power Generation Project	2×300MW Class (9F Pure Condensation)	2097
	2×300MW Class (9F Heating)	2206
	2×180MW Class (9E Class)	2837

3.5.5 Nuclear Power Technology

Based on the reality of China's domestic equipment manufacturing industry, by digesting and absorbing the advanced safety design concept of international third generation nuclear power technology, China has developed ACP 1000 and ACPR 1000+ "Hualong No.1" third generation nuclear power technology with independent intellectual property rights, and its safety indicators and technical performance have reached the advanced level of international third generation nuclear power technology.

We have organized the research and development of large-scale advanced PWR nuclear power technology CAP1400, which followed the design concept of AP1000. By improving power, optimizing overall parameters, balancing power plant design and innovating main equipment design, CAP1400 further enhanced safety, enhanced economic competitiveness, improved environmental compatibility and optimized operation and maintenance performance.

Nuclear energy heating is to use the energy generated by nuclear fission to provide central heating or industrial heating for cities. Nuclear energy heating is low-carbon and clean and has great heating capacity. China has independently developed technologies such as pool-type low-temperature reactor heating, external heating of nuclear power plants, and high-temperature gas-cooled reactor heating, which are of great significance for eliminating environmental pollution caused by coal burning, relieving the shortage of heat sources and promoting the diversification of heating sources.

3.5.6 Power Grid Technology

01 EHV/UHV Transmission Technology

At present, China has mastered 500 kV, 800kV and 1100kV UHV DC transmission technology and 500kV, 750kV and 1000kV UHV AC transmission technology. China's transmission technology has made great breakthroughs in voltage level, transmission capacity and transmission distance. The level of UHV DC voltage is increased from 800kV to 1100kV, and the transmission capacity and distance are simultaneously increased. 500kV/750kV AC power grids were gradually built in various regions, and several trans-regional 1000kV AC UHV transmission projects were put into operation successively.

02 Flexible Alternating Current Transmission Systems

Flexible Alternating Current Transmission System (FACTS) is a new transmission system for flexible and rapid control of AC transmission, which integrates power electronics technology, micro-processing and microelectronics technology, communication technology and control technology. FACTS can enhance the stability of AC power grid and reduce the cost of power transmission. As a new generation of direct current transmission technology, flexible direct current transmission has strong technical advantages in isolated island power supply, capacity expansion and transformation of urban distribution network, interconnection of AC system, and large-scale wind farm integration, and is one of the strategic choices to change the development pattern of large power grids.

03 High Voltage AC/DC Cable Technology

The voltage level of China's high-voltage DC cables has gradually increased from 160kV, 200kV and ±320kV to 525kV. The transmission capacity of 525kV XLPE insulated DC cable developed in China can reach 3000MW, which is 135% higher than the current 320kV DC cable. AC/DC cable technology can realize integrated functions such as power transmission, optical fiber communication and synchronous temperature measurement, and can be applied to urban power distribution, island power supply, offshore wind power and other fields.

04 Smart Grid Technology

Smart grid is a new generation power system formed by integrating new energy, new materials, new equipment, advanced sensing technology, information technology, control technology, energy storage technology and other new technologies on the basis of traditional power systems. It has the characteristics of high informationization, automation and interaction, and integrates a large number of innovative technologies and means in the fields of power generation, transmission and distribution and electrical equipment, which can better realize the safe, reliable, economic and efficient operation of the power grid to meet the ever-changing needs.

Table 3-3 Index of Unit Cost of Transmission Line Project in 2019

Unit: ¥10,000/km

Voltage Grade	Loop Number	Wire Specification	Unit Cost
1000KV	Double Loop	8×JL/G1A-630/45	1252
±800KV	Double Loop	6×JL/G3A-1000/45、6×JL/G2A-1000/80	434
750KV	Double Loop	6×JL/G1A-500/45	591
	Single Loop	6×JL/G1A-400/50	276
500KV	Double Loop	4×JL/G1A-630/45	393
	Single Loop	4×JL/G1A-630/45	210
330KV	Double Loop	2×JL/G1A-300/40	188
	Single Loop	2×JL/G1A-300/40	106
220KV	Double Loop	2×JL/G1A-400/35	154
	Single Loop	2×JL/G1A-400/35	90
110KV	Double Loop	2×JL/G1A-300/40	129
	Single Loop	2×JL/G1A-300/40	71

3.5.7 Energy Storage Technology

By the end of 2019, the newly installed capacity of electrochemical energy storage in China was 636.9MW, and the cumulative installed capacity reached 1,709.6MW, with a year-on-year growth rate of 59.4%. Among the electrochemical energy storage projects that have been put into operation, the cumulative installed capacity of lithium ion electronics is the largest, accounting for 80.6%, up 81.6% year-on-year. The cumulative installed capacity and proportion of various technical routes except lithium batteries are as follows: lead battery 304MW, 17.8%; flow battery 20MV, 1.2%; super capacitor 6.8MW, 0.4%; others are about 0.8MW, less than 0.1%. The cumulative installed capacity and proportion of electrochemical energy storage projects that have been put into operation in various application scenarios are as follows: 802.3MW on the user side, accounting for 46.9%; grid side 341.9MW, 20.0%; auxiliary services 270.1MW, 15.8%; renewable energy grid connection 295.7MW, 17.3%.

On the user side, the peak-valley electricity price difference mechanism is used to reduce the electricity cost and gain revenue by "charging during valley hours and discharging during peak hours" on the user side, which is the largest application scenario on the user side at present. Secondly, the user side application also includes the user light storage integration application, which increases the self-use proportion of photovoltaic power generation, reduces the light rejection rate during self-use, and reduces the user's electricity purchase cost. Thirdly, the user side application also includes the standby power supply of the communication base station. Grid-side applications, mainly in high-proportion new energy areas and UHV AC/DC hybrid power grids, provide support and regulations for the system by using the flexible regulation capability of energy storage. The application of power supply side is mainly: first, build energy storage projects in existing thermal power plants, and improve the operating indicators of generator sets by improving the AGC frequency modulation level of generator sets; second, in the construction of energy storage projects in wind power and photovoltaic power stations, the benefits are obtained by means of assisting in tracking planned output, smoothing the fluctuation of new energy power generation output, and storing abandoned wind and light as surplus electricity.

With the continuous strengthening of research on sulfur-based batteries, metal-air batteries, liquid metal batteries and lithium-sulfur batteries, electrochemical energy storage battery technologies such as sodium ion batteries and iron-chromium flow batteries are expected to break through the technical limitations of key materials, manufacturing, system integration, etc., and realize large-scale energy storage applications at 100MW level. In terms of cost, taking lithium batteries as an example, according to the average cost of equivalent unit power published on the internet, it was about ¥ 2.42/kWh in 2010, about ¥1.5/kWh in 2014, about ¥0.85/kWh in 2016 and about ¥0.5/kWh in 2018. The cost of lithium batteries is gradually declining, and it is expected to fall to the range of ¥ 0.3-0.4/kWh in the next three years. It is estimated that by 2030, the equivalent unit electricity cost of lithium batteries is expected to reach ¥ 0.1-0.2/kWh.

3.5.8 Fuel Cell Power Generation Technology

Fuel cell is a kind of power generation device that converts the chemical energy of fuel into electric energy through electrochemical reaction without burning fuel. It has the advantages of high efficiency, zero emission, low carbon, quick response, and wide fuel sources. According to different electrolyte types, fuel cells are basically divided into five types: alkaline fuel cells (AFC), molten carbonate fuel cells (MCFC), phosphoric acid fuel cells (PAFC), solid oxide fuel cells (SOFC) and proton exchange membrane fuel cells (PEMFC). Laboratory research and commercial products at home and abroad have confirmed that the power generation efficiency of fuel cells can reach over 55% (10% higher than that of ultra-superficial units) and 80-90% after cogeneration.

China attaches great importance to the research and development of fuel cell power generation technology and has issued a series of supporting policies to support the development of fuel cells. The technologies in the fields of alkaline fuel cells (AFC), molten carbonate fuel cells (MCFC), phosphoric acid fuel cells (PAFC) and proton exchange membrane fuel cells (PEMFC) have gradually matured and put into commercial application, and the research and development of solid oxide fuel cells (SOFC) is being actively carried out.

3.5.9 Hydrogen Energy Technology

Research on hydrogen energy technology is beneficial to promote the development of hydrogen production, fuel cell and other related industries. As a vehicle fuel, hydrogen production from coal can reduce the dependence of oil and gas on foreign countries and ensure energy security. The key technologies of hydrogen energy include hydrogen production and hydrogen storage and transportation. Hydrogen cannot be mined directly, and it is a secondary energy. Therefore, to develop hydrogen energy, it is necessary to study high-efficiency, low-cost and low-carbon hydrogen production technologies. At present, mature hydrogen production technologies include natural gas reforming, coal gasification, water electrolysis, methanol conversion, etc. The energy efficiency is over 50%, and the cost per cubic meter is between ¥ 0.6-2.5, and the hydrogen production technologies under development include thermochemical hydrogen production, hydro-photolysis hydrogen production and biological hydrogen production. The volume energy density of hydrogen is low, less than 1/3 of methane, and its boiling point is -253 °C , which is 91 °C lower than that of natural gas, so it is difficult to liquefy and store like LNG. Considering the volume energy density and boiling point of hydrogen, the storage and transportation cost of hydrogen will be several times higher than that of natural gas with the same energy. Therefore, storage and transportation technology are a bottleneck in the large-scale development of hydrogen energy. At present, storage technologies mainly include high-pressure gaseous hydrogen storage, low-temperature liquid hydrogen storage, organic liquid hydrogen storage, hydrogen storage alloy hydrogen storage, and transportation technologies mainly include long-tube trailer transportation, liquid tank truck transportation, pipeline transportation, etc. Hydrogen is mainly used in fuel cells, chemical raw materials, and fuels.

China's hydrogen energy development continues to make positive progress. In the Energy Development Strategic Action Plan (2014-2020) issued by the State Council of China in 2014, hydrogen energy and fuel cell technology innovation were listed as one of the 15 key tasks, and the hydrogen energy industry was promoted to the strategic height of international energy development for the first time. For the first time in 2019, "Promoting the construction of charging and hydrogenation facilities" and hydrogen energy related content were added to the work report of the Chinese government. In 2019, Lu'an, Anhui Province, China successfully signed a 1MW distributed hydrogen energy comprehensive utilization station power grid peak regulation demonstration project, which is the first megawatt hydrogen energy storage power station in China. Zhangjiakou, Hebei Province, launched the world's largest wind power hydrogen production project: Guyuan wind power hydrogen comprehensive utilization demonstration project. After the first phase is put into production, the annual hydrogen production will be 7.008 million standard cubic meters. The first phase of Chaoyang renewable energy hydrogen mixing demonstration project, the first project in China to produce hydrogen by electrolysis with natural gas, was completed, which fully verified the key technologies of the demonstration hydrogen industry chain of "production-storage-blending-comprehensive utilization". With the strong support of national polices, the hydrogen energy and fuel cell industries have developed rapidly, and more than 15 hydrogen energy industrial parks have been established in more than ten provinces and cities.

3.6 Energy Policy

3.6.1 Energy Development Goals

In January 2017, the National Energy Administration issued the "Thirteenth Five-Year Plan for Energy Development" and the "Thirteenth Five-Year Plan for Renewable Energy Development" (hereinafter referred to as the "Plan"), which defined the China's energy development goals and key tasks from 2016 to 2020. In April of the same year, the Energy Production and Consumption Revolution Strategy (2016-2030) (hereinafter referred to as the Strategy) was issued, which clearly defined the strategic objectives of the energy revolution.

According to the planning document, China will control the total energy consumption and further optimize the energy structure. From 2016 to 2020, the total energy consumption should be controlled within 5 billion tons of standard coal, the total coal consumption should be controlled within 4.1 billion tons, the non-fossil energy consumption ratio should be increased to more than 15%, and the proportion of natural gas consumption should strive to reach 10%; from 2021 to 2030, the total energy consumption will be controlled within 6 billion tons of standard coal, with non-fossil energy accounting for about 20% of the total energy consumption and natural gas accounting for about 15%. The new energy demand is mainly met by clean energy.

In terms of energy conservation and emission reduction, by 2020, the carbon dioxide emissions per unit of GDP will be reduced by 18% compared with 2015, the energy consumption per unit of GDP will be reduced by 15% compared with 2015, the average coal consumption for coal power supply will be reduced to 310 grams of standard coal per kWh, and the power grid line loss rate will be controlled within 6.5%; from 2021 to 2030, the carbon dioxide emissions will peak around 2030 and strive to reach the peak as soon as possible. The energy consumption per unit GDP (current price) has reached the current world average level, and the energy efficiency of major industrial products has reached the international leading level.

3.6.2 Rapidly Advancing Reform of the Energy System

01 Oil and Gas System Reform

In May 2017, the Central Committee of the Communist Part of China and the State Council issued "Several Opinions on Deepening the Reform of Oil and Gas System", which clarified the guiding ideology, basic principles and general ideas of deepening the reform of oil and gas system, and deployed eight key reform tasks. At present, the oil and gas system reforms has made good progress.

The reform of oil and gas exploration and exploitation system was carried out step by step. The focus of the upstream reform of oil and gas is to implement the competitive transfer system of mining rights, and finally realize the exploration and exploitation system with large state-owned oil and gas companies as the leading factor and various economic components participating together. In order to promote the reform of the mining right transfer system, the Ministry of Natural Resources has launched a pilot project for the competitive transfer of oil and gas exploration rights and opened up the oil and gas exploration and exploitation market. Domestic and foreign-funded companies registered I China with net assets of not less than ¥300 million are eligible to obtain oil and gas mining rights according to regulations. The oil and gas mining rights implement the system of integration of exploration and mining, which not only collects the transfer income from the transfer of new exploration rights, but also collects the transfer income form the existing exploration rights after a certain period of time.

The reform of oil and gas pipeline network system has achieved remarkable results. Before 2017, pipeline transportation was not separated from oil and gas production and sales enterprises, and pipeline transportation mainly served itself. Although there are requirements for third party access, the actual implementation is very limited. In 2017, the Central Committee of the Communist Party of China and the State Council issued "Several Opinions on Deepening the Reform of Oil and Gas System", proposing that the reform of oil and gas pipeline network should implement the principle of "separation of network and transportation" and improve the fair access mechanism of oil and gas pipeline network. In 2019, China's oil and gas pipeline network system reform has taken substantial steps, and the National Oil and Gas Pipeline Network Company has been formally established, and infrastructure such as pipeline, receiving stations and gas storage has been opened to the third party.

The marketization degree of downstream competitive links has been continuously improved. In May 2017, the Central Committee of the Communist Party of China and the State Council issued "Several Opinions on Deepening the Reform of Oil and Gas System", proposing to deepen the reform of downstream competitive links, improve the management system of oil and gas import and export, reform the pricing mechanism of oil and gas products, and improve the oil and gas reserve system. In March 2019, the 7th meeting of the Central Committee for Comprehensive Deepening Reform proposed that the goal of downstream oil and gas reform is to form a fully competitive market system in the oil and gas sales market.

02 Reform of the electric power system

In 2014, the CPC Central Committee and the State Council introduced guiding opinions for a new round of the electric power system reform, establishing an overall reform concept of "three liberalizations, one independence, and three improvements". The "three liberalizations" are the orderly liberalization of electricity tariffs in competitive links other than transmission and distribution links; the orderly liberalization of the distribution and sale of electricity business to social capital; and the orderly liberalization of power generation and utilization plans other than public welfare and adjustment plans. "One independence" refers to the promotion of relatively independent and standardized operation of electricity traders. The "three improvements" refer to deepening the research on regional power grids construction and the transmission and distribution system suitable for China's national conditions and further improve government supervision; further improve the overall planning of electric power; and further improve the safe and efficient operation and reliable supply of electricity.

At present, various aspects of the electric power system reform such as the reform of electricity transmission and distribution, the market-based reform of electricity tariffs, the incremental distribution network, and the construction of a unified electricity market, have made substantial progress, and the new round of electric power reform has entered into a more profound stage.

Spot market construction has become the "major theme" of electricity market construction. Since the National Development and Reform Commission (NDRC) and the National Energy Administration (NEA) jointly issued the "Notice on Actively Promoting Market-oriented Trading of Electricity and Further Improving the Trading Mechanism" in 2018, the scope and trading volume of electricity market has been continuously expanding. In 2019, national market-based electricity trading volume registered 2.710 trillion kWh, a year-on-year increase of 29%, accounting for 37.5% of the total electricity consumption of the whole society, and releasing dividends of about 79 billion Yuan for power users. The completion of the trial run of the 8 spot market pilots indicates the possibility of continuous spot operation in some pilots in 2020, and some qualified provinces will also sum up the pilot experience and start the trial operation.

Further promoting the independent and standardized operation of electricity trading. In 2018, the NDRC and the NEA issued "Notice on Promoting Standardized Construction of Power Trading Institutions", requiring power trading institutions to improve their shareholding structures. As of August 2020, the shareholding ratios of grid enterprises in two regional and 32 provincial-level power trading institutions have fallen to below 80%. Among them, the proportion of shares held by State Grid Corporation in Beijing Power Exchange Center is 70%, and the proportion of shares held by China Southern Power Grid Company in Guangzhou Power Exchange Center is 66.7%. The 28 power trading institutions under the regime of State Grid Corporation have all completed shareholding reform, introducing a total of over 240 non-grid companies as shareholders, and 40% of them have introduced private enterprises as shareholders.

The incremental distribution business further expanded the coverage of pilots and optimized the structure of the pilot projects. In order to encourage social capital to invest in expanded electricity distribution business, the NDRC has launched multiple rounds of expanded electricity distribution network pilot projects. As of August 31, 2019, the total number of expanded electricity distribution network pilot projects has reached 380, further extending to counties. Some projects were canceled in order to optimize the pilot project structure.

The development of the distribution market has entered a new stage. As of March 13, 2020, there have been more than 4,000 electricity distributors announced by power exchange centers nation-wide. At present, there are more than 100,000 registered users in the national power market, and most of them are large and medium-sized power consumers. The electricity selling market structure has basically taken shape.

The reform of coal-fired electricity tariff mechanism has been further deepened. From January 1, 2020, the benchmark on-grid coal-fired electricity tariff scheme will be changed to a market-based price scheme of "base price + fluctuations", the benchmark price is determined based on the current benchmark feed-in tariffs in different regions and provinces, with maximum 10% uplift and maximum 15% downward float. This reform will effectively reflect power supply and demand changes and promote the optimization of power allocation. Feed-in tariff is set by both transaction parties qualified for market trading in a market-based manner, which will significantly increase the number of trading entities and expand the market size, creating huge space for electricity trading market standardization and the accelerated development of electricity selling companies.

3.6.3 Accelerating the opening up of the energy sector

China implements a pre-access national treatment plus a negative list management system for foreign investment. In 2019, items on the new version of the negative list were further reduced by nearly 20%, and "Catalogue of Industries for Foreign Investment" was expanded, which significantly increase the areas for foreign investment.

In October 2019, the State Administration of Foreign Exchange stated that it would launch 12 cross-border trade and investment facilitation policies to optimize foreign exchange management, simplify process, broaden corporate capital use channels, support foreign trade investment of domestic companies, and improve the facilitation of cross-border trade and investment.

In addition, the "Foreign Investment Law" puts forward higher compliance criteria on the transfer of intellectual property and technology, including prohibiting the use of administrative means to force the transfer of any technology, strictly holding the infringers legally liable for infringements of intellectual property rights in accordance with the law, and ensuring foreign investors may, according to the law, freely remit in and out of China, in RMB or foreign exchanges, their royalties of intellectual property rights within China.

In terms of investment in energy sector in China, foreign investment is first governed by the "Special Administrative Measures for the Access of Foreign Investment (Negative List)". In the new version of the negative list released by China in 2018, foreign investment restrictions on the mining of special scarce coals and the requirement that the construction and operation of power grids must be controlled by Chinese parties have been removed, further expanding the opening up to foreign capital in energy and power sector. The 2019 version of the negative list removed restrictions on foreign investment access to the exploration and development of oil and gas and urban gas, and the market of oil and gas exploration and development became more open and supportive of fair competition.

On April 10, 2020, the NEA issued a public announcement on the "Energy Law of the People's Republic of China (Draft for Comment)" (hereinafter referred to as the "Draft"). The General Provisions of the Draft clearly stipulated that "The state shall insist on maximizing the decisive role of the market in resource allocation, establish a market structure and mechanism featuring effective competition, form a mechanism in which energy price is mainly determined by the market in competitive fields, and establish an effective energy regulatory system". The theme, goals, price mechanism, market supervision and other issues of the energy market have been discussed. This is conducive to promoting the market-based reform of the energy system, promoting the return of energy to commodity attributes, and further improving the facilitation of energy investment.

04 China-CEEC Energy Cooperation Opportunities

04

China-CEEC Energy Cooperation Opportunities

In recent years, Chinese energy companies have become increasingly active in Central and Eastern Europe, and cooperation results have gradually emerged. In the future, the economy of Central and Eastern Europe will maintain sustained growth, and energy demand will increase steadily, especially the demand for renewable energy. Electricity demand has maintained a strong growth momentum, brining ample room for power infrastructure construction and upgrading, and the installed electricity structure has shifted to clean and low-carbon. China and CEEC have huge room for cooperation in the energy sector.

4.1 Status Quo of China-CEEC Energy Cooperation

4.1.1 Project construction cooperation

In recent years, the number of large power projects in which Chinese companies have participated in Central and Eastern Europe has gradually increased, becoming an important part of China-CEEC capacity cooperation. Based on public information, cumulative installed capacity of projects with Chinese companies as primary contractors in Central and Eastern Europe is about 2400 megawatts. For projects information, see Figure 3.1-1 (not including the projects of intent without signing formal cooperation agreements).

Most of the projects undertaken by Chinese companies in this region are invested by local enterprises in Central and Eastern Europe. The advantages of Chinese engineering construction companies in engineering design, equipment manufacturing, and element integration have been recognized by local investors. In the early days, most projects that Chinese companies participated in were large power projects such as coal power and hydropower stations. Construction of the projects effectively guaranteed power supply of the localities. In recent years, Chinese companies have participated in more diversified projects, in particular, projects in emerging fields such as offshore wind power, PV, solar thermal power, and biomass power generation, which has strongly promoted China-CEEC cooperation in clean energy sector. Projects undertaken by Chinese companies are mainly concentrated in the Balkans and Central Europe. While in the three Baltic countries in the north, Chinese companies have not yet had EPC cases of large power projects.

Table 4-1 Construction cooperation between China and Central and Eastern Europe

	Nationality	Project	Installed capacity (MW)	Status quo	Time of contract signing	Chinese EPC Contractor	Owner
1	Bosnia and Herzegovina	Stanari coal power plant	300	Put into production in 2016	2013	Dongfang Electric Corporation	EFT Rudnik i Termoelektrana Stanari
2	Bosnia and Herzegovina	Tuzla 7 coal power plant	450	Financing closed/ Under construction	2014	China Energy Engineering Group	Elektroprivreda BIH (EPBIH)
3	Bosnia and Herzegovina	BANOVIC coal power plant	350	Financing closed/ Under construction	2015	Dongfang Electric Corporation	RMU Banovici dd Banovici
4	Bosnia and Herzegovina	KUPRES wind power phase one	48	Contracted/ obtained construction permit	2017	China National Technology Import & Export Corporation	-
5	Bosnia and Herzegovina	ULOG Hydropower Station	35	Contracted/ financing closed/ underconstruction	2012	Sinohydro Group	Energy Financing Team
6	Bosnia and Herzegovina	Dabar Hydro Power Plant	160	Contracted	2020	China Energy Engineering Group	Hidroelektrana Dabar
7	Montenegro	Environmental protection renovation of Pljevlja Power Plant	-	Contracted	2020	Dongfang Electric Corporation	Electric Power Company of Montenegro
8	Bulgaria	Svilocell biomass project	16	Contracted/ underconstruction	2018	Jinan Boiler Group	Svilocell EAD
9	Greece	MINOS 50MW Tower CSP Project	50	Contracted/ underconstruction	2019	China Energy Engineering Group	Nur Energie
10	Greece	PV power station	25.5	Contracted	2020	Shanghai Electric	-
11	The Republic of North Macedonia	KOZJAK Hydropower Station	80	Put into production in 2004	-	Sinohydro Group	Elektrani na Makedonija AD
12	Romania	Romanian PV power plant project cluster	50	Put into production in 2012	2012	ET Solar Group	-
13	Poland	The expansion and renovation project of the Kozienice substation in Poland	-	Completed in 2018	2016	State Grid Corporation of China	Polskie Sieci Elektroenergetyczne (PSE)
14	Poland	Photovoltaic Ground Power Station	150	Contracted	2020	Triumph Group	GPC Group
15	Poland	Offshore wind farm project cluster in the Baltic Sea	324.8	Contracted	2019	China Energy Engineering Group	MAX DEAL
16	Serbia	Pancevo cogeneration plant	160	Contracted/ underconstruction	2018	Shanghai Electric	Energoprojekt
17	Serbia	KOSTOLAC coal power plant	350	Contracted/ underconstruction	2013	China National Machinery Industry Corporation	EPS

4.1.2 Energy project investment cooperation

In recent years, energy reform in Central and Eastern European countries has been accelerated, in particular, the development of new energy sources such as wind power and photovoltaics has shown an accelerated trend. New energy projects are small in scale and have a short decision-making cycle; moreover, minimum feed-in tariff of new energy projects lowered risks for investor. Wind power and PV have become the main areas for Chinese greenfield investment in Central and Eastern Europe. In the early days, Chinese companies, mostly Chinese PV equipment companies, mainly invested in small and medium-sized PV stations in Central and Eastern Europe. In recent years, Chinese companies have made breakthroughs in large projects of wind power and PV in Central and Eastern Europe. For example, the Kaposv PV station invested and constructed by SINOMACH in Hungary and the Senj Wind Farm invested and constructed by NORINCO International Cooperation in Croatia, both have over 100,000 kilowatts output and are now under construction. The investment has also successfully brought China's new energy equipment into Central and Eastern Europe. For example, Shanghai Electric's wind turbine is planned to be used in the Croatian Senj wind farm project, and the Montenegro Mozura wind farm project adopted wind turbines of Envision Energy, which effectively promoted business of equipment companies in this area.

In addition to new energy projects, Chinese companies are also paying attention to investment in large projects such as nuclear power, hydropower and thermal power in Central and Eastern Europe.

Table 4-2 Investment Cooperation of Energy Projects between China and Central and Eastern Europe

	Nationality	Project	Type	Installed capacity (MW)	Status quo	Chinese investor
1	Bulgaria	Jiangsu Zongyi Yambol PV station	PV	16.9	Put into production in 2012	Jiangsu Zongyi
2	Bulgaria	Chint Electric Bulgaria PV station	PV	50	Put into production in 2012	Chint Electric
3	Croatia	Senj Wind Farm	Wind power	156	Under construction	NORINCO
4	Hungary	Tiszaszolos PV station	PV	11.6	Under construction	Unisun Energy Group
5	Hungary	Kaposv PV station	PV	100	Under construction	SINOMACH
6	Romania	Jiangsu Zongyi Bucharest PV station	PV	12.5	Put into production	Jiangsu Zongyi
7	Romania	PV station	PV	15.4	Put into production	ReneSola
8	Montenegro	Mozura Wind Farm	Wind power	46	Put into production in 2019	Shanghai Electric
9	Poland	ReneSola Poland PV station	PV	35	Put into production in 2018	ReneSola

4.1.3 Equity investment and mergers and acquisitions

From 2016 to 2017, Chinese companies and Chinese financial institutions carried out a number of share acquisition and merger deals in energy sector, and total assets of the projects disclosing their amount alone reached nearly 4 billion euros. As of investment model, there are both equity investments and share acquisitions; as of regions of investment, partners are mainly from EU countries; as of types of assets, wind power and other new energy assets are the mainstay. Equity cooperation also provides convenience for Chinese companies to engage in project development and investment in the region.

In July 2009, the EU formally passed a package of energy market reform bills, collectively referred to as the "Third Energy Package", to reform the EU electricity and natural gas market, aiming to split the ownership of electricity and natural gas upstream and downstream enterprises and to realize the separation of energy generation from the transmission networks, thus prevent large energy production companies from controlling the transmission networks. Violation of relevant provisions of the Third Energy Package will face multiple penalties. In recent years, the EU has strictly implemented relevant provisions of the Third Energy Package, and has continued to increase its supervision of investment in energy infrastructure in Europe. As the EU regards Chinese state-owned enterprises as the "one group" controlled by the State-owned Assets Supervision and Administration Commission of the State Council of China (SASAC), acquisition of control by Chinese companies in Europe has become the regulatory focus of the EU. Once the "one group" holds both power transmission assets and power generation assets, and reaching the level of control, the EU's Third Energy Package will be triggered. In view of the above circumstances, Chinese enterprises should take the above factors into consideration when conducting equity investment, mergers and acquisitions in EU member states, and fully implement regulatory risk assessments.

Meanwhile, since the second half of 2017, the EU has paid more attention to foreign investment security review. The European Commission proposed in September 2017 to introduce relevant policies to screen foreign direct investment on the grounds of security and public order; in April 2019, the EU formally adopted the EU Foreign Direct Investment Regulation, energy-related entity M&A and investment is classified as "critical infrastructure" and falls within the scope of foreign investment security review. According to statistics, among the EU member states of Central and Eastern European countries, four (Latvia, Lithuania, Hungary, and Poland) have established national security review mechanisms of foreign investment. Chinese enterprises are faced with new uncertainties in investment and acquisitions in Central and Eastern Europe.

Table 4-3 Equity Investment and M&A Cooperation between China and Central and Eastern Europe

	Nationality	Project	Time	Type of assets	Acquirer	Acquiree	Price
1	Albania	Oilfield acquisition of Bankers in Albania	2016	Oil and Gas	Geo-Jade Petroleum Corporation	Bankers Petroleum	-
2	Croatia	Acquisition of 76% stake in Croatia's Energija Projekt D.D.	2017	Wind power	Norinco International Cooperation	Individual	32.01 million EUR
3	Czech Republic	Equity investment in Energy 21	2016	PV	CHINA-CEE INVESTMENT COOPERATION FUND	Mid Europa Partners	-
4	Greece	The acquisition of 24% stake in Greece's state power grid operator	2017	Grid	State Grid Corporation of China	PPC	320 million EUR
5	Greece	Purchasing 75% of the shares of four Greek wind farms	2017	Wind power	China Energy Group	Copelouzos Group	About 3 billion EUR
6	Lithuania	Acquisition of Lithuanian State Grid Design Institute	2013	Engineering Services	North China Electric Power Design Institute	-	-
7	Lithuania	Acquisition of 66.7% stake in Elgama	2016	Equipment	Jiangsu Linyang Energy	-	-
8	Poland	Acquisition of stakes in EDPR	2016	New energy	China Three Gorges Group	EDPR	363 million EUR
9	Poland	Equitiy investment in Polenergia Group	2014	Wind power	CHINA-CEE INVESTMENT COOPERATION FUND	Poland POLENERGIAGroup	78.22 million EUR
10	Poland	Acquisition of wind power projects	2017	Wind power	CHINA-CEE INVESTMENT COOPERATION FUND	GEO Renewables	-

4.1.4 Technical exchange and cooperation

Since its establishment in 2016, "17+1" cooperation mechanism energy centers (Central and Eastern European countries together with China) have cooperated with stakeholders from various countries to pragmatically promote exchanges and cooperation between China-Central and Eastern European governments, enterprises, financial institutions, and think tanks through a series of technical exchange and cooperation activities, including:

1 **2017.11**

The China-CEEC Energy Forum and Expo was held in Bucharest, Romania, in November 2017. The Forum issued a minister's statement on conducting joint research for energy cooperation and a white paper on energy cooperation dialogue.

2 **2018.6**

The first Technology Exchange Meeting of China-CEEC Energy Cooperation was held in Beijing in June 2018. Representatives from energy sector of China and Central and Eastern European countries discussed energy planning and policies, power development technology, business model, engineering practice, and cooperation prospects. After the meeting, representatives from Central and Eastern Europe were organized to go to Jiangsu and Zhejiang to conduct research on new energy projects.

3 **2019.10**

In October 2019, the China-CEEC Energy Cooperation Forum, themed clean energy investment and production cooperation, was held in Zagreb, Croatia. During the forum, Chinese companies held 28 bilateral talks with Bosnia and Herzegovina, Bulgaria, Croatia, Greece, Hungary, Macedonia, Montenegro, Romania and other Central and Eastern European countries, and reached cooperation intentions on 12 clean energy investment projects.

4.2 Energy development Prospects in Central and Eastern Europe

4.2.1 The economy will maintain low-to-medium growth

With the relief of the European debt crisis, economy of Central and Eastern Europe has gradually recovered in recent years. In the future, the main driving forces for economic growth in Central and Eastern Europe will be European economic integration, globalization, growth of domestic demand and infrastructure construction. The economy of Central and Eastern Europe is expected to growth steadily, serving as an important force for economic growth in Europe. It is estimated that by 2030, total GDP of Central and Eastern Europe will exceed 2.7 trillion USD, an increase of more than 29% compared to 2019, registering an average annual GDP growth of 2.35%. By 2040, total GDP of Central and Eastern Europe is expected to reach 3 trillion USD.

Figure 4-1 Total GDP of Central and Eastern Europe from 2000 to 2040

Unit: 0.1 billion USD

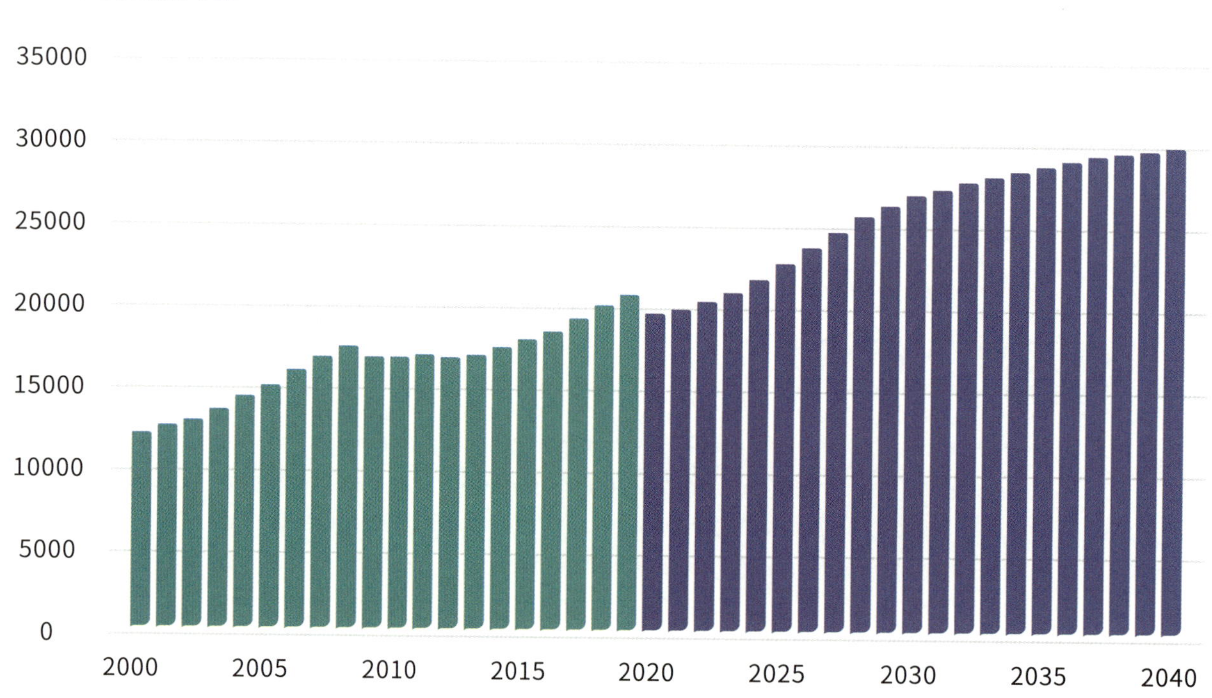

Data source: World Bank, IMF, and this thesis

By 2030, per capita GDP of Central and Eastern Europe will greatly improved, reaching 22,000 USD, an increase of more than 30% compared to 2019. However, it is still lower than the current European average (32,000 USD per capita), and there is huge potential for economic development. By 2040, per capita GDP of Central and Eastern Europe will reach 25,000 USD, an increase of nearly 60% compared to 2019.

Figure 4-2 Per capita GDP in Central and Eastern Europe from 2019 to 2040

Unit: USD per person

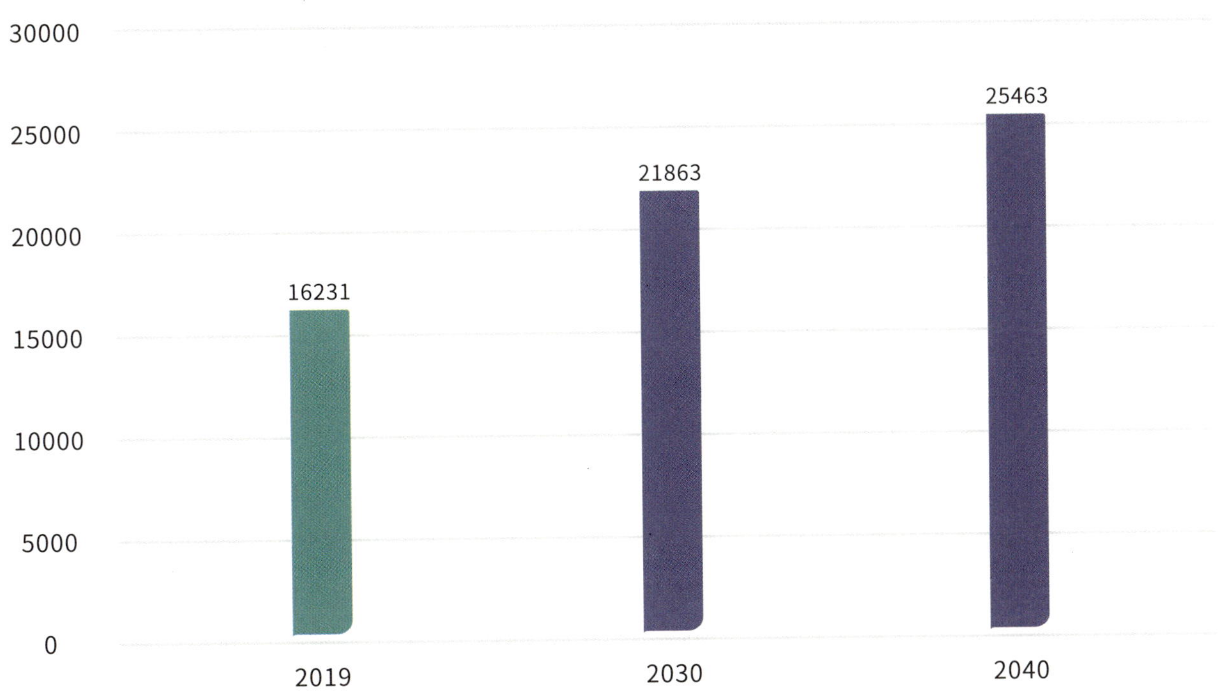

Data source: UN Population Division, IMF, and this thesis

4.2.2 Energy demand will steadily increase

On the basis of comprehensively considering factors such as population growth, economic development, policy improvement, and technological progress, three scenarios were designed in this thesis for future energy development, namely, the continuation scenario, the transition scenario, and the accelerated transition scenario. Among them, the continuation scenario assumes the current policy measures remain basically unchanged and technological innovation is steadily advanced; the transition scenario assumes the UN Sustainable Development Goals and the energy and climate change related content of the Paris Agreement have been realized, the energy transition policies are implemented, and the pace of technological innovation is accelerated; the accelerated transition scenario is to achieve the UN Sustainable Development Goals and the Paris Agreement as soon as possible, greatly adjust the existing energy policies, and apply abundant innovative technologies in a large scale.

Under the continuation scenario, the total energy demand in Central and Eastern Europe grows rapidly. The total demand in 2030 will exceed 350 MTOE, an increase of over 10% from 2019. The total energy demand in 2040 will be close to 370 MTOE; under the transition scenario, the potential of energy transition is released, energy efficiency continues to improve, energy conservation and emission reduction efforts are increased, and energy demand growth slows down. In 2030, the total energy demand is close to 350 MTOE, an increase of more than 7% compared to 2019, and the total energy demand in 2040 will exceed 350 MTOE; under the accelerated transition scenario, the transition will accelerate, carbon emissions will rigidly constrain energy consumption, and energy consumption is growing at a slow rate. The total energy demand in 2030 is close to 340 MTOE, an increase of about 5% over 2019, and the total energy demand in 2040 is about 340 MTOE.

Figure 4-3 Energy demand in Central and Eastern Europe from 1990 to 2040

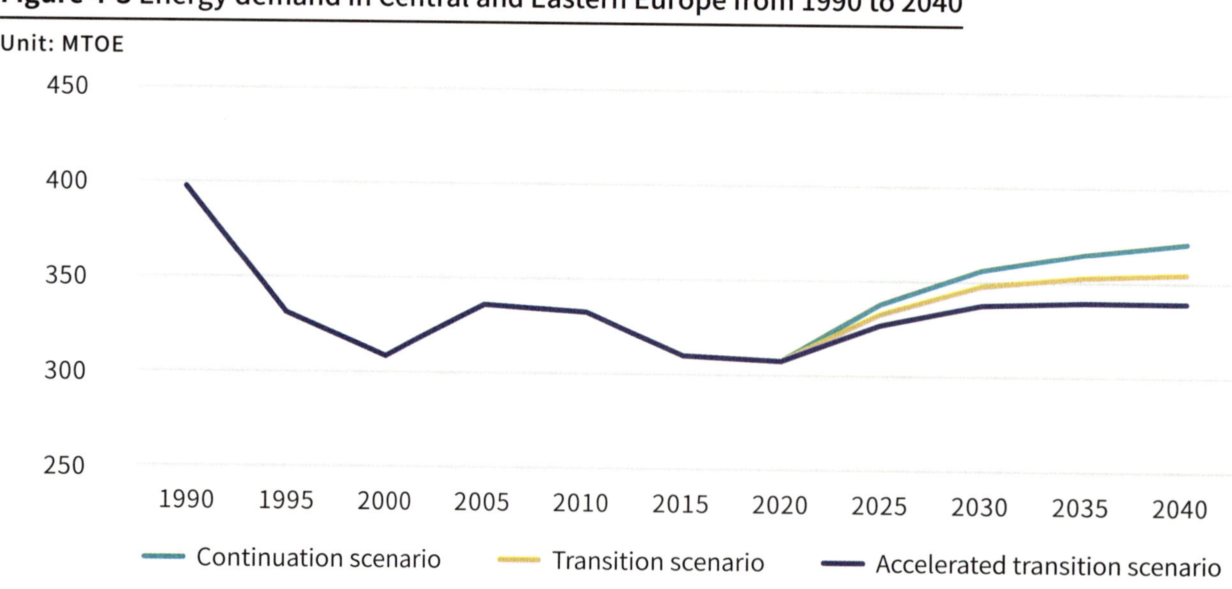

Data source: International Energy Agency, Eurostat, BP, and this thesis

Fossil energy has long occupied a major position in the energy consumption in Central and Eastern Europe. While its energy consumption structure is shifting to clean and low-carbon due to the rapid development of renewable energy represented by wind, light and biomass. Based on the renewable energy development goals of Central and Eastern European countries, non-fossil energy consumption is expected to take over 25% in 2030. Under the continuation scenario, the proportion of non-fossil energy consumption in 2030 will reach 28%, 7 percentage points higher than that in 2019, and will reach 31% in 2040; under the transition scenario, the proportion of non-fossil energy consumption will be 31% in 2030, 9 percentage points higher than that in 2019, and will be 33% in 2040; under the accelerated transition scenario, the proportion of non-fossil energy consumption will reach 33% in 2030, 12 percentage points higher than that in 2019, and will reach 38% in 2040.

Figure 4-4 Proportion of non-fossil energy demand in Central and Eastern Europe from 1990 to 2040

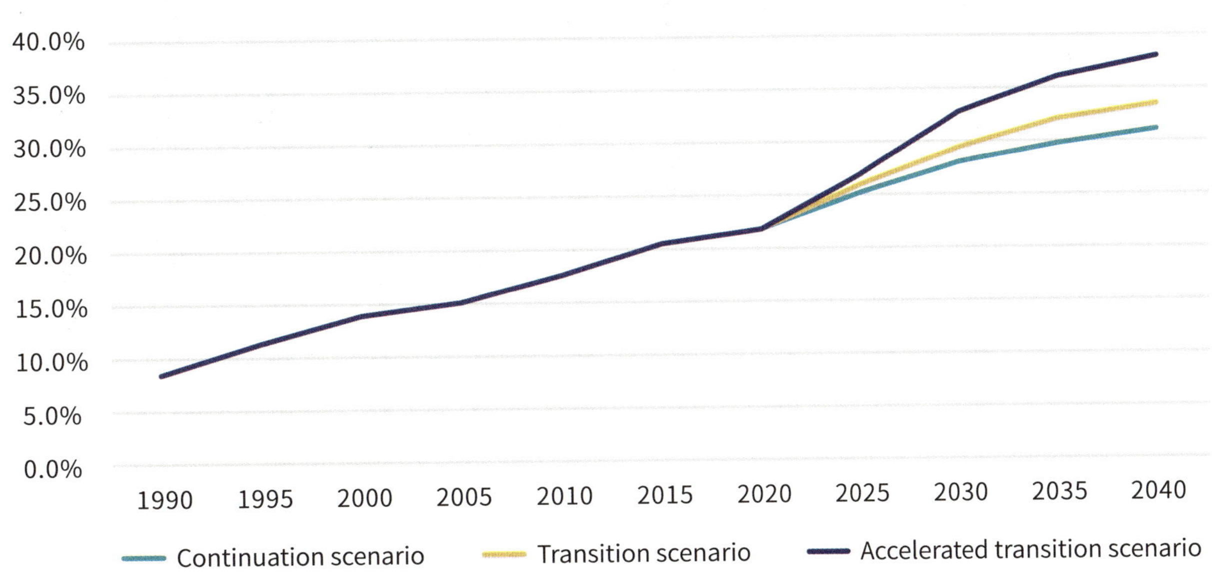

Data source: NCEP, International Energy Agency, Eurostat, and this thesis

Under the transition scenario, the proportion of renewable energy consumption will reach 22% in 2030; the proportion of coal consumption continues to decline since 1990, and is expected to fall to 25.6% in 2030 and 23.8% in 2040; the proportion of oil consumption, fluctuating and showing a downward trend since 2018, is expected to drop to 25.5% in 2030 and 23.5% in 2040; the proportion of natural gas consumption has remained stable, rising slightly since 2015, will reach 19.3% in 2030, and basically maintain the same in 2040; the proportion of nuclear energy consumption has remained stable increase, and will reach 7.5% in 2030 and 7.9% in 2040. By 2040, it is estimated that the proportion of renewable energy consumption will exceed that of coal, occupying the main position of energy consumption in Central and Eastern Europe.

Figure 4-5 Energy consumption in Central and Eastern Europe from 1990 to 2040

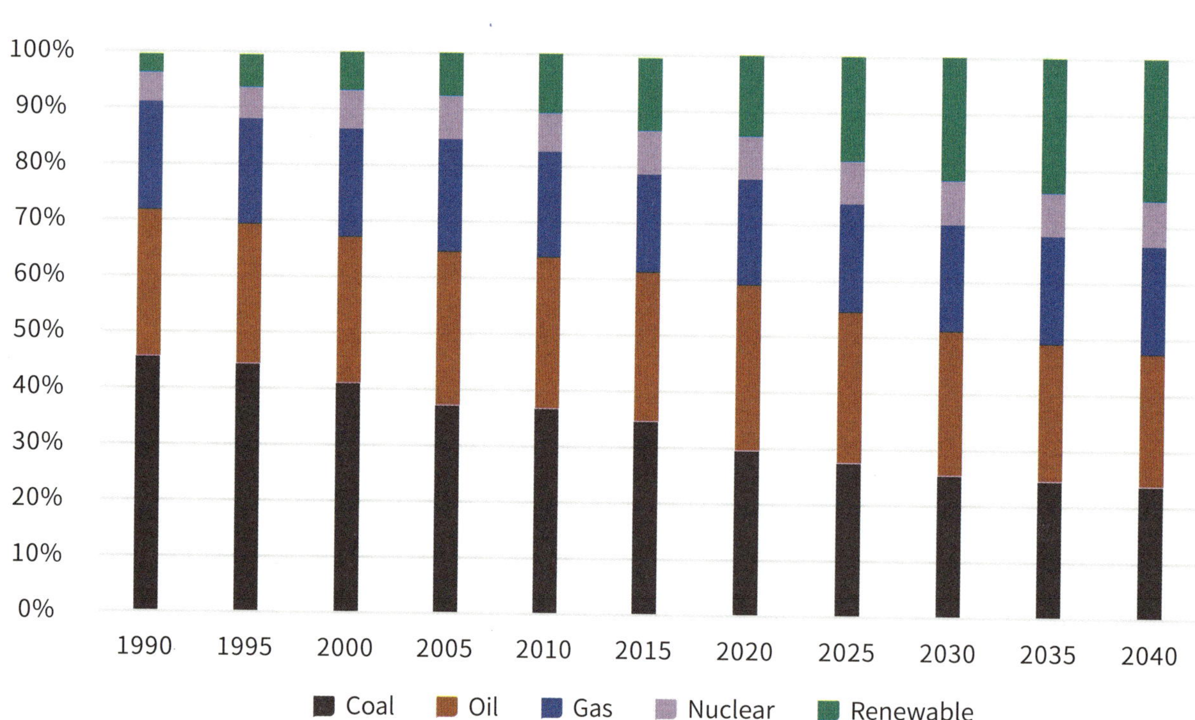

Data source: International Energy Agency, Eurostat, BP, and this thesis

Under the transition scenario, Poland, the Czech Republic, and Romania will continue to be the major energy demanding countries in Central and Eastern Europe, while Montenegro, Albania, and North Macedonia have relatively small energy demand. In 2030, the proportion of energy demand by countries in Central and Eastern Europe is basically unchanged.

Figure 4-6 Proportion Energy demand of Central and Eastern Europe countries, 2019-2040

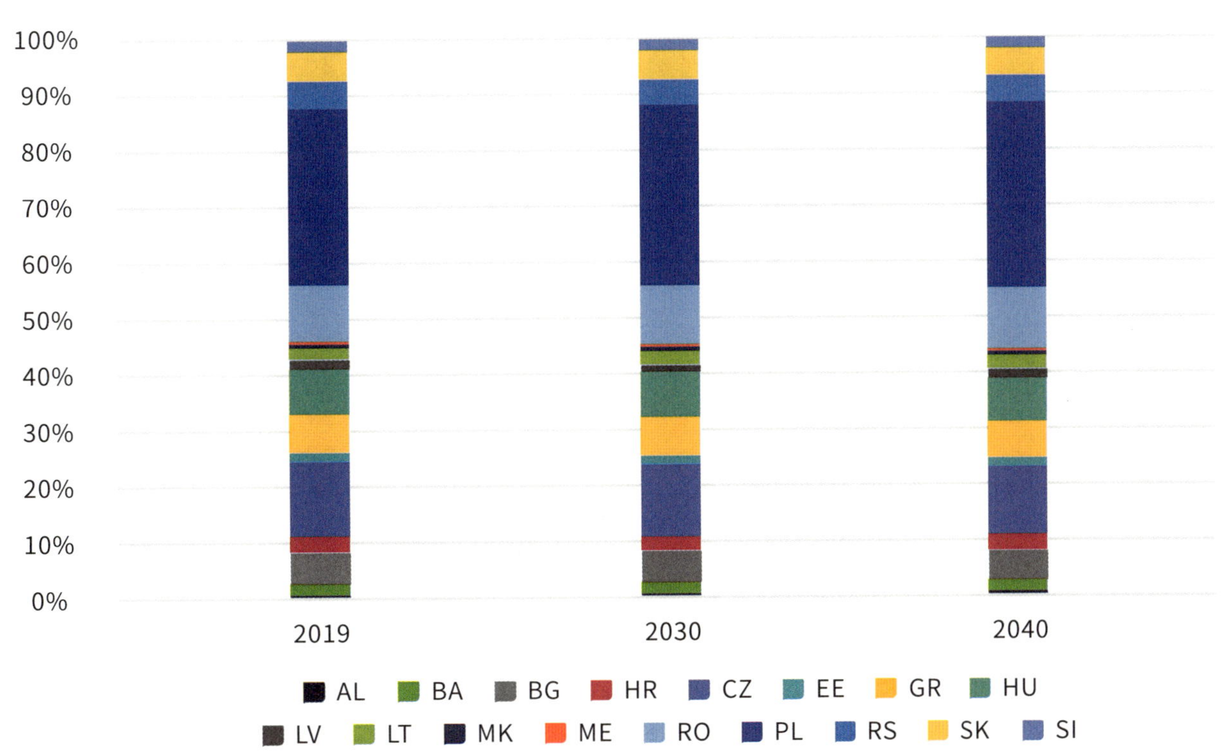

Data source: International Energy Agency, BP, and this thesis

In the future, energy sector will remain the focus of development in Central and Eastern Europe. It is estimated that from now to 2040, investment in energy sector of Central and Eastern Europe will exceed 700 billion EUR, mainly concentrating in renewable energy, energy efficiency improvement, CO2 emission reduction, power interconnection infrastructure construction, and power system upgrading, etc.

4.2.3 Coal demand will continue to decline

Influenced by the European coal-free trend and the rising carbon pricing, under the transition scenario, the demand for coal in Central and Eastern Europe is expected to continuously decline to 89 MTOE in 2030, dropping by nearly 7% from 2019. Proportion of coal consumption will drop to 25.6%, decreasing by about 4% from 2019. Total coal consumption will decrease in majority of countries, and will increase slightly in a few countries with abundant coal reserves. Coal demand is expected to fall to 84 MTOE in 2040.

Figure 4-7 Coal demand in Central and Eastern Europe, 1990 to 2040

Unit: MTOE

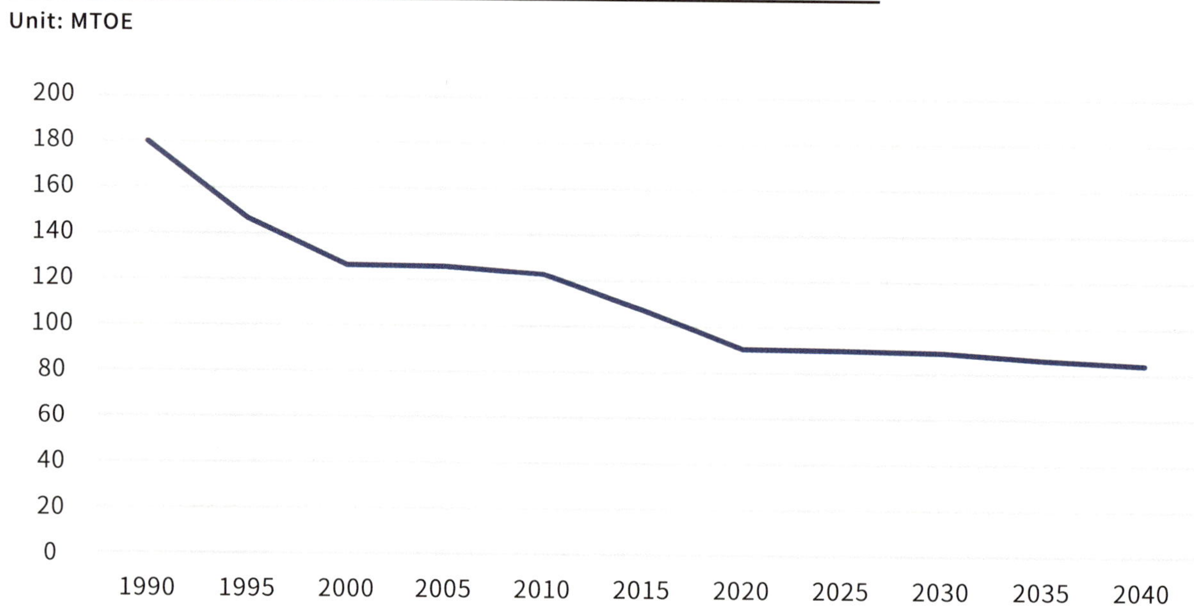

Data source: International Energy Agency, BP, and this thesis

From the supply side, coal reserves in Central and Eastern Europe are relatively rich. Countries with abundant coal reserves and high production such as Poland and Serbia will become the main sources of coal supply growth in Central and Eastern Europe. Among them, Poland has coal reserves of approximately 26.5 billion tons, accounting for more than 50% of the entire Central and Eastern Europe, being a net exporter of coal, its annual production exceeds 70 million tons. According to its 2050 energy strategy plan, it plans to increase its annual coal output to 75 million tons in 2030, while continuing to increase investment in coal mining. Serbia has more than 7.5 billion tons of coal reserves and an annual production of over 10 million tons, mainly supplied by two coal mines (Kolubara and Kostolac), which are both planning to expand their production. At the same time, Serbia plans to develop new coal mines and increase investment. The Czech Republic is the second largest coal producer in Central and Eastern Europe second to Poland, with an annual production capacity of nearly 22 million tons. It plans to reduce coal supply, and the annual production will fall to below 15 million tons by 2030.

Self-sufficiency rate in coal of Central and Eastern Europe is 94%, which is relatively high. The annual net coal import volume is about 13 million tons, mainly from Russia, Ukraine, South Africa, and Australia. In the future, as coal demand declines, Central and Eastern Europe will gradually reduce coal import and export trade, and Russia and Ukraine will remain the major sources of coal imports of Central and Eastern Europe.

4.2.4 Oil demand will continue to decline and the proportion of natural gas demand will increase steadily

The degree of self-sufficiency in oil and gas, the main primary energy in Central and Eastern Europe, is relatively low. Over 80% of oil and gas resources is imported from Russia, Europe and other countries and regions. To improve energy independence and ensure energy security, Central and Eastern Europe will increase local energy supply and control oil and gas consumption at the same time.

Under the transition scenario, oil consumption in Central and Eastern Europe is expected to be 89 MTOE around 2030; oil consumption will gradually decline after 2025, and total oil demand in 2040 will drop to about 83 MTOE. Transportation electrification will greatly influence oil demand. The improvement of fuel efficiency and the level of transportation electrification are the main factors affecting oil demand in Central and Eastern Europe.

Figure 4-8 Oil demand in Central and Eastern Europe from 1990 to 2040

Unit: MTOE

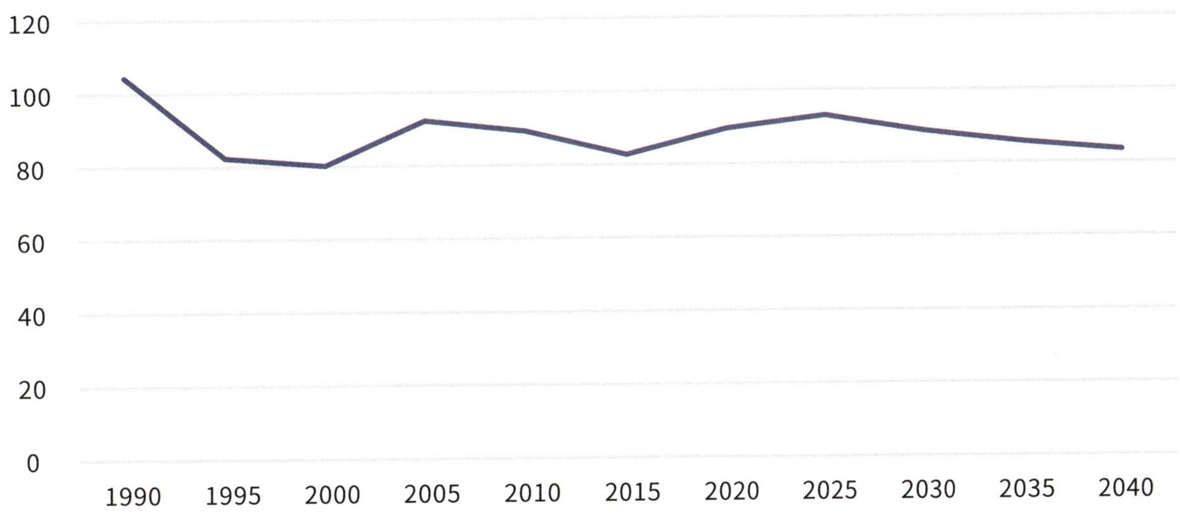

Data source: International Energy Agency, BP, and this thesis

Under the transition scenario, the demand for natural gas will continue to increase due to the shrinking coal consumption. Natural gas consumption in the power sector grows especially fast, making up for the power gap caused by decommissioning of coal-based power units. In 2030, natural gas demand in Central and Eastern Europe will exceed 67 MTOE, up by over 9% compared to 2019. In 2040, natural gas demand in Central and Eastern Europe will exceed 68 MTOE.

Figure 4-9 Natural gas demand in Central and Eastern Europe from 1990 to 2040

Unit: MTOE

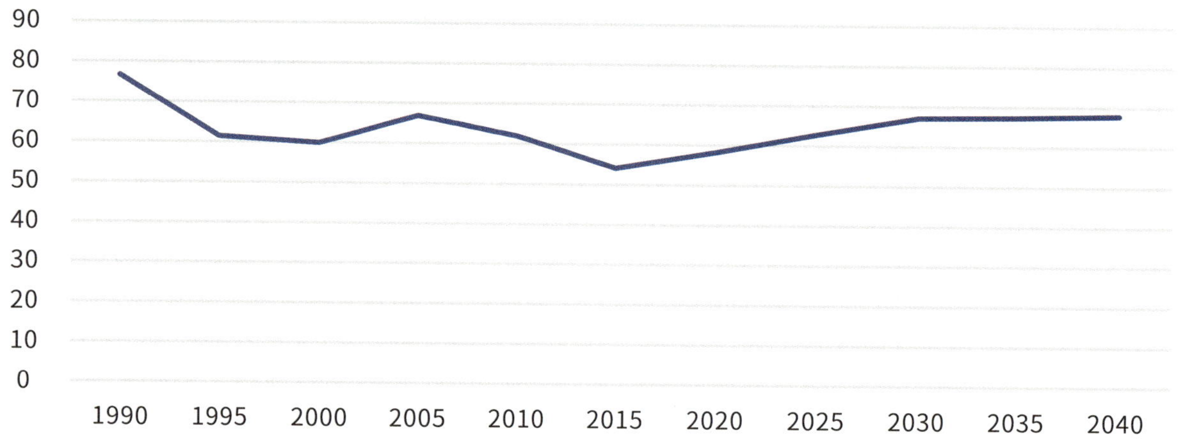

Data source: International Energy Agency, BP, and this thesis

From the perspective of supply, Albania, Croatia, Romania, Poland, and Serbia have oil resources. At present, some of them have commenced auctions of offshore and onshore oil exploration blocks. Regional oil pipeline construction projects are also being launched. Among them, Romania, Serbia, Croatia, and Slovenia are participating in the construction of the Pan European Oil Pipeline, which has an expected length of 1,360 kilometers and an annual capacity of 60 million tons; Serbia plans to invest 400 million EUR in petroleum exploration and production before 2030.

To meet environmental requirements and improve energy efficiency, most countries in Central and Eastern Europe focus on natural gas development and plan to increase natural gas supply. According to relevant plans, there will be over 60 natural gas development projects in Central and Eastern Europe from 2020 to 2030, and the disclosed investment amount has reached 21 billion EUR. Countries located in important strategic geographic spots, such as Bulgaria and Albania, will vigorously develop natural gas interconnection infrastructure. Albania plans to focus on the development of domestic natural gas transmission channels from 2020 to 2040 and connect with neighboring countries; Bulgartransgaz, a Bulgarian gas transmission company, plans to invest 432 million EUR in the construction of natural gas pipeline from 2018 to 2076; Poland is planning a natural gas transmission corridor to connect with Slovakia, Lithuania, and central Europe.

With merely 10% and 24% self-sufficiency rates respectively in oil and natural gas, Central and Eastern Europe imports 100 MTOE oil and 45 MTOE natural gas annually, mainly from Russia, Africa, and other European countries. In the future, as oil demand decreases and domestic natural gas production capacity increases, Central and Eastern Europe will gradually reduce oil and gas imports.

4.2.5 Demand for renewable energy will increase substantially

Countries in Central and Eastern Europe in general have formulated renewable energy development goals for 2020 and 2030. As the energy resource conditions, development strategies and goals vary from each other, the pace of energy transition is also inconsistent. Specifically, Estonia, Latvia, and Lithuania have higher energy transition goals, setting a renewable energy consumption target of over 40% in 2030; the Czech Republic, Hungary, Poland, Slovakia and other countries are relatively lagging behind in energy transition, with a renewable energy consumption target of around 20% in 2030.

In general, the proportion of renewable energy consumption in Central and Eastern European countries still lags behind the EU's target for 2030, and some countries have large gaps, thus requiring accelerated energy transition. The demand and potential of renewable energy development is huge, and countries need to formulate transition paths based on their own conditions. As the EU raises higher requirements for energy transition, Central and Eastern Europe will vigorously develop renewable energy.

Figure 4-10 Current status and goals of renewable energy development in Central and Eastern European countries

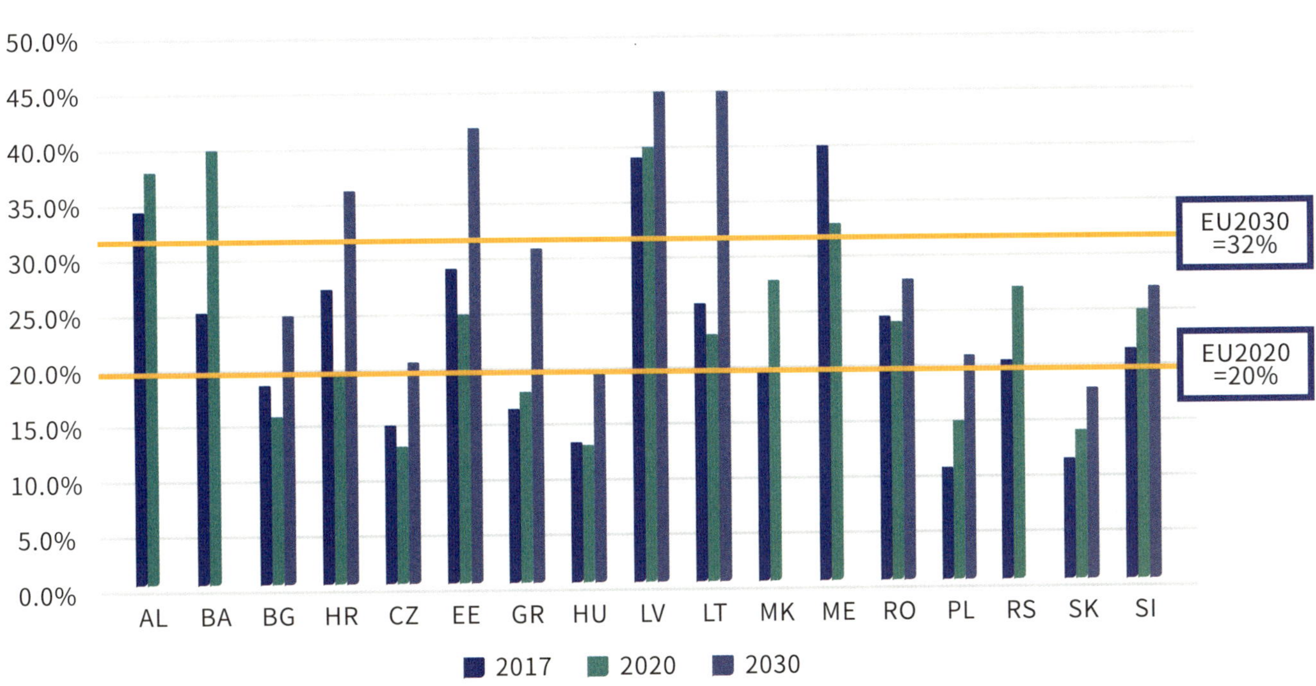

Data source: NECP

Based on their renewable energy development goals, under the transition scenario, total renewable energy demand in Central and Eastern Europe is expected to exceed 76 MTOE in 2030, up by around 80% from 2019, and the average annual growth rate from 2019 to 2030 exceeds 5%. The growth in demand for renewable energy such as wind, light, and water is mainly used for electricity generation, and biofuels is mainly used for biomass gas production and heating. Total renewable energy demand in Central and Eastern Europe is expected to be over 90 MTOE in 2040.

Figure 4-11 Renewable energy demand in Central and Eastern Europe from 1990 to 2040

Unit: MTOE

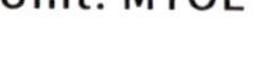

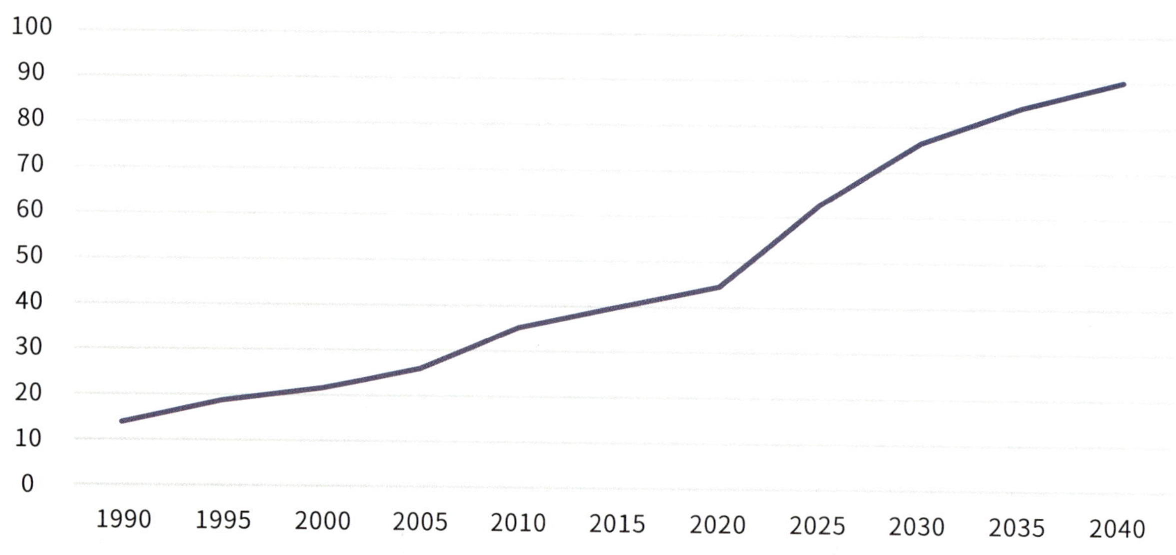

Data source: International Energy Agency, BP, and this thesis

4.3 Electricity development prospects in Central and Eastern Europe

4.3.1 Electricity demand will maintain good momentum

Driven by the economic recovery, the growth of electricity consumption in Central and Eastern Europe is strong. With the gradual recovery of economy and the increase of electrification, the growth rate of electricity demand in Central and Eastern Europe will remain at a relatively high level in Europe for some time in the future, thus lifting the demand of electric power system infrastructure construction. Under the continuation scenario, total electricity demand in Central and Eastern Europe will grow rapidly, which is expected to reach 665.4 TWh in 2030, up by 17% over 2019, and will reach 717 TWh in 2040; under the transition scenario, total power demand in 2030 will reach 655.5 TWh, an increase of 15% over 2019, and will reach 700.4 TWh in 2040; under the accelerated transition scenario, the power demand will grow steadily. Total annual power demand will be 645.7 TWh in 2030, up by 13% over 2019, and will be 683.3 TWh in 2040.

Figure 4-12 Power demand in Central and Eastern Europe in 2040

Unit: TWh

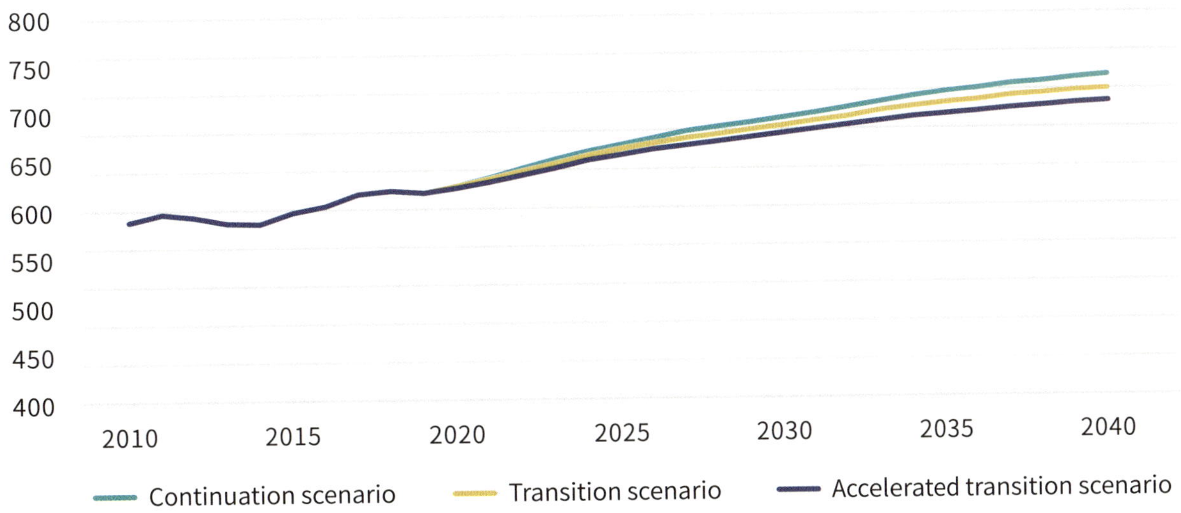

Data source: International Energy Agency, ENTSO-E, and this thesis

Under the transition scenario, electricity consumption per capita in Central and Eastern Europe will reach 5,304 kWh in 2030, up by 20% compared to 2019. Comparing with that of the whole Europe, per capita electricity consumption in Central and Eastern Europe is still low. Compared with developed countries in Europe, per capita electricity consumption in Central and Eastern Europe in 2030 is still lower than the current per capita electricity consumption in former EU countries (6,824 kWh per person per year), exhibiting large space for the growth. In 2040, per capita electricity consumption in Central and Eastern Europe will reach 6,000 kWh per year.

Electricity consumption per unit of GDP reflects the efficiency of electricity utilization in economic activities. Under the transition scenario, the electricity consumption per unit GDP of Central and Eastern Europe in 2030 is 2,506 kWh per 10,000 USD, which is 8% lower than that in 2019, remaining a big gap between the current European average power consumption (1,527 kWh per 10,000 USD). In 2040, electricity consumption per unit of GDP in Central and Eastern Europe will drop to about 2,200 kWh per 10,000 USD.

4.3.2 Expanding gap in electricity installed capacity huge demand for electricity facility construction

Considering the growth of electricity load and the decommissioning of old thermal power units, under the transition scenario, the electricity gap in Central and Eastern Europe will exceed 60 GW in 2030, making traditional electricity system upgrading and new electricity infrastructure construction the top priority in the electricity development of Central and Eastern Europe. At the same time, the EU's energy transition goals put forward new requirements for the electricity system, while the power grid systems of many countries cannot meet the needs of electricity consumption growth and renewable energy access, so there is a large space for grid infrastructure construction. By 2040, the electricity gap in Central and Eastern Europe is expected to exceed 90 GW.

Figure 4-13 2019-2040 electricity gap forecast

Unit: Megawatt (MW)

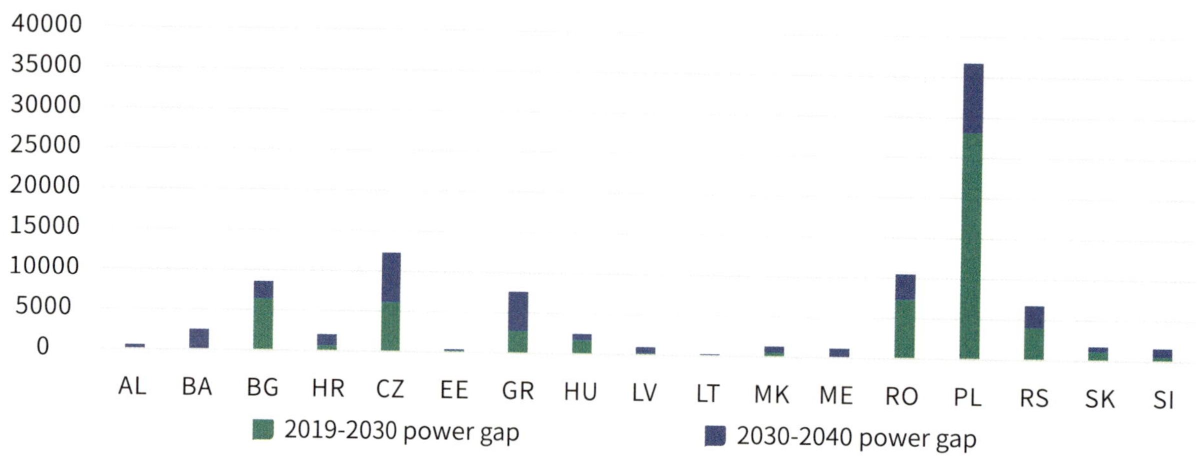

40000
35000
30000
25000
20000
15000
10000
5000
0

AL BA BG HR CZ EE GR HU LV LT MK ME RO PL RS SK SI

2019-2030 power gap   2030-2040 power gap

Data source: ENTSO-E, Eurostat, and this thesis

4.3.3 Clean and low-carbon transition of electricity installed structure

At present, the majority of electricity installed capacity in Central and Eastern Europe is still of fossil energy. Some units are obsolete and will be replaced by new generating units before 2030. Fossil fuels, mainly coal-fired generation will be replaced by clean power generation due to higher EU energy transition goals and increasing carbon pricing. In particular, wind and solar power generation has huge growth potential before 2030, and technological progress and cost reduction have made wind power and photovoltaic power increasingly competitive.

Due to high emissions of pollutants and CO2, coal-fired power capacity will undergo large-scale transformation and reduction, which will drop to 28.3% in 2030; gas power will gradually become the main adjustable fossil energy installed capacity, and renewable energy capacity will increase to 42.7%. By 2040, the installed capacity of coal power will drop to 24.3%, and renewable energy represented by wind power and photovoltaic power will be close to 50%, becoming the most important type of power generation in Central and Eastern Europe.

Figure 4-14 Structure of electricity capacity in Central and Eastern Europe, 2019-2040

	2019	2025	2030	2035	2040
Coal	37.0%	32.4%	28.9%	26.3%	24.3%
Oil	2.2%	1.8%	1.5%	1.3%	1.1%
Gas	12.4%	13.1%	13.6%	14.4%	15.0%
Nuclear	7.3%	6.6%	6.1%	5.7%	5.5%
Renewable	37.5%	40.4%	42.7%	46.1%	48.8%
Others	3.6%	5.7%	7.3%	6.2%	5.4%

Data source: NCEP, International Energy Agency, ENTSO-E, and this thesis

1 Fossil power

According to the energy transition needs of the EU and other countries, the total decommissioned installed capacity of coal and gas generating units in Central and Eastern Europe will be close to 70 GW by 2030. To fill the electricity gap, it is still necessary to build some power units while making full use of grid interconnection and demand-side response. The development of fossil power mainly depends on the energy policies and planning of central and Eastern European countries and the development of emerging technologies such as energy storage. On the whole, the installed capacity of fossil energy will show a gradual decline.

Figure 4-15 Changes in gas installed capacity in Central and Eastern Europe from 2019 to 2040

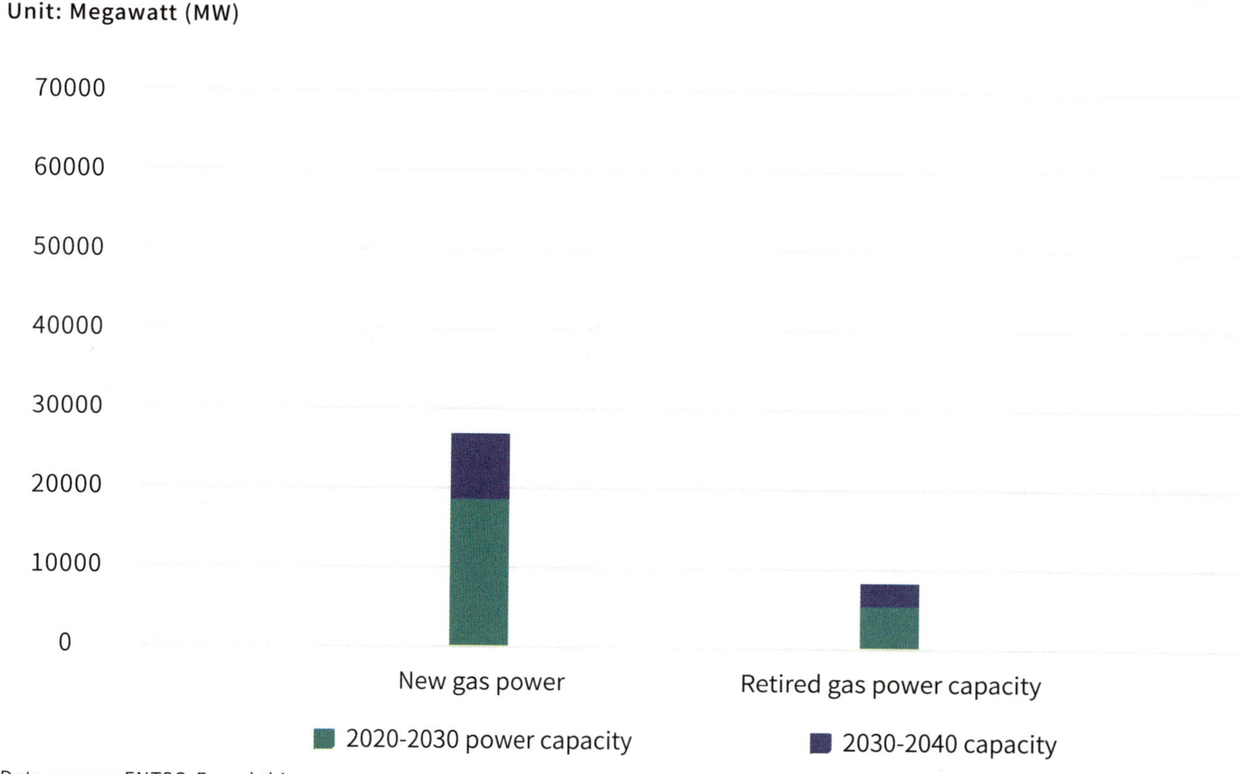

Data source: ENTSO-E, and this report

2 Photovoltaic power plant

Central and Eastern Europe is rich in photovoltaic resources, especially in Central and Southeast Europe, where annual photovoltaic power generation hours exceed 1400, presenting huge potential for large-scale development of photovoltaic power plants.

Figure 4-16 Potential of photovoltaic resources in Central and Eastern Europe

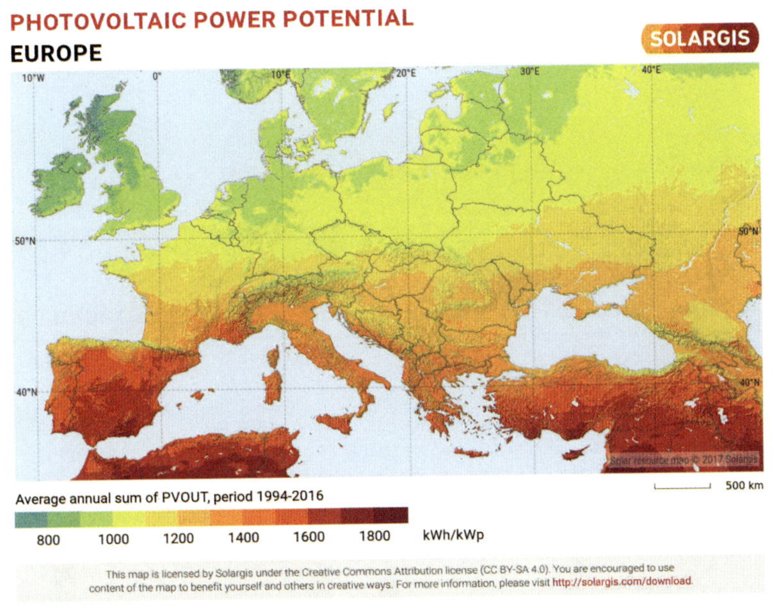

Data source: SOLARGIS

The cost advantage of photovoltaic power generation gradually stands out with the advancement of technology. Levelized Cost of Energy (LCOE) is the power production costs calculated after leveling the life-cycle costs and power generation of the project, that is, the present value of the life-cycle costs divided by the present value of the life-cycle power generation, while considerting the time value of funds, the depreciation of fixed assets, taxation and other factors. According to calculations, the cost of photovoltaic electricity in Central and Eastern Europe is around 6 euro cents/kWh in 2019, basically the same as that of the wholesale market. It is estimated that by 2040, the cost of photovoltaic electricity in Central and Eastern Europe will drop to about 5 euro cents/kWh. In some areas with better light resources, the cost will drop to below 4 euro cents/kWh, further highlighting the price advantage.

Figure 4-17 LCOE of photovoltaic electricity in Central and Eastern European countries in 2019

Unit: Euro cent/kWh

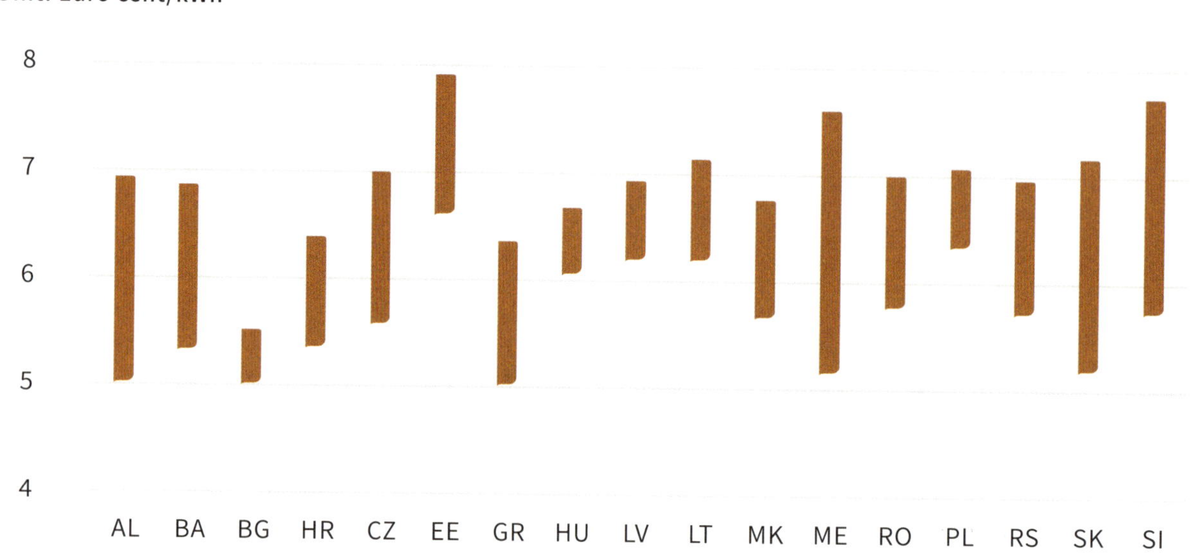

Data source: SOLARGIS, International Renewable Energy Agency, Agora, and this thesis

Figure 4-18 LCOE of photovoltaic electricity in Central and Eastern European countries in 2040

Unit: Euro cent/kWh

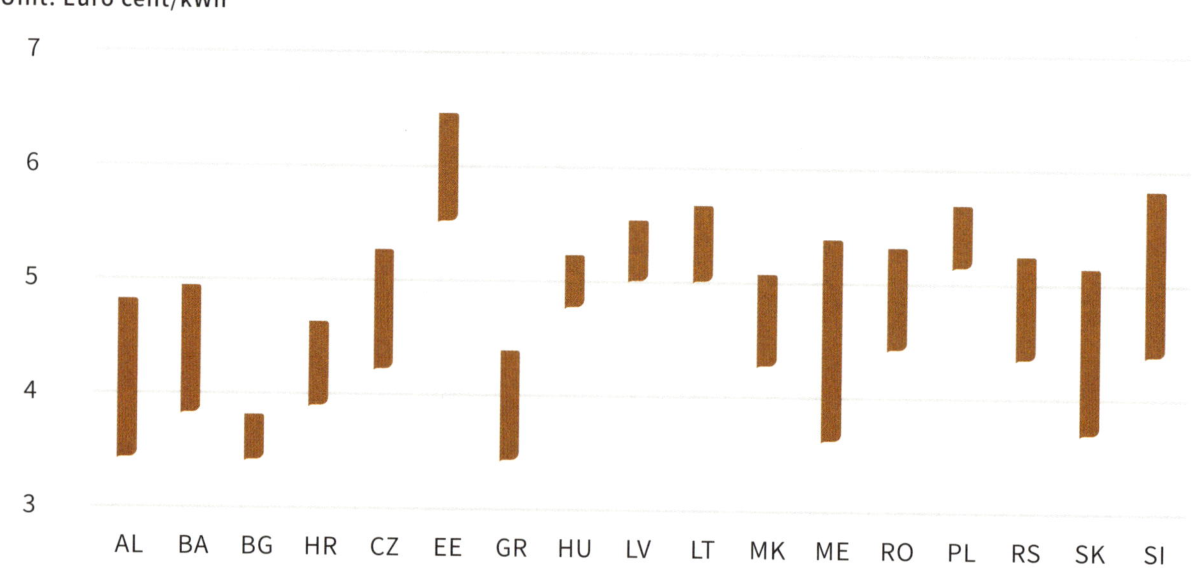

Data source: SOLARGIS, International Renewable Energy Agency, Agora, and this thesis

Taking into account the four factors of electricity demand, resource status, electricity price competitiveness, and renewable energy development goals, it is expected that from now to 2030, the newly installed photovoltaic capacity in Central and Eastern Europe will exceed 30 million kilowatts, and the total installed photovoltaic capacity in 2030 will be close to 40 million kilowatts; newly installed photovoltaic capacity will be about 25 million kilowatts from 2030 to 2040, and the total installed photovoltaic capacity will exceed 63 million kilowatts in 2040.

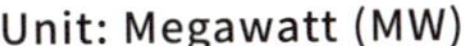

Figure 4-19 Projection of PV electricity generating capacity in Central and Eastern European countries from 2019 to 2040

Unit: Megawatt (MW)

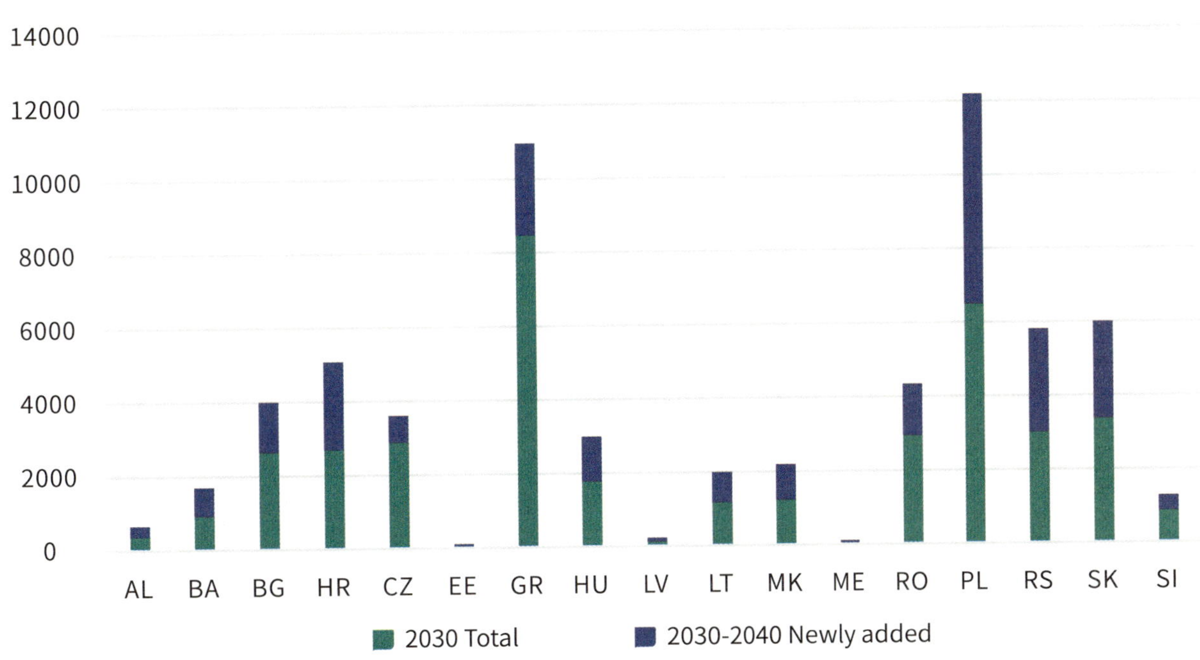

Data source: NCEP, ENTSOE, and this thesis

3 Onshore wind power

Central and Eastern Europe is rich in wind energy resources. Based on relevant research, onshore and offshore wind power volume ready for economic and technological development in Central and Eastern Europe is close to 1.7 billion kilowatts, and the volume with significant price competitiveness (the cost is significantly lower than local fossil energy electricity generation price) is about 57 million kilowatts.

Figure 4-20 Potential of onshore wind power generation in Central and Eastern Europe

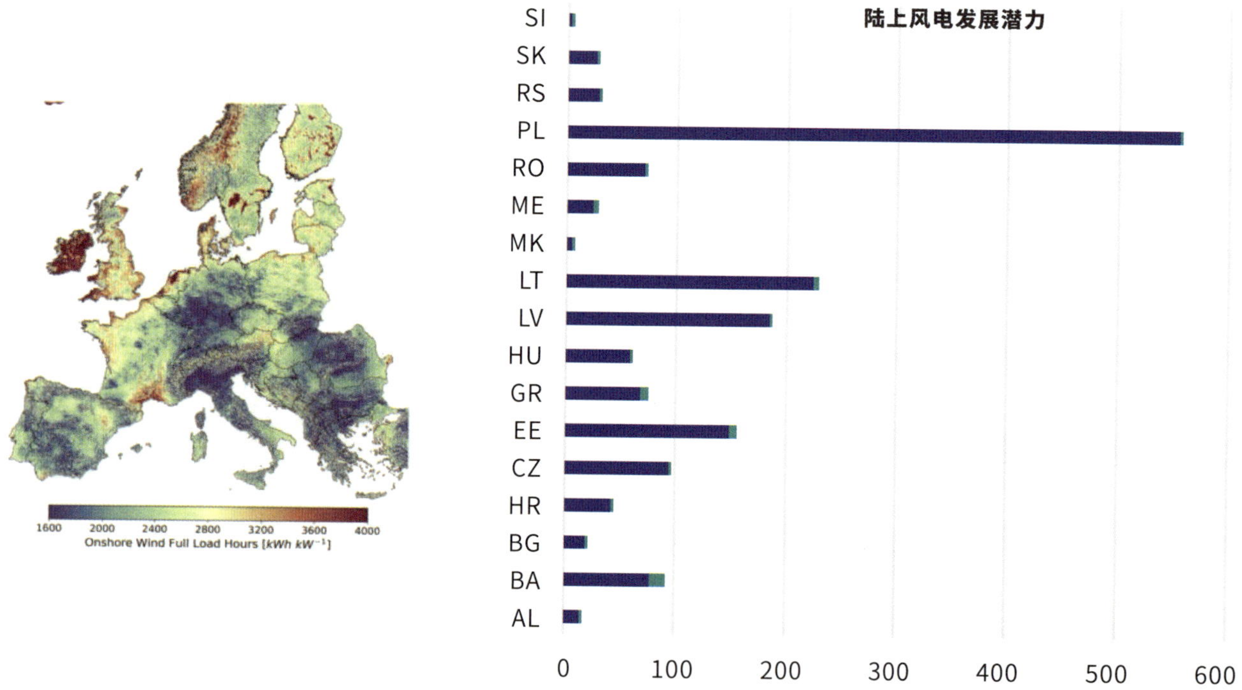

Data source: Ryberg, etc. The Future of European Onshore Wind Energy Potential. Energy, 182(2019).

According to calculations, LCOE of onshore wind power in Central and Eastern Europe in 2019 is 6-10 euro cents/kWh. In the wind-rich Baltic Sea coastal area, LCOE of onshore wind power can be 6 euro cents/kWh, basically reaching grid parity. It is estimated that by 2040, the cost of wind power in Central and Eastern Europe will drop to about 7 euro cents/kWh. In the wind-rich Baltic Sea region, the cost will drop to about 5 euro cents/kWh.

Figure 4-21 LCOE of wind power in Central and Eastern European countries in 2019

Unit: Euro cent/kWh

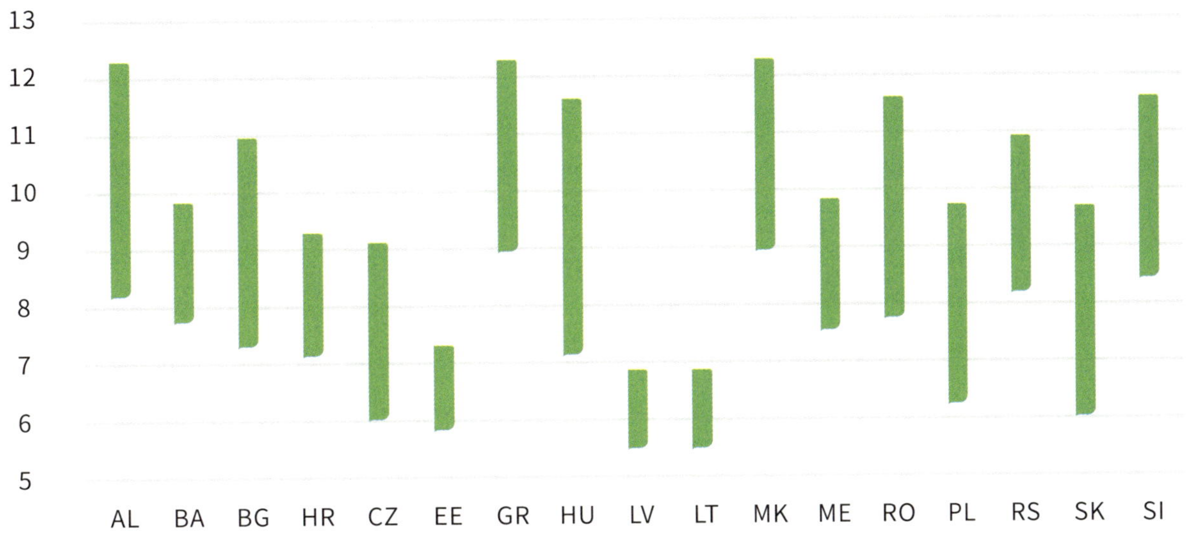

13
12
11
10
9
8
7
6
5
AL
BA
BG
HR
CZ
EE
GR
HU
LV
LT
MK
ME
RO
PL
RS
SK
SI

Data source: Ryberg, etc., Agora, International Renewable Energy Agency, and this thesis

Figure 4-22 LCOE of wind power in Central and Eastern European countries in 2040

Unit: Euro cent/kWh

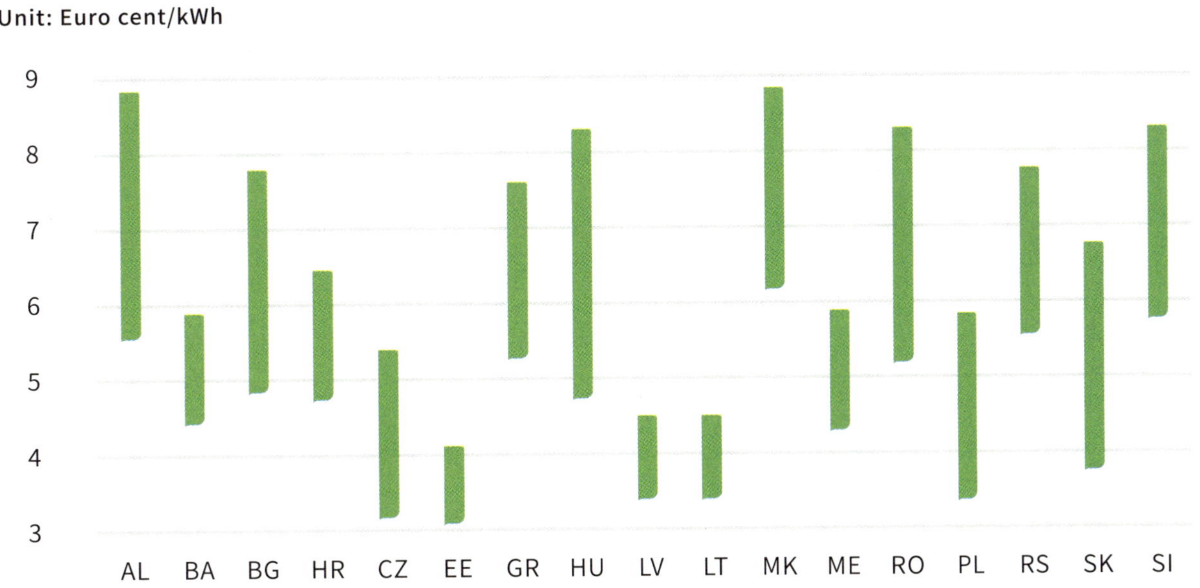

9
8
7
6
5
4
3
AL
BA
BG
HR
CZ
EE
GR
HU
LV
LT
MK
ME
RO
PL
RS
SK
SI

Data source: Ryberg, etc., Agora, International Renewable Energy Agency, and this thesis

Taking into account the four factors of electricity demand, resource status, power price competitiveness, and renewable energy development goals, it is estimated that from now to 2030, the newly installed onshore wind energy capacity in Central and Eastern Europe will exceed 20 million kilowatts, and the total installed wind energy capacity in 2030 will be close to 40 million kilowatts; the newly added onshore wind energy installed capacity will exceed 14 million kilowatts from 2030 to 2040, and the total installed wind energy capacity in 2040 will exceed 50 million kilowatts.

Figure 4-23 Projection of installed wind energy capacity in Central and Eastern European countries from 2019 to 2040

Unit: Megawatt (MW)

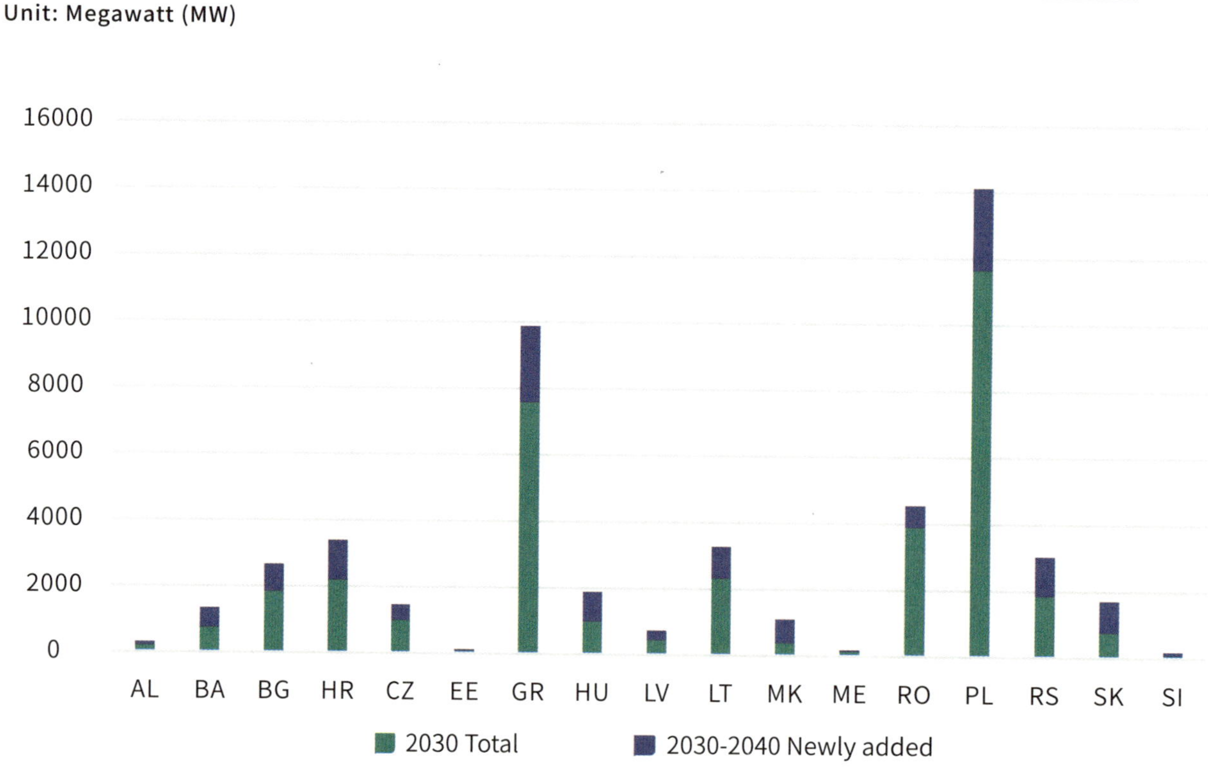

Data source: NCEP, ENTSOE, and this thesis

4 Offshore wind power

The Baltic Sea region is rich in wind energy resources. At present, the total installed capacity of offshore wind power in European waters exceeds 20 GW, including about 2 GW in the Baltic Sea region. According to the forecast, the cumulative potential installed capacity of offshore wind power in the Baltic Sea region exceeds 93 GW, with a generation capacity of 325 TWh/year. It is estimated that by 2030, the installed capacity of offshore wind power in the Baltic Sea region will reach 9-14 GW. Estonia, Lithuania, Latvia and Poland in Central and Eastern Europe are located along the Baltic Sea, with great potential for offshore wind power development. According to the existing projects, the cost of offshore wind power in the Baltic Sea region is about 5-6.5 c € / kWh. With the development of offshore wind power technology and cost reduction, subsidies to more and more offshore wind power projects have been removed. The annual utilization hours of offshore wind power in the Baltic Sea region is about 3500-4200 hrs.

Poland is rich in offshore wind energy resources, and the potential installed capacity of offshore wind power exceeds 10 GW. Its first offshore wind power project is estimated to start generationng electricity in 2025. Since no new coal-fired generationg units will be built in the future, its government will strongly promote the development of offshore wind power. It is estimated that the total installed capacity of offshore wind power will reach 10 GW around 2030. At present, offshore wind power projects are offered by way of auctions, and the Polish government is planning to introduce a new offshore wind power support policy.

The potential installed capacity of offshore wind power in Lithuania is 3.35 GW. In order to achieve the goal of 3 GW of green power generation installed capacity by 2030, Lithuania will actively develop offshore wind power to realize energy transformation transition and reduce energy import. It is estimated that the first offshore wind power project will be auctioned in 2021-2022. Estonia and Latvia are also planning to jointly develop a 1000 M GW offshore wind power project to improve energy security and meet the EU's energy transformation transition goals.

5 Nuclear power

As a clean, efficient and high-quality modern energy, nuclear power is one of the important ways to realize energy transformation transition and development in Central and Eastern Europe. At present, six countries in Central and Eastern Europe have nuclear reactors and continue to develop nuclear power, namely, Bulgaria, Czech Republic, Hungary, Romania, Slovakia and Slovenia. Among them, Bulgaria restarted the Belene nuclear power project in 2018, and invited many nuclear power companies including Chinese companies to submit expressions of interest to become strategic investors of the project in 2019; Tthe Czech Republic plans to develop Units 3 and 4 of Temelin Nuclear Power Station; Romania will launch a new round of bidding for the construction project of Units 3 and 4 of Cernavodă Nuclear Power Plant. In addition, Poland is planning to build its first nuclear power plant, and is considering developing a nuclear power project of 1000-1500 MW in 2033 and putting it into commercial operation.

6 Hydropower

In 2019, the total hydropower generation in Central and Eastern Europe was 73.8 TWh, the largest contributor to renewable energy generation in Central and Eastern Europe. At the same time, the hydropower resources to be developed in Central and Eastern Europe are still abundant. According to relevant statistics, the hydropower technology development capacity technically exploitable potential of hydropower in Central and Eastern Europe exceeds 200 TWh/year, mainly in Southeast Europe, where the technology development capacity technically exploitable potential is close to 170 TWh/year. Many countries in Southeast Europe are committed to joining the European Union. In order to stay committed toin line with the EU's energy transformation transition and development goals, hydropower will be strongly promoted in the region in the future.

It is estimated that by 2030, the installed hydropower capacity in Central and Eastern Europe will increase by more than 6 GW, and the total power generation will increase by more than 20 TWh, mainly in southeast European countries such as Bulgaria, Romania and Bosnia and Herzegovina. In 2030-2040, the installed capacity of hydropower is expected to increase by about 3 GW, and the total power generation will increase by about 10 TWh.

Table 4-1 Hydropower Development Potential of Central and Eastern European Countries

Country	Abbrev	Hydropower generation in 2019 (TWh)	Hydropower potential (TWh/a)
Albania	AL	8.1	12
Bosnia - Herzegovina	BA	5.8	19
Bulgaria	BG	4.3	14.8
Croatia	HR	6.4	12
Czech	CZ	1.6	3.4
Estonia	EE	0.1	0.2
Greece	GR	5.1	20
Hungary	HU	0.2	4.6
Latvia	LV	2.4	4
Lithuania	LT	0.4	2.1
North Macedonia	MK	1.6	5.5
Montenegro	ME	0	10
Romania	RO	17.7	40
Poland	PL	1.7	12
Serbia	RS	10.4	27
Slovakia	SK	3.4	6.6
Slovenia	SI	4.6	8.8
Total		73.8	202

Data source: National energy and climate plans (NCEP), Hydropower & Dams World Atlas, International Hydropower Association

7 Pumped-storage hydroelectric power station

In 2019, the installed capacity of pumped storage in Central and Eastern Europe was 8.79 GW, accounting for 5.4% of the total installed electric generation capacity. From the perspective of operation, the utilization hours of pumped storage are not high, as it is mainly used as backup to utilized together with nuclear power and thermal power in the region at some periods, or for the alleviation of grid congestion according to the needs of system dispatching.

At present, the installed capacity of pumped-storage planned and under construction in Central and Eastern Europe is 4.64 GW. On the whole, the future potential of pumped storage mainly depends on the speed of renewable energy development in the region, the rules of electricity market and the degree of interconnection with of power grids in Western Europe. At present, the price volatilities fluctuations in wholesale electricity market is not enough to maintain reasonable profit for pumped storage power stations, and only a few countries in Central and Eastern Europe allow pumped storage to fully participate in ancillary services market to obtain additional income. In the future, with the increase of renewable energy scale and the constant improvement of the ancillary services market mechanism, the demand for pumped storage will also increase. At the same time, the existing pumped storage power stations need to be reformed retrofitted to improve its response speed and realize partial load operation.

Table 4-2 Development Potential of Pumped Storage in Central and Eastern European Countries

Unit: megawatt (MW)

Country	Abbrev	Installed capacity of pumped storage in 2019	Installed capacity of pumped storage planned or under construction
Albania	AL	0	-
Bosnia - Herzegovina	BA	440	1120
Bulgaria	BG	1054	-
Croatia	HR	281	490
Czech	CZ	1172	-
Estonia	EE	-	-
Greece	GR	699	496
Hungary	HU	-	-
Latvia	LV	-	-
Lithuania	LT	900	-
North Macedonia	MK	-	347
Montenegro	ME	660	-
Romania	RO	-	1000
Poland	PL	1776	750
Serbia	RS	614	-
Slovakia	SK	1016	-
Slovenia	SI	180	440
Total		8792	4643

Source: International Hydropower Association

4.3.4 Large potential for power grid infrastructure construction

1 Smart grid

Most power grid systems in Central and Eastern Europe were built before the 1990s, with serious damage and aging. At present, there are a large number of power grid facilities that need to be updated urgently, especially in Albania, Lithuania, North Macedonia and other countries, where T&D loss rate is above 20%. Therefore, it is necessary to build an economical smart grid with high operation efficiency and automation level. Driven by the renewable energy targets of the European Union and other countries, a high proportion of renewable energy will be connected to the power system in Central and Eastern Europe in the future, which puts forward higher requirements for power grid performance, and requires the supporting power grid to have higher dispatching automation level and strong stable operation capability. Terminal electricity prices are generally high in Central and Eastern Europe, and distributed energy resources will also develop rapidly, which requires more efficient distribution grid technology and the construction of a distributed smart grid for distributed generation and uninterruptible power supply.

In this context, smart grid technology has a good application prospect in Central and Eastern Europe, which will become one of the most potential areas for investment in smart grid emerging markets.

2 Main power grid

With the connectivity of the power trading market in Central and Eastern Europe and the improvement of the spot market, the power interconnection between Central and Eastern European countries will be further strengthened, and countries have also put forward the planning of transnational power interconnection upgrade and project construction accordingly. In 2020, the power exchange capacity in Central and Eastern Europe will reach 58 GW; By 2030, the power exchange capacity of Central and Eastern European countries will exceed 80 GW, an increase of 30 GW compared with that of 2020, which will bring about construction demand for high-voltage power grid to a certain degree.

Figure 4-24 Power Exchange Capacity of Central and Eastern European Countries from 2020 to 2030

Unit: megawatt (MW)

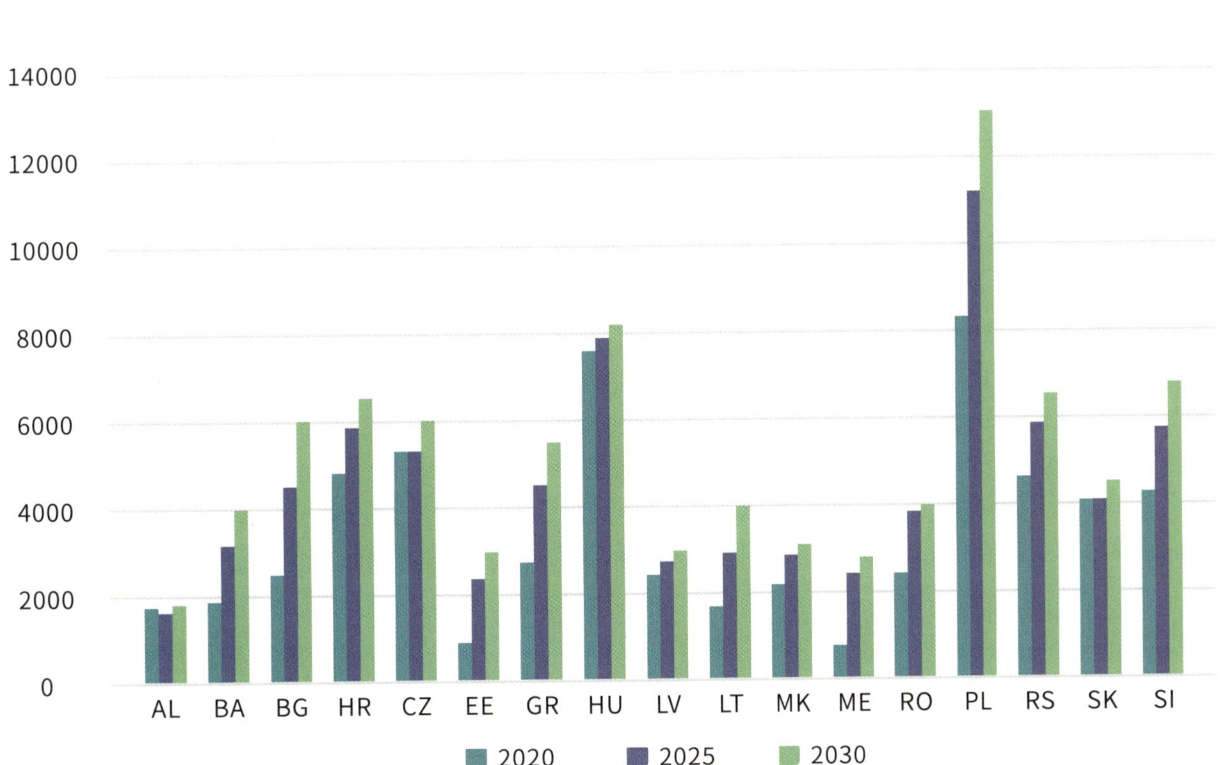

Data source: ENTSO-E, and this report

According to the plan, the power interconnection projects that have been identified or are under construction in Central and Eastern European countries are shown in the following table:

Table 4-3 Power Interconnection Projects in Central and Eastern European Countries (Under Construction or Planning)

Programme	Project Information	Status
Montenegro-Italy	1- A HVDC subsea cable between Villanova (Italy) and Lastva (Montenegro). The HVDC link between Italy and Balkansis correlated with the Transbalkan Corridor and the Mid Continental East Corridor. 2-DC converter stations.	Ongoing
Estonia-Latvia	A new 330 kV transmission line between the 330 kV substations of Kilingi-Nõmme (Estonis) and Riga CHP2 (Latvis).	Permitting
Latvia-Sweden	Second phase includes the internal network reinforcements in Sweden and Latvia, to accomplish full utilization of the NordBalt cable between Lithuania and Sweden.	Permitting
Slovakia-Hungary	A double circuit AC OHL 400 kV from new Gabcikovo (Slovakia) substation to Gonyu (Hungary) substation.	Permitting
Czech Southwest-East Corridor Project	1- New 400 kV AC OHL with a length of 120.5 km and a capacity of 2x1730 MVA between Kocin and Mirovka. 2-Reinforcement of the existing 400 kV AC OHL of 115.8 km between Kocin and Prestice from single circuit to double circuit with a capacity of 2x1730 MVA. 3- Extension and upgrade of the existing substation 420 kV at Kocin.	Permitting
Bulgaria-Greece	1- Construction of a new AC 400kV interconnection between Bulgaria and Greece. 2- Construction of a new AC 400kV overhead lines at the south part of Bulgaria.	Permitting
Romania-Bulgaria Black Sea Corridor Project	The project consists of four 400kV double circuit OHLs.	Permitting
Serbia-Romania	A New double-circuit 400 kV electricity transmission line.	Permitting
Croatia-Bosnia and Herzegovina	Upgrade of a 220 kV line to 400 kV.	Permitting
South Aegean Sea Interconnection Project	The project refers to the construction of a submarine DC transmission link to connect the licensed RES plants at the South Aegean Sea to mainland Greece and some other islands.	Permitting
Slovenia-Hungary /Croatia Interconnection Project	consists of a new 80km double circuit 400kV OHL in Slovenia and a new 400 kV substation of Cirkovce(SI). The new double 400 kV overhead line will be connected to one circuit of the existing double circuit 400kV OHL Heviz(HU)-Zerjavinec(HR).	Permitting

Data source: ENTSO-E, and this report

4.4 Prospect of China-Central and Eastern Europe energy Cooperation

In the future, China-Central and Eastern Europe energy cooperation should be committed to promoting the clean and low-carbon development of the energy system with a focus on environmental protection in energy development, and help countries achieve the set renewable energy development goals and to meet the growth needs of energy consumption growth in various countries; Ffurther promote the deep integration of energy value chains between the two sides, promote the facilitation of energy investment, create more favorable conditions for the circulation of capital, technology, equipment and other factors, and realize the complementary advantages of business on both sides in the global energy industry chain; Tthe cooperation should pay more attention to benefiting people's livelihood and social development, promote the upgrading of energy infrastructure, add new momentum into the improvement of people's livelihood and economic development in various countries, bring new benefits to people's lives, and drive local economic and social development.

China-CEEC cooperation mainly includes oil and gas infrastructure, clean thermal power, new energy, nuclear power, hydropower and smart grid.

4.4.1 Potential cooperation opportunities in the field of oil and gas infrastructure

In order to improve the degree of oil and gas interconnection and transmission efficiency, oil and gas development, pipeline network construction and other infrastructure areas will become the development focus of many countries in Central and Eastern Europe in the oil and gas field in the future.

China has leading technologies in oil and gas exploration, production and pipeline network construction, and has mastered the world's advanced ultra-deep well drilling technology. The application of Integrated Logging-While-Drilling (LWD) technology has gained remarkablye applied results in China, and the oil and gas storage and transportation solutions have achieved leap-forward development; China stands ready to cooperate with Central and Eastern European countries in the field of oil and gas infrastructure construction.

4.4.2 Large space for clean thermal power technology cooperation

By 2040, fossil fuel-based generation units still account for a large proportion in the installed power mix structure in Central and Eastern Europe. Retrofitting all thermal power units in operation to be cleaner and more energy-saving will bring huge economic and social environmental benefits, improve operational efficiency, and meet the emission performance standards of coal-fired power units in the European Union. With the integration of growing shares of renewable power generation sources, thermal power units are required to provide supply-side flexibility to meet the needs of system operation.

China has built the world's largest clean and efficient coal-fired power system, with more than 890 GW of ultra-low emission units, leading the world in emission standards. Chinese companies have accumulated rich experience in ultra-low emission and energy-saving retrofit of coal-fired power units, and can participate in the new installation, expansion and upgrading of thermal power units in Central and Eastern Europe. In addition, with its comprehensive technological advantages in improving the flexibility of thermal power units, and practical experience in promoting the integration and development of thermal power units and renewable energy, China is at a good position to cooperate with power generation enterprises in Central and Eastern Europe in this field.

4.4.3 Prospects for cooperation in the field of new energy are promising

The natural potential of solar PV resources in Central and Eastern Europe is high, and power generation has great cost advantages. In the future, Central and Eastern Europe will build more photovoltaic power plants. China, as a global production base for solar PV equipment and the largest investor in solar PV power plants, has advanced technology and equipment advantages in centralized and distributed solar PV power plants, therefore can provide equipment and technical services for solar PV development in Central and Eastern Europe, and can also participate in the investment and construction of solar PV power generation projects in Central and Eastern Europe. For countries with rapid solar PV development, Chinese PV manufacturers can also invest and build factories in the local area, serving the local area and as well as the whole European region.

Most areas in Central and Eastern Europe are sub-optimal areas of wind resources, which are similar to low wind speed areas in eastern and central China, and have certain development potential. China has accumulated rich experience in the development of low wind speed wind power, and established a complete equipment product line for operation in low wind speed environments. Chinese companies can participate in the construction and project investment of onshore low wind speed wind farms in Central and Eastern Europe and provide technical equipment. With the advancement of various power sector reform measures, the competitive power market in Central and Eastern Europe is becoming more and more mature, and the uncertainty of electricity price will become increasingly significant. For wind power investment projects in Central and Eastern Europe, it is necessary to manage well and respond to price risk to ensure the profitability of the projects.

The Baltic Sea region is rich in wind energy resources, with huge potential market space for development. China is the world's third largest offshore wind market, ranking only after Britain and Germany, with experience and technical advantages in developing offshore wind power. At present, China has mastered the manufacturing technology of large-capacity wind turbines, and is also experienced in equipment manufacturing and offshore wind power construction. China can cooperate with Central and Eastern European countries in offshore wind power project investment, equipment manufacturing and engineering construction.

4.4.4 Opportunities for cooperation in the field of nuclear power

Nuclear power is one of the important solutions to realize energy transition and clean emission development in Central and Eastern Europe. At present, some countries have made it clear that they will continue to develop nuclear power. China has a safe and efficient nuclear power generation technology. The Hualong-1 technology, independently developed and designed, has been applied to the unit construction, and the power generation of the high-temperature gas-cooled reactor demonstration project has been making steady progress. The construction and commissioning capabilities of AP1000, EPR and VVER units are at the forefront of the world. The research and development of new generation nuclear energy technologies such as small module reactors, fast neutron reactors and molten salt reactors are currently in progress. The processing, manufacturing, construction and installation capabilities of nuclear power equipment are outstanding with comprehensive advantages in technology, funding, cost and industrial chain. To sum up, China is able to cooperate with Central and Eastern European countries in the field of nuclear power development.

4.4.5 Cooperation in the field of hydropower

At present, hydropower is the largest renewable energy generation type in Central and Eastern Europe, and the remaining hydropower resources to be developed are still abundant, with great development potential in the future. Having built large-scale hydropower projects and carried out hydropower management operation, China's hydropower project construction and manufacturing capacity of complete sets of equipment have been continuously improved, as well as technical innovation capacity oriented to solving specific problems in engineering practice. The level of survey, design, construction and operation management of hydropower industry is comprehensively enhanced, especially in the fields of hydropower construction under complex geological conditions. China has accumulated rich experience in dealing with the coordinating relations between hydropower development and ecological environment protection and reservoir resettlement, which can be put into good use in cooperation with Central and Eastern European countries in hydropower project development, engineering construction and equipment manufacturing.

Pumped storage hydropower are currently the most mature and widespread method for large-scale energy storage, and has a good development prospect in the long run. Central and Eastern Europe is the region where pumped-storage power stations were built earlier in the world, with advanced technology and rich practical experience. China is already the country with the largest installed capacity of pumped storage power stations, and has accumulated comprehensive technical capabilities in the whole industrial chain of pumped storage power stations. The pumped storage project has a long cycle, so the preliminary work should be started early. Both parties can actively carry out the planning and survey of pumped storage power stations, and promote cooperation in project development and construction according to the changing market conditions.

4.4.6 Strong momentum of cooperation in the power grid field

In the future, Central and Eastern Europe will become one of the regions with the most investment potential in the emerging markets of smart grid. In recent years, China has witnessed rapid development in the field of smart grid, and has mastered advanced technology and equipment advantages in new energy transmission and integration, UHV DC transmission, flexible AC transmission, distribution automation and energy management system, which can provide support for the construction of smart grid in Central and Eastern Europe. In the near future, we can focus on the upgrading and retrofit of transmission and distribution grids, flexible HVDC/AC transmission technology, smart meters, distribution automation and other fields to solve the problems of insufficient capacity and high T&D loss rate in Central and Eastern Europe. For countries with great demand for smart grid equipment, China's power grid equipment manufacturers can be encouraged to establish smart grid production and manufacturing bases locally.

With the connectivity of European power trading markets, the power interconnection between Central and Eastern European countries will be further strengthened in the future, and the market prospect of power grid construction is immense. China is technologically advanced in the field of power grid infrastructure construction and operation, and has fully mastered UHV and EHV power transmission and transformation technologies, forming a complete industrial chain integrating planning and design, engineering construction, equipment manufacturing, operation and maintenance and technical services. In particular, emerging technologies such as flexible AC transmission technology, dynamic reactive power compensation and electrochemical energy storage on the grid side, which have gradually matured in recent years, have great application prospects in Central and Eastern Europe. Chinese companies can provide technical support for power grid construction and operation in Central and Eastern European countries and participate in the construction of transnational power interconnection projects in Central and Eastern European countries.

05 Suggestions on China-CEEC Energy Cooperation

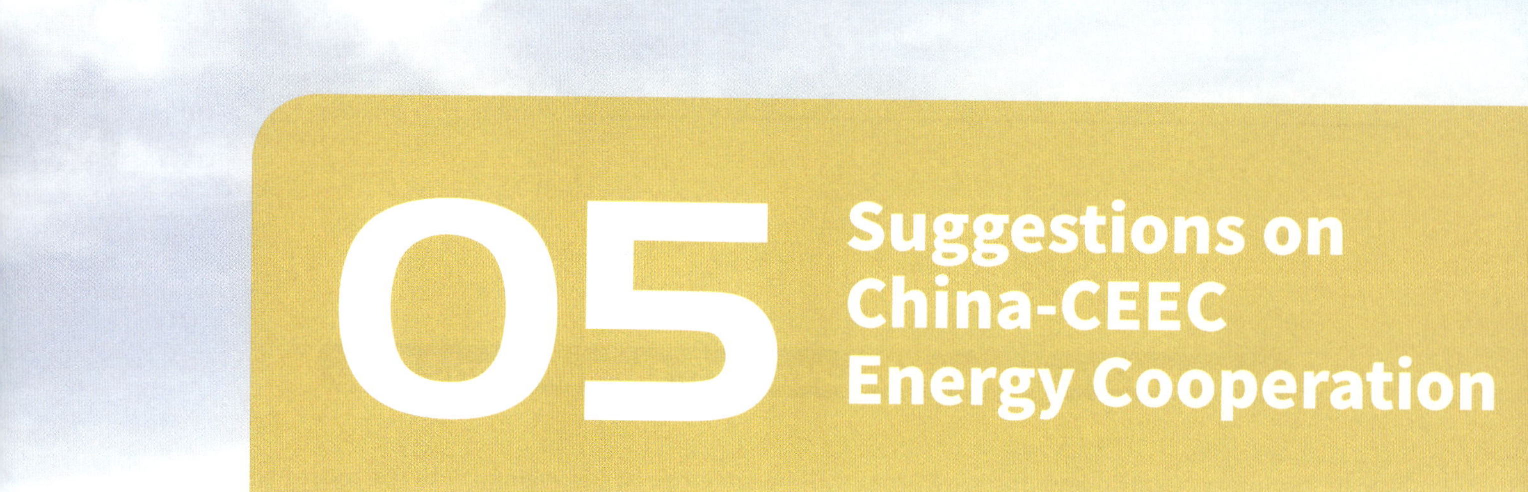

05

Suggestions on China-CEEC Energy Cooperation

To maintain the positive development trend between China and Central and Eastern Europe and further expand the energy cooperation between China and the region, it is suggested that both sides strengthen policy communication and high-level exchanges, formulate guidelines for energy cooperation projects, promote technical standards alignment and mutual recognition of equipment certification, build high-quality energy cooperation demonstration projects, carry out special joint research, strengthen personnel exchanges and technological innovation cooperation, and promote high-quality energy cooperation and development.

Central and Eastern Europe, a region with many emerging market countries linking Asia and Europe, is an important partner of China along the Belt and Road Initiative. With the continuous promotion of global climate change governance and the upgrading and progress of energy technology, the energy development of Central and Eastern European countries is facing unprecedented new opportunities. Strengthening energy cooperation between China and Central and Eastern Europe is of great significance for promoting economic and social development, ensuring energy security and contributing to sustainable development in Central and Eastern Europe.

China-CEEC energy cooperation should adhere to the principles of openness, inclusiveness, mutual benefit and win-win, market operation and safe development, and be open to all relevant parties. Governments, business, financial institutions, think tanks, etc. can all participate in the cooperation, so that the interests, concerns and willingness of all parties in the energy field will be taken into account, and the advantages and potential of all parties will be fully leveraged for mutual benefit and common development. The energy cooperation will give full play to the role of the market and recognize the principal position of business, abide by relevant international and host countries' laws and regulations, and follow commercial principles and international practices, respecting the concerns of all parties on energy security and contributing to the construction of a safe and efficient energy system.

5.1 Strengthen policy communication and high-level exchanges

Strengthen policy dialogue and exchanges between the two sides, promote communication and coordination in investment policies, laws and regulations, industry supervision, etc., jointly create an open, transparent and facilitating investment environment, so as to facilitate investment in Central and Eastern European countries. It is suggested to jointly promote regular energy ministerial dialogue and exchanges between China and Central and Eastern European countries to build a high-end dialogue platform; other energy cooperation related activities such as consultations on major topics such as energy security, sustainable development, climate change, investment review, etc. should be carried out regularly to foster a future-oriented transnational energy investment cooperation. The Center for Dialogue and Cooperation on Energy Projects shall serve as a dynamic networking platform, where China-CEEC Energy Cooperation Forum will be held regularly to promote comprehensive exchanges between governments, business, financial institutions and research institutions of China and CEE countries, share advanced technologies and successful cases, promote cooperation among business, as well as cooperation between business and government and discuss hot topics in the industry.

5.2 Formulate guidelines for energy cooperation projects

At present, China-CEEC energy cooperation has set up a certain foundation, and the key direction of cooperation is getting clear, so it is necessary to formulate more specific cooperation guidelines to help business promote cooperation projects. It is suggested that parties should rely on the Center for Dialogue and Cooperation on Energy Projects to formulate guidelines for China-CEEC energy cooperation projects, collect and summarize the intended areas of cooperation between CEE countries and China, and sort out the list of energy projects to be carried out in the near future, so as to provide guidance and reference for Chinese business to explore CEEC markets and promote projects.

5.3 Promote technical standard alignment and mutual recognition of equipment certification

European Union technical standard system is widely used in Central and Eastern European countries, which is quite different from the Chinese system. This brings certain challenges to deeper and wider cooperation in production capacity between the two sides, and also causes the project construction cost to increase and the quality control to become more difficult. It is suggested to promote the alignment of technical standards, strengthen mutual understanding of standards related to energy project construction and equipment manufacturing, promote exchanges and cooperation in international certification of electricity product quality and technology, promote mutual recognition of equipment certification, and jointly participate in updating and formulating international standards.

5.4 Build high-quality energy cooperation demonstration projects

With the low-carbon development of energy and the digital transformation of energy system, new energy utilization methods and commercial forms are gradually emerging, and China and CEE countries have great potential for cooperation in smart energy, comprehensive energy and energy storage. It is suggested to identify and build a number of high-quality energy cooperation demonstration projects based on the principles of mutual benefit, commercial operation and promotion, so as to set exemplary models that add new momentum to China-CEEC energy cooperation. More CEEC business will be willing to invest in China as they see Chinese companies and advanced technologies are entering into CEE countries, thus consolidating and broadening the two-way China-CEEC energy cooperation.

5.5 Joint theme studies

Further deepening of cooperation also gives rise to challenges such as differences in technical standards, financing difficulties, and high marketization risks. It is necessary to carry out joint research on these issues. It is suggested to give full play to the role of think tanks as the "second track" in China-CEEC energy cooperation. Aiming at the hot issues in China-CEEC energy cooperation, joint enterprises, think tanks, financial institutions, etc. should jointly carry out research on given topics to improve the cooperation of energy industry between China and CEE countries, by creating practical and tailor-made solutions.

5.6 Strengthen personnel exchanges and technological innovation cooperation

Efficient personnel exchange and technical innovation cooperation will help both parties in an all-round cooperation including project investment, cooperative operation, equipment research and development and capacity cooperation. It is suggested to focus on the key cooperation areas, speed up the construction of an international talent training and exchange system, cultivate a high-quality international talent team, and at the same time strengthen CEEC's understanding of Chinese business and advanced technologies; strengthen cooperation in technological innovation, carry out research projects, technology incubation and other activities on technical fields of mutual interest.

Appendix A - Basic Information of CEE Countries

Table A-1 Information of Central and Eastern European Countries

Country	Abbrev	Total Area in 10, 000 km2	Population in 10, 000	GDP (USD 100 million)	GDP per capita (USD per capita)
Albania	AL	3	285	149	5210
Bosnia - Herzegovina	BA	5	330	206	6238
Bulgaria	BG	11	698	630	9026
Croatia	HR	6	407	669	16452
Czech	CZ	8	1067	2543	23833
Estonia	EE	4	133	275	20735
Greece	GR	13	1072	2575	24025
Hungary	HU	9	977	1706	17466
Latvia	LV	6	191	319	16696
Lithuania	LT	6	279	514	18426
North Macedonia	MK	3	208	117	5636
Montenegro	ME	1	62	53	8547
Romania	RO	23	1936	2348	12131
Poland	PL	31	3797	6602	17387
Serbia	RS	9	695	501	7213
Slovakia	SK	5	545	1148	21040
Slovenia	SI	2	209	567	27151
Total		145	12890	20922	16231

Source: World Bank, United Nations, and this report

Appendix B Energy Consumption of CEE Countries

Table B-1 Total Primary Energy Consumption by Country from 1990 to 2019

Unit: million tonnes of oil equivalent (mtoe)

Country	Abbrev	1990	1995	2000	2005	2010	2015	2016	2017	2018	2019e
Albania	AL	2.67	1.33	1.79	2.17	2.12	2.19	2.35	2.35	2.35	2.36
Bosnia - Herzegovina	BA	6.18	1.49	4.35	5.04	6.48	6.18	6.75	6.79	6.80	6.87
Bulgaria	BG	27.96	23.03	18.55	19.89	17.69	18.47	18.04	18.66	18.69	18.08
Croatia	HR	9.47	7.81	8.38	9.73	9.37	8.39	8.45	8.73	8.49	8.20
Czech	CZ	49.77	41.68	41.12	45.22	45.27	42.06	41.63	43.09	43.11	42.57
Estonia	EE	9.58	5.16	4.71	5.22	5.64	5.39	5.96	5.71	6.23	5.01
Greece	GR	21.38	22.57	26.96	30.14	27.53	23.11	22.62	23.24	22.56	22.56
Hungary	HU	28.98	25.86	24.99	28.26	26.36	25.03	25.39	26.48	26.44	26.71
Latvia	LV	7.88	4.61	3.84	4.53	4.51	4.27	4.27	4.41	4.64	4.73
Lithuania	LT	16.07	8.75	7.18	8.73	6.78	6.83	6.99	7.26	7.36	7.32
North Macedonia	MK	2.48	2.50	2.67	2.92	2.87	2.65	2.67	2.72	2.75	2.94
Montenegro	ME	1.13	1.11	1.05	1.02	1.13	1.01	0.97	1.02	1.05	1.06
Romania	RO	62.94	46.60	36.63	38.51	34.86	31.62	31.47	33.10	33.36	32.46
Poland	PL	103.13	99.52	88.95	92.23	101.05	95.09	99.77	104.27	105.76	103.19
Serbia	RS	19.55	13.60	13.54	16.02	15.61	14.76	15.28	15.61	15.70	15.87
Slovakia	SK	21.28	17.74	17.70	18.66	17.67	16.22	16.30	17.21	17.00	16.47
Slovenia	SI	5.71	6.07	6.42	7.30	7.19	6.42	6.65	6.84	6.79	6.51
Total		396.15	329.43	308.83	335.58	332.14	309.68	315.56	327.49	329.08	322.60

Source: EUROSTAT, International Energy Agency, and this report
Note: e stands for estimation

Table B-2 Total coal consumption by country from 1990 to 2019

Unit: million tonnes of oil equivalent (mtoe)

Country	Abbrev	1990	1995	2000	2005	2010	2015	2016	2017	2018	2019[e]
Albania	AL	0.63	0.02	0.02	0.01	0.11	0.10	0.12	0.12	0.12	0.13
Bosnia - Herzegovina	BA	3.62	0.35	2.46	3.03	4.03	3.62	4.11	4.19	4.20	4.17
Bulgaria	BG	8.74	7.61	6.41	6.92	6.94	6.61	5.70	6.12	5.63	5.14
Croatia	HR	0.81	0.17	0.43	0.68	0.68	0.61	0.65	0.39	0.37	0.44
Czech	CZ	31.47	22.69	21.58	20.24	18.85	16.39	16.55	15.84	15.73	14.65
Estonia	EE	5.95	3.47	2.96	3.19	3.92	3.89	3.85	4.45	4.50	3.18
Greece	GR	8.07	8.39	9.04	8.95	7.86	5.61	4.37	4.82	4.56	3.30
Hungary	HU	6.20	4.64	3.85	3.07	2.70	2.36	2.19	2.23	2.12	1.88
Latvia	LV	0.71	0.27	0.13	0.08	0.11	0.05	0.04	0.04	0.05	0.08
Lithuania	LT	10.80	0.24	0.09	0.19	0.20	0.18	0.18	0.19	0.21	0.20
North Macedonia	MK	1.33	1.43	1.34	1.46	1.30	0.96	0.88	0.97	0.98	1.20
Montenegro	ME	0.42	-	-	0.29	0.42	0.38	0.30	0.30	0.30	0.29
Romania	RO	12.70	10.79	7.47	8.75	6.96	5.90	5.29	5.40	5.06	4.52
Poland	PL	78.86	70.32	56.28	54.66	55.22	48.37	49.54	49.67	49.25	45.13
Serbia	RS	10.17	8.84	8.65	8.07	7.83	7.76	7.89	7.87	7.80	7.77
Slovakia	SK	7.83	5.39	4.27	4.24	3.90	3.28	3.22	3.38	3.34	2.75
Slovenia	SI	1.57	1.38	1.31	1.54	1.45	1.07	1.15	1.14	1.13	1.05
Total		179.88	145.99	126.28	125.38	122.48	107.12	106.02	107.12	105.35	95.87

Source: EUROSTAT, International Energy Agency, and this report
Note: e stands for estimation

Table B-3 Total Oil Consumption by Country from 1990 to 2019

Unit: million tonnes of oil equivalent (mtoe)

Country	Abbrev	1990	1995	2000	2005	2010	2015	2016	2017	2018	2019e
Albania	AL	1.21	0.62	1.03	1.42	1.22	1.19	1.30	1.30	1.30	1.32
Bosnia - Herzegovina	BA	1.53	0.67	1.16	1.13	1.71	1.53	1.73	1.72	1.72	1.78
Bulgaria	BG	9.40	5.98	4.10	4.80	3.84	4.17	4.14	4.32	4.35	4.60
Croatia	HR	4.67	3.90	3.88	4.44	3.63	3.13	3.13	3.33	3.17	3.05
Czech	CZ	8.71	7.79	7.69	9.64	8.97	8.60	7.98	9.31	9.39	9.46
Estonia	EE	2.88	0.85	0.66	0.77	0.56	0.22	0.39	0.06	0.06	0.06
Greece	GR	12.01	12.74	14.70	16.78	13.72	11.07	11.24	10.77	10.17	10.60
Hungary	HU	8.61	7.32	6.63	7.19	6.57	6.86	6.85	7.36	7.81	7.88
Latvia	LV	3.44	1.88	1.27	1.43	1.40	1.38	1.37	1.42	1.44	1.58
Lithuania	LT	6.71	2.98	2.14	2.64	2.50	2.52	2.74	2.79	2.96	2.95
North Macedonia	MK	1.10	0.79	0.94	0.91	0.94	0.95	1.07	1.01	1.02	1.11
Montenegro	ME	0.31	-	-	0.28	0.31	0.28	0.31	0.34	0.34	0.36
Romania	RO	19.00	13.38	9.99	9.62	8.49	8.39	8.51	9.30	9.59	10.12
Poland	PL	13.06	15.68	19.35	21.66	25.45	23.43	25.89	29.12	29.80	30.10
Serbia	RS	5.15	1.86	1.46	4.38	3.89	3.40	3.66	3.66	3.66	3.72
Slovakia	SK	4.48	3.36	2.82	3.23	3.46	3.06	3.28	3.65	3.74	3.57
Slovenia	SI	1.74	2.31	2.39	2.56	2.57	2.26	2.38	2.41	2.42	2.26
Total		104.01	82.10	80.20	92.87	89.23	82.43	85.96	91.87	92.94	94.51

Source: EUROSTAT, International Energy Agency, and this report
Note: e stands for estimation

Table B-4 Total Natural Gas Consumption by Country from 1990 to 2019

Unit: million tonnes of oil equivalent (mtoe)

Country	Abbrev	1990	1995	2000	2005	2010	2013	2014	2015	2016	2017	2018	2019e
Albania	AL	0.20	0.02	0.01	0.01	0.01	0.02	0.03	0.03	0.04	0.04	0.04	0.05
Bosnia - Herzegovina	BA	0.18	0.12	0.20	0.30	0.20	0.16	0.15	0.18	0.19	0.20	0.20	0.21
Bulgaria	BG	5.40	4.58	2.93	2.80	2.30	2.40	2.36	2.59	2.69	2.76	2.61	2.44
Croatia	HR	2.19	1.93	2.21	2.37	2.63	2.28	2.02	2.08	2.17	2.49	2.29	2.39
Czech	CZ	5.25	6.55	7.50	7.70	8.07	6.95	6.18	6.48	7.02	7.20	6.82	7.11
Estonia	EE	1.22	0.58	0.66	0.80	0.56	0.55	0.44	0.39	0.43	0.41	0.41	0.38
Greece	GR	0.14	0.04	1.70	2.35	3.23	3.24	2.48	2.68	3.49	4.20	4.12	4.49
Hungary	HU	8.91	9.17	9.66	12.09	9.82	7.70	6.98	7.49	8.03	8.54	8.27	8.43
Latvia	LV	2.38	1.01	1.09	1.36	1.46	1.20	1.08	1.10	1.11	0.99	1.17	1.12
Lithuania	LT	4.68	2.03	2.06	2.48	2.49	2.16	2.06	2.07	1.84	1.92	1.78	1.72
North Macedonia	MK	-	-	0.05	0.06	0.10	0.13	0.11	0.11	0.18	0.23	0.23	0.27
Montenegro	ME	-	-	-	-	-	-	-	-	-	-	-	-
Romania	RO	28.84	19.24	13.68	13.92	10.79	9.84	9.35	8.92	9.02	9.61	9.84	9.26
Poland	PL	8.94	8.99	9.96	12.23	12.80	13.74	13.40	13.78	14.63	15.44	16.12	16.48
Serbia	RS	2.59	1.35	1.53	1.95	1.85	1.87	1.61	1.75	1.89	2.12	2.12	2.17
Slovakia	SK	5.09	5.22	5.78	5.88	5.01	4.56	3.77	3.88	3.90	4.14	4.08	4.17
Slovenia	SI	0.76	0.75	0.83	0.93	0.86	0.69	0.63	0.66	0.71	0.74	0.72	0.72
Total		76.77	61.59	59.86	67.23	62.18	57.49	52.65	54.19	57.33	61.02	60.82	61.43

Source: EUROSTAT, International Energy Agency, and this report
Note: e stands for estimation

Table B-5 Total Nuclear Energy Consumption by Country from 1990 to 2019

Unit: million tonnes of oil equivalent (mtoe)

Country	Abbrev	1990	1995	2000	2005	2010	2013	2014	2015	2016	2017	2018	2019[e]
Albania	AL	-	-	-	-	-	-	-	-	-	-	-	-
Bosnia - Herzegovina	BA	-	-	-	-	-	-	-	-	-	-	-	-
Bulgaria	BG	3.78	4.47	4.72	4.85	3.85	3.67	4.05	3.91	4.01	3.94	4.17	4.27
Croatia	HR	-	-	-	-	-	-	-	-	-	-	-	-
Czech	CZ	3.25	3.15	3.51	6.46	7.29	8.04	7.82	6.99	6.28	7.02	7.45	7.50
Estonia	EE	-	-	-	-	-	-	-	-	-	-	-	-
Greece	GR	-	-	-	-	-	-	-	-	-	-	-	-
Hungary	HU	3.54	3.62	3.70	3.62	3.96	3.87	3.94	3.99	4.07	4.08	4.01	4.14
Latvia	LV	-	-	-	-	-	-	-	-	-	-	-	-
Lithuania	LT	4.59	3.24	2.33	2.80	-	-	-	-	-	-	-	-
North Macedonia	MK	-	-	-	-	-	-	-	-	-	-	-	-
Montenegro	ME	-	-	-	-	-	-	-	-	-	-	-	-
Romania	RO	0.00	0.00	1.41	1.43	2.92	2.92	2.94	2.94	2.81	2.91	2.88	2.84
Poland	PL	-	-	-	-	-	-	-	-	-	-	-	-
Serbia	RS	-	-	-	-	-	-	-	-	-	-	-	-
Slovakia	SK	3.10	2.95	4.25	4.73	3.85	4.11	4.05	4.03	3.76	3.99	3.76	3.91
Slovenia	SI	1.19	1.23	1.23	1.52	1.34	1.25	1.50	1.33	1.35	1.49	1.36	1.37
Total		19.45	18.66	21.15	25.41	23.21	23.86	24.30	23.19	22.41	23.43	23.63	24.03

Source: EUROSTAT, International Energy Agency, and this report
Note: e stands for estimation

Table B-6 Total Renewable Energy Consumption by Country from 1990 to 2019

Unit: million tonnes of oil equivalent (mtoe)

Country	Abbrev	1990	1995	2000	2005	2010	2013	2014	2015	2016	2017	2018	2019[e]
Albania	AL	0.61	0.68	0.65	0.69	0.86	0.81	0.64	0.75	0.65	0.65	0.65	0.62
Bosnia - Herzegovina	BA	1.04	0.47	0.62	0.70	0.87	0.80	0.96	1.04	1.05	0.81	0.82	0.82
Bulgaria	BG	0.31	0.40	0.77	1.11	1.49	1.88	1.86	2.08	2.02	0.81	2.52	2.13
Croatia	HR	1.20	1.54	1.56	1.86	2.08	2.10	2.02	1.97	2.02	1.91	2.18	1.83
Czech	CZ	1.14	1.43	1.62	2.10	3.18	4.13	4.27	4.39	4.44	4.54	4.57	4.83
Estonia	EE	0.19	0.34	0.51	0.59	0.86	0.86	0.87	0.91	0.98	1.06	1.16	1.18
Greece	GR	1.10	1.29	1.46	1.70	2.19	2.68	2.51	2.84	2.70	2.92	3.14	3.02
Hungary	HU	0.75	0.87	0.83	1.69	2.78	3.11	2.86	3.02	3.01	2.98	2.79	3.17
Latvia	LV	1.05	1.26	1.19	1.48	1.43	1.61	1.61	1.54	1.62	1.94	1.87	1.73
Lithuania	LT	0.32	0.49	0.67	0.88	1.06	1.21	1.28	1.42	1.46	1.57	1.55	1.73
North Macedonia	MK	0.04	0.27	0.33	0.35	0.41	0.37	0.35	0.41	0.38	0.35	0.36	0.25
Montenegro	ME	0.40	0.40	0.40	0.30	0.40	0.38	0.32	0.31	0.33	0.28	0.29	0.27
Romania	RO	1.58	2.80	4.04	4.94	5.86	5.55	6.12	5.97	6.19	6.04	6.04	5.72
Poland	PL	1.58	3.92	3.80	4.49	7.29	8.61	8.65	9.02	8.81	8.97	9.08	10.35
Serbia	RS	1.81	1.59	1.65	1.78	2.06	1.93	2.01	1.93	2.00	1.89	1.90	1.89
Slovakia	SK	0.33	0.50	0.49	0.81	1.32	1.41	1.42	1.58	1.58	1.59	1.58	1.64
Slovenia	SI	0.52	0.54	0.79	0.77	1.12	1.17	1.20	1.05	1.12	1.06	1.13	1.09
Total		13.97	18.78	21.38	26.24	35.27	38.61	38.94	40.23	40.36	40.49	41.63	42.28

Source: EUROSTAT, International Energy Agency, and this report
Note: e stands for estimation

Table B-7 Total energy consumption (industry) by country and industry from 2013 to 2019

Unit: million tonnes of oil equivalent (mtoe)

Country	Abbrev	2013	2014	2015	2016	2017	2018	2019[e]
Albania	AL	0.28	0.37	0.3	0.29	0.40	0.40	0.40
Bosnia - Herzegovina	BA	0.75	0.72	0.756	0.75	0.83	0.83	0.84
Bulgaria	BG	2.60	2.62	2.72	2.66	2.75	2.73	2.62
Croatia	HR	1.12	1.10	1.09	1.09	1.18	1.19	1.15
Czech	CZ	6.42	6.33	6.47	6.41	6.73	6.69	6.60
Estonia	EE	0.64	0.55	0.52	0.45	0.46	0.49	0.45
Greece	GR	2.84	3.09	3.13	3.07	3.10	2.76	2.66
Hungary	HU	3.73	3.71	3.87	3.99	4.27	4.45	4.55
Latvia	LV	0.77	0.79	0.79	0.75	0.79	0.90	0.93
Lithuania	LT	1.04	1.03	0.98	0.99	1.07	1.11	1.10
North Macedonia	MK	0.56	0.52	0.48	0.44	0.38	0.38	0.38
Montenegro	ME	0.18	0.13	0.13	0.12	0.13	0.13	0.13
Romania	RO	6.27	6.43	6.42	6.26	6.39	6.59	6.36
Poland	PL	14.21	14.15	14.10	14.65	15.84	16.36	15.94
Serbia	RS	2.38	1.93	2.08	2.23	2.33	2.33	2.37
Slovakia	SK	3.11	3.24	3.33	3.31	3.45	3.66	3.55
Slovenia	SI	1.20	1.23	1.23	1.24	1.30	1.39	1.35
Total		49.48	47.94	48.40	48.70	51.40	52.39	51.37

Source: EUROSTAT, International Energy Agency, and this report
Note: e stands for estimation

Table B-8 Total energy consumption (Transportation) by country and industry from 2013 to 2019

Unit: million tonnes of oil equivalent (mtoe)

Country	Abbrev	2013	2014	2015	2016	2017	2018	2019[e]
Albania	AL	0.80	0.83	0.83	0.83	0.83	0.83	0.83
Bosnia - Herzegovina	BA	0.93	0.98	1.03	1.19	1.24	1.24	1.28
Bulgaria	BG	2.62	2.92	3.21	3.27	3.32	3.37	3.30
Croatia	HR	1.92	1.89	1.99	2.04	2.19	2.14	2.09
Czech	CZ	5.74	5.95	6.20	6.42	6.62	6.66	6.65
Estonia	EE	0.74	0.75	0.76	0.78	0.80	0.83	0.81
Greece	GR	5.61	5.64	5.75	5.90	5.82	5.90	5.86
Hungary	HU	3.46	3.87	4.18	4.34	4.53	4.81	4.95
Latvia	LV	0.94	0.98	1.04	1.03	1.08	1.11	1.14
Lithuania	LT	1.50	1.66	1.75	1.86	1.96	2.08	2.12
North Macedonia	MK	0.51	0.53	0.59	0.67	0.70	0.70	0.78
Montenegro	ME	0.16	0.16	0.19	0.22	0.23	0.23	0.25
Romania	RO	5.19	5.27	5.34	5.74	6.15	6.30	6.28
Poland	PL	15.74	15.80	16.56	18.56	21.43	22.41	22.80
Serbia	RS	1.93	1.99	1.97	2.01	2.09	2.09	2.07
Slovakia	SK	2.31	2.18	2.17	2.43	2.77	2.74	2.72
Slovenia	SI	1.81	1.79	1.77	1.88	1.93	1.97	1.90
Total		51.91	53.20	55.31	59.17	63.70	65.42	65.82

Source: EUROSTAT, International Energy Agency, and this report
Note: e stands for estimation

Table B-9 Total energy consumption (household) by country and industry from 2013 to 2019

Unit: million tonnes of oil equivalent (mtoe)

Country	Abbrev	2013	2014	2015	2016	2017	2018	2019e
Albania	AL	0.58	0.55	0.53	0.49	0.49	0.49	0.48
Bosnia - Herzegovina	BA	0.84	0.98	1.11	1.14	1.05	1.05	1.04
Bulgaria	BG	2.24	2.16	2.19	2.25	2.32	2.23	2.13
Croatia	HR	2.49	2.23	2.43	2.41	2.39	2.30	2.20
Czech	CZ	7.27	6.56	6.77	7.09	7.20	7.04	6.96
Estonia	EE	0.93	0.89	0.86	0.93	0.94	0.94	0.90
Greece	GR	3.82	3.84	4.46	4.35	4.41	3.92	3.88
Hungary	HU	6.21	5.49	5.97	6.16	6.30	5.82	5.80
Latvia	LV	1.27	1.24	1.11	1.14	1.20	1.23	1.23
Lithuania	LT	1.47	1.40	1.36	1.43	1.46	1.49	1.47
North Macedonia	MK	0.52	0.52	0.53	0.49	0.53	0.53	0.56
Montenegro	ME	0.27	0.26	0.27	0.26	0.26	0.26	0.26
Romania	RO	7.72	7.41	7.38	7.41	7.68	7.75	7.51
Poland	PL	20.44	18.97	18.95	19.78	19.94	19.31	18.32
Serbia	RS	2.85	2.75	2.82	2.92	2.85	2.85	2.82
Slovakia	SK	2.15	1.95	1.99	2.03	2.11	2.06	1.97
Slovenia	SI	1.20	1.02	1.11	1.15	1.12	1.07	1.02
Total		62.26	58.23	59.84	61.44	62.25	60.34	58.55

Source: EUROSTAT, International Energy Agency, and this report
Note: e stands for estimation

Table B-10 Total energy consumption (service industry) by country and industry from 2013 to 2019

Unit: million tonnes of oil equivalent (mtoe)

Country	Abbrev	2013	2014	2015	2016	2017	2018	2019[e]
Albania	AL	0.19	0.18	0.20	0.18	0.21	0.21	0.22
Bosnia - Herzegovina	BA	0.29	0.36	0.36	0.44	0.36	0.36	0.35
Bulgaria	BG	1.03	0.99	1.08	1.16	1.17	1.23	1.22
Croatia	HR	0.71	0.68	0.74	0.76	0.80	0.82	0.81
Czech	CZ	3.01	2.92	2.98	3.09	3.18	3.13	3.10
Estonia	EE	0.42	0.46	0.47	0.50	0.47	0.49	0.47
Greece	GR	1.82	1.71	1.87	2.04	2.19	2.10	2.16
Hungary	HU	2.34	2.11	2.20	2.18	2.16	2.10	2.07
Latvia	LV	0.60	0.61	0.59	0.59	0.61	0.59	0.59
Lithuania	LT	0.59	0.59	0.57	0.60	0.63	0.65	0.65
North Macedonia	MK	0.20	0.20	0.21	0.21	0.22	0.22	0.24
Montenegro	ME	0.01	0.07	0.07	0.08	0.09	0.09	0.09
Romania	RO	1.78	1.77	1.76	1.81	1.84	1.97	1.93
Poland	PL	8.08	7.79	7.84	8.50	8.09	7.98	7.58
Serbia	RS	0.80	0.77	0.87	0.89	0.94	0.94	0.96
Slovakia	SK	1.71	1.23	1.30	1.31	1.43	1.31	1.25
Slovenia	SI	0.47	0.43	0.45	0.49	0.48	0.43	0.41
Total		24.06	22.86	23.56	24.82	24.86	24.61	24.08

Source: EUROSTAT, International Energy Agency, and this report
Note: e stands for estimation

Appendix C Basic Data of Electric Power in CEE Countries

Table C-1 Electricity consumption by country from 2014 to 2019

Unit: TWh

Country	Abbrev	2010	2011	2012	2013	2014	2015	2016	2017	2018	2019[e]
Albania	AL	5.64	6.41	5.87	7.33	6.66	6.04	5.74	7.10	7.20	7.20
Bosnia - Herzegovina	BA	11.70	12.20	12.10	12.00	11.60	12.00	12.30	12.60	12.60	12.60
Bulgaria	BG	31.50	33.20	32.50	32.20	31.20	33.20	33.70	34.40	34.10	33.90
Croatia	HR	17.60	17.50	17.30	17.10	16.40	17.00	17.30	17.90	18.20	18.20
Czech	CZ	64.00	63.00	63.00	62.70	62.00	63.40	64.90	66.30	66.60	66.60
Estonia	EE	8.00	7.80	8.10	8.00	8.20	8.10	8.40	8.50	8.70	8.70
Greece	GR	53.60	52.90	52.10	49.60	49.30	51.20	51.30	51.90	51.60	51.60
Hungary	HU	39.00	40.20	39.90	39.00	39.50	40.80	40.90	41.90	42.50	42.50
Latvia	LV	7.30	7.30	7.70	7.40	7.40	7.20	7.30	7.30	7.40	7.40
Lithuania	LT	9.70	10.40	10.60	10.60	10.70	10.90	11.40	11.70	12.10	12.10
North Macedonia	MK	8.30	9.00	8.50	8.00	7.90	7.40	7.10	7.20	7.10	7.10
Montenegro	ME	4.00	4.20	4.20	4.50	4.40	3.40	3.20	3.40	3.40	3.40
Romania	RO	53.40	54.90	54.40	52.30	53.30	54.80	55.40	56.80	57.90	57.40
Poland	PL	143.60	145.70	144.90	145.50	146.90	151.10	155.30	159.30	162.20	160.70
Serbia	RS	39.50	40.20	39.70	39.40	38.20	39.30	38.80	39.60	39.10	39.10
Slovakia	SK	26.60	26.80	26.80	26.60	26.10	27.20	27.70	28.60	28.50	28.30
Slovenia	SI	12.50	12.60	12.60	12.70	13.20	13.60	13.80	14.20	14.40	14.40
Total		535.94	544.31	540.27	534.93	532.96	546.64	554.54	568.70	573.60	570.70

Source: EUROSTAT, International Energy Agency, and this report
Note: e stands for estimation

Table C-2 Electricity installed capacity by country from 2014 to 2019

Unit: MW

Country	Abbrev	2014	2015	2016	2017	2018	2019[e]
Albania	AL	1797	1797	1797	1932	1932	1932
Bosnia - Herzegovina	BA	3638	3638	3972	3984	4044	4080
Bulgaria	BG	13520	12710	12701	12037	11454	11632
Croatia	HR	4272	4378	4670	4778	4832	4877
Czech	CZ	20694	20627	20188	20845	20820	20824
Estonia	EE	2711	2984	2940	2831	2832	2832
Greece	GR	17536	17570	20897	16392	16392	17409
Hungary	HU	8574	8176	8236	8569	8474	8569
Latvia	LV	2623	2883	2934	2929	2829	2829
Lithuania	LT	4091	3794	3381	3509	3553	3557
North Macedonia	MK	1732	1732	1890	1890	1894	1894
Montenegro	ME	880	880	880	952	952	998
Romania	RO	21137	20420	20274	19957	19766	19950
Poland	PL	36000	37674	38278	39389	39878	39978
Serbia	RS	8564	8558	8609	8494	8766	8977
Slovakia	SK	8076	8095	7848	7721	7728	7730
Slovenia	SI	3456	3722	3802	3816	3958	3966
Total		159301	159638	163297	160025	160104	162034

Source: EUROSTAT, International Energy Agency, and this report
Note: e stands for estimation

Table C-3 Installed coal power generation capacity by country from 2014 to 2019

Unit: MW

Country	Abbrev	2014	2015	2016	2017	2018	2019e
Albania	AL	-	-	-	-	-	-
Bosnia - Herzegovina	BA	1578	1578	1876	1888	1888	1888
Bulgaria	BG	5747	4907	4907	4481	3733	3733
Croatia	HR	325	325	325	325	325	325
Czech	CZ	9500	9534	9129	9692	9650	9650
Estonia	EE	-	-	-	-	-	-
Greece	GR	4456	4456	4456	3904	3904	3904
Hungary	HU	899	1007	1341	1341	1049	1049
Latvia	LV	-	-	-	-	-	-
Lithuania	LT	-	-	-	-	-	-
North Macedonia	MK	718	718	718	718	718	718
Montenegro	ME	220	220	220	220	220	220
Romania	RO	5242	4925	4596	4467	4373	4373
Poland	PL	25828	25541	26482	26751	27244	27244
Serbia	RS	5263	5238	5283	5289	5314	5314
Slovakia	SK	1008	1008	678	554	566	566
Slovenia	SI	775	921	924	924	981	981
Total		61559	60378	60935	60554	59965	59965

Source: EUROSTAT, EUROSTAT, and this report
Note: e stands for estimation

Table C-4 Installed natural gas power generation capacity by country from 2014 to 2019

Unit: MW

Country	Abbrev	2014	2015	2016	2017	2018	2019[e]
Albania	AL	-	-	-	-	-	-
Bosnia - Herzegovina	BA	-	-	-	-	-	-
Bulgaria	BG	838	799	775	563	755	755
Croatia	HR	496	496	731	743	743	743
Czech	CZ	2023	1606	1606	1606	1606	1606
Estonia	EE	241	262	204	200	200	200
Greece	GR	4902	4768	5613	4269	4269	4269
Hungary	HU	4786	4124	3860	4120	4042	4042
Latvia	LV	820	1031	1031	1031	1031	1031
Lithuania	LT	579	553	615	560	568	568
North Macedonia	MK	250	250	250	250	250	250
Montenegro	ME	-	-	-	-	-	-
Romania	RO	2390	1850	1881	1829	1826	1826
Poland	PL	944	1354	1384	2521	2972	2972
Serbia	RS	0	0	311	208	208	208
Slovakia	SK	1076	1093	1121	1106	1111	1111
Slovenia	SI	84	549	455	455	519	519
Total		19429	18735	19837	19461	20100	20100

Source: EUROSTAT, EUROSTAT, and this report
Note: e stands for estimation

Table C-5 Installed capacity of wind turbines by country from 2014 to 2019

Unit: MW

Country	Abbrev	2014	2015	2016	2017	2018	2019e
Albania	AL	-	-	-	-	-	-
Bosnia - Herzegovina	BA	-	-	-	-	51	87
Bulgaria	BG	701	701	701	701	700	875
Croatia	HR	340	384	429	537	556	593
Czech	CZ	278	277	277	308	316	320
Estonia	EE	301	301	375	341	341	341
Greece	GR	1662	1775	2092	2082	2082	3096
Hungary	HU	329	328	328	323	325	356
Latvia	LV	58	70	71	74	77	77
Lithuania	LT	288	290	438	521	533	533
North Macedonia	MK	36	36	36	36	37	37
Montenegro	ME	-	-	-	72	72	118
Romania	RO	2894	2923	2965	2975	2977	3135
Poland	PL	3753	5186	5697	5652	5608	5608
Serbia	RS	-	-	-	-	239	450
Slovakia	SK	3	3	3	3	3	5
Slovenia	SI	2	3	3	3	3	3
Total		10645	12277	13415	13628	13920	15633

Source: EUROSTAT, EUROSTAT, and this report
Note: e stands for estimation

Table C-6 Installed PV capacity by country from 2014 to 2019

Unit: MW

Country	Abbrev	2014	2015	2016	2017	2018	2019e
Albania	AL	-	-	-	-	-	-
Bosnia - Herzegovina	BA	-	-	-	-	-	-
Bulgaria	BG	1039	1041	1043	1046	1052	1055
Croatia	HR	30	44	48	51	52	60
Czech	CZ	2061	2067	2027	2040	2049	2049
Estonia	EE	-	-	1	9	9	9
Greece	GR	2436	2444	2605	2448	2448	2451
Hungary	HU	6	29	49	94	336	400
Latvia	LV	-	-	-	-	-	-
Lithuania	LT	69	69	73	82	83	87
North Macedonia	MK	-	-	17	17	17	17
Montenegro	ME	-	-	-	-	-	-
Romania	RO	1162	1249	1301	1285	1262	1288
Poland	PL	23	87	186	285	399	499
Serbia	RS	-	-	-	-	-	-
Slovakia	SK	531	532	530	530	531	531
Slovenia	SI	260	263	271	271	290	298
Total		7617	7825	8151	8158	8528	8744

Source: EUROSTAT, EUROSTAT, and this report
Note: e stands for estimation

Table C-7 Installed hydropower capacity by country from 2014 to 2019

Unit: MW

Country	Abbrev	2014	2015	2016	2017	2018	2019^{e}
Albania	AL	1700	1700	1700	1835	1835	1835
Bosnia - Herzegovina	BA	2060	2060	1656	2096	2105	2105
Bulgaria	BG	3191	3198	3204	3204	3188	3188
Croatia	HR	2112	2112	2112	2090	2095	2095
Czech	CZ	2261	2253	2259	2259	2259	2259
Estonia	EE	8	8	8	8	9	9
Greece	GR	3237	3242	3393	3399	3399	3399
Hungary	HU	57	57	57	56	56	56
Latvia	LV	1578	1556	1578	1572	1557	1557
Lithuania	LT	1026	1026	1026	1027	1027	1027
North Macedonia	MK	539	539	676	676	676	676
Montenegro	ME	660	660	660	660	660	660
Romania	RO	6332	6339	6405	6375	6329	6329
Poland	PL	2354	2355	2361	2369	2355	2355
Serbia	RS	2990	3009	3015	2997	3005	3005
Slovakia	SK	2536	2533	2537	2539	1526	1526
Slovenia	SI	1245	1233	1297	1297	1302	1302
Total		33886	33880	33944	34459	33383	33383

Source: EUROSTAT, EUROSTAT, and this report
Note: e stands for estimation
*installed pumped storage capacity included

Table C-8 Electricity import and export by country from 2014 to 2018

Unit: TWh

Country	Abbrev	2014		2015		2016		2017		2018	
		imp	exp	imp	exp	imp	exp	imp	exp	imp	exp
Albania	AL	3.4	0.4	2.4	1.0	1.8	1.9	3.4	0.5	1.8	2.7
Bosnia - Herzegovina	BA	3.2	6.0	3.9	6.0	3.1	6.8	3.3	0.5	3.1	7.7
Bulgaria	BG	4.3	13.8	4.2	14.7	4.6	10.9	3.7	9.2	2.2	10.0
Croatia	HR	10.9	6.2	13.2	5.5	12.4	6.1	12.2	4.8	12.7	6.5
Czech	CZ	11.8	28.1	16.1	28.7	13.8	24.8	15.1	28.1	11.6	25.5
Estonia	EE	3.7	6.5	5.3	6.3	3.6	5.6	2.3	5.1	3.5	5.4
Greece	GR	9.6	0.7	11.1	1.5	9.8	1.0	8.7	2.5	8.6	2.3
Hungary	HU	19.1	5.7	19.9	6.2	18.0	5.2	19.8	6.9	18.6	4.3
Latvia	LV	5.3	3.0	5.2	3.4	4.8	3.8	4.1	4.1	5.2	4.3
Lithuania	LT	8.5	0.9	7.9	0.7	11.1	2.8	11.9	3.2	12.9	3.2
North Macedonia	MK	5.6	2.6	5.3	2.8	5.2	3.2	4.2	2.2	4.1	2.2
Montenegro	ME	4.0	3.6	3.1	2.5	2.9	2.6	3.3	2.2	2.8	3.0
Romania	RO	1.4	8.5	1.4	8.2	2.3	7.3	3.2	6.1	2.8	5.4
Poland	PL	13.5	11.3	14.5	14.8	14.0	12.0	13.3	11.0	13.8	8.1
Serbia	RS	7.3	5.0	6.6	7.4	5.6	7.9	7.0	5.7	7.3	6.7
Slovakia	SK	13.0	11.9	15.0	12.6	13.2	10.6	15.6	12.5	12.5	8.7
Slovenia	SI	7.2	10.0	9.0	9.0	8.4	9.4	9.1	9.6	8.9	9.3
Total		131.9	124.4	144.2	131.2	134.6	122.0	140.2	114.2	132.4	115.3

Source: EUROSTAT, EUROSTAT, and this report

Appendix D CEEC Growth Projections

Table D-1 Projections for economic and social development

Category	2030	2040
Population (10,000)	12359	11764
Potential support ratio	2.5	2.2
GDP (100 mln USD) (in 2010 prices)	27021	29955
GDP per capita (USD per capita)	21863	25463

Table D-2 Projections for energy demand under transition scenario

Category	2030	2040
Total primary energy demand (mtoe)	347	353
Coal	89	84
Oil	89	83
Natural gas	67	68
Nuclear	26	28
Renewable	77	90
Proportion of non-fossil energy	30%	33%

Table D-3 Projections for power demand under transition scenario

Category	2030	2040
Total power demand (TWh)	656	700
Total installed capacity (MW)	210783	252246
Coal	60982	61232
Oil	3136	2706
Natural gas	28583	37833
Nuclear	12825	13825
Renewable	89917	123037

电力规划设计总院简介

电力规划设计总院（以下简称“电规总院”）的历史可以追溯到1954年成立的电业管理总局设计管理局，是中央编办登记管理的事业单位。2011年起，电规总院由中国能源建设集团有限公司直接管理；2014年5月，组建电力规划总院有限公司，和电力规划设计总院按照“一套人马、两块牌子”原则设置组织机构。

根据服务政府、行业的定位和长远发展需要，电规总院提出了“能源智囊 国家智库”的发展愿景，开启了建设“世界一流能源智库和国际咨询公司”的新征程。电规总院在2020年工作会上提出了全方位加快转型发展的初步思路，聚焦规划研究、全过程工程咨询、大数据和国际化四大业务，并对生产组织机构进行了优化调整。规划研究，将更加聚焦行业发展，包括牵头能源、电力和科技“十四五”三个规划研究。工程咨询将全力向全过程工程咨询转型。成立了大数据中心，在我们已有平台基础上，进一步为行业做好大数据的咨询服务。同时，积极布局海外市场，积极拓展国际化业务。

作为我国电力规划设计行业的“国家队”，电规总院技术力量雄厚，专业配套齐全，拥有一支高素质的专家队伍。本部在职员工312人，其中拥有全国工程勘察设计大师5人，享受政府特殊津贴专家6人，教授级高级工程师93人，高级工程师132人；博士、博士后145人（基本是985高校毕业生），硕士112人。所属企业洛斯达公司在职员工241人，其中高级工程师及以上49人。所属企业中能智新公司在职员工31人，其中高级工程师及以上14人。

经国家能源局批准，在电规总院设有国家电力规划研究中心、全国电力规划实施监测预警中心、电力规划设计标准化管理中心、电力工程造价发布牵头单位等常设机构。同时，在电规总院设有5个国际能源合作组织的秘书处或办公室：包括国际能源署 - 中国联络办公室、中国 - 芬兰能源合作平台、中国 - 中东欧能源项目对话与合作中心中方秘书处、联合国亚太经社会能源委员会互联互通专家工作组中方秘书处，以及国家能源局“一带一路”能源合作伙伴关系秘书处等。

未来，电规总院将以智慧为核心，以创新为动力，努力打造成为世界一流的能源智库和国际咨询公司，与各界同仁携手努力，共同推进全球能源向清洁低碳可持续发展转型，促进人类永续发展。

地 址：北京市西城区安德路65号

邮 编：100120

网 址：www.eppei.com

中国 - 中东欧国家能源项目对话与合作中心简介

为落实第四次中国 - 中东欧国家领导人会晤成果《苏州纲要》，中国 - 中东欧国家能源项目对话与合作中心（此后简称“17+1”能源中心）于 2016 年 10 月正式成立，中方秘书处设在中国电力规划设计总院，欧方秘书处设在罗马尼亚能源中心。目前，“17+1”能源中心工作包括三部分内容，一是推动中国与中东欧国家多层次交流和对话；二是负责研究中国与中东欧国家能源合作规划和路线图；三是推动中国和中东欧企业在能源领域开展务实合作。

自 2016 年成立以来，“17+1”能源中心与各国利益相关方通力合作，举办了一系列技术交流合作活动，以务实推进中国 - 中东欧国家政府、企业、金融机构、智库等之间的交流及合作。主要活动包括：2017 年 11 月，“17+1”能源中心在罗马尼亚布加勒斯特组织召开首届中国 - 中东欧能源博览会暨论坛，会议通过了《中国 - 中东欧能源合作联合研究部长声明》和《中国 - 中东欧能源合作白皮书》成果文件；2018 年 6 月，“17+1”能源中心在北京举办中国 - 中东欧国家能源合作第一次技术交流会，并组织中东欧参会代表赴江苏和浙江进行新能源项目的调研；2019 年 10 月，“17+1”能源中心在克罗地亚萨格勒布举办中国 - 中东欧国家能源合作论坛，就“清洁能源投资与产能合作”这一主题进行交流探讨，并组织开展企业间双边会见。

未来，“17+1”能源中心将携手中国与中东欧各方，共同推动中国与中东欧能源合作多层次、全方位发展，为区域能源合作注入新动力，促进能源务实合作迈上新台阶，助力区域能源体系加速转型与可持续发展。

中国–中东欧国家能源项目对话与合作中心

Introduction of China Electric Power Planning and Engineering Institute

The history of the China Electric Power Planning and Engineering Institute (hereinafter referred to as "EPPEI") can be traced back to the Design Management Bureau of the Electric Power Management Administration. Founded in 1954, it was a public institution registered and managed by the State Commission Office of Public Sectors Reform. Since 2011, the EPPEI has been directly managed by China Energy Engineering Group Co., Ltd. In May 2014, China Electric Power Planning & Engineering Institute Co., Ltd. was established, which is the same institution as EPPEI, but with two names.

Orientated towards serving the government, the industry and the needs of long-term development, EPPEI put forward the development vision of "energy think-tank, national think-tank", and started a new journey of building "world-class energy think tank and international consulting company". At the 2020 annual work conference, EPPEI put forward the preliminary idea of accelerating transformation and development in all directions, focusing on four major businesses: planning and research, whole-process engineering consulting, big data and internationalization, and optimized and adjusted the production organization. Planning and research will focus more on the development of the industry, including leading researches in three areas of the 14th Five-Year Plan: energy, power and science and technology. Engineering consulting will strive to transform into whole-process engineering consulting. A big data center has been set up based on the existing platform, and will further provide big data consulting services for the industry. At the same time, EPPEI will actively explore overseas markets to expand international business.

As the "national team" of China's electric power planning and engineering industry, EPPEI has strong technical strengths, comprehensive professional facilities and a team of highly skilled experts. There are a total of 312 employees, including five national engineering survey and design masters, six experts who enjoy special government allowances, 93 professor-level senior engineers and 132 senior engineers. There are 145 doctors and postdocs (almost all of them are Project 985 university graduates), and 112 masters. There are 241 employees in Luosida Company, a subsidiary of EPPEI, including 49 senior engineers or higher-level engineers. There are 31 employees in Nengzhixin Company, another subsidiary of EPPEI, including 14 senior engineers or higher-level engineers.

With the approval of the National Energy Administration, there are a few permanent institutions within EPPEI, such as the National Electric Power Planning and Research Center, the National Electric Power Planning Implementation Monitoring and Early Warning Center, the Electric Power Planning and Engineering Standard Management Center, and the Leading Company of Power Engineering Cost Release. At the same time, there are five secretariats or offices of international energy cooperation organizations established in EPPEI, including the International Energy Agency-China Liaison Office, China-Finland Energy Cooperation Platform, the Chinese Secretariat of China-CEEC Center for Dialogue and Cooperation on Energy Projects, the Chinese Secretariat of the Expert Working Group on Interconnection of UNESCAP Energy Committee, and the "Belt and Road initiative" Energy Partnership Secretariat of the National Energy Administration.

Driven by innovation, EPPEI will focus on intelligent development, strive to become a world-class energy think tank and international consulting company. EPPEI will work together with all circles at home and abroad to jointly promote global energy transition towards clean, low-carbon and sustainable development, and promote the sustainable development of mankind.

Address: No.65 Ande Road, Xicheng District, Beijing
Zip code: 100120
Website: www.eppei.com

China-CEEC Center for Dialogue and Cooperation on Energy Projects

In order to implement the Suzhou Guidelines, the outcome of the 4th Summit of China-CEEC, China-CEEC Center for Dialogue and Cooperation on Energy Projects (hereinafter referred to as "17+1" Energy Center) was formally established in October 2016, with the Chinese secretariat located in the China Electric Power Planning and Engineering Institute and the European secretariat located in the Romanian Energy Center. At present, the work of "17+1" Energy Center mainly focuses on three areas. First, promoting multi-level exchanges and dialogue between China and CEEC; second, carrying out studies on energy cooperation plans and roadmaps between China and CEEC; and third, promoting pragmatic cooperation between enterprises from China and CEE countries in the field of energy.

Since its establishment in 2016, the "17+1" Energy Center has cooperated with stakeholders from various countries to promote pragmatic exchanges and cooperation between Chinese and Central and Eastern European governments, enterprises, financial institutions, and think tanks through a series of technical exchange and cooperation activities, including: in November 2017, the China-CEEC Energy Forum and Expo was held in Bucharest, Romania. The Forum issued a minister's statement on conducting joint research for energy cooperation and a white paper on energy cooperation dialogue; in June 2018, the first Technology Exchange Meeting of China-CEEC Energy Cooperation was held in Beijing. After the meeting, representatives from Central and Eastern Europe were organized to go to Jiangsu and Zhejiang to conduct research on new energy projects; in October 2019, the "17+1" energy center held the China-CEEC Energy Cooperation Forum, themed clean energy investment and production cooperation, in Zagreb, Croatia, where bilateral talks were held between companies from various countries.

In the future, the "17+1" Energy Center will join hands with all parties in China and Central and Eastern Europe to jointly promote the multi-level and all-round energy cooperation between China and Central and Eastern Europe, give new impetus into regional energy cooperation, promote practical energy cooperation to a new level, and help accelerate the transformation and sustainable development of the regional energy system.

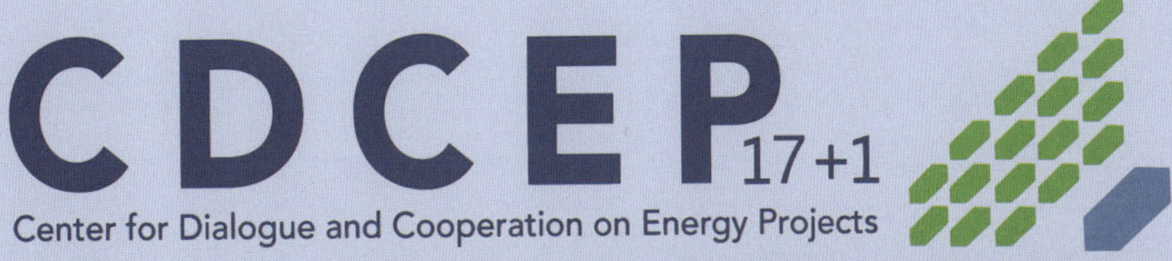

中国–中东欧国家能源项目对话与合作中心